La microfinance en Afrique centrale: Le défi des exclus

# La microfinance en Afrique centrale: Le défi des exclus

sous la direction de Elias T. Ayuk

Langaa RPCIG
Bamenda, Cameroun

Centre de recherches pour le développement international
Ottawa • Le Caire • Montevideo • Nairobi • New Delhi

*Directeur*:

Elias T. Ayuk
Université des Nations Unies – Institut des Ressources Naturelles en Afrique
(UNU-INRA), Accra, Ghana

*Mise en page et maquette de couverture*:

Kwabena O. Asubonteng (UNU-INRA)

*Photo de couverture*:

Bidonville, Graham Bower (2012)
Graphique, Giuseppe Marconi (2008)

*Publié par*

Langaa RPCIG
BP 902 Bamenda
Région du Nord-Ouest
Cameroun
ISBN 9956-792-93-4

*Publié conjointement avec*

Centre de recherches pour le développement international
CP 8500
Ottawa, ON K1G 3H9
Canada
www.crdi.ca / info@crdi.ca
ISBN 978-1-55250-585-4 (IDRC e-book)

# TABLE DES MATIÈRES

# REMERCIEMENTS

Les chapitres présentés dans cet ouvrage sont issus d'un projet sur la microfinance qui a été financé par le Centre de recherches pour le développement international (CRDI), et mis en œuvre dans quatre pays de l'Afrique centrale dont le Cameroun, le Congo, le Gabon et le Tchad. Nous tenons à remercier tous les chercheurs qui ont participé à ce projet. Nous remercions également les personnes-ressources pour leur appui scientifique aux équipes de recherche dans les quatre pays couverts par projet. Il s'agit des Professeurs Touhami Abdelkhalek et Jean-Pierre Gueyié, et du Dr Samuel T. Kaboré. Nos remerciements vont également à l'endroit de tous les participants à l'atelier final de restitution des résultats du projet qui a eu lieu à Yaoundé, Cameroun. Plusieurs collègues dont les professeurs Minkoa She Adolphe, Tsafack Nanfosso Roger, Assiga Ateba Modeste, Avom Désiré et Kobou Georges ont présidé les séances de travail. Qu'ils reçoivent ici nos remerciements. Nous remercions aussi Dr Schouame Alexandre, Dr Emini Arnaud, Professeur Essombe Edimo, Professeur Abessolo Yves et Professeur Chameni Nembua Celestin qui ont servi comme rapporteurs des différentes sessions de travail. Professeur Isaac Tamba et Madame Yitamben Gisèle ont fourni une grande assistance sur plusieurs aspects organisationnels et conceptuels du programme de l'atelier. Nous tenons aussi à exprimer notre reconnaissance à Son Excellence Monsieur Jean Pierre Lavoie, ancien Ambassadeur du Canada au Cameroun, pour avoir pris part à l'atelier final.  Dr Henri Ngoa-Tabi et le personnel du Cereg sont également à remercier pour la bonne organisation de l'atelier final. Mesdames Cathérine Cherrier Daffé, Nola Haddadian et Ketline Adodo ont lu et porté des corrections sur l'ouvrage final. M. Kwabena Asubonteng a assisté dans la mise en page de l'ouvrage. Nous leur exprimons ici nos remerciements. Cette publication a été facilitée grâce à une subvention du Bureau régional du CRDI pour l'Afrique Sub-saharienne à Nairobi, Kenya.

# LISTE DES CONTRIBUTEURS

Danna Abba est doyen de la Faculté des Sciences Économiques à l'Université de Ndjamena, Tchad.

Eric Balamona est chercheur au Centre d'Études et de Recherche sur les Analyses Politiques et Économiques (CERAPE) à Brazzaville, Congo.

Christian Balongana est chercheur au Centre d'Études et de Recherche sur les Analyses Politiques et Économiques (CERAPE) à Brazzaville, Congo.

Lydie Bamou est enseignante, chargé de cours à la Faculté des Sciences Économiques et de Gestion, Université de Yaoundé II – Soa, Cameroun.

Medjo Baye est enseignant, professeur à la Faculté des Sciences Économiques et de Gestion, Université de Yaoundé II - Soa, Cameroun.

Christian Beassoum est chercheur au Centre de Recherche en Droit et Economie Appliquée (CERDEA) et Chef de Service des Comptes Nationaux à l'INSEED à Ndjamena, Tchad.

Magloire Louis Bikomen est enseignant, chargé de cours à la Faculté des Sciences Économiques et de Gestion, Université de Yaoundé II – Soa, Cameroun.

Jean-Christophe Boungou-Bazika est enseignant à la Faculté des Sciences Économiques, Université Marien Ngouabi, Congo et directeur du Centre d'Études et de Recherche sur les Analyses Politiques et Économiques (CERAPE) à Brazzaville, Congo.

Ousmanou Djikam est enseignant, chargé de cours à la Faculté des Sciences Économiques et de Gestion, Université de Yaoundé II - Soa, Cameroun.

Gédéon Roger Angoue Engozogo est doctorant au Laboratoire d'Économie Appliquée, Université Omar Bongo, Libreville, Gabon.

Pantaléon Essama est enseignant, chargé de cours à la Faculté des Sciences Économiques et de Gestion, Université de Yaoundé II - Soa, Cameroun.

Soddibe Guipelbe est chercheur au Centre de Recherche en Droit et Économie Appliquée (CERDEA) à Ndjamena, Tchad.

Fomba Kamga est enseignant, professeur à la Faculté des Sciences Économiques et de Gestion, Université de Yaoundé II – Soa, Cameroun.

Sandra Kendo est doctorante en Économie à l'Université de Nancy 2.

Manfred Kouty est cadre au Ministère des Enseignements Supérieur, Yaoundé, Cameroun.

Betrand Mafouta est chercheur au Centre d'Études et de Recherche sur les Analyses Politiques et Économiques (CERAPE) à Brazzaville, Congo.

Bertheul Makosso est enseignant à la Faculté des Sciences Économiques, Université Marien Ngouabi, Congo et chercheur au Centre d'Etudes et de Recherche sur les Analyses Politiques et Économiques (CERAPE) à Brazzaville, Congo.

Médard Mengue Bidzo est professeur et chercheur au Laboratoire d'Economie Appliquée, Université Omar Bongo, Libreville, Gabon.

Pamphile Mezui Mbeng est chercheur au Laboratoire d'Économie Appliquée, Université Omar Bongo, Libreville, Gabon.

André Moulemvo est chercheur au Centre d'Études et de Recherche sur les Analyses Politiques et Économiques (CERAPE) à Brazzaville, Congo.

Nguariguem Nassarmadji est chercheur, ancien doyen des Faculté des Sciences Economiques à l'Université de N'Djamena et directeur du Centre de Recherche en Droit et Économie Appliquée (CERDEA) à Ndjamena, Tchad.

Jean-Sylvain Ndo Ndong est enseignant et chercheur au Laboratoire d'Économie Appliquée, Université Omar Bongo, Libreville, Gabon

Henri Ngoa-Tabi est enseignant, professeur à la Faculté des Sciences Économiques et de Gestion, Université de Yaoundé II – Soa, Cameroun.

Théophile Ngwen Mbog est enseignant, chargé de cours à la Faculté des Sciences Économiques et de Gestion, Université de Yaoundé II – Soa, Cameroun.

Romaine Ngo Ngueda est doctorante à la Faculté des Sciences Économiques et de Gestion, Université de Yaoundé II - Soa, Cameroun.

Fidoline Ngo Nonga est enseignante, professeur à la Faculté des Sciences Économiques et de Gestion, Université de Yaoundé II - Soa, Cameroun.

Foko Serge Noumo est enseignant, assistant à la Faculté des Sciences Économiques et de Gestion, Université de Yaoundé II - Soa, Cameroun.

Etoundi Ntsama est doctorante à l'Université Clermont Ferrand, France.

Henri Atangana Ondoa est enseignant, chargé de cours à la Faculté des Sciences Économiques et de Gestion, Université de Yaoundé II - Soa, Cameroun.

Patrice Ongono est enseignant, chargé de cours à la Faculté des Sciences Économiques et de Gestion, Université de Yaoundé II - Soa, Cameroun.

Banayal Rimtebaye est chercheur au Centre de Recherche en Droit et Économie Appliquée (CERDEA) à Ndjamena, Tchad.

Réné Samba est enseignant à la Faculté des Sciences Économiques, Université Marien Ngouabi, Congo et chercheur au Centre d'Études et de Recherche sur les Analyses Politiques et Économiques (CERAPE) à Brazzaville, Congo.

Fondo Sikod est enseignant, professeur à la Faculté des Sciences Économiques et de Gestion, Université de Yaoundé II - Soa, Cameroun.

Syrie Galex Soh est enseignant, assistant à la Faculté des Sciences Économiques et de Gestion, Université de Yaoundé II - Soa, Cameroun.

Symphorien Ndang Tabo est chercheur au Centre de Recherche en Droit et Économie Appliquée (CERDEA) à Ndjamena, Tchad.

Gérard Tchouassi est enseignant, chargé de cours à la Faculté des Sciences Économiques et de Gestion, Université de Yaoundé II - Soa, Cameroun.

Saidou Yaya est enseignant, assistant à la Faculté des Sciences Économiques et de Gestion, Université de Yaoundé II - Soa, Cameroun.

Thierry Urbain Yogo est post – doctorant au Centre d'Étude et de Recherche en Développement International (CERDI) de l'Université de Clermont Ferrand, France.

Christian Zama-Akono est enseignant, chargé de cours à la Faculté des Sciences Économiques et de Gestion, Université de Yaoundé II - Soa, Cameroun.

# FIGURES

# TABLEAUX

# ANNEXES

# SIGLES ET ABRÉVIATIONS

| | |
|---|---|
| ACEL | Association pour le Crédit et l'Épargne Locale |
| ACP | Analyse en Composante Principale |
| ADAF | Appropriate Development for Africa Foundation |
| ADB | Asian Development Bank |
| ADéFI | Action pour le Développement et le Financement des Microentreprises |
| AFD | Agence Française de Développement |
| AFRACA | Association Africaine du Crédit Rural et Agricole |
| AMANA | Association pour la Promotion des Microentreprises |
| APT-EMF | Association Professionnelle Tchadienne des Etablissements de Microfinance |
| ASDEC | Association pour le Développement de l'Épargne et du Crédit |
| ASSOAL | Association des Amoureux du Livre |
| ASSOCEC | Association des Coopératives d'Épargne et de Crédit |
| ASSOSEDECO | Association pour les Œuvres Sociales et Éducatives pour le Développement du Congo |
| BAC | Baccalauréat |
| BAD | Banque Africaine de Développement |
| BCEAO | Banque Centrale des États de l'Afrique de l'Ouest |
| BCR | Bureau Central de Recensement |
| BEAC | Banque des États de l'Afrique Centrale |
| BELACD | Bureau d'Etude et de Liaison, d'Action Caritative et de Développement |
| BEPC | Brevet d'Études du Premier Cycle |
| BET | Brevet d'Études Technique |
| BGD | Banque Gabonaise de Développement |
| BIT | Bureau International du Travail |
| BRAC | Bangladesh Rural Advancement Committee |
| CA | Conseil d'Administration |
| CABA | Caisse de Base |
| CACFET | Caisse de Crédit pour les Femmes du Tchad |
| CAD | Comité d'Aide au Développement |
| CAH | Classification Ascendante Hiérarchique |
| CAMCCUL | Cameroun Cooperative Credit Union League |
| CAPPED | Caisse de Participation à la Promotion des Entreprises et à leur Développement |
| CE | Communauté Européenne |

| CEC | Club d'Épargne et Crédit |
|---|---|
| CEFEM | Caisse Espoir des Femmes |
| CEFOD | Centre de Formation au Développement |
| CEMAC | Communauté Monétaire et Économique de l'Afrique Centrale |
| CEPE | Certificat d'Études Premières Elémentaires |
| CEPRIC | Centre for the Promotion and Cost-Effectivesness of Community Initiatives |
| CERAPE | Centre d'Études et de Recherche sur les Analyses et Politiques Économiques |
| CEREG | Centre d'Études et de Recherche en Économie et Gestion |
| CERISE | Comité d'Echanges de Réflexion et d'Information sur les Systèmes d'Épargne-Crédit |
| CFCM | Caisse Féminine d'Epargne et de Crédit Mutuel |
| CGAP | Groupe Consultatif d'Assistance aux plus Pauvres |
| CLA | Comités Locaux d'Agrément |
| CMEC | Caisses Mutuelles d'Épargne et de Crédit |
| CNLP | Conseil National de Lutte contre la Pauvreté |
| CNPS | Caisse Nationale de Prévoyance Sociale |
| CNRS | Centre National de la Recherche Scientifique |
| CNSEE | Centre National de la Statistique et des Études Économiques |
| COBAC | Commission Bancaire de l'Afrique Centrale |
| COFINEST | Coopérative Financière de l'Estuaire |
| COOPEC | Coopérative d'Épargne et de Crédit |
| CRAC | Caisse Rurale d'Épargne et de Crédit |
| CRDI | Centre de Recherches pour le Développement International |
| CRECER | Crédito con Educacion Rural |
| CRG | Crédit Rural de Guinée |
| CVECA | Caisse Villageoise d'Épargne et de Crédit Autogérée |
| DAC | Direction de l'Action Coopérative |
| DEA | Data Envelopment Analysis |
| DGMC | Direction Générale de la Monnaie et du Crédit |
| DSRP | Document Stratégique pour la Réduction de la Pauvreté |
| ECAM | Enquête Camerounaise auprès des Ménages |
| ECCS | Établissement de Crédit à Caractère Spécial |
| ECOM | Enquête Congolaise auprès des Ménages |
| ECOSIT 2 | 2e Enquête sur la Consommation et le Secteur Informel au Tchad |
| EDS | Enquête Démographique et Sociale |
| EFA | Exploitation Familiale Agricole |

| EGEP | Enquête Gabonaise d'Évaluation de la Pauvreté |
|---|---|
| EMF | Établissement de Microfinance |
| FAD | Fonds Africain de Développement |
| FAM | Fonds d'Actions Mutuelles |
| FCE | Fond Commun d'Épargne |
| FCFA | Franc de la Communauté Financière en Afrique |
| FECECAM | Faîtière des Caisses d'Épargne et de Crédit Agricole Mutuel |
| FF | Franc français |
| FINADEV | Finance pour le Développement |
| FINCA | Foundation for International Community Assistance |
| FJEC | Forum des Jeunes Entreprises du Congo |
| FOCCAS | Foundation for Credit and Community Assistance |
| FODEX | Fonds d'expansion et de développement des petites et moyennes entreprises ou industries |
| FSA | Fonds de Soutien à l'Agriculture |
| GTZ | Deutsche Gesellschaft für Technische Zusammenarbeit |
| IDH | Indice de Développement Humain |
| IKM | Impact, Knowledge Market |
| IMF | Institution de Microfinance |
| INS | Institut National de la Statistique |
| INSEED | Institut National de la Statistique, des Études Économiques et de Développement |
| IRAD | Institut de Recherche Agricole pour le Développement |
| KANEN | Projet de Développement Rural au Kanen |
| KOSGUELNAN | Caisse d'Epargne et de Crédit du village Kosguelnan |
| MC2 | Mutuelle Communautaire de Croissance |
| MCO | Moindres Carrées Ordinaires |
| MCP | Mondialisation, Croissance et Pauvreté |
| MINAGRIC | Ministère de l'Agriculture |
| MSF-PMC | Mutuelle de Santé sans Frontière-Promotion de la Mutualité Camerounaise |
| MUCODEC | Mutuelle Congolaise d'Épargne et de Crédit |
| MUFEC | Mutuelle des Femmes pour l'Épargne et le Crédit |
| OANET | Organisation des Acteurs Non-Étatiques |
| OLS | Ordinary Least Squares |
| OMD | Objectifs du Millénaire pour le Développement |
| ONG | Organisation Non Gouvernementale |
| ONU | Organisation des Nations Unies |
| PARCEC-MC | Promotion et Appui au Réseau des Coopératives d'Epargne et de Crédit-Moyen Chari |

| | |
|---|---|
| PAS | Politique d'Ajustment Structurel |
| PCP | Pôle de Compétence en Partenariat |
| PDIS | Projet de Développement Intégré du Salamat |
| PIB | Produit Intérieur Brut |
| PME | Petites et Moyennes Entreprises |
| PNUD | Programme des Nations Unies pour le Développement |
| PPTE | Pays Pauvres Très Endettés |
| PRCD | Projet de Crédit Rural Décentralisé |
| PRIDE | Promotion of Rural Initiatives and Development Enterprises |
| PRODABO | Programme de Développement Décentralisé des Départments d'Assoungha, Biltine, Dourf Al Ahmar et Ouara |
| PRODER-K | Projet de Développement Rural au Kanem |
| PRSP | Poverty Reduction Strategy Paper |
| PSANG | Projet de Sécurité Alimentaire au Nord Guera |
| RCEC/ASDEC | Réseau des Caisses d'Épargne et de Crédit/Association pour le Développement de l'Épargne et de Crédit |
| REPARAC/IRAD | Renforcement des Partenariats dans la Recherche Agronomique au Cameroun de l'Institut de Recherche Agricole pour le Développement |
| RPSA/OC | Réseau de Recherche sur les Politiques Sociales en Afrique de l'Ouest et du Centre |
| SFD | Systèmes Financiers Décentralisés |
| SMDR | Société Mutuelle de Développement Rural |
| SMIG | Salaire Minimum Interprofessionnel Garanti |
| SNMF | Stratégie Nationale de Microfinance |
| SNRP | Stratégie Nationale de Réduction de la Pauvreté |
| SODECAO | Société de Développement du Cacao |
| SODECOTON | Société de Développement du Coton |
| TIC | Technologies de l'Information et de Communication |
| TPE | Très Petites Entreprises |
| UCEC | Union des Clubs d'Épargne et de Crédits |
| UCEC MC | Union des Clubs d'Épargne et de Crédit du Moyen Chari |
| UCEC-MK | Union des Clubs d'Épargne et de Crédit du Mayo Kebbi |
| URCOOPEC | Union Régionale des Coopératives d'Epargne et de Crédit |
| URSS | l'Union des Républiques Socialistes Soviétiques |
| USAID | United States Agency for International Development |
| VITA | Volunteers in Technical Assistance |
| WEDTF | Women's Entrepreneurship Development Trust Fund |

# PRÉFACE

Depuis plus de deux décennies, la microfinance connaît un engouement exceptionnel dans le monde, en raison notamment du nombre élevé des personnes pauvres ou économiquement actives qui gèrent des micro-entreprises ou de petits commerces, et qui n'ont pas accès à des services financiers adéquats. C'est reconnaître que le secteur de la microfinance s'est d'abord développé comme stratégie de développement *inclusive* visant à répondre aux besoins des hommes et femmes à revenus modestes, exclus du système de financement classique. De fait, dans la mesure où la microfinance favorise un lissage des revenus, contribue à la stabilisation financière (pour autant qu'elle soit encadrée par des normes prudentielles) et à l'incitation à l'entreprenariat, elle facilite corrélativement un processus d'inclusion ou d'intégration financière des populations pauvres, et réduit de ce fait leur vulnérabilité socio-économique.

En Afrique centrale, la microfinance a connu de profondes mutations. Cette métamorphose commence par la restructuration du système bancaire au début des années 1990 et se poursuit par l'adoption d'une législation nationale d'abord, et communautaire ensuite, spécifique à ce secteur. La publication en 2001 de la nouvelle réglementation a été le point de départ d'une série d'initiatives concertées (Commission bancaire de l'Afrique centrale (COBAC) et autorités monétaires respectives) visant à favoriser l'émergence de nouveaux intermédiaires financiers dénommés « systèmes financiers décentralisés » ou « établissements de microfinance (EMF)».

Les enjeux du secteur de la microfinance en Afrique en général dans l'ensemble CEMAC singulièrement tiennent à l'exceptionnel développement qu'il a connu au cours de ces vingt dernières années. En 2010, on y dénombrait environ 700 EMF (sur plus de 10.000 institutions existant dans le monde) opérant dans un marché de type oligopolistique dominé par quelques *majors*, dont près d'un demi-millier au Cameroun, dans lesquels les capitaux propres s'élevaient à plus 14.021 millions de F.CFA. Dans ce panorama, le Congo présente une activité en pleine croissance, alors qu'elle se consolide au Tchad et au Gabon; seuls la Centrafrique et la Guinée Equatoriale connaissent des évolutions contrastées. En dépit de l'absence de statistiques officielles, on estimerait à 300 milliards de F.CFA, les flux financiers transitant par ces établissements, soit près de 10 % du budget du Cameroun. Malgré cette forte croissance des EMF en Afrique Centrale, leur contribution à la croissance du secteur financier, et dont au développement de la région reste assez marginale. Bien plus, la prépondérance des EMF de petite taille, associée à la vulnérabilité du système financier aggravée par la crise de la fin des années 2000, non seulement lèvent le voile sur les nouveaux risques auxquels s'exposent ces entreprises, mais également révèlent par ailleurs leur faible contribution à l'inclusion financière, et donc à la réduction de la pauvreté. Par ailleurs, très peu d'EMF seraient viables et ne le seraient sans doute jamais, au regard du volume de leurs fonds propre, de l'absence de professionnalisme ou encore de leur mode de gouvernance.

Cette toile de fond étaye à suffisance pourquoi une analyse rigoureuse, empirique et neutre de la microfinance au sens large (micro-crédit, micro-assurance et micro-transfert) en Afrique Centrale s'imposait, afin de rapprocher le discours euphorique sur les succès de la microfinance des faits réels, avérés et testés.

Aussi, l'ouvrage collectif La *Microfinance en Afrique centrale: le défi des exclus* édité sous la direction du Dr. Elias Ayuk, peut-il à juste titre être considéré comme le Manuel de la microfinance dans l'ensemble CEMAC, en ce sens qu'il présente l'état des connaissances et des pratiques en microfinance dans quatre des six pays de la CEMAC, sur la base des contributions des enseignants et des chercheurs des institutions universitaires du Cameroun, Congo, Gabon et Tchad. Les thématiques abordées sont variées et portent à la fois sur l'offre et la demande du micro-crédit, la relation entre le micro-crédit et la réduction de la pauvreté, la gouvernance et l'efficacité des établissements de microfinance, etc. la lecture attentive de toutes ses contributions suggère que des défis importants existent pour faire de ces institutions des entreprises performantes, inclusives et pérennes. Au nombre de ces défis du futur qui doivent être relever pour libérer le potentiel de la microfinance dans les pays de la CEMAC, figurent:

(i) leur stabilité financière, à travers une supervision et une régulation de proximité, agiles et adaptées aux différents types d'EMF en activité dans la région;

(ii) la professionnalisation des acteurs, notamment dans un environnement où les dirigeants des EMF ne sont pas toujours issus des milieux traditionnels de la finance, et

(iii) l'accès à des ressources plus importantes et moins volatiles, que pourraient leur procurer l'Etat et le secteur privé.

**Professeur Isaac TAMBA**
Faculté de Sciences Économiques et de Gestion
de l'Université de Yaoundé II-Soa
Conseiller Technique au Ministère de l'Économie, de la Planification et de
l'Aménagement du Territoire (MINEPAT).

# INTRODUCTION

**LE DÉFI DES EXCLUS**

**Elias T. Ayuk**

*Institut des Ressources Naturelles en Afrique de l'Université des Nations Unies, Accra, Ghana (ayuk@unu.edu)*

## RÉSUMÉ

Il y a une base théorique solide expliquant l'existence des institutions de microfinance. A cause de l'asymétrie de l'information et les problèmes d'agence, les banques de détail formelles rencontrent un certain nombre de défis à opérer dans les zones rurales et dans les économies villageoises. Ces facteurs expliquent pourquoi les institutions de microfinance destinées à ceux qui ont été exclus du système bancaire formel ont reçu beaucoup d'attention partout dans le monde. Cette introduction fait l'état du fondement théorique des institutions de microfinance. Elle fournit un synopsis des différents chapitres contenus dans ce livre et souligne également certains résultats des recherches entreprises dans quatre pays d'Afrique centrale.

*Mots clés: ruraux pauvres, microfinance, intermédiation financière, économies villageoises, marché de crédit, asymétrie d'information, problème d'agence.*

## 1. Introduction

La microfinance a apporté beaucoup d'espoir aux millions des ruraux pauvres qui sont exclus du système bancaire conventionnel. L'expérience du Bangladesh introduite par Muhammed Yunus a montré que l'intermédiation financière par les institutions de microfinance (IMF)[1] pourrait jouer un rôle dans la réduction de la pauvreté et renforcer la croissance économique. Des centaines de millions de personnes pauvres en Afrique subsaharienne comptent sur le potentiel de la microfinance pour donner un élan à la croissance tant désirée. Deux leçons

---

[1] Dans cet ouvrage les appellations 'institutions de microfinance (IMF)' et 'établissements de microfinance (EMF)' sont utilisé pour désigner le même concept.

peuvent être tirées de la récente crise financière mondiale. Premièrement, la croissance du secteur financier devrait se traduire par une augmentation des produits disponibles. Deuxièmement, le secteur financier doit être encadré par un système de réglementation et de surveillance fiable enfin que les personnes les plus vulnérables soient protégées. Ce livre s'appuie sur les résultats des études effectuées dans quatre pays d'Afrique centrale: le Cameroun, le Tchad, le Congo et le Gabon. Les résultats de ces recherches ont été présentés lors d'un atelier final du projet qui s'est tenu à Yaoundé, Cameroun. Les diverses études réalisées ont abordé le cadre réglementaire et de surveillance, le marché de la microfinance, les aspects institutionnels d'argent et le comportement des acteurs, et l'évaluation de l'impact sur les bénéficiaires. Des études sur le cadre réglementaire et de surveillance seront présentées dans un autre ouvrage à apparaitre très prochainement.

Le Centre de recherches pour le développement international (CRDI) a, pendant les quarante dernières années, appuyé la création de connaissances pour éclairer la prise de décisions. Le projet qui a produit le contenu de ce livre a été financé dans le cadre de l'initiative de Programme mondialisation, croissance et pauvreté du CRDI. Il a été mis en œuvre par des équipes de chercheurs, pour la plupart des économistes, dans quatre pays de l'Afrique centrale. Ces économistes sont associés à des centres de recherche universitaire. Un certain nombre de doctorants ont également participé au projet.

L'intérêt principal de ce livre est d'être présentement le seul document existant à présenter des résultats empiriques sur la recherche concernant les institutions de microfinance en Afrique centrale. De nombreux travaux ont porté sur d'autres régions mais très peu sur l'Afrique de l'Ouest et du Centre. Il devrait donc servir de référence concernant l'expérience de la microfinance dans cette partie du monde.

## 2. Considérations théoriques

### *Définir la microfinance*

La microfinance désigne la prestation de services financiers, crédit, épargne, assurance reçus par l'ensemble des ménages et les transferts d'argent aux pauvres qui, le plus souvent, sont négligés par le secteur bancaire formel. Le processus révolutionnaire de la microfinance remonte à 1976 avec Muhammad Yunus qui était alors professeur d'économie à l'Université de Chittagong en Thaïlande. Il a commencé par prêter 28 dollars américains à un groupe de petits commerçants et artisans, principalement des femmes, dans un village proche de l'Université de Chittagong. Les lecteurs intéressés par l'histoire de la microfinance peuvent se référer à Yunus (2001), Bornstein (1997) et Todd (1996). Depuis lors, la microfinance s'est considérablement répandue dans le monde entier. Par exemple, en 2011 il y avait

195 million de prêteurs (Banerjee, 2013). La quête de la microfinance est motivée par la nécessité de faciliter l'accès aux ressources productives de sollicitation et d'obtention du crédit par les paysans pauvres et d'améliorer les marchés financiers aussi bien dans les régions pauvres que dans les économies villageoises.

Les pauvres n'ont pas seulement besoin de prêts productifs. Ils ont aussi besoin de services financiers supplémentaires afin de répondre à leurs autres besoins spécifiques (Dokulilova *et al*, 2009). Parmi ces besoins figurent la demande de crédit ou d'épargne en vue de fournir une éducation à leurs enfants (chapitre 14); le besoin de services d'assurance (chapitre 16) pour faire face à des chocs ou des situations d'urgence de la maison; le besoin de services d'épargne et d'assurances pour couvrir les coûts liés à la vieillesse et les services funéraires.

Ces dernières années, les plus pauvres des pauvres ne sont plus le seul groupe cible pour les services de la microfinance. D'autres victimes de l'exclusion financière, compris les petites et moyennes entreprises sont aujourd'hui les clients de la microfinance. Glisovic et Martinez (2012) note que le nombre des petites et moyennes entreprises servi par la microfinance est en hausse. La microfinance présente une série de possibilités passionnantes pour l'extension des marchés du crédit, la réduction de la pauvreté et favoriser le changement social (Armendariz et Morduch, 2010).

Le fondement théorique des institutions de microfinance s'articule lorsque l'on examine les problèmes que rencontre le secteur formel de banque de détail dans ses tentatives de prêts financiers dans les régions pauvres ou dans des économies villageoises. Cette section s'inspire fortement d'Armendariz et Morduch (2010) dans lequel les lecteurs intéressés trouveront des illustrations y compris chiffrées. En premier lieu survient le problème d'agence quand un emprunteur a un projet ou un besoin d'argent mais qu'il lui manque les moyens financiers et qu'il doit se tourner vers un prêteur. En effet, celui-ci est dans l'incapacité de se référer aux caractéristiques habituelles des emprunteurs tels que le niveau du risque du projet, les efforts potentiels de l'emprunteur et les bénéfices potentiels du projet. Il y a, en conséquence, un problème d'information qui crée des inefficacités. La microfinance peut être perçue comme une tentative pour surmonter ce type de problèmes. Dans la situation actuelle, la tension est due au fait qu'il y a un « principal » (le prêteur) qui essaie de faire affaire avec un « agent » (l'emprunteur).

L'asymétrie d'information se pose à trois niveaux différents. Tout d'abord, avant le prêt, le prêteur peut avoir peu d'informations sur la qualité de l'emprunteur. Des actions ciblées par le prêteur peuvent rendre de précieux renseignements, mais les coûts d'obtention de l'information peuvent être très élevés. Le deuxième niveau est lorsque le prêt a été consenti. A ce stade, le prêteur ne sait pas avec certitude comment l'emprunteur va utiliser les ressources. Enfin lors de la troisième et dernière étape, lorsque les rendements des investissements ont été réalisés, le prêteur peut ne pas être en mesure de vérifier l'ampleur des rendements.

L'absence d'institutions formelles de crédit dans les économies villageoises est souvent attribuée à des types de problèmes d'agence comme ceux décrits ci-dessus. Ces problèmes sont aggravés lorsque les emprunteurs ne peuvent pas offrir des garanties adéquates, lorsque les coûts de transaction sont élevés et lorsque les mécanismes juridiques de mise en œuvre sont faibles.

Les banques commerciales conventionnelles doivent également faire face à la responsabilité limitée des emprunteurs qui ne peuvent pas rembourser plus que leur revenu courant. Les banques viennent généralement de l'extérieur de la collectivité dans laquelle elles cherchent à opérer. Les clients n'ont aucune loyauté envers ces institutions bancaires venant de l'extérieur et les prêteurs ont peu d'informations sur les clients potentiels. Pour cette raison, les banques tendent à ne pas fournir des prêts à des emprunteurs qui ne peuvent pas offrir des garanties. Bien que les banques traditionnelles aient des ressources abondantes pour prêter, elles manquent de mécanismes fiables et peu coûteux pour débourser et collecter des fonds rentables dans les régions pauvres. Il a été suggéré (De Soto, 2000) que l'établissement de titres fonciers et des droits de propriété clairs sur les biens pourraient faciliter la capacité des pauvres à offrir des garanties.

Même avec des droits de propriété clairement définis, les prêteurs peuvent avoir des difficultés à saisir les biens des pauvres pour des raisons sociales et juridiques. Steel *et al.* (1997) décrient des situations en Afrique où il a été difficile pour les banques de saisir des biens, en particulier quand ceux-ci étaient la propriété de ménages très pauvres.

Un autre problème peut intervenir avant l'arrangement contractuel: la sélection adverse. Stigliz et Weiss (1981) ont mis au point une série de modèles de sélection adverse où les banques n'ont pas de bonnes informations sur le niveau de risque du projet de l'emprunteur. Puisque les banques ne sont pas capables de discriminer les emprunteurs risqués, les taux d'intérêt deviennent excessivement élevés et conduisent des emprunteurs fiables hors du marché du crédit. C'est une « imperfection » du marché car ceux-ci ne participent pas au marché du crédit bien que le concept d'efficacité suggère qu'ils le devraient. L'ampleur de l'imperfection est amplifiée du fait de la responsabilité limitée dont on a parlé précédemment. Le résultat est que si une banque ne dispose pas d'informations, le marché peut cesser d'être efficace. La microfinance se présente alors comme un moyen d'éliminer les inefficacités, d'élargir l'accès aux marchés et aussi d'améliorer la distribution de crédit.

Intervient également l'aléa moral dans l'accord de prêts dans des situations où le risque de la banque est lié à des choix non-observables faits par les emprunteurs. Les prêteurs ne peuvent pas observer les choix de l'emprunteur, par exemple, sur le niveau d'effort à fournir ou sur le choix des projets. Ils ne peuvent pas non plus observer la réalisation de rendements du projet.

L'aléa moral peut être *ex ante* ou *ex post*. L'aléa moral *ex ante* est associé à l'idée que les actions non observables sont prises par les emprunteurs, après décaissement du prêt, mais avant que les bénéfices du projet soient réalisés. Ces actions peuvent avoir un effet sur la probabilité d'une bonne réalisation de rendements. La microfinance peut contourner l'aléa moral en l'absence de garantie en utilisant des mécanismes innovants comme substitut. L'aléa moral *ex post* se pose lorsque le prêt a été fait et que l'emprunteur a investi. La situation se présente soit lorsque le prêteur n'arrive pas à observer les bénéfices de l'emprunteur ou lorsque, ayant pris note des bénéfices réalisées, le prêteur ne disposent pas de mécanismes pour exiger le paiement par l'emprunteur. Grâce à une surveillance par les pairs des rendements *ex post* et la menace de sanctions sociales pour punir les mauvais payeurs, la microfinance détient la contrainte d'incitation.

La théorie moderne de l'intermédiation financière qui postule que les intermédiaires financiers sont actifs parce que des imperfections du marché empêchent les épargnants et les investisseurs de négocier directement entre eux, fournit une base solide pour le rôle que peut jouer la banque de détail dans la société. Ces asymétries d'information et les coûts élevés des transactions fournissent également un fondement théorique pour le rôle et l'existence de la microfinance. C'est clairement le cas pour les habitants des régions rurales à responsabilité limitée, sans garantie d'attirer les banques traditionnelles.

### 3. Vue d'ensemble des chapitres

Le livre comprend trois parties. La première partie examine le marché de la microfinance dans quatre pays d'Afrique centrale. Les sept chapitres qui la composent abordent les questions de l'offre et de la demande de microfinance dans la région. Les aspects institutionnels, l'efficacité de la microfinance et le comportement des acteurs sont présentés dans la deuxième partie du livre (trois chapitres). Enfin, la troisième partie explore les questions liées à la contribution de la microfinance à la réduction de la pauvreté et l'impact du système micro-financier (sept chapitres).

### Partie I: Le marché de la microfinance

Le chapitre 1 de Kouty, Ongono et Ngo Ngueda essaie, sur la base d'un modèle économétrique, d'identifier les déterminants de l'accès des femmes au microcrédit au Cameroun. Les femmes ont généralement un accès plus limité aux moyens de production, et l'accès aux microcrédits pourrait améliorer cette situation et leur permettre de mieux contribuer à la croissance. Ce travail tente de répondre à deux questions. La première est de savoir s'il existe une discrimination de sexe dans la distribution du microcrédit au Cameroun. La deuxième concerne les principaux facteurs déterminant l'accès des femmes au microcrédit. Les résultats de cette recherche suggèrent que les femmes ne subissent pas de discrimination dans l'allocation des microcrédits. Il en ressort que les femmes mariées ont moins de chances d'obtenir un microcrédit. Les facteurs déterminants pour avoir accès aux microcrédits sont le taux d'intérêt, le montant emprunté, l'âge, la taille du ménage et le statut familial.

Les auteurs du chapitre 2, Samba et Mbalamona, tentent d'analyser les déterminants de la demande de microcrédit par les ménages pauvres au Congo. L'étude aborde trois aspects. Premièrement, elle identifie les facteurs contribuant à la formulation de la demande de microcrédit par les personnes pauvres. Deuxièmement, elle essaie de cerner les limites des ménages pauvres par rapport à la demande de microcrédit. Enfin, l'étude suggère des actions susceptibles d'améliorer l'accès des ménages pauvres aux microcrédits. Les résultats de l'étude dégagent des facteurs individuels aussi bien que des facteurs sociaux qui déterminent la demande du microcrédit chez les pauvres au Congo. Les facteurs individuels tels que l'âge du chef du ménage, la taille moyenne du ménage, la profession exercée et le type de micro-projet ont une influence positive sur la demande de microcrédits. Des facteurs sociaux liés au mariage, la naissance, la maladie grave, la construction tombale et le deuil occasionnent une demande pour le microcrédit. Les auteurs proposent des recommandations à l'État, aux établissements de microfinance et aux partenaires en développement et la société civile.

Le chapitre 3 par Ngo Nonga, Ngwen Mbog et Bikomen se focalise sur la demande de financement des exploitations familiales agricoles (EFA) dans le Grand Sud du Cameroun. L'étude met l'accent sur la demande des agriculteurs pour les services de microcrédit. La question centrale est de savoir si le microcrédit est adapté aux besoins des agriculteurs qui sont les plus touchés par la pauvreté au Cameroun. Les auteurs suggèrent que certaines caractéristiques inhérentes aux profils des établissements de microfinance et des exploitations familiales agricoles peuvent expliquer le faible accès des producteurs au crédit agricole d'une part et la réticence des établissements de microfinance à financer les activités agricoles d'autre part. Les résultats de cette étude sont en contradiction avec une autre réalisée par le CEREG qui suggère que le taux d'accès des EFA au crédit est élevé. La présente étude montre que la disponibilité des EFA pour demander les services de microcrédit est faible. Dans la rencontre entre les EFA et les EMF, des facteurs liés à la structure propre des EFA engendrent des besoins spécifiques et expliquent la manière dont les EFA interagissent avec les structures financières pour accéder au microcrédit agricole. Les EMF devaient mieux comprendre les besoins des EFA.

Le chapitre 4 par Nassarmadji, Beassoum et Ndang Tabo, examine les caractéristiques qui garantissent l'accès des pauvres aux services de microcrédit au Tchad. La problématique concerne la capacité du système de microcrédit à atteindre les pauvres, puis à réduire la pauvreté. Cette contribution va dans le même sens que celle du chapitre 3 mais dans le cas du Tchad. Les résultats de cette étude suggèrent qu'il y a une méconnaissance des services des EMF dans les régions de Mayo Kebbi, du Moyen Chari et de la Tandjilé et dans les autres régions du pays. Ce résultat incite les EMF à effectuer un travail de rapprochement afin d'atteindre ceux qui ne bénéficient pas encore de leurs services. L'analyse empirique fournit deux résultats intéressants. Premièrement, les distinctions de sexe n'augmentent pas plus ou moins de chances d'accès aux services de microcrédit au Tchad. Ce résultat rejoint ce qui a été trouvé au Cameroun par les auteurs du chapitre 1 (Kouty *et al*). Deuxièmement, la probabilité d'avoir accès au microcrédit est plus forte chez ceux qui ont un revenu mensuel élevé.

Dans le chapitre 5, Rimtebaye et Ndang Tabo analysent l'offre et la demande de microfinance au Tchad. Les auteurs s'intéressent aussi aux facteurs susceptibles de favoriser une bonne organisation des activités de la microfinance au Tchad et le rôle que l'État devrait jouer dans leur développement au bénéfice des pauvres. Ce chapitre examine le cadre réglementaire sous régional afin de déterminer s'il permet d'apporter des solutions appropriées. Les auteurs montrent que les pauvres au Tchad sont plus intéressés que les non-pauvres aux activités de microcrédit surtout dans les zones rurales où la pauvreté est très élevée. Ceci dit, les résultats indiquent que la qualité des services de microcrédit offerts aux pauvres est majoritairement critiquée par les bénéficiaires. Ils se plaignent du taux d'intérêt élevé, de la lourdeur et du long processus de traitement des dossiers. Il se dégage de cette étude que la protection de l'épargne des déposants n'est pas perçue à sa juste valeur par les autorités publiques. Par conséquent, les déposants ne sont pas assurés de la sauvegarde de leurs fonds.

Dans le chapitre 6, Ndo Ndong et Mengue Bidzo abordent la question de l'adéquation de l'offre et de la demande de produits et services de microfinance au Gabon. Ils tentent d'identifier les conditions d'une meilleure adéquation entre l'offre et la demande de microcrédit. Pour ce faire, les auteurs proposent d'analyser les réactions et les comportements des populations pauvres, cible présupposée de la microfinance. Il ressort de cette étude que les populations vulnérables et défavorisées se situent surtout dans les zones rurales agricoles au Gabon. La probabilité d'accroissement des revenus et par conséquence d'améliorer leurs conditions de vie est élevée lorsque ces populations bénéficient du microcrédit. Il est donc important de favoriser l'implantation des EMF dans les zones rurales.

Les établissements de microfinance ont été créés pour répondre à la demande spécifique des populations pauvres marginalisées dans l'accès aux services financiers des banques traditionnelles afin de réduire leur pauvreté. Ces établissements ont très vite montré leurs limites dans les situations de remboursement difficile. Dans le chapitre 7, les auteurs tentent d'identifier le profil des bénéficiaires en difficulté de remboursement et les facteurs aggravant ces difficultés dans le Canton de Guélo au Tchad. L'étude permet d'établir l'incidence des facteurs aggravant les difficultés de remboursement selon le type de crédit. Les résultats de l'étude de Guipelbe, Abba et Ndang Tabo présentent des informations sur le profil des emprunteurs éprouvant des difficultés à rembourser. Il s'agit de personnes jeunes, mariées, analphabètes et de genre masculin. En outre les auteurs constatent qu'un taux d'intérêt élevé, le montant limité des prêts et le problème de fongibilité aggravent les difficultés de remboursement.

### Partie II: Aspects institutionnels, efficacité de la microfinance et comportement des acteurs

Le chapitre 8 analyse l'influence des organes de gestion des institutions de microfinance sur leurs performances. Essama, Kamga et Zama évaluent spécifiquement le rôle que les conseils d'administration et les systèmes comptables peuvent jouer dans l'efficience avec laquelle les institutions de microfinance utilisent leurs ressources. Les auteurs concluent qu'entre 17 et 22 % des IMF peuvent être classées comme efficaces avec un niveau moyen d'efficacité qui a varié entre 2006 et 2008 de 60.37 % (2006), à 57.78 % (2007) et 58.69 % (2008). Les résultats indiquent aussi que le fonctionnement des conseils d'administration améliore l'efficience des IMF et garantit leurs viabilités.

Ngoa-Tabi et Atangana Ondoa examinent dans le chapitre 9 les différents niveaux d'efficacité des institutions de microfinance au Cameroun entre les années 2006 et 2008. L'étude identifie aussi les facteurs d'efficacité. Les auteurs utilisent l'approche de Malmquist pour le premier aspect et un modèle Tobit pour le deuxième aspect. Les résultats montrent que 50 % d'IMF n'ont pas réussi à améliorer le niveau de leur efficacité pur ni de leur productivité globale des facteurs de production. 70 % d'entre elles ont amélioré l'efficacité d'échelle. Il ressort de ces résultats que la performance des IMF est influencée par la région, le taux de pauvreté, le taux de chômage, le taux créditeur, le pourcentage des ménages épargnants dans la localité, le pourcentage des femmes et le milieu rural.

Dans le chapitre 10, Tchouassi, Njikam et Tankoua abordent la question de la microassurance, un autre produit de la microfinance. Les auteurs évaluent les indices de productivité de Malmquist des unités de microassurance et ensuite les décomposent en composantes efficacité technique et progrès technique. L'étude portant sur vingt unités de microassurance montre qu'en 2005, 35 % d'entre elles ont enregistré une amélioration de leur performance productive. En 2007 ce chiffre est passé à 40 %. L'analyse de l'évolution de la productivité montre qu'entre 2005 et 2007, sur les unités qui avaient initialement des indices de productivités supérieures à l'unité, la productivité s'améliore dans quatre unités de microassurances et se détériore dans deux unités. Les résultats de l'analyse des facteurs qui influencent la productivité des unités de microassurance suggèrent que l'efficacité technique et l'innovation (une unité), l'efficacité technique – meilleure gestion, meilleures ressources humaines, meilleurs équipements – (trois unités), et pour l'ensemble des unités la qualité de l'institution mesurée par la protection des droits de propriété et le niveau d'éducation des dirigeants des différentes unités, sont les principaux déterminants de leur performance productive.

**Partie III: Impacts du système micro-financier**

Dans le chapitre 11, l'étude porte sur le choix que les pauvres font en investissant dans la microfinance. Plus précisément, elle montre comment s'opère le choix du pauvre entre les différents types d'investissements et de risques. Elle analyse comment varie ce choix en fonction du type et du montant du microcrédit et examine les facteurs qui déterminent le choix du risque. Les auteurs de cette étude constatent que le commerce est l'activité vers laquelle on devait orienter les bénéficiaires des services de microcrédit, celle-ci s'étant avéré leur choix dominant. Les résultats montrent que les secteurs de l'agriculture et de service entrent dans le choix des bénéficiaires, après le commerce, lorsqu'il y a une augmentation des fonds disponibles pour le microcrédit. Il va de soi que les pouvoirs publiques doivent améliorer les infrastructures afin d'attirer les pauvres vers les activités rémunératrices.

Le chapitre 12 de Sikod et Baye évalue à quel point la microfinance contribue à la réduction de la pauvreté au Cameroun. L'étude examine l'impact de la microfinance sur le bien-être économique des ménages au Cameroun. Elle essaie ensuite de déterminer les facteurs qui influencent l'accès des ménages aux prêts de la microfinance. Enfin, les auteurs entreprennent une désagrégation des effets de la microfinance selon les sources du bien-être, la résidence et le genre. Les auteurs arrivent à cinq conclusions intéressantes. Premièrement, l'accès aux microcrédits est fortement associé avec le bien-être de ménage. Deuxièmement, dans les zones rurales, le microcrédit a une forte corrélation avec le bien-être du ménage, ce qui n'est pas le cas dans les zones urbaines. Troisièmement, il y a une corrélation entre l'éducation et le bien-être du ménage dans les zones urbaines contrairement aux zones rurales. Quatrièmement, l'accès au crédit et à l'éducation est significativement associé avec le bien-être familial dans les ménages où les hommes sont les chefs des ménages. Enfin, l'éducation a une forte corrélation avec le bien-être dans les ménages où les femmes sont les chefs des ménages.

Dans le chapitre 13, les auteurs constatent que les indicateurs de la pauvreté non-monétaire se sont améliorés en milieu urbain alors que la pauvreté en milieu rural s'est accentuée entre 2001 et 2007 au Cameroun. L'étude évalue l'incidence des caractéristiques individuelles et environnementales des emprunteurs pauvres sur la pauvreté monétaire et non-monétaire. Sur la base du concept de la pauvreté monétaire, les résultats de l'étude montrent que la variation du revenu post-crédit est positivement influencée par le lieu de travail et le niveau de la scolarisation. Il est aussi montré que le fait d'être ouvrier aussi bien que la distance d'approvisionnement affectent négativement la variation post-crédit du revenu. Par rapport au concept de la pauvreté non-monétaire, l'étude met en évidence une relation inverse entre la pauvreté et le niveau d'éducation. Au vue de ces résultats, les auteurs interpellent les autorités compétentes pour l'encadrement éducatif des couches vulnérables de la population clientes des EMF.

Les auteurs du le chapitre 14 (Kendo, Saidou et Ntsama) analysent l'impact des services de microfinance sur la productivité des micro-agriculteurs. L'étude examine comment la microfinance améliore ou pas la productivité de cette majorité d'agriculteurs qui est exclue du système bancaire conventionnel. Un résultat assez important de cette étude est la révélation de l'existence, selon les auteurs, d'une relation positive entre l'accès aux crédits et la productivité agricole des petits exploitants. Les données empiriques indiquent qu'un exploitant ayant accès aux microcrédits augmenterait sa productivité d'environ 29 % par rapport à celui qui n'y a pas eu accès. Cela dit, le taux de pénétration de la population pauvre constituée majoritairement de micro-agriculteurs, aux microcrédits, reste très faible (4 %).

Dans le chapitre 15, les auteurs se focalisent sur un nouveau produit de la microfinance, le transfert d'argent. L'étude met l'accent sur l'évaluation de l'influence de ce produit sur la consommation des soins de santé. Ce chapitre répond à la question de l'utilisation des transferts de fonds pour les dépenses des ménages qui est essentielle au bien-être des familles pauvres. Moulemvo et Mafouta constatent qu'il y a une forte concentration des micros-transferts d'argent dans les ménages non pauvres. Les résultats montrent que le bénéfice d'un transfert d'argent n'accroît ni le recours aux soins ni la dépense de santé effectués par les ménages pauvres

Makosso, dans le chapitre 16, entreprend une évaluation empirique de l'impact de la microfinance sur la scolarisation des enfants des ménages pauvres au Congo. Ce chapitre explore un effet potentiellement négatif sur la scolarisation des enfants qui devrait avoir des implications pour la prise de décisions. L'auteur montre que l'accès au crédit n'a pas eu un effet significatif par rapport à la scolarisation des enfants, ce qui implique que la microfinance n'a pas produit l'impact attendu sur la scolarisation des enfants des pauvres. Makosso observe que le fait que l'accès au crédit ne singularise pas les bénéficiaires des non bénéficiaires en ce que concerne la scolarisation des enfants à charge, peut laisser penser que soit ces crédits sont insuffisants, soit qu'ils servent plutôt à régler des problèmes sociaux autres que la scolarité, soit enfin qu'ils constituent un facteur susceptible de détourner les enfants de la scolarisation.

Le chapitre 17 par Mezui Mbeng et Angoue Angozogo analyse l'impact de la microfinance à partir de l'expérience de Tchibanga au Gabon. L'étude s'intéresse spécifiquement aux jeunes filles mères afin de savoir si la microfinance a servi comme un instrument d'émancipation et de promotion de la condition féminine par le biais d'une modification dans le système économique et social des intéressées. Sur la base des résultats de Tchibanga, les auteurs déterminent aussi si cette expérience peut être renouvelée et servir de modèle dans le reste du Gabon. Les résultats de cette étude suggèrent que la microfinance n'a pas eu d'impact significatif durable sur l'amélioration des conditions de vie des bénéficiaires. Les auteurs notent que les conditions d'emprunts (montants faibles, taux d'intérêt probablement élevé, échéance trop courte) et l'absence d'un cadre d'accompagnement dans l'exécution des projets peuvent avoir limité les avantages du microcrédit. Cette conclusion appelle, tous les acteurs du secteur, à un meilleur encadrement des conditions d'emprunt et d'accompagnement.

Le dernier chapitre synthétise les principales conclusions des diverses études. Des axes de recherche futurs sont aussi identifiés.

### Références Bibliographiques

Armendariz, Beatrice & Johnathan Morduch (2010), *The Economics of Microfinance.* Cambridge, MA: Massachusetts Institute of Technology, 2nd Edition.

Banerjee, A. V. (2013), 'Microcredit Under the Microscope: What Have We Learned in the Past Two Decades, and What Do We Need to Know?' *Annual Review of Economics* 5:487-519.

Bornstein, David (1997), *The Price of a Dream: The Story of the Grameen Bank.* Chicago: University of Chicago Press.

De Soto, Hernando (2000), *The Mystery of Capital: Why capital triumphs in the West and fails everywhere else.* New York: Basic Books.

Dokulilova, Lenka, Karel Janda & Pavel Zetek (2009), 'Sustainability of Microfinance Institutions in Financial Crisis', MPRA Paper No. 17696.

Glisovic, J. & M. Martinez (2012) 'Financing Small Enterprises: What Role for Microfinance Institutions?' *CGAP Focus Note No. 81*. CGAP: Washington, D.C.

Steel, William F., Ernest Aryeetey, Hemala Hettige & Machiko Nasanke (1997), 'Informal financial markets under liberalization in four African countries.' *World Development* 25(5):817-830.

Stiglitz, Joseph & Andrew Weiss (1981), 'Credit rationing in markets with imperfect information.' *American Economic Review* 71:393-410.

Todd, Helen (1996), *Women at the Center: Grameen Bank Borrowers after One Decade*. Dhaka: University Press Ltd.

Yunus, Muhammad (2001), *Banker to the Poor: The Autobiography of Muhammad Yunus, Founder of the Grameen Bank*. New York: Oxford University Press.

# CHAPITRE 1

## L'ACCÈS DES FEMMES AU MICROCRÉDIT AU CAMEROUN

**Manfred Kouty, Patrice Ongono & Doline Ngo Ngueda**

*Faculté des Sciences Economiques et de Gestion, Université de Yaoundé II, Soa, Cameroun (koutymanfred@yahoo.fr)*

### RÉSUMÉ

Cette étude identifie les déterminants de l'accès des femmes au microcrédit au Cameroun. Les résultats obtenus sur la base des données de l'enquête menée par le Centre d'études et de recherche en économie et gestion (CEREG) en 2009, montrent que les femmes ne subissent pas de discrimination dans l'octroi des microcrédits. Au contraire, le statut de femme accroît la probabilité d'y avoir accès. Cependant d'autres variables telles que le taux d'intérêt, le montant de l'emprunt et l'âge peuvent également expliquer l'accès des femmes au microcrédit.

*Mots clés: microcrédit, pauvreté, modèle logit.*

## 1. Introduction

L'importance du crédit pour le développement d'une économie est bien connue. Le crédit permet le financement des investissements qui sont le principal moteur de la croissance économique, élément essentiel pour le développement en général et la lutte contre la pauvreté en particulier. Conscients de ce fait, les gouvernements des pays en voie de développement et notamment ceux de l'Afrique subsaharienne, vont massivement intervenir dans le secteur financier durant la période 1950-1980. La stratégie centrale de financement du développement mise en œuvre s'articulera principalement autour du plafonnement des taux d'intérêts bancaires, de la sélectivité du crédit et des restrictions à l'entrée dans l'industrie bancaire (Adams *et al.*, 1984).

Les difficultés économiques rencontrées au début des années 80 et la chute des taux de remboursement des crédits contractés, vont marquer l'échec de cette politique interventionniste de l'État dans le système financier. Encore qualifiée de répression financière[2] (McKinnon, 1973; Shaw, 1973) cette politique n'aura permis

---

[2] Politique consistant à fixer le taux d'intérêt en dessous de son niveau d'équilibre de marché.

ni accumulation du capital, ni diversification de la base productive de l'économie, ni apparition d'un secteur privé solide dans la majorité des pays africains. Son impact négatif sur l'épargne et la croissance économique va entraîner au début des années 90, suite à l'adoption des PAS[3], une généralisation de la libéralisation financière fondée sur la libéralisation des taux d'intérêt, la levée des quotas de crédit et la privatisation des entreprises financières.

Toutefois, si l'on peut admettre que la libéralisation financière a permis de restaurer la confiance et de renforcer la solidité des banques, elle n'a pas su répondre aux attentes des populations, en particulier les plus démunies (Taylor, 1983; Van Vijnbergen, 1982). Dans les pays africains qui l'ont adoptée, on a noté une hausse exagérée du coût du crédit et une faible expansion financière en faveur des défavorisés. Les nouvelles banques créées avec des capitaux totalement privés vont adopter un comportement restrictif dans l'octroi du crédit. Les populations pauvres ne pouvant pas disposer des garanties nécessaires pour bénéficier d'un crédit dans ce circuit formel, elles seront totalement exclues du système financier conventionnel. (Khalily et Meyer, 1993; Sambe, 1997). C'est dans ce contexte que vont naître et se développer les établissements de microfinance (EMF).

Les EMF sont donc supposés répondre aux préoccupations des populations pauvres exclues des services du système financier formel en leur accordant des microcrédits – des crédits de petite taille – et en rémunérant leurs petites épargnes. Grâce à la réduction des procédures administratives, les services proposés par ces institutions ont montré sous d'autres cieux[4] leur capacité à atteindre les populations pauvres en général et les femmes en particulier. En effet, la représentation des femmes est bien plus importante que celle des hommes parmi les personnes les plus pauvres dans le monde. Dans son Rapport sur le Développement Humain de 1995 (PNUD, 1995), le Programme des nations unies pour le développment (PNUD) souligne que 70 % des 1,3 milliard de personnes vivant avec moins d'un dollar américain par jour sont des femmes[5]. Selon le rapport de la Banque Mondiale (2000), aucun développement durable n'est possible si les femmes n'ont pas accès aux ressources nécessaires pour satisfaire leurs besoins vitaux. Celles-ci consacrent en effet la plus grande part de leurs revenus aux besoins de leur famille (Hofmann et Marius-Gnanou, 2001). Une augmentation du revenu chez la femme améliore donc davantage les conditions de vie familiale qu'une augmentation du revenu chez l'homme. Le PNUD établit une très forte corrélation entre les mesures visant le renforcement du pouvoir d'action des femmes (women empowerment) et on indice sur le développement humain (IDH).

---

[3] Politique d'Ajustement Structurel.
[4] L'exemple le plus répandu est celui de la Grameen Bank fondée par Mohammad Yunus au Bangladesh.
[5] D'où le concept de « féminisation » de la pauvreté.

Au Cameroun, pays membre de la Communauté économique et monétaire de l'Afrique centrale (CEMAC) dans lequel la microfinance connaît le plus grand essor, les femmes continuent d'exercer des activités précaires et représentent l'une des couches les plus vulnérables de la population. Le caractère informel de leurs activités ne leur permet pas d'accéder aux circuits financiers formels (Hussein et Hussain, 2003; Brunel, 2000). Les femmes restent sous-représentées dans la proportion des individus ayant accès au microcrédit. L'on pourrait ainsi penser qu'elles ne bénéficient pas des mêmes conditions d'accès au microcrédit que les hommes. Pour certains, il existerait une discrimination de sexe dans la distribution des crédits par les EMF. Toutefois, aucune étude scientifique n'a eu encore à évaluer au plan empirique, la possibilité d'une discrimination de sexe dans la distribution de ces crédits au Cameroun. Les quelques études réalisées sont purement de nature descriptive. Ce travail entend combler ce gap en essayant d'identifier les principaux facteurs déterminants de l'accès des femmes camerounaises au microcrédit. L'étude vise donc à apporter des éléments de réponse aux deux questions suivantes: (a) existe-t-il une discrimination de sexe dans la distribution du microcrédit au Cameroun? (b) quels sont pour les femmes les principaux facteurs déterminants de l'accès au microcrédit?

La présente étude s'articule comme suit: après la section introductive, la section 2 est consacrée à la revue de la littérature; la section 3 fait l'état des lieux de la microfinance au Cameroun; la section 4 présente la méthodologie et les résultats de l'étude; la section 5 enfin est consacrée à la conclusion et aux recommandations.

## 2. Revue de la littérature

La littérature semble unanime sur le fait que l'accès des femmes au microcrédit est un moyen efficace de lutte contre la pauvreté. Selon Johnson et Rogaly (1997), cibler les femmes pour des initiatives de microfinance peut se justifier en termes de viabilité financière des EMF. L'exemple de la Grameen Bank montre que les femmes sont plus fiables et plus régulières dans les remboursements que les hommes. Ce constat, accompagné d'une efficacité accrue en termes de lutte contre la pauvreté, explique l'orientation du microcrédit sur les femmes.

Dans leurs différentes études, Mayoux (2001) et Kabeer (1998) concluent qu'en donnant aux femmes l'accès à des fonds de roulement et à des formations spécifiques, la microfinance aide à mobiliser la capacité de production pour réduire la pauvreté et maximiser le rendement économique. Baden et Milward (1995) ont prouvé que les femmes dépensent une plus grande partie de leurs revenus pour leurs foyers. Selon le Women's Entrepreneurship Development Trust Fund (WEDTF), le revenu supplémentaire des femmes bénéficie à leurs enfants, particulièrement en termes d'éducation, de régime alimentaire, de soins médicaux et d'habillement. Ainsi, 55 % du revenu supplémentaire des femmes est utilisé pour acheter des biens nécessaires au foyer, 18 % pour la scolarisation et 15 % est dépensé pour l'habillement. Les femmes ont tendance à ne rien garder pour elles-mêmes, ce qui, dans une famille gérée par les femmes, laisse plus d'argent disponible pour les dépenses collectives du foyer. Cependant, Kabeer (1999) souligne que ce comportement peut être différent lorsque les femmes s'émancipent et ont accès à de nouvelles options leur donnant la possibilité de faire des choix de vie qui sont les meilleurs pour elles-mêmes.

Todd (1996) quant à elle, montre que l'habilité d'une femme à transformer sa vie au travers du processus de services financiers est influencée par de nombreux facteurs. Certains d'entre eux sont liés à sa situation et ses capacités individuelles, d'autres à son environnement et au statut des femmes en tant que groupe. Analysant un échantillon de familles au Bangladesh, elle trouve que les familles qui ont le plus réussi sont celles où maris et femmes travaillaient en partenariat et où les deux sont des acteurs économiques importants. Elle trouve aussi que parmi les 40 emprunteuses qu'elle a interrogées, 10 n'avaient pas le contrôle de leur crédit et le remettaient soit à leur mari, soit à un autre homme du foyer, ce qui traduisait une situation d'exploitation encore plus poussée. Goetz et Sen Gupta (1999) trouvent aussi dans leur étude que le pourcentage de femmes qui avaient peu ou pas de contrôle sur les crédits allaient de 10 % dans la Grameen Bank à 63 % dans RD-12, un programme de crédit gouvernemental au Bangladesh.

Selon Sambe et Agbobli (1997), de nombreuses institutions proposant du microcrédit, soucieuses de leur viabilité financière évitent de prendre les risques qu'implique le financement des plus pauvres. Même si les femmes pauvres ont de plus en plus la réputation de « compenser par leur sérieux les faiblesses de leurs conditions économiques », on constate néanmoins que la nature et la taille de leur activité économique ainsi que le volume de crédit qui en découle, ne leur permet pas de générer des bénéfices suffisants pour qu'elles puissent franchir durablement le seuil de la pauvreté (Vincent, 2000). L'expérience montre que même si leurs revenus augmentent très nettement au cours de leur première année d'activité, ils plafonnent ensuite très vite et s'essoufflent.

Selon Peemans-Poullet (2000), les taux d'intérêt pratiqués par les EMF se rapprochent des taux d'intérêt usuriers (20 % dans le cas de la Grameen Bank). Pour qu'une activité génératrice de revenus financée par des crédits soit rentable à ces taux, la marge de bénéfice doit être très importante. Par ailleurs, certains auteurs soulignent l'importance d'une taille critique des crédits qui doit être dépassée pour pouvoir créer des petites entreprises ou des emplois nouveaux (Vincent, 2000).

S'agissant spécifiquement du Cameroun, les études scientifiques prenant en compte l'aspect genre dans l'impact de la microfinance sur la réduction de la pauvreté restent peu nombreuses. Celles qui ont été réalisées se limitent à dresser un ensemble de statistiques sur les crédits octroyés ainsi que sur l'évolution des EMF (Akpaca et Caugant, 1992; Guérin, 1996; Tékam et Tchouassi, 2003; Heen, 2004).

## 3. État des lieux de la microfinance au Cameroun

La microfinance sous sa forme traditionnelle (tontine) existe depuis plus d'un siècle au Cameroun. Elle a démarré formellement en 1963 avec la création de la première coopérative d'épargne et de crédit (« credit union » ou caisse populaire) en zone anglophone du Cameroun sous l'impulsion de missionnaires hollandais[6]. Cependant la microfinance n'a connu un essor remarquable qu'à partir du début des années 90 à la faveur des lois n° 90/053 du 19 décembre 1990 sur la liberté d'association, et n° 92/006 du 14 août 1992 relative aux sociétés coopératives et aux groupes d'initiative commune. Depuis lors, on peut observer trois principales phases dans l'évolution du secteur. Une première phase marquée par un manque de contrôle, une deuxième marquée par l'application d'une réglementation et enfin, une troisième que l'on peut qualifier de post réglementation.

### *L'expansion du secteur: le manque de réglementation*

Trois facteurs principaux ont favorisé l'éclosion et l'expansion rapide des EMF au Cameroun. En premier lieu, la grave crise des années 80 qui a sévèrement affecté l'économie du pays a entraîné des restructurations profondes menées dans tous les secteurs d'activité. Dans le domaine bancaire, les nombreuses pertes des petits épargnants ont accru chez les populations un climat de défiance. Ces faillites ont également provoqué des licenciements massifs, notamment des cadres de banque expérimentés qui se sont lancés dans la création incontrôlée d'EMF. Suite à la mise en œuvre des plans de restructuration, les banques classiques ont durci les conditions d'accès au crédit, ce qui a eu pour conséquence la marginalisation d'une plus grande frange de la population et une aggravation de la sous-bancarisation. Les structures de microfinance se sont donc révélées de plus en plus attractives par leur proximité et la simplicité de leur approche commerciale.

En second lieu, au plan international, ce mouvement s'est amplifié parce que la microfinance est désormais considérée comme un des vecteurs essentiels de la lutte contre la pauvreté. Hormis les services complémentaires (alphabétisation, formation, santé, etc.) prévus dans leurs différents programmes, les bailleurs de fonds internationaux reconnaissent qu'une part significative des besoins cruciaux

---

[6] Ces Coopératives d'épargne et de crédit sont aujourd'hui regroupées au sein de la Cameroun Cooperative Credit Union League (CamCCUL), le plus grand réseau d'établissements de microfinance du Cameroun.

des populations marginalisées peut être satisfaite par des microcrédits pour lesquels les banques classiques ne sont pas disposées à intervenir.

Enfin, l'activité de microfinance au Cameroun s'est effectuée dans un cadre juridique particulièrement inadapté. La loi du 14 août 1992 a prévu des dispositions applicables aux seules coopératives d'épargne et de crédit, laissant de côté de nombreuses structures ayant opté pour une forme juridique différente. Par ailleurs, pour des coopératives exerçant des opérations de collecte de l'épargne et de distribution de crédit, l'autorité de tutelle était le Ministère de l'Agriculture alors qu'elle aurait dû être le ministère chargée de la Monnaie et du Crédit. De surcroît, aucune autorité de contrôle n'a été prévue. Cet environnement a contribué non seulement à un développement incontrôlé des structures de microfinance, mais aussi à de nombreux cas de faillite qui ont asséché les maigres économies des populations.

### La réglementation du secteur

Conscients de la nécessité de remédier à cette situation, l'autorité monétaire (ministère des Finances) va prendre le contrôle du secteur en 1998. Toutes les coopératives d'épargne et de crédit sont désormais soumises au régime d'agrément et au contrôle du ministère des Finances. Afin de proposer la réglementation la mieux adaptée, il s'est avéré nécessaire de catégoriser les EMF. La catégorisation proposée distingue les structures exerçant une activité d'épargne et de crédit (première et deuxième catégories) de celles ayant exclusivement une activité de crédit (troisième catégorie). Parmi les structures collectant l'épargne et accordant des crédits, il faut distinguer celles formées par des groupes solidaires dont les services s'adressent exclusivement aux membres, de celles faisant appel à l'épargne du public et ayant le statut de société commerciale: c'est le sens de la distinction entre les première et deuxième catégories. En raison de l'appel à l'épargne du public, les structures de microfinance de la deuxième catégorie font l'objet de dispositions réglementaires plus contraignantes.

### L'après règlementation

Selon la Commission bancaire de l'Afrique centrale (COBAC), à la fin de l'année 2006, on dénombre sur le territoire camerounais 490 EMF (en baisse par rapport aux 652 EMF recensés en 2000) mais avec 1 052 guichets contre 700 en 2000. On dénombre également à la fin de l'année 2006, six réseaux regroupant 252 EMF. Il s'agit du réseau CAMCCUL (177 EMF), des deux réseaux CVECA

(41 EMF) et des trois réseaux Caisses mutuelles d'épargne et de crédit (CMEC) (34 EMF)[7].

Les actions d'assainissement du secteur de la microfinance au Cameroun ont entraîné un renforcement des fonds propres des EMF qui sont passés de 3 milliards de francs CFA en 2000 à plus de 19 milliards de FCFA fin 2006. Le total des dépôts collectés par les EMF à la fin de 2006 est de 162 milliards de FCFA (contre 38 milliards de FCFA en 2000). Les cinq EMF les plus importants (en encours d'épargne) sont: les EMF du réseau CAMCCUL (44 milliards de FCFA), Coopérative finacière de l'estuaire (COFINEST), (17 milliards de FCFA), First Trust (11 milliards de FCFA), CCA (10 milliards de FCFA), et les MC2 (9,9 milliards de FCFA). S'agissant du total d'encours de crédit brut, il s'élève à 104 milliards de FCFA (contre 28 milliards de FCFA en 2000).

A la fin de l'année 2006, l'encours total des dépôts collectés par les EMF au Cameroun représente 12 % des dépôts collectés par le secteur bancaire (contre 6 % en 2000), tandis que l'encours brut des crédits atteint 10,4 % du secteur bancaire (contre 4,3 % en 2000). Le secteur de la microfinance camerounais est le plus prolifique de la CEMAC. Il concentre 67 % du nombre total des EMF, 72 % du nombre total des guichets, 70 % du total des membres/clients, 69 % de l'encours des dépôts, et 82 % de l'encours brut des crédits.

Malgré la forte densification et l'expansion territoriale des EMF au Cameroun (tous les départements sont couverts par les EMF), on note cependant leur inégale répartition sur le territoire national. En 2002, 52 % des EMF fonctionnelles étaient implantées en zone urbaine contre 48 % en zone rurale. Trois des dix provinces au Cameroun, à savoir le Nord-Ouest, le Centre et le Littoral, comptaient 60 % des EMF fonctionnelles, les provinces du Sud-Ouest, de l'Ouest et de l'Extrême-Nord comprenaient 28,7 % de l'ensemble des EMF, tandis que les provinces de l'Est, du Nord, du Sud et de l'Adamaoua ne concentraient que 11,3 % des EMF. Il convient cependant de signaler que ces dernières provinces ont les densités de population les plus faibles aussi.

### 4. Méthodologie de l'étude

Les données utilisées dans cette étude sont issues de l'enquête menée par le CEREG de l'Université de Yaoundé II auprès des individus bénéficiaires et non bénéficiaires des services offerts par les EMF. Les régions concernées sont celles du Centre, du Littoral, de l'Ouest, du Nord-Ouest et du Sud-Ouest du Cameroun. Avant de présenter le modèle à estimer, nous faisons d'abord une analyse statistique des données.

---

[7]  Voir Creusot (2006).

*Analyse statistique des données*

Pour procéder à notre évaluation empirique, il convient d'exclure de l'échantillon, les individus n'ayant pas sollicité un microcrédit auprès des EMF. En effet, sur les 358 individus, seulement 240 ont effectivement sollicité un crédit auprès des EMF, 108 ne l'ont pas fait et 10 n'ont pas donné de réponse. Nous considérons que les individus n'ayant pas donné de réponse n'ont pas sollicité de crédit. Ces individus n'ont donc aucune idée ni du taux d'intérêt pratiqué, ni du caractère contraignant ou non de la garantie exigée. Etant donné que ces variables entrent dans les variables explicatives de notre modèle nous avons exclu ces individus de l'échantillon et l'estimation a été faite uniquement avec des individus ayant effectivement sollicité un microcrédit auprès des EMF.

L'enquête a été réalisée dans cinq régions du Cameroun. L'échantillon comprend 240 individus dont 62 sont de la province du Centre, 56 du Littoral, 49 de la province de l'Ouest, 23 sont du Nord-Ouest et 50 sont du Sud-Ouest. La répartition de ces individus par secteur d'activité est faite dans le Tableau 1.1 ci-après.

**Tableau 1.1: Repartition par secteur d'activite des individus ayant sollicite un credit**

| Type d'activité | Total | Hommes | Femmes |
|---|---|---|---|
| Ouvriers | 15 | 12 | 3 |
| Artisans | 8 | 6 | 2 |
| Exploitants agricoles | 37 | 27 | 10 |
| Commerçants/ transporteurs | 101 | 68 | 33 |
| Hommes d'affaires | 13 | 9 | 4 |
| Fonctionnaires/ employé de bureau | 36 | 25 | 11 |
| Groupement féminin | 3 | 1 | 2 |
| Autres | 27 | 21 | 6 |
| Total | 240 | 169 | 71 |

*Source: Données de l'enquête du CEREG.*

Ce tableau montre que pour tous les secteurs d'activité étudiés, les hommes sollicitent plus le microcrédit que les femmes. Sur les 240 personnes ayant sollicité le microcrédit, 211 l'ont effectivement obtenu. La répartition des individus ayant obtenu un microcrédit est présentée dans le Tableau 1.2 ci-après.

Ces statistiques laissent croire que le microcrédit est beaucoup plus orienté vers les hommes. A l'exception des groupements féminins, les hommes ont plus accès au microcrédit dans tous les secteurs d'activité. Sur 211 individus ayant bénéficié d'un microcrédit, 65 seulement (30,5 %) sont des femmes. Cela se confirme lorsqu'on calcule les valeurs relatives en faisant le rapport du nombre d'individus ayant obtenu un crédit sur le nombre total d'individus de la catégorie concernée. Cette analyse statistique des données effectuée, nous pouvons à présent passer à la présentation de notre modèle.

**Tableau 1.2: Répartition par secteur d'activité des individus ayant obtenu un crédit**

| Type d'activité | Total | Hommes | Femmes |
|---|---|---|---|
| Ouvriers | 11 | 8 | 3 |
| Artisans | 7 | 5 | 2 |
| Exploitants agricoles | 34 | 25 | 9 |
| Commerçants/ transporteurs | 90 | 59 | 31 |
| Hommes d'affaires | 13 | 09 | 4 |
| Fonctionnaires/ employés de bureau privé | 33 | 24 | 9 |
| Groupements féminins | 3 | 1 | 2 |
| Autres | 20 | 15 | 5 |
| Total | 211 | 146 | 65 |

*Source: Données de l'enquête du CEREG*

### *Présentation du modèle*

La variable d'intérêt utilisée dans notre modèle est de nature discrète et définie de la manière suivante:

$$ACCESS_i = \begin{cases} 1, \text{ si l'individu } i \text{ a bénéficié d'un microcrédit} \\ 0, \text{ sinon} \end{cases}$$

Le fait que la variable à expliquer soit binaire nous impose l'utilisation d'un modèle de choix binaire. Soit un vecteur de variables pouvant expliquer l'accès au crédit. Dans les modèles de choix binaire, l'intérêt est porté sur la probabilité associée aux différentes valeurs de la variable dépendante. Le modèle s'apparente donc à une distribution de Bernoulli à la seule différence que les variables sont conditionnées. On peut calculer l'espérance mathématique de la variable d'intérêt en associant une probabilité $P$ à chacune de ses valeurs:

$$E\left(ACCESS\bigg|_X\right) = 0 \times P\left(ACCESS = 0\bigg|_X\right) + 1 \times P\left(ACCESS = 1\bigg|_X\right) = P\left(ACCESS = 1\bigg|_X\right)$$

On s'intéresse donc à la probabilité que la variable   prenne la valeur 1 qui est donnée par:

P(Access = 1) = F (X β)

β est un vecteur de paramètres. Compte tenu de sa facile manipulation, nous considérons que  F = Δ est la fonction de répartition de la loi logistique[8]. Dans ce cas, on a:

$$P(ACCESS = 1) = \Delta\ (X\beta) = \frac{\exp(X\beta)}{1+ \exp(X\beta)}$$

Pour parvenir à nos résultats, l'estimation se fera en deux étapes. La première étape consiste à tester la possible discrimination de sexe dans l'octroi du microcrédit. L'échantillon utilisé contient donc aussi bien les femmes que les hommes et de manière explicite, le modèle peut se présenter comme suit:

*P (ACCESS = 1) = f (SEX, INT, GRT, DIST, EDU, ECHEANCE, MONTANT, TAILMAN, STATMAT, AGE, AGE², MOTIF, ECHEANCE, TACTIVITE, ε)*

Dans cette spécification,  ε est un terme d'erreur et les paramètres  β qui seront associés à ces variables ne sont pas des effets marginaux, mais, indiquent uniquement le sens de l'effet de la variable  $X_i$ sur la probabilité d'accès au crédit. La variable qui nous intéresse dans la première estimation est la variable  *SEX* qui représente le sexe de l'individu. Le signe du coefficient associé à cette variable nous permettra de tester l'existence d'une discrimination de sexe dans l'accès au microcrédit. Si ce signe est significativement négatif, alors, les femmes sont discriminées dans le marché du microcrédit. Le fait d'être une femme constitue donc en soi un obstacle majeur à l'obtention du microcrédit. Les variables sont définies dans le Tableau 1.3.

La variable *AGE²* permet de capter l'existence d'un effet de seuil entre l'âge d'un individu et l'accès au crédit. Le niveau d'éducation de l'individu est construit en supposant qu'il suffit juste de savoir lire et écrire pour comprendre et juger les procédures et les conditions exigées lors de la demande d'un microcrédit. Afin d'analyser l'impact de l'appartenance à un type d'activité sur la probabilité d'avoir accès au microcrédit, nous avons construit plusieurs variables que nous introduirons successivement dans le modèle. Ainsi, la variable *TACTIVITE₁* permet de capter le fait d'être ouvrier,  *TACTIVITE₂* capte le fait d'être artisan etc.

---

[8]   Il est possible de considérer que *F* est également la fonction de répartition de la loi normale auquel cas on a le modèle Probit, ou la fonction identité et on obtient le modèle de probabilité linéaire.

s'agissant des motifs de sollicitation de l'emprunt, il s'agit de l'achat de matériels et des intrants, des besoins de consommation, de la construction, des soins médicaux, des charges scolaires et de l'aide au conjoint.

**Tableau 1.3: Description des variables du modèle**

| Variable | Valeurs | Définition |
|---|---|---|
| SEX | 1, si l'individu est une femme; 0, sinon. | Sexe de l'individu. |
| INT | En pourcentage. | Taux d'intérêt exigé par l'établissement de microfinance lors de la sollicitation de l'emprunt. |
| GRT | 1, si la garantie est jugée inaccessible a l'individu; 0, sinon. | Garantie exigée par l'établissement de microfinance lors de la sollicitation de l'emprunt. |
| DIST | 1, si la distance est inférieure à 1 km; 0, si la distance est supérieure à 1 km. | Distance qui sépare l'individu de l'institution de microfinance la plus proche. |
| AGE | En années. | Age de l'individu |
| AGE$^2$ | En années. | Age carrée de l'individu |
| TAILMEN | Nombre | Taille de ménage; personnes directement pris en charge par le chef du ménage. |
| EDU | 1, si l'individu sait lire et écrire; 0, sinon. | Niveau d'éducation de l'individu. |
| ECHEANCE | En mois. | Echéance des remboursements. |
| MONTANT | En FCFA. | Montant de l'emprunt sollicité. |
| MOTIF$_i$ | 1, si l'individu sollicite l'emprunt pour le motif *i*; 0, sinon. | Motif de l'emprunt sollicité |
| STATMAT | 1, si l'individu est marie; 0, sinon. | Statut matrimonial |
| TACTIVITE$_i$ | 1, si l'individu exerce dans un secteur d'activité *i* | Secteur d'activité dans lequel exerce l'individu. |

La deuxième estimation nous permet d'identifier les facteurs qui peuvent expliquer l'accès des femmes au microcrédit. A cet effet, nous reprenons le modèle de la première estimation à la seule différence que la variable *SEXE* n'apparait plus comme variable explicative, et que les hommes ont été exclus de l'échantillon.

## 5. Résultats de l'étude

Nous présentons nos résultats en deux étapes. Dans la première, nous nous intéressons à l'impact de la nature du sexe de l'individu sur la probabilité d'accès au crédit. Les résultats du modèle logit estimé sont contenus dans le Tableau 1.4 ci-après:

**Tableau 1.4: Impact du sexe sur la probabilité d'accès au microcrédit**

| Variables | Coéfficients |
|---|---|
| SEX | 1,0217* |
| STATMAT | 0,0423 |
| GRT | 0,1811 |
| INT | -0,0365*** |
| DIST | 0,4258 |
| TAILMEN | -0,0164 |
| MOTIF | 1,0436** |
| MONTANT | 0,00003*** |
| ECHEANCE | 0,1454 |
| AGE | 0,1107* |
| AGE$^2$ | -0,0008 |

*** (**, *) *variable significative au seuil de 1 % (5 %, 10 %)*

Ces résultats montrent que le coefficient de la variable SEX est positif et significatif pour un seuil de 10 %. Cela révèle que contrairement aux prévisions, les femmes ne subissent pas de discrimination dans la distribution du microcrédit. Tout au contraire, le statut de femme accroît la probabilité d'avoir accès au microcrédit. Ce résultat suggère que toutes choses égales, une femme a plus de chance de bénéficier d'un crédit auprès des EMF. En d'autres termes, les EMF font beaucoup plus confiance aux femmes. Ce résultat confirme certaines études (Johnson et Rogaly, 1997; Kabeer, 1998; Mayoux, 2001) ayant établi que les taux de remboursement des microcrédits sont plus élevés chez les femmes que chez les hommes. Les autres variables déterminantes de l'accès au microcrédit aussi bien chez les hommes que chez les femmes sont le taux d'intérêt[9], le montant de l'emprunt et l'âge de l'individu (Tableau 1.5). Certains auteurs (Akangbe *et al.*, 2012; Abosede et Azeez, 2011) ont aussi trouvé les hommes aussi bien que les

[9] L'enquête de la COBAC réalisée en 2007 révèle que les taux d'intérêt débiteurs pratiqués par les établissements de microfinance en zone CEMAC sont très élevés et varient de 6 % à 78 % par an.

femmes font face aux mêmes contraintes citées ci-dessus. En plus, selon Abosede et Azeez, bien que l'octroi des fonds de la microfinance aux femmes les autonomise, il n'y a pas des preuves que ceci est bénéfique à la société.

La variable STATMAT qui capte le statut matrimonial de la femme montre que lorsqu'une femme est mariée, sa probabilité d'avoir accès au microcrédit diminue. La taille du ménage c'est-à-dire le nombre de personnes directement pris en charge par la femme réduit aussi sa probabilité d'accès au microcrédit. Quant à l'âge, le signe positif de la variable AGE et négatif de la variable AGE2 montre que la probabilité d'accès au crédit croît avec l'âge. Cependant, il existe un âge maximal au-delà duquel cette probabilité commence à décroître.

**Tableau 1.5: Variables déterminantes de l'accès des femmes au microcrédit**

| Variables | Coéfficients |
|---|---|
| STATMAT | -3,3642** |
| GRT | 0,02469 |
| TAILMEN | -0,06961*** |
| AGE | 0,3354** |
| AGE2 | -0,0027*** |

*** (**) variable significative au seuil de 1 % (5 %)

## 6. Conclusion

Cette étude s'est attelée à analyser les déterminants d'accès des femmes aux microcrédits au Cameroun. Les résultats économétriques montrent que contrairement à l'acception courante, les femmes ne subissent pas une discrimination directe dans l'octroi des crédits. Les variables déterminantes de l'obtention du microcrédit par les femmes sont le taux d'intérêt, le montant de l'emprunt et l'âge de l'individu, la taille du ménage et le statut matrimonial. Il est surprenant de voir que le statut matrimonial réduit la probabilité pour une femme d'obtenir le microcrédit. L'on pourrait penser que les femmes mariées, parce qu'elles laissent la gestion du microcrédit obtenu à leurs maris ont du mal à rembourser l'emprunt contracté, d'où la méfiance des EMF. Etant donné que le taux d'intérêt est un handicap sérieux à l'obtention du microcrédit par la femme, une politique efficace de lutte contre la pauvreté devrait permettre aux femmes de bénéficier des conditions particulières d'accès au crédit. Le gouvernement camerounais et principalement l'autorité de tutelle devrait prendre des mesures visant à rendre le coût du crédit plus accessible.

*Références Bibliographiques*

Abosede, A. & B. Azeez (2011), 'Microfinance and Gender in the Context of Millennium Development Goals (MDGs) in Nigeria', *Journal of Development and Agricultural Economics* 3(3):98-106.

Adams, D., D. Graham & J. D. von Pischke (1984), *Undermining Rural Development with Cheap Credit*. Boulder, CO: Westview Press.

Akangbe, H. O., O.O. Adeola & A.O. Ajayi (2012), 'The effectiveness of Microfinance Banks in reducing the poverty of men and women at Akinyele Local Government, Oyo State, Nigeria', *Journal of Development and Agricultural Economics* 4(5):132-140.

Akpaca, M. & G. Caugant (1992), *Les systèmes de financement rural au Cameroun*. Paris, CCCE.

Baden, S. & K. Milward (1995), 'Gender and Poverty', *BRIDGE Report*, no. 30, IDS Discussion paper, Sussex.

Banque Mondiale (2000). *Rapport sur le développement dans le monde 2000/2001-Combattre la pauvreté*. New York: Oxford University Press.

Brunel, S. (2000), 'Microcrédit: Fiction et réalité', *Action Contre la Faim* Aventure N°90.

Creusot, A. C. (2006), 'L'état des lieux de la microfinance au Cameroun',. *Bulletin d'information du mardi* (BIM) 9:1-5.

Goetz, A. M. & R. Sen Gupta (1999), Who takes the credit? Gender, power and control over loan use in rural credit programmes in Bangladesh, *World Development* 24(1):45-63.

Guérin, I. (1996), *Epargne crédit en milieu rural: méthodologie d'intervention, l'exemple de l'Ouest – Cameroun*. Mémoire de DEA non publié, Université Lyon 2, France.

Heen, S. (2004), 'The Role of Microcredit in Conflict and Displacement Mitigation: A Case Study in Cameroun', *The Fletcher Journal of International Development* 19:31-50.

Hofmann, E. & K. Marius-Gnanou (2001), L'approche « genre » dans la lutte contre la pauvreté: l'exemple de la microfinance. Communication présentée au colloque « Pauvreté et Développement durable », Bordeaux, France.

Hussein, M. & S. Hussain (2003), 'The Impact of Microfinance on Poverty and Gender Equity: Approaches and Evidence from Pakistan'. Islamabad: Pakistan Microfinance Network.

Johnson, S. & B. Rogaly (1997), *Microfinance and Poverty Reduction*, Oxford: Oxfam.

Kabeer, N. (1998). Can't buy me love? Re-evaluating gender, credit and empowerment in rural Bangladesh. IDS Discussion Paper No. 363, Institute of Development Studies, Sussex.

Kabeer, N. (1999), 'Resources, agency, achievement: reflections on the measurement of women's empowerment', *Development and Change* 30(3):435-64.

Khalily, M. A. & R. Meyer (1993), 'The Political Economy of Loan Recovery,' *Saving and Devel.* 17(1):23-38.

Mayoux, L. (2001), 'Tackling the down side: social capital, women's empowerment and microfinance in Cameroun', *Development and Change* 32:435-464.

McKinnon, R. I. (1973), *Money and Capital in Economic Development.* Washington, D.C: The Brookings Institution.

Peemans-Poullet, H. (2000), 'La miniaturisation de l'endettement des pays pauvres passe par les femmes', In: « Féminisme et développement », *Chronique Féministe, Bruxelles*, n° 71-72, février-mai, p. 60-66.

PNUD (1995), *Rapport mondial sur le développement humain 1995*, PNUD, Economica, Paris.

Sambe, B. & F. Agbobli (1997), UNDP Microfinance Assessment Report, Togo. Prepared as a component of the Microstart Feasibility Mission, Lomé, Togo.

Shaw, E. S. (1973), *Financial Deepening in Economic Development.* Oxford: Oxford University Press.

Taylor, L. (1983), *Structuralist Macroeconomics: Applicable Models for the Third World.* Basic Books. New York.

Tekam, O. H. & G. Tchouassi (2003), 'Microfinance et réduction de la pauvreté, le cas du Crédit du Sahel au Cameroun', *Revue Internationale de l'Economie Sociale* 288:80-88.

Todd, H. (1996). *Women at the Center: Grameen Bank Borrowers after One Decade.* New York: Westview Press.

Van Vijnbergen, S. (1982), 'Stagflationary Effects of Monetary Stabilization Policies: A Quantitative Analysis of South Korea', *Journal of Development Economics* 10(2):133-169.

Vincent, F. (2000), 'Le système du microcrédit permet-il le développement?', *Problèmes Économiques* n° 2666.

# CHAPITRE 2

## LES DÉTERMINANTS DE LA DEMANDE DES MICROCRÉDITS PAR LES MÉNAGES PAUVRES EN REPUBLIQUE DU CONGO

**René Samba & Eric Balamona**

*Centre d'Etudes et de Recherche sur les Analyses et Politiques Economiques (sambarene@yahoo.fr)*

## RÉSUMÉ

En République du Congo, la microfinance est utilisée comme instrument pour lutter contre la pauvreté dans le cadre du Document stratégique pour la réduction de la pauvreté (DSRP). L'octroi des microcrédits par les établissements de microfinance (EMF) aux personnes pauvres constitue à cet effet, un atout majeur dans le processus de réduction de la pauvreté.

Dans cette étude nous avons essayé d'identifier les déterminants de la demande des microcrédits par les ménages pauvres en République du Congo, de cerner les facteurs moteurs dans la demande des microcrédits, d'examiner les limites dans la formulation de la demande de microcrédit par les pauvres et enfin de suggérer les politiques permettant de promouvoir cette demande. Un modèle Probit a été utilisé pour les données d'une enquête réalisée à Brazzaville et à Gamboma sur un échantillon de 424 ménages pauvres. Des résultats obtenus, deux groupes se dégagent dans la détermination des facteurs de la demande de microcrédit par les pauvres, d'une part les facteurs individuels d'ordre économique, et d'autre part les éléments sociaux. S'agissant des facteurs individuels d'ordre économique, la demande de microcrédit augmente avec l'âge du chef de ménage, la taille moyenne du ménage, la profession exercée par le pauvre et le projet d'entreprendre une activité rémunératrice à la disposition du ménage pauvre. La dimension sociale, facteur déterminant de la demande de microcrédit par les pauvres est liée à des événements tels que le mariage, la naissance, la maladie grave, la construction tombale et le retrait de deuil. Pour atteindre les ménages les plus pauvres dans l'octroi des microcrédits et accroître la base de la demande reçue de microcrédit par les pauvres, trois recommandations ont été formulées. La première à l'égard de l'État, dans le cadre de l'élargissement des dépenses budgétaires pro pauvres ou ressources PPTE (pays pauvres très endettés) au secteur stratégique de la microfinance, la deuxième aux EMF, dans l'élaboration d'un manuel de politiques d'octroi de microcrédits pour atteindre les ménages frappés par la sévérité de la pauvreté et la troisième aux partenaires de développement et à la société civile dans l'organisation des focus en faveur de la demande des microcrédits par les ménages pauvres.

*Mots clés: microcrédits, pauvres, Brazzaville, demande, Gamboma, Congo et microfinance*

## 1. Introduction

Le développement de la microfinance et du microcrédit s'explique par la confluence de trois phénomènes: l'accroissement sans précédent de la pauvreté à travers le monde, l'expérience concluante de la Grameen Bank au Bangladesh, et l'adoption de nouveaux concepts de la Banque Mondiale dans le cadre des politiques d'ajustement structurel. La déclaration des Nations Unies, consacrant l'année 2005, l'année de la microfinance traduit l'importance que les nations du monde attachent à cette option pour venir à bout de la pauvreté.

La réussite des expériences de la Grameen Bank en Asie initiées par le Professeur Mohammed Yunus, dans le cadre de la lutte contre la pauvreté par l'octroi des microcrédits aux ménages pauvres, renforce l'idée selon laquelle la microfinance constitue bel et bien un instrument au service de la réduction de la pauvreté. La réussite asiatique a largement influencé les orientations de la communauté internationale à ce sujet.

Le vent de la mondialisation du marché de la microfinance a eu un impact positif au Congo, où la prise en compte des objectifs de lutte contre la pauvreté se fait suivant deux axes: d'une part, la facilité de la réduction de la pauvreté et la croissance dans le cadre de l'Initiative Pays pauvres très endettés (PPTE) et, d'autre part la place du volet microfinance dans la politique de lutte contre la pauvreté (Ministère du Plan, Conseil national de lutte contre la pauvreté (CNLP), 2006).

Les programmes de lutte contre la pauvreté contenus dans le (DSRP) et le plan national pour l'atteinte des Objectifs du millénaire pour le développement au Congo, mettent en exergue la microfinance comme instrument au service de la réduction de la pauvreté.

Avec un taux de pauvreté de 50,7 % au niveau national et 42,4 % dans la ville de Brazzaville, la pauvreté est devenue un phénomène préoccupant en République du Congo (Ministère du Plan, DSRP, 2005). La situation socio-économique des ménages s'est considérablement dégradée entre 1996 et 2009. Selon le PNUD (2005), le niveau de l'IDH a chuté de 0,50 à 0,44 et celui de la pauvreté humaine (IPH-1) est passé de 30,5 % à 34,5 % au cours de la même période.

Les ménages dont le nombre d'enfants est le plus élevé, ont les niveaux de consommation les plus bas et une probabilité plus forte d'être pauvre. Un enfant supplémentaire diminue la consommation d'environ 10 % et la présence d'un adolescent dans un ménage réduit la consommation de 20 % en milieu urbain et de 27 % en milieu rural. Un adulte homme supplémentaire, réduit davantage la consommation qu'un adulte féminin. Par contre, le sexe du chef de ménage n'influe nullement sur l'état de pauvreté (DSRP, 2008-2010).

L'objectif général de notre étude est d'analyser les déterminants de la demande des microcrédits par les ménages pauvres. De cet objectif, se dégagent trois objectifs spécifiques (1) identifier les facteurs contribuant à la formulation de la demande des microcrédits par les personnes pauvres; (2) cerner les limites des ménages pauvres dans la demande de microcrédit; et (3) suggérer les actions contribuant à améliorer l'accès des pauvres aux microcrédits.

**Contexte**

La réduction de la pauvreté par le biais de la microfinance, s'impose comme l'un des principes clé du nouveau cadre des politiques d'ajustement structurel. Selon l'étude sur l'enquête des ménages en République du Congo (ECOM, 2005), la pauvreté se caractérise par un ensemble de privations. Au niveau individuel, la pauvreté se caractérise par « l'incapacité de se nourrir, de se loger ou de se vêtir décemment, le rejet et l'exclusion de la société, le manque d'estime les uns pour les autres, la violation des droits individuels et humains » (DSRP, 2008-2010). Au niveau des services sociaux et des infrastructures de base, la pauvreté se définit comme «un accès limité au réseau de traitement et de distribution de l'eau potable; l'absence de dispositif d'assainissement, d'évacuation et de traitement des eaux usées; l'insuffisance de la production et de la distribution d'énergie; la faiblesse des systèmes de transport et de communication; l'absence des services de voirie » (DSRP, 2008-2010). S'agissant de la pauvreté monétaire, celle-ci se définit comme une insuffisance de revenus qui limite de manière forte les possibilités de consommation. La pauvreté monétaire révèle que plus de la moitié des congolais vivent dans la pauvreté, soit 50,7 % (Tableau 2.1). Au Congo, les enfants représentent la frange de la population la plus importante vivant en deçà du seuil de pauvreté, suivie de celle des femmes adultes avec un taux de 28,6 % (DSRP, 2008-2010).

Pour déterminer le seuil de pauvreté, le niveau des dépenses de consommation nécessaires à la couverture des besoins alimentaires des ménages a été déterminé sur la base de 2400 kilocalories par jour et par équivalent adulte. Il tient compte du seuil de pauvreté couramment utilisé par la Banque Mondiale pour les pays pauvres à bas revenu (1 dollar américain) au cours de 1985 par personne et par jour) (DSRP, 2008-2010).

**Tableau 2.1: Incidence de la pauvreté selon la localisation géographique**

|                  | *Taux de pauvreté ( %)* | *Part de la population ( %)* |
|------------------|:-----------------------:|:----------------------------:|
| Brazzaville      | 42,3                    | 24,2                         |
| Pointe-Noire     | 33,5                    | 15,5                         |
| Autres communes  | 58,4                    | 6,8                          |
| Semi urbain      | 67,4                    | 9,4                          |
| Milieu rural     | 64,8                    | 44,2                         |
| Total            | 50,7                    | 100,0                        |

*Source: Banque Mondiale (2007) à partir des résultats de l'ECOM 2005, citée par DSRP, 31 mars 2008, page 8.*

Selon la localisation géographique, les grandes villes ont des proportions de pauvres les plus faibles du pays, par contre la pauvreté est forte en zone semi-urbaine et en zone rurale. Selon le genre, la pauvreté est plus importante parmi les ménages dont le chef est une femme (58,2 %) contre 48,8 % lorsque le chef est homme (DSRP, 2008-2010).

Selon le DSRP, la pauvreté augmente avec l'âge du chef de ménage, du fait des charges familiales. En effet, l'âge du ménage est corrélé positivement avec l'expérience professionnelle; les chefs de ménage les plus âgés ont les revenus les plus élevés, mais du fait des charges familiales (taille des ménages et besoins croissants des enfants), la pauvreté a tendance à prendre des proportions considérables. Selon le niveau d'instruction du ménage, plus le niveau du ménage est faible, plus la pauvreté est importante chez ledit ménage.

Par ailleurs, la pauvreté a un lien avec la position du chef de ménage dans l'emploi. La pauvreté suit une hiérarchie sociale, l'incidence de la pauvreté étant la plus faible parmi les ménages dont le chef est cadre ou employeur.

Depuis les années 80, la microfinance bénéficie d'un appui actif des bailleurs de fonds qui contribuent de façon durable à son essor au niveau planétaire. L'activité de la microfinance est relativement jeune en République du Congo. Elle est marquée par une faible pénétration du territoire national, car elle ne couvre pas encore une large proportion du marché national.

Selon la Direction générale de la monnaie et du crédit (DGMC), le Congo compte 84 EMF, y compris les caisses du réseau Mutuelle Congolaise d'épargne et de crédit (MUCODEC). Les EMF sont concentrés en zone urbaine, notamment à Brazzaville (43) et à Pointe Noire (15). Le réseau MUCODEC bien que présent à l'intérieur du pays, compte 1 caisses à Brazzaville et 5 caisses à Pointe Noire. L'engouement affiché pour les villes s'explique par le fait que les citadins ont des besoins urgents de liquidité exprimés le plus souvent sous la forme de crédits ou microcrédits sociaux. Cette demande de crédits et autres microcrédits accordée par les EMF, dépend des garanties matérielles assurant la couverture du risque encouru par les EMF en octroyant les crédits. A ces garanties, il faut ajouter le fait que les populations urbaines sont en majorité, titulaires de revenus moyens qui les prédisposent à plus de solvabilité. La marginalisation du monde rural par les praticiens de la microfinance procède de la faiblesse de l'économie rurale. Les paysans n'ont pas en général un patrimoine pouvant leur servir de garantie aux opérations de microcrédit.

## 2. Revue de la littérature

Les années 70 traduisent les innovations sociales dans le secteur bancaire. On assiste à la création des EMF) qui prêtent de l'argent à des taux d'intérêt très bas aux ménages pauvres.

### *Historique des microcrédits*

En 1976, le Pr Mohamed Yunus inaugure l'expérience de la Grameen Bank dans le village de Joba. Il lance un programme de recherche-action pour étudier les possibilités de développer en milieu rural, un système bancaire s'adressant spécifiquement aux pauvres. Ce programme aboutit immédiatement à la mise en place d'un système de microcrédit de 200 à 400 francs français (FF) orientés vers des activités productives en faveur des pauvres en général et des femmes en particulier. Le taux d'intérêt en vigueur était de 20 % par an. Garantissant personnellement les prêts accordés aux pauvres, le Pr Yunus réussit à obtenir un taux de remboursement supérieur à 99 %, démontrant ainsi que les banques pouvaient sans risque traiter avec les pauvres (Banque Mondiale, 1999). Bien qu'ayant pris naissance au XIXème siècle en tant que phénomène en Europe, la microfinance a traversé l'Atlantique pour atteindre l'Amérique au XXème siècle et l'Afrique francophone et anglophone dans la période 1950-1960. Elle a pris un essor réel en tant que concept dans les années 1980-1990 avec la Grameen Bank (Bengladesh) et la Bancosol (Bolivie). Ces banques de pauvres se sont assignées comme objectif de transformer le cercle vicieux« faible revenu, faible épargne et investissement » en un cercle vertueux « faible revenu, injection de crédit, investissement, plus de revenu, plus d'épargne, plus d'investissement, plus de revenu ».

Le système de microcrédit consiste à faire des prêts de faible montant aux personnes démunies qui en ont besoin en vue d'entreprendre des activités créatrices de revenu dans le seul but d'améliorer leur niveau de vie. Le système de microcrédit initié par la Grameen Bank, en pleine vulgarisation à travers le monde, présente de nombreux avantages. L'exploitation des potentialités productives des populations pauvres, l'issue de sortie du cercle vicieux de la pauvreté, notamment pour les femmes, les externalités positives d'une amélioration de revenu des chefs des familles constituent les atouts majeurs de la microfinance dans le processus de la réduction de la pauvreté.

En République du Congo, les crédits octroyés par les EMF restent très faibles, rapportés à l'ensemble des dépôts; de même, la répartition des crédits par secteur d'activité reste insignifiante par EMF. A la MUCODEC, par exemple, les pourcentages de réalisation de crédits par activité se présentent en 2005 comme suit; 1,95 % (agriculture), 0,55 % (artisanat), 12,53 % (commerce), 13,28 % (habitat), 10,93 % (équipement), 8,99 % (social), 51,73 % (prêts automatiques sur salaires et prêts avancés sur salaires) (Zone franc, rapport annuel, 2006). La Caisse féminine d'épargne et de crédit mutuel (CFCM) a consacré en 2005 par exemple 8,87 % de crédits à l'agriculture, 7,85 % au petit équipement d'habitat et 0,82 % au social. La même année, le Fond d'action mutuelle (FAM) a consacré 1,3 % à l'agriculture; 1,12 % à l'élevage et 1 % à l'artisanat (Zone franc, rapport annuel, 2006). Le taux de pauvreté de 50,7 % (DSRP, 2006) et le faible pourcentage des crédits octroyés par les EMF dans les différents secteurs de l'économie prouvent suffisamment que nombre de ménages pauvres ne participent pas au système de microcrédit. Somme toute, nombre de ménages pauvres n'empruntent pas mais, préfèrent se contenter d'une épargne de précaution.

### Définition et objectifs des microcrédits

Il n'y a pas de consensus parmi les professionnels pour définir ce qu'est le microcrédit

#### Définition des microcrédits

Les uns influencés par les dirigeants du Sommet mondial de Washington et les autres plus nombreux partisans de prêts en monnaie locale. Les premiers estiment que tout crédit de plus de 100 dollars US n'est plus du microcrédit. Les seconds estiment que des prêts en monnaie locale allant de 100 à 5 000 voire 10 000 dollars US et plus, considèrent leurs prêts comme du microcrédit. Les expériences de la Grameen Bank du Pr Yunus se rangent dans la première catégorie.

Le microcrédit correspond à de petits prêts accordés à des taux d'intérêt en principe plus bas que ceux du marché. Pour certains organismes, ce taux est nul ou minime, pour d'autres il atteint les 20 % ou 30 %. Le microcrédit est destiné à aider au démarrage et à soutenir des activités des communautés et des familles les plus en difficulté. Le microcrédit est donc particulièrement lié à l'activité des travailleurs du secteur informel. Il est local et proche des individus. Il soutient les petits commerces, les achats de matériels et de bestiaux pour les exploitations rurales ou d'équipement pour les artisans. Ainsi, la demande des microcrédits par les ménages pauvres s'avère importante pour rompre avec le cercle vicieux de la pauvreté.

*Objectifs des microcrédits*

L'objectif primordial du microcrédit est de contribuer à l'éradication de la pauvreté grâce à une forme d'aide qui ne s'apparente plus à l'assistanat. Prêter de petites sommes à des personnes considérées comme non solvables selon les critères marchands permet de développer de nouvelles activités et de nouveaux emplois dans les pays en voie de développement en général, ceux de la CEMAC en particulier. A l'origine, les microcrédits étaient d'environ un dollar US. De nos jours, avec une moyenne de 100 dollars US, on estime que le nombre de bénéficiaires de ces prêts atteint 10 millions de personnes de par le monde. En février 1997, l'objectif que s'étaient fixés les acteurs de la microfinance lors du Sommet sur la microfinance était d'atteindre le chiffre de 100 millions de bénéficiaires.

En République du Congo, l'enquête sur la consommation portant sur 5 000 ménages qui a déterminé le seuil de pauvreté à 50,7 %, n'a jamais défini les ménages pauvres ayant demandé un microcrédit, ni ceux n'ayant pas formulé la demande d'un microcrédit.

**Les microcrédits comme instrument de développement**

En contribuant à la réduction de la pauvreté, les microcrédits s'inscrivent dans le processus du plan d'atteinte des Objectifs du millénaire pour le développement et de réalisation des DSRP nationaux. Les programmes actuels de la Banque Mondiale qui mettent l'accent sur le capital humain, le capital social et les capabilités, participent entre autres au renforcement de la demande de microcrédit par les personnes pauvres. Le capital humain (niveau d'instruction du pauvre), le capital social (relations du p auvre) et les capabilités (revenu du pauvre, projet et réalisation du projet du pauvre) sont des concepts qui permettent de mieux visualiser la microfinance au service de la réduction de la pauvreté. Le capital humain est la source indéniable du capital social et des capabilités. Dans la situation de la demande des microcrédits par les personnes pauvres, le capital humain joue un rôle fondamental. Le niveau d'étude du chef de ménage, celui du conjoint ou de la conjointe (primaire, secondaire et supérieur) sont déterminants dans la demande mais surtout dans le processus de la gestion du projet, une fois le microcrédit octroyé (Morduch, 1999). Le concept plus récent de capital social prolonge l'analyse du capital humain et pourrait éventuellement mieux cerner l'analyse des déterminants de la demande des services de microfinance par les personnes démunies. Le concept de capabilité utilisé par le Prix Nobel en économie (1998), A.K. Sen et repris par la Banque Mondiale, s'avère important dans l'analyse de la proximité entre la microfinance et les pauvres. Enjang Cheng (2007) dégage l'importance des variables relatives au capital humain et autres capabilités dans la détermination de la demande des services de microfinance par les pauvres. Guérin *et al.* (2011) identifient le rôle des facteurs socio-culturels sur la demande de la microfinance au Maroc. Au Pakistan, Kausar (2013) identifie un certain nombre des variables, y compris le taux d'intérêt, comme des variables déterminants pour la demande de la microfinance.

### 3. Méthodologie

La nature dichotomique de la variable dépendante (demande de microcrédit ou non) fait référence au modèle Probit.

### *Spécification du modèle*

L'approche relative au modèle Probit a été proposée par Goldberger (1964). On suppose qu'il existe une variable sous-jacente Yi* définie par la régression:

$Y_i^* = X_i + u_i$. En pratique, $Y_i^*$ n'est pas observable; on peut cependant observer une variable dummy Y définie par:

$Y_i = 1$ si $Y_i^* > 0$
$Y_i = 0$ sinon

Exemple dans notre cas Y = dmp: demande de microcrédit par les ménages pauvres.

Si $Y_i^* > 0$, le ménage pauvre a fait la demande de microcrédit ($Y_i = 1$); Si $Y_i^* < 0$, le ménage pauvre n'a pas fait la demande de microcrédit ($Y_i = 0$)

Par souci de simplicité, nous considérons que $u_i$ N (1, 0) i. e. $\square^2 = 1$

$$f(X) = \frac{1}{\sqrt{2\pi}} * exp\left\{-\frac{x^2}{2}\right\}; F(X) = P(X < x) = \Phi(x) = \int_{\infty}^{x} \frac{1}{\sqrt{2\pi}} * exp\left\{-\frac{t^2}{2}\right\} dt$$

$\mathbf{DGPY_i \in B\{1, \Phi(\beta'X_i)\}; \beta \in R^k}$ , avec: $\mathbf{Prob[Y_i = 1] = \{1 - \Phi(-\beta'X_i)\}}$

$$\Phi(-\beta'X_i) = \int_{\infty}^{-\beta xi} \frac{1}{\sqrt{2\pi}} \exp\left\{-\frac{t^2}{2}\right\} dt$$ , d'ou:

$$P[Y_i = 1] = 1 - \int_{-\infty}^{-\beta xi} \frac{1}{\sqrt{2\pi}} \exp\left\{-\frac{t^2}{2}\right\} dt$$

L'estimation des paramètres du modèle Probit s'est faite en utilisant la méthode de la statistique paramétrique, notamment la méthode du maximum de vraisemblance.

### Définition des variables du modèle

Les variables au nombre de dix-neuf dont une endogène et dix-huit exogènes, sont définies dans le Tableau 2.2 ainsi que leur nature et leur variabilité. Dmp est une variable qui représente la décision de demander ou non le microcrédit par les ménages pauvres et notée dmp. Elle est une variable inobservable définie en fonction de caractéristiques observables de Xi et ui est le terme d'erreur supposé normalement distribué avec une variance constante.

**Tableau 2.2: Définitions des variables et leur codification**

| Variable | Nature des variables |
|---|---|
| X1 = proj: le projet | Qualitative (1: avoir un projet; 0 si non) |
| X2 = natproj: la nature du projet (agriculture, élevage, artisanat, commerce) | Qualitative (commerce =1; agriculture =2; elevage =3; artisant =4; autre =5) |
| X3 = réaliseproj: la réalisation du projet | Qualitative (1: réaliser un projet; 0 si non) |
| X4 = dajm: la dépense alimentaire journalière par personne | Continue (nombre) |
| X5 = sexe: le facteur genre | Qualitative (1= homme; 0 = femme) |
| X6 = localité | Qualitative (1 = Brazaville; 0 = Gamboma) |
| X7 = simat: la situation matrimoniale | Qualitative (1=célibataire; 2=marié; 3=divorcé; 4- veuf; 5 = union libre) |
| X8 = nicm: le niveau d'éducation du chef de ménage homme | Qualitative (0=aucun; 1=primaire; 2=collège; 3= lycée; 4 = supérieur) |
| X9 = nicf: le niveau d'éducation du chef de ménage femme | Qualitative (0=aucun; 1=primaire; 2=collège; 3= lycée; 4 = supérieur) |
| X10 = taillem: la taille du ménage | Variable discrète (nombre) |
| X11 = mas: la microassurance | Qualitative (1=oui; 0= non) |
| X12 = mitr: le micro transfert | Qualitative (1=oui; 0= non) |
| X13 =mep: la micro épargne | Qualitative (1=oui; 0= non) |
| X14 = age: l'âge du chef de ménage | Continue (nombre) |
| X15 = prof: la situation professionnelle du chef de ménage | Qualitative (0=sans emploi; 1= retraité; 2=ouvrier; 3=commerçant; 4=fonctionnaire; 5=militaire; 6=privé; 8=autre) |
| X16 = esi: événement social important | Qualitative (1=oui; 0= non) |
| X17 = natevent: la nature de l'événement | Qualitative (1=naissance; 2=mariage; 3=maladie; 4=décès; 5=autre) |

| X18 = depeau: dépense en eau par mois | Continue (nombre) |
| X19 = depelect: dépense en électricité par mois | Continue (nombre) |

*Dmp = 1, pour les ménages pauvres ayant demandé un microcrédit; Dmp = 0 pour les ménages pauvres n'ayant pas demandé un microcrédit*

### La base des données et la méthodologie de l'enquête

Elle est constituée de 223 ménages pauvres, ayant formulé une demande de microcrédit et de 201 ménages pauvres n'ayant pas fait une demande de microcrédit; soit un total de 424. Elle a été confectionnée à partir des données collectées sur le terrain lors de l'enquête sur les déterminants de la demande de microcrédit par les ménages pauvres effectuée dans la ville de Brazzaville du 19 au 25 janvier 2009 puis dans la zone semi-rurale, dans la partie Nord du Congo, notamment à Gamboma du 24 au 28 février 2009.

La méthode de l'échantillonnage utilisée est basée sur le choix aléatoire ou l'échantillonnage aléatoire. Sur un échantillon de 500 ménages fréquentant deux EMF, la MUCODEC et la Caisse de participation à la promotion des entreprises et à leur développement (CAPPED), nous avons sélectionné ceux dont la consommation alimentaire par personne et par jour était en deçà de 1 dollar américain d'une part, et définitivement retenu les ménages pauvres, dont le chef de ménage avait ou non formulé la demande de microcrédit auprès desdits EMF d'autre part. L'échantillon global est de 424 ménages pauvres. Le questionnaire a été l'unique support utilisé à cet effet. Un questionnaire composé de sept chapitres comprenant quarante et une questions, nous a permis d'avoir des données sur les ménages ayant demandé un microcrédit et ceux n'ayant pas formulé la demande de microcrédit, la structure des ménages, leurs dépenses de consommation alimentaires par jour, les dépenses en eau et en électricité par mois, l'opportunité d'investir pour les ménages et leur capabilité.

Les variables explicatives au nombre de dix-huit se répartissent en cinq variables continues contre treize variables qualitatives.

### 4. Résultats et interprétation

### Présentation des caractéristiques des ménages

Elle s'articule autour des éléments sociodémographiques et socioéconomiques, des aspects relatifs à la demande des microcrédits et à l'utilisation des services des EMF par les pauvres.

### Caractéristiques sociodémographiques

Les ménages pauvres résidant à Brazzaville représentent 76,18 % contre 23,82 % dans la localité semi-rurale de Gamboma. S'agissant du genre, le pourcentage des chefs de ménage homme est de 86,08 % et celui des chefs de ménage femme est de 13,92 %. Dans la ville de Brazzaville, le pourcentage de chefs de ménage hommes est de 83,90 % contre 16,09 % pour les chefs de ménage femmes. Dans la zone semi-rurale (Gamboma), les pourcentages sont de 93,06 % pour les hommes et 6,93 % pour les femmes. L'âge moyen dans l'ensemble est de 41 ans avec un écart type de 9,620. Comme on peut le constater, les ménages pauvres concernés dans cette étude font partie de la population active et adulte. De même la taille moyenne pour l'ensemble des 424 ménages pauvres est de 6 personnes par ménage pauvre avec un écart type de 2,4.

La situation matrimoniale se présente comme l'indique le Figure 2.1.

**Figure 2.1: Situation matrimoniale des ménages pauvres**

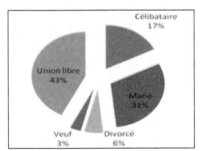

Les ménages pauvres vivant en union libre sont 42,45 %, les mariés
30,66 %, les célibataires 17,22 %, les divorcés 5,66 % et ceux qui sont dans le veuvage sont 3,77 %. Le niveau d'instruction du chef de ménage homme est donné par le Figure 2.2.

**Figure 2.2: Niveau d'instruction du chef de ménage homme**

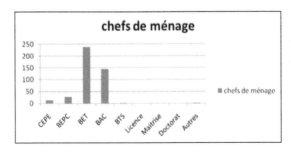

Le niveau dominant parmi les chefs de ménage hommes pauvres reste le Brevet d'études techniques (BET) avec 56,13 %, ensuite arrive le Baccalauréat (BAC) en deuxième position avec 33,96 %. Le Certificat d'études primaires élémentaires (CEPE) et le Brevet d'études du premier cycle (BEPC) réunis font 9,43 %. Les chefs de ménage homme ont un niveau appréciable dans l'ensemble.

Par contre, chez les chefs de ménage femme, la situation reste contrastée et se présente différemment en comparaison de celle des chefs de ménage hommes. En effet, 27,19 % de chefs de ménage femmes sont sans instruction contre 0 % chez les hommes, 44,68 % de chefs de ménage femmes ont le BET et 13,24 % le BAC.

Sur le plan professionnel, une concentration de ménages pauvres reste observable autour des métiers suivants: commerçants (19,81 %), fonctionnaires (27,12 %), militaires (17,69 %) et autres métiers (10,38 %) (Figure 2.3).

**Figure 2.3: Profession des chefs de ménage pauvres en chiffres absolus**

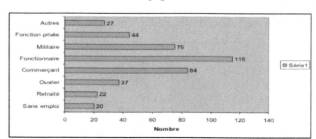

Les fonctionnaires dominent ce graphique (Figure 2.3). En effet, la présence des fonctionnaires parmi les ménages pauvres s'expliquent par le fait que ces derniers sont demeurés depuis plus de vingt ans dans une situation d'avancement sans effets financiers sur le plan professionnel. Etre fonctionnaire ne suffit plus pour sortir de la spirale de la pauvreté en République du Congo.

### Caractéristiques socioéconomiques

S'agissant des dépenses alimentaires par jour, en moyenne chaque ménage pauvre dépense 434 FCFA par personne. Ce chiffre est largement en deçà du seuil de pauvreté au Congo, fixé par l'Etude sur la consommation des ménages (ECOM, 2005), à 839 FCFA. Chaque mois, un ménage pauvre dépense en moyenne pour sa consommation en eau, la somme de 2 479,481 FCFA et 3 779 FCFA en moyenne pour sa consommation en électricité. Ces deux dernières années, les trois-quarts des ménages pauvres, soit 75,18 % ont connu un événement social important (naissance, mariage, maladie grave et enterrement).

### Demande de microcrédits par les ménages pauvres

Selon le genre, 85,2 % de chefs de ménage hommes ont reçu le microcrédit contre 14,8 % de chefs de ménage femmes (Tableau 2.3).

**Tableau 2.3: Répartition du microcrédit selon le genre.**

| Microcrédit Genre | Oui | | Non | | Total |
|---|---|---|---|---|---|
| | *Nombre* | *%* | *Nombre* | *%* | *Nombre* |
| Hommes | 190 | 85,2 | 175 | 87,06 | 365 |
| Femmes | 33 | 14,8 | 26 | 12,94 | 59 |
| Total | 223 | 100 | 201 | 100 | 424 |

Selon la localité, 53,56 % de pauvres ont obtenu le microcrédit à Brazzaville, contre 49,5 % à Gamboma (Tableau 2.4).

**Tableau 2.4: Répartition du microcrédit selon la localité**

| Localité Microcrédit | Brazzaville | | Gamboma | | Total |
|---|---|---|---|---|---|
| | Nombre | % | Nombre | % | Nombre |
| Oui | 173 | 53,56 | 50 | 49,5 | 223 |
| Non | 150 | 46,44 | 51 | 50,5 | 201 |
| Total | 323 | 100 | 101 | 100 | 424 |

### Liens entre les services des EMF et la demande des microcrédits

Les services des EMF tels que la micro-épargne, la microassurance et le micro-transfert peuvent avoir des effets externes positifs sur la demande de microcrédit par les ménages pauvres. En effet, la connaissance et l'utilisation de la micro-épargne par les ménages pauvres ont un effet positif sur la demande de microcrédit (Tableau 2.5).

**Tableau 2.5: Liens entre micro-épargne et demande de microcrédit**

| Microépargne Microcrédit | Oui | | Non | | Total |
|---|---|---|---|---|---|
| | Nombre | % | Nombre | % | Nombre |
| Pas reçu | 117 | 46,06 | 147 | 86,47 | 264 |
| Reçu | 137 | 53,94 | 23 | 13,53 | 160 |
| Total | 254 | 100 | 170 | 100 | 424 |

Sur un effectif total de 254 ménages pauvres qui pratiquent la micro-épargne, 137, soit 53,93 % bénéficient de microcrédits. Plus de la moitié des ménages pauvres se servent du marché de la micro-épargne pour obtenir un microcrédit, contre seulement 13,53 % de ménages qui n'épargnent pas mais bénéficient de microcrédits.

La situation reste par contre mitigée au niveau des micro-transferts comme l'indique le Tableau 2.6.

**Tableau 2.6: Liens entre micro-transfert et demande de microcrédit**

| Microtransfert Microcrédit | Oui | | Non | | Total |
|---|---|---|---|---|---|
| | Nombre | % | Nombre | % | Nombre |
| Pas reçu | 154 | 65,25 | 110 | 58,51 | 264 |
| Reçu | 82 | 34,75 | 78 | 41,49 | 160 |
| Total | 236 | 100 | 188 | 100 | 424 |

Sur l'ensemble des ménages pauvres, 65,25 % de pauvres qui ont reçu les micro-transferts, n'ont pas demandé de microcrédits. Enfin les services de la microassurance en voie de gestation en République du Congo sont encore inexistants chez les pauvres et n'influent nullement sur la demande de microcrédit.

### Modélisation Probit

Sur la base des variables pertinentes retenues, le modèle Probit envisagé se présente ainsi (Tableau 2.7).

### Demande de microcrédit

Partant de la demande de microcrédit formulée par les ménages pauvres, après usage de STATA 10, les résultats sont présentés dans le Tableau 2.7. L'analyse statistique nous permet de conclure dans ce cas de figure que les variables exogènes suivantes constituent des facteurs clés dans la détermination de la demande de microcrédit par les personnes pauvres. Il s'agit somme toute, de la taille du ménage (faiblement) et la détention d'un projet, la profession, la micro-épargne, l'événement social important et la nature de l'événement (de façon significative).

Le coefficient lié à la taille du ménage reste positif. Plus la taille du ménage augmente, plus le ménage pauvre a tendance à demander le microcrédit pour faire face généralement à un événement social important, comme la naissance et la maladie.

**Tableau 2.7: Déterminants de la demande de microcrédit**

| Demande de microcrédit | Coéf. | Std. Err. | z | P> \|z\| | [95 % conf. | Interval] |
|---|---|---|---|---|---|---|
| Taille du ménage | 0,0872 | 0,0440 | 1,980 | 0,047 | 0,0010 | 0,1733 |
| Age | -0,0127 | 0,0111 | -1,150 | 0,251 | -0,0345 | 0,0090 |
| Avoir un projet | 1,6482 | 0,4008 | 4,110 | 0,000 | 0,8626 | 2,4338 |
| Retraité | 1,8818 | 0,5971 | 3,150 | 0,002 | 0,7115 | 3,0522 |
| Ouvrier | 1,1477 | 0,5261 | 2,180 | 0,029 | 0,1167 | 2,1788 |
| Commerçant | 1,0959 | 0,4906 | 2,230 | 0,026 | 0,1343 | 2,0575 |
| Fonctionnaire | 1,3211 | 0,4878 | 2,710 | 0,007 | 0,3652 | 2,2774 |
| Militaire | 1,5123 | 0,4955 | 3,050 | 0,002 | 0,5417 | 2,4830 |
| Privé | 0,8882 | 0,5152 | 1,720 | 0,085 | -0,1228 | 1,8992 |
| Autres professions | 0,5321 | 0,5592 | 0,950 | 0,341 | -0,5638 | 1,6281 |
| Naissance | 5,3889 | 0,2843 | 18,950 | 0,000 | 4,8317 | 5,9461 |
| Mariage | 5,1432 | 0,3111 | 16,530 | 0,000 | 4,5333 | 5,7530 |
| Maladie | 5,1784 | 0,2659 | 19,490 | 0,000 | 4,6572 | 5,6996 |
| Décès | 5,1008 | . | . | . | . | . |
| Autres événements | 5,3278 | 0,3512 | 15,170 | 0,000 | 4,6394 | 6,0162 |
| Connaître un événement | -4,8733 | 0,2731 | -17,840 | 0,000 | -5,4086 | -4,3380 |
| Dépenses (Alim) | 0,0000 | 0,0001 | 0,280 | 0,777 | -0,0002 | 0,0002 |
| Dépenses (Eau) | 0,0000 | 0,0000 | 0,540 | 0,591 | 0,0000 | 0,0001 |
| Dépenses (Elec) | 4,9406 | 0,0000 | 0,270 | 0,783 | 0.0000 | 0.0000 |
| Projet (Agric) | -0,3705 | 0,3618 | -1,020 | 0,306 | -1,0797 | 0,3387 |
| Projet (Commer) | 0,0139 | 0,3808 | 0,040 | 0,971 | -0,7325 | 0,7602 |
| Projet (Artisanat) | 0,9797 | 0,8188 | 1,200 | 0,232 | -0,6251 | 2,5846 |
| Autres projets | -0,6094 | 0,3964 | -1,540 | 0,124 | -1,3863 | 0,1675 |
| Microépargne | 1,1741 | 0,1635 | 7,180 | 0,000 | 0,8537 | 1,4945 |
| Cons | -3,4341 | 0,6682 | -5,140 | 0,000 | -4,7438 | -2,1243 |

*Note: 1 échec et 0 succès complètement déterminé.*

Par ailleurs, le fait de détenir un micro-projet constitue un atout majeur pour le pauvre dans la formulation de la demande de microcrédit. Cependant il convient de signaler que le signe négatif observé dans la rubrique agriculture défavorise ou pénalise l'accès à la demande de microcrédit. Les projets orientés vers l'agriculture présentent un risque assez élevé. En effet, l'investissement réalisé dans l'agriculture s'inscrit dans le moyen terme et nécessite un temps de récupération du capital assez long comparativement aux investissements effectués dans le commerce et l'artisanat qui présentent un temps de récupération rapide. Les coefficients positifs pour le commerce et l'artisanat observés dans le Tableau 2.7 renforcent cette vision où le risque reste faible en investissant dans le commerce et l'artisanat. S'agissant des bénéficiaires des microcrédits, les fonctionnaires, les militaires, les retraités, les ouvriers et les commerçants se présentent comme les mieux nantis parmi les ménages pauvres. Les employés du secteur formel public comme les fonctionnaires, les militaires et une partie des ouvriers du public dominent les bénéficiaires de microcrédits dans les EMF. Une partie des ouvriers du privé, les commerçants appartenant au secteur informel et les retraités font également partie, dans une moindre mesure, de cette population pauvre qui bénéficie de microcrédits.

Sur le plan social, les coefficients positifs observés dans le Tableau 2.7, prouvent à suffisance que les événements sociaux importants comme la naissance, la maladie, le mariage et le décès ont des effets qui engendrent la demande de microcrédits chez les pauvres.

Enfin, le coefficient positif observé dans la rubrique micro-épargne dans le Tableau 2.7, traduit le fait que plus les pauvres réalisent une micro-épargne, plus la tendance est forte dans la demande du microcrédit dans les EMF.

### Demande de microcrédit reçue

S'agissant de la demande de microcrédit effectivement reçue des personnes pauvres, la taille du ménage, l'âge du ménage, le micro-projet, la micro-épargne, la profession et l'événement social important (naissance, maladie, mariage, décès, construction tombale et retrait de deuil) influent positivement sur la demande de microcrédit. Le volet « demande de microcrédit effectivement reçue » (voir annexe 2A.1) reste pratiquement dans la même logique en ce qui concerne les déterminants de la demande de microcrédits du Tableau 2.7, à la seule différence que, l'âge influe sur les facteurs déterminants des microcrédits pour la demande effectivement reçue. Le coefficient négatif observé (annexe 2A.1), indique que plus l'âge du chef de ménage n'augmente, moins le chef de ménage a de chance d'obtenir un microcrédit.

### Analyse économique et sociale

Les résultats obtenus peuvent être regroupés en deux ensembles, d'une part les facteurs individuels et d'autre part les facteurs sociaux. Les facteurs individuels portant sur la demande de microcrédit sont repérables à partir de l'âge du chef de ménage, la taille moyenne du ménage, la profession exercée par le pauvre, la micro-épargne et le micro-projet de la personne pauvre. L'événement social important, facteur déterminant de la demande de microcrédit par les pauvres résulte des événements tels que le mariage, la naissance, la maladie grave d'un membre de la famille, la construction tombale et le retrait de deuil.

### Les facteurs individuels

Plus le ménage pauvre prend de l'âge, plus la tendance à la formulation de la demande du microcrédit devient importante auprès de ceux présentant plus de garantie. Les retraités, les militaires et les fonctionnaires adultes restent largement majoritaires dans la formulation de demande de microcrédit, car ils présentent plus de garantie. Le commerce, l'agriculture, l'artisanat et la construction sont les activités où sont orientés les microcrédits. La taille du ménage influe également sur la demande de microcrédit. Les ménages qui ont des membres au-delà de la moyenne, soit six, ont du mal à formuler la demande de microcrédit, comparativement à ceux qui sont en deçà de la moyenne donc six. Par ailleurs, la profession, le micro-projet et la micro-épargne restent des facteurs déterminants chez les personnes pauvres demandant un microcrédit. Sur le plan économique, la profession du pauvre et son micro- projet sont des facteurs qui militent en faveur de la demande de microcrédit. Le couple emploi et micro- projet vise à transformer le cercle vicieux « faible revenu, faible épargne et investissement » en un cercle vertueux « faible revenu, injection de microcrédit, investissement, plus de revenu, plus d'épargne, plus d'investissement, plus de revenu ». En réalisant ce couple, le microcrédit peut être considéré comme un instrument au service de la réduction de la pauvreté. La réalisation du micro-projet a occasionné dans le cas de notre enquête, la création des très petites entreprises (TPE) dans les secteurs de l'agriculture, l'élevage, la pisciculture et le bâtiment, résolvant ainsi en partie les problèmes de l'emploi et générant par voie de conséquence des revenus. Somme toute, le ménage pauvre qui n'a jamais exercé dans les sphères de l'État, n'a pratiquement pas assez de chance de bénéficier de microcrédit. Une couche importante de ménages pauvres exerçant dans le secteur informel et ne demandant pas de microcrédit, se trouve handicapée et ne peut bénéficier des services de la microfinance. Les EMF sont donc appelés à faire des prêts de faible montant aux personnes démunies qui en ont besoin en vue d'entreprendre des activités génératrices de revenu dans le seul but d'améliorer leur niveau de vie et de sortir de la pauvreté.

Les variables quantitatives telles que la dépense alimentaire par jour du ménage, les dépenses d'eau et d'électricité par mois n'ont aucun impact sur la formulation de la demande de microcrédit. De même, les variables sociodémographiques comme le sexe, la localité, et la situation matrimoniale n'influent nullement sur la demande des microcrédits chez les personnes pauvres en République du Congo. Enfin, avec un taux de scolarisation avoisinant les 90 % dans le primaire et un taux d'alphabétisation assez élevé sur le plan national, aucun lien n'a pu être observé entre la demande de microcrédit et le niveau d'éducation, soit du chef de ménage homme, soit celui du chef de ménage femme.

*Les facteurs sociaux*

L'événement social important et la nature de l'événement (Tableau 2.7) constituent des facteurs déterminants chez les personnes pauvres ayant demandé un microcrédit. En effet, près des trois-quarts des ménages pauvres ont connu ces deux dernières années des événements sociaux heureux et malheureux.

Ce tableau (Tableau 2.8) montre que la part qui revient au premier quantile, c'est-à-dire ceux qui n'ont pas connu d'événement social important, est de 0 %, celle de ceux qui ont connu la naissance d'un bébé est de 9,36 %, la part de ceux qui ont célébré un mariage est de 10,87 % , de ceux qui ont connu un cas de maladie grave est de 35,72 %, de ceux qui ont effectué un enterrement est de 24,97 % et enfin celle de ceux qui ont connu d'autres d'événements (construction tombale et retrait de deuil) est de 19,08 %.

**Tableau 2.8: Nature de l'événement social important**

| Quantile group | Quantile | x de médiane | part , x | l(p), x | Gl(p) |
|---|---|---|---|---|---|
| 1 | 0,00 | 0,00 | 0,00 | 0,00 | 0,00 |
| 3 | 1,00 | 50,00 | 9,36 | 9,36 | 0,19 |
| 5 | 2,00 | 100,00 | 10,87 | 20,23 | 1,41 |
| 6 | 3,00 | 150,00 | 35,72 | 55,95 | 1,14 |
| 8 | 4,00 | 200,00 | 24,97 | 80,92 | 1,65 |
| 10 | | | 19,08 | 100,00 | 2,04 |

*Part= part de quantile group de la somme de la nature de l'évènement: L(p)=part cumulative du group: GL(p)=L(p) moyen de la nature de l'évènement*

Sur le plan social, d'autres facteurs faisant partie du groupe "événement social important" comme le mariage, la confection de la pierre tombale et le retrait de deuil influent également sur la demande de microcrédit. Sur le plan social, le microcrédit permet donc aux pauvres de faire face aux événements sociaux importants. Le poids des facteurs sociaux (mariage, construction tombale et retrait de deuil) reste au cœur de la demande de microcrédit par les pauvres mais surtout de la société congolaise dans son ensemble. Notons que sur le plan sociologique, les valeurs sociales et culturelles déterminent les valeurs économiques dans l'univers sociétal congolais. La satisfaction des besoins sociaux en faisant usage des microcrédits revêt donc toute son importance. Ces microcrédits améliorent la situation sociale des bénéficiaires qui peuvent ainsi trouver les fonds nécessaires pour satisfaire des besoins de première nécessité (santé, nourriture, logement, écolage, etc). Il y a certes amélioration des conditions de vie, mais rares sont les bénéficiaires qui dépassent le seuil de pauvreté. Ces microcrédits ont toutefois un rôle essentiel qui est avant tout un « plus social » et en cela, il doit être développé et élargi aux activités productives puisque le moteur de la demande de microcrédit réside dans le micro-projet et sa réalisation. Les annexes 2A.2-2A.4 montrent des résultats supplémentaires.

## 6. Recommandations

### *Recommandations à l'État*

Les recommandations à l'État congolais sont de deux ordres: d'une part l'élargissement de la classification des dépenses budgétaires pro-pauvres ou ressources PPTE au secteur de la microfinance et, d'autre part l'orientation du Fonds de soutien à l'agriculture (FSA) aux ménages pauvres désirant s'installer dans le secteur agricole.

En effet, l'embellie du marché du pétrole depuis les années 2000 et la croissance engendrée par le secteur pétrole en République du Congo, ont permis aux gouvernants, d'initier dans le cadre de l'initiative PPTE les dépenses budgétaires pro-pauvres depuis 2004, dans les secteurs de l'eau, l'électricité, la santé, l'éducation, l'agriculture, l'hygiène et l'assainissement. Cette expérience devrait être élargie au secteur de la microfinance comme secteur stratégique au service de la réduction de la pauvreté, afin de permettre aux EMF d'atteindre les ménages pauvres frappés par la sévérité de la pauvreté. Les décideurs publics devraient à cet effet, renflouer les caisses des EMF afin de permettre à ces derniers d'octroyer des microcrédits aux ménages les plus pauvres appartenant aux couches sociales du secteur informel les plus déshéritées, améliorant ainsi leur niveau social tout en garantissant l'optique de production définie au travers du micro-projet. Enfin, les décideurs publics doivent, dans le cadre du FSA, inscrire une ligne pour les ménages pauvres sollicitant des microcrédits dans les EMF en vue d'exercer des activités dans les domaines de la pêche, la pisciculture, le maraîchage et l'élevage périurbain.

### *Recommandations aux EMF*

Les EMF doivent résolument se tourner vers les plus pauvres, notamment ceux n'ayant formulé aucune demande de microcrédit et appartenant aux couches sociales les plus démunies du secteur informel. Il s'agit de ceux qui sont frappés par la sévérité de la pauvreté.

Pour ce faire, la micro-épargne, la microassurance et le micro-transfert se présentent comme des produits de l'offre de la microfinance pouvant garantir l'octroi des microcrédits au travers de micro-projets dans les secteurs de l'agriculture, l'élevage, l'artisanat et le bâtiment. Les EMF devront par conséquent élaborer des manuels de politique d'octroi de microcrédit en collaboration avec les experts de la microfinance pour atteindre les pauvres et les plus démunis.

Enfin, un véritable management de la microfinance au service de la réduction de la pauvreté dans les milieux ruraux doit être organisé en faveur de tous les pauvres en faisant la promotion des micro-projets dans les secteurs de l'agriculture et de l'agro-industrie par les EMF.

### *Recommandations aux partenaires en développement et la société civile*

Les partenaires en développement et la société civile doivent organiser tous les ans et sur toute l'étendue du territoire, sur une période de dix ans, des campagnes de formulation de la demande de microcrédit auprès des personnes pauvres.

Cette campagne devrait permettre aux EMF d'atteindre les pauvres qui n'ont jamais formulé de demande pour l'obtention de microcrédit. Lesdites campagnes devaient se constituer autour de l'éducation, l'information et la formation.

### 7. Conclusions

Considérant la microfinance comme instrument pouvant réduire la pauvreté, cette étude a identifié les déterminants de la demande de microcrédit par les pauvres en République du Congo, à partir des facteurs individuels et des facteurs sociaux. Les facteurs individuels tels que l'âge du chef de ménage, la taille moyenne du ménage, la profession exercée et le type de micro-projet, agissent positivement sur la demande de microcrédit par les personnes pauvres. Les facteurs sociaux résultant des événements tels que le mariage, la naissance, la maladie grave, la construction tombale et le retrait de deuil, largement influencés par les valeurs sociales et culturelles de l'univers sociétal congolais, agissent également sur la demande de microcrédit. Pour atteindre les ménages les plus pauvres dans l'octroi des microcrédits, trois actions restent possibles. La première relève de l'État qui doit élargir les dépenses budgétaires pro-pauvres ou ressources PPTE au secteur de la microfinance afin d'augmenter le rayon de couverture des microcrédits. La deuxième concerne les EMF qui doivent élaborer un manuel de politiques d'octroi de microcrédit en faveur des personnes pauvres. La troisième implique les partenaires en développement et la société civile dans les campagnes de formation et d'information des pauvres sur la demande de microcrédit et la formulation des micro-projets.

## Références Bibliographiques

Banque Mondiale (1999), *Faire reculer la pauvreté en Afrique Subsaharienne*, Banque Mondiale, Washington, D.C.

Département de Microfinance, Secrétariat Général de la Commission bancaire de l'Afrique centrale, Commission Bancaire de l'Afrique centrale (2002), *Recueil des textes relatifs à l'exercice des activités de microfinance.*

Enjiang, C. (2007), 'The demand for microcredit as a determinant for microfinance outreach – Evidence from China'. *Savings and Development* 31(3):307-334.

Goldberger, Arthur S. (1964). *Econometric Theory,* New York: John Wiley and Sons.

Guérin, I., Morvant-Roux, S., Roesch, M., Moisseron, J-Y., Ould-Ahmed, P. (2011), 'Analysis of the Determinants of the Demand for Financial Services in Rural Morocco'. Summary Report: *Impact Analysis Series No. 6,* Agence Française de Développement (AFD) and Rural Microfinance and Employment (RUME): Paris, France.

Kausar, A. (2013), 'Factors Affect Microcredits' Demand in Pakistan', *International Journal of Academic Research in Accounting, Finance and Management Sciences* 3(4):11-17.

Ministère du Plan et de l'Aménagement du Territoire (2005), Enquête Congolaise auprès des Ménages (ECOM), Brazzaville.

Ministère du Plan et de l'Aménagement du Territoire (2005), Document Stratégique de Réduction de la Pauvreté (DSRP), Brazzaville.

Morduch, J. (1999), 'The Microfinance Promise', *Journal of Economic Literature* 37(4):1569-1614.

Sen, A. K. (1981), *Poverty and Famines: An Essay on Entitlement and Deprivation* Oxford: Clarendon Press.

## Annexe 2A.1: Déterminants de la demande de microcrédit

| Demande de microcrédit reçue | Coéf. | Std. Err. | z | P> \|z\| | [95 % conf. Interval] | |
|---|---|---|---|---|---|---|
| Taille (ménage) | 0,1139 | 0,0440 | 2,5900 | 0,0100 | 0,0277 | 0,2001 |
| Age (chef ) | -0,0256 | 0,1140 | -2,240 | 0,0250 | -0,0479 | -0,0032 |
| Retraité | 1,4488 | 0,6317 | 2,2900 | 0,0220 | 0,2107 | 2,6869 |
| Ouvrier | 0,5739 | 0,5930 | 0,9700 | 0,3330 | -0,5883 | 1,7362 |
| Commerçant | 0,6636 | 0,5448 | 1,2200 | 0,2230 | 0,4043 | 1,7315 |
| Fonctionnaire | 1,1584 | 0,5408 | 2,1400 | 0,0320 | 0,0985 | 2,2184 |
| Militaire | 1,4428 | 0,5483 | 2,6300 | 0,0090 | 0,3682 | 2,5174 |
| Privé | 0,4199 | 0,5851 | 0,7200 | 0,4730 | -0,7268 | 1,5666 |
| Autre profess. | 0,4934 | 0,6314 | 0,7800 | 0,4340 | -0,7440 | 1,7309 |
| Sans emploi | 0,8259 | 0,4021 | 2,0500 | 0,0400 | 0,0379 | 1,6140 |
| Naissance | 4,3018 | 0,3097 | 13,890 | 0,0000 | 3,6947 | 4,9089 |
| Mariage | 4,0041 | . | . | . | . | . |
| Maladie | 4,5872 | 0,3108 | 14,760 | 0,0000 | 3,9781 | 5,1963 |
| Décès | 4,3336 | 0,3374 | 12,840 | 0,0000 | 3,6723 | 4,9949 |
| Autre evénem. | 4,7733 | 0,3609 | 13,230 | 0,0000 | 4,0659 | 5,4806 |
| Evénement social | -4,2112 | 0,3139 | -13,420 | 0,0000 | -4,8264 | -3,5960 |
| Dépense (Alim) | -0,0001 | 0,0001 | -1,3900 | 0,1640 | -0,0003 | 0,0001 |
| Dépense(Eau) | 0,0000 | 0,0000 | 0,7100 | 0,4800 | 0,0000 | 0,0001 |
| Dépense (Elec) | -5,75e 06 | 0,0000 | -0,3100 | 0,7540 | 0,0000 | 0,0000 |
| Agriculture | -0,2541 | 0,3706 | -0,6900 | 0,4930 | -0,9806 | 0,4723 |
| Commerce | 0,2497 | 0,3853 | 0,6500 | 0,5170 | -0,5055 | 1,0049 |
| Artisanat | 1,1427 | 0,7540 | 1,5200 | 0,1300 | -0,3352 | 2,6206 |
| Autre activité | 0,0038 | 0,3979 | 0,0100 | 0,9920 | -0,7760 | 0,7836 |
| Micro-Epargne | 1,1394 | 0,1806 | 6,3100 | 0,0000 | 0,7855 | 1,4934 |
| Cons | -2,4178 | 0,7128 | -3,3900 | 0,0010 | -3,8150 | -1,0207 |

Note: 1 échec et and 0 succès complètement déterminé. Nombre des obs.= 422; LR chi 2(25) = 200,96; Log likelihood = -179,0798; Prob > Chi 2 = 0,0000; Pseudo R2 = 0,3594.

## A – Variables non retenues

### Annexe 2A.2: Répartition du microcrédit selon la situation matrimoniale

| Situation matrimoniale Microcrédit | Célibataire | | Marié | | Divorcé | |
|---|---|---|---|---|---|---|
| | Nombre | % | Nombre | % | Nombre | % |
| Pas reçu | 43 | 58,11 | 62 | 47,69 | 10 | 41,67 |
| Reçu | 31 | 42,47 | 68 | 52,31 | 14 | 58,33 |
| Total | 74 | 100,00 | 130 | 100,00 | 24 | 100,00 |

| Situation matrimoniale Microcrédit | Veuf | | Union libre | | Total |
|---|---|---|---|---|---|
| | Nombre | % | Nombre | % | Nombre |
| Pas reçu | 8 | 50,00 | 78 | 43,33 | 201 |
| Reçu | 8 | 50,00 | 102 | 56,67 | 223 |
| Total | 16 | 100,00 | 180 | 100,00 | 424 |

*Pearson chi2 (5) = 5.6749 pr = 0.339*

## B – Variables retenues

### Annexe 2A.3: Répartition du microcrédit selon la profession du chef de ménage

| Profession Demande de Microcrédit | Sans emploi | | Retraité | | Ouvrier | |
|---|---|---|---|---|---|---|
| | Nombre | % | Nombre | % | Nombre | % |
| Pas reçu | 18 | 90,00 | 7 | 31,82 | 23 | 62,16 |
| Reçu | 2 | 10,00 | 15 | 68,18 | 14 | 37,84 |
| Total | 20 | 100,00 | 22 | 100,00 | 37 | 100,00 |

| Profession Demande de Microcrédit | Commerçant | | Fonctionnaire | | Militaire | |
|---|---|---|---|---|---|---|
| | Nombre | % | Nombre | % | Nombre | % |
| Pas reçu | 42 | 50,00 | 42 | 36,52 | 27 | 36,00 |
| Reçu | 42 | 50,00 | 73 | 63,48 | 48 | 64,00 |
| Total | 84 | 100,00 | 115 | 100,00 | 75 | 100,00 |

| Profession | Privé | | Autres | | Total |
|---|---|---|---|---|---|
| Demande de Microcrédit | Nombre | % | Nombre | % | Nombre |
| Pas reçu | 22 | 50,00 | 20 | 74,07 | 201 |
| Reçu | 22 | 50,00 | 7 | 25,93 | 223 |
| Total | 44 | 100,00 | 27 | 100,00 | 424 |

*Pearson chi2 (8) = 39.6385 pr = 0.000*

## Annexe 2A.4: Liens entre les événements sociaux et la demande de microcrédit

| Evénement social | Non | | Oui | | Total |
|---|---|---|---|---|---|
| Demande de Microcrédit | Nombre | % | Nombre | % | Nombre |
| Non | 66 | 62,86 | 135 | 42,32 | 201 |
| Oui | 39 | 37,14 | 184 | 58,18 | 223 |
| Total | 105 | 100,00 | 319 | 100,00 | 424 |

*Pearson chi2 (1) = 13.1781 pr = 0.000*

## Annexe 2A.5: Liens entre le projet et la demande de microcrédit

| Avoir un projet | Non | | Oui | | Total |
|---|---|---|---|---|---|
| Demande de microcrédit | Nombre | % | Nombre | % | Nombre |
| Non | 79 | 83,36 | 122 | 37,08 | 201 |
| Oui | 16 | 16,64 | 207 | 62,92 | 223 |
| Total | 95 | 100,00 | 329 | 100,00 | 424 |

*Pearson chi2 (1) = 62.7669 pr = 0.000*

# CHAPITRE 3

## DEMANDE DE FINANCEMENT DES EXPLOITATIONS AGRICOLES DANS LE GRAND SUD DU CAMEROUN

**Fidoline Ngo Nonga, Théophile Ngwem Mbog & Magloire Louis Bikomem**

*Faculté des Sciences Economiques et de Gestion, Université de Yaoundé II, Soa, Cameroun (fiona_nonga@yahoo.fr)*

## RÉSUMÉ

Quels sont les facteurs qui influencent la demande de financement des agriculteurs du Grand Sud du Cameroun? C'est la question centrale de cette étude qui ambitionne également d'évaluer la probabilité pour un chef d'exploitation familiale agricole (EFA) d'accéder effectivement au crédit de la microfinance. Pour mener à bien ce travail, outre les recherches documentaires, deux types d'outils ont été utilisés. D'une part, une étude du comportement financier des EFA menée sur un échantillon de 123 répondants, d'autre part, une modélisation économétrique faite à partir des données issues de l'enquête collective conduite auprès de 168 agriculteurs (toutes catégories comprises) et de 100 institutions pourvoyeuses de services de microfinance. La collecte des données a été effectuée aussi bien en milieu rural qu'en milieu urbain. Les résultats obtenus montrent que dans la rencontre entre les EFA et les établissements de microfinance (EMF), des facteurs liés à la structure propre des EFA engendrent des besoins spécifiques expliquant la manière dont les EFA interagissent avec les EMF. De plus si certains facteurs: le niveau d'éducation, les ventes de l'année précédente, le type d'activité et le milieu d'implantation ont une influence très importante dans le financement (demande et obtention) des activités agricoles, les conditions d'octroi des crédits (principalement le taux d'intérêt, les conditions de paiement et les garanties exigées) et le lieu d'implantation des EMF, constituent les premiers facteurs limitatifs dans la sollicitation du crédit. Clairement, il apparaît que les EFA ont recours en priorité aux circuits informels. Dès lors, dans la mesure où les EMF adoptent des stratégies de minimisation des risques et que les EFA présentent difficilement les garanties requises, s'il est nécessaire de moderniser la petite agriculture, de professionnaliser les chefs d'EFA, il est tout aussi nécessaire de mettre en place des sources appropriées de refinancement pour les EMF qui financent l'agriculture.

*Mots clés: Cameroun, comportements financiers, demande de services financiers, financement des exploitations familiales agricoles, microfinance*

## 1. Introduction

### *Contexte*

Au Cameroun, l'agriculture contribue encore en moyenne pour près de 22 % du produit intérieur brut (PIB), dont 14 % pour l'agriculture vivrière et 8 % pour l'agriculture d'exportation, la pêche, l'élevage et la forêt (MINADER, 2005). Malgré la réduction progressive de son importance dans le PIB, ce secteur reste le premier employeur avec 60 % de la population active. Il fournit actuellement 55 % du total des exportations en valeur. L'agriculture vivrière occupe la première place des quinze branches productives prioritaires dans le pays surtout dans la région du grand sud du Cameroun (Figure 3.1).

**Figure 3.1: Les régions du Grand Sud Cameroun**

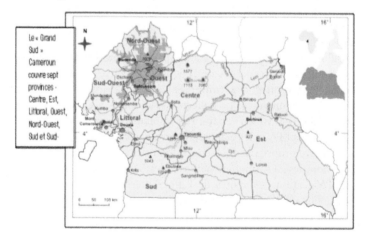

Dans l'agriculture vivrière, la plupart des activités agricoles sont organisées et mises en œuvre par les EFA qui restent la forme de production la plus répandue de l'économie rurale. Ces exploitations familiales fournissent 72 % du vivrier et 40 % des produits d'exportation. Elles se caractérisent par leur grand nombre (plus de 700 000 unités selon le Pôle de Compétence en Partenariat –PCP); la faiblesse de la superficie cultivée (0,5 à 5 hectares); la prédominance de la main-d'œuvre familiale dont le sous-emploi et le chômage déguisé; le poids de l'autoconsommation (PCP/ IRAD, 2005).

### Problématique

La nécessité d'accroître la productivité agricole, d'adapter l'agriculture aux exigences de l'économie de marché et d'améliorer le niveau de vie des producteurs agricoles exigent le développement et l'adoption d'innovations au niveau de tous les maillons des filières agricoles (recherche, production, stockage, transformation, et commercialisation). Ces innovations ne peuvent se diffuser dans le système agricole qu'avec la mise en place d'un financement diversifié et adapté aux besoins des producteurs agricoles, car le plus souvent, leur seule capacité d'autofinancement ne suffit pas. De ce fait, l'accès limité des agriculteurs aux services financiers constitue l'une des contraintes majeures du développement agricole au Cameroun (N. Nonga *et al*, 2009). Mais pour accéder au financement, il faut que les besoins aient été exprimés, et que des financements adaptés à ces besoins existent.

Pour l'instant, les aspects de l'offre de financement aux agriculteurs sont relativement assez étudiés au Cameroun. Mais les études sur les aspects de la demande de financement sont très rares. La présente recherche, s'intéresse à ces derniers aspects.

Il ressort des principales études sur l'offre de financement du monde rural, que des relations causales peuvent être établies entre d'une part, l'approvisionnement en crédit et l'augmentation de la productivité agricole, et d'autre part, entre cette augmentation de la productivité et l'amélioration des conditions de vie des populations. Ces études révèlent par ailleurs que la transformation du monde rural et surtout l'amélioration de la productivité agricole passent résolument par la disponibilité des moyens financiers utiles pour les achats d'inputs indispensables.

Au Cameroun dans les années 80, la plupart des banques agricoles censées mobiliser ces financements vont connaître des échecs, qui conduiront à des faillites collectives et multiples. Outre ces faillites, d'autres faiblesses de ces institutions existent: l'insuffisance des garanties requises par les structures de refinancement, la distribution du crédit selon le schéma « top down » peu incitatif et l'utilisation de « l'argent froid » qui ne stimule point le remboursement et renforce le risque. Pour Bassolé (2003), on peut également identifier les contraintes de profitabilité immédiate auxquelles les banques (commerciales) sont soumises, qui limitent la clientèle de ces banques. L'auteur estime que 90 % de la population, voire 100 % en milieu rural africain, n'ont pas accès aux services financiers des banques commerciales. À toutes ces faiblesses des institutions de financement, s'ajoute leur difficulté à sanctionner l'emprunteur défaillant. En effet, au-delà de la perte de l'accès au crédit, des sanctions supplémentaires engendreraient des coûts de transaction plus importants que la valeur réelle du prêt (les prêts des EFA sont dans la majeure partie de petite taille).

Dans l'ensemble, les zones rurales vivent dans une situation de sous-bancarisation préoccupante. Cette situation est renforcée d'une part, par une situation d'asymétrie informationnelle qui donne naissance à deux problèmes majeurs à savoir: l'aléa moral et la sélection adverse. Fry (1995) conforte cette vision et présente l'environnement à risque auquel font face les banques classiques (projets élaborés non rentables et absence d'informations sur le client). D'autre part, par le fait que la faible demande de financement exprimée par le monde rural en général et les EFA du Grand Sud Cameroun en particulier, n'incite pas les financeurs potentiels à délocaliser leurs activités et à développer des relations de proximité avec ces potentiels demandeurs. Des études menées dans le cadre du projet Renforcement des partenariats dans la Recherche agronomique au Cameroun de l'Institut de recherche agricole pour le développement (REPARAC/IRAD) entre 2006-2009, tendent à confirmer que la contribution du financement « formel » dans le développement de l'agriculture du pays reste insignifiante. Spécifiquement les crédits de moyen terme et de long terme sont presque inexistants. Mais au-delà de ces constats qui ne sont pas nouveaux, on observe également un faible niveau d'utilisation des produits financiers des EMF par les producteurs agricoles.

Dès lors, pour étudier la demande de financement des EFA, il est nécessaire de comprendre aussi les nombreux problèmes liés à la spécificité des EFA. Ces problèmes sont tous associés à des demandes spécifiques et aux risques d'insolvabilité des agriculteurs car, les besoins des EFA sont plutôt saisonniers. En effet, ces agriculteurs sont exposés à des risques multiples résultant soit des caractéristiques qui leur sont propres; de l'instabilité de l'environnement économique et naturel; du faible niveau de rentabilité des activités agricoles, faiblesse due à l'absence des systèmes organisés de valorisation des produits agricoles; et de l'insuffisance des investissements publics dans certaines régions qui limite les transactions économiques.

Compte tenu de l'importance de l'agriculture dans l'économie du pays et des faibles moyens financiers dont disposent les paysans, il s'agit dans la présente recherche de s'interroger sur les faiblesses de la demande de financement alors que la disponibilité des fonds permettrait d'améliorer les capacités de production, les revenus potentiels et les conditions de vie.

La question centrale de cette recherche est donc: quels sont les facteurs qui influencent la demande de financement des agriculteurs du Grand Sud Cameroun?

### *Objectifs et hypothèses*

L'objectif principal de cette étude est de voir si les caractéristiques qui sont propres aux EFA ont bien une influence sur la demande de services financiers et sur le recours aux EMF.

Les objectifs spécifiques qui en découlent sont de (i) caractériser les facteurs qui influencent la demande de services financiers par les EFA; (ii) identifier les facteurs qui influencent la probabilité pour un chef d'EFA d'obtenir du crédit auprès des EMF s'il en exprime le besoin; et (iii) proposer des stratégies d'amélioration de l'accès des EFA aux financements.

Nous postulons que dans la rencontre entre les EFA et les EMF, des facteurs liés à la structure propre des EFA engendrent des besoins spécifiques expliquant la manière dont les EFA vont interagir avec les structures financières pour accéder au microcrédit ou se constituer un capital.

Pour tester cette hypothèse, dans la suite de ce travail, nous présenterons d'abord un bref état des lieux des connaissances sur les relations microfinance-agriculture (Section 2). Viendront ensuite les outils et méthodes, les résultats et les discussions (Section 3 et Section 4). Enfin, la réflexion en matière de politique économique et financière (Section 5), permettra de tendre vers la conclusion de cette recherche.

## 2. Bref état des lieux

### *Difficultés d'accès des EFA aux financements*

Un grand nombre d'études font la corrélation entre le financement de l'agriculture et la réduction de la pauvreté[10]. L'étude menée par Akpaca et Caugant (1992) dresse le bilan du financement rural au Cameroun, et analyse les conditions d'intervention des différents acteurs, à partir d'entretiens réalisés sur un échantillon d'agriculteurs. Elle donne quelques pistes quant au financement des activités des pauvres du secteur agricole rural. Cette problématique est également au centre des travaux de Guérin (1996), dont les résultats montrent que les projets d'épargne crédit dans la région de l'Ouest Cameroun, sont loin d'être à la hauteur des besoins. A partir d'une approche sociologique, l'auteur insiste sur l'intérêt d'une construction de systèmes d'épargne crédit sur la base d'une mutualisation, qui remet en cause le marché, en valorisant le rôle de la confiance et des réseaux sociaux.

### *Opportunités offertes par la microfinance informelle*

En Afrique en général et au Cameroun en particulier, les tontines, forme première de la Microfinance existaient depuis le XVIème siècle sous divers noms

---

[10] Lire la compilation faite dans « Les institutions de microfinance et la réduction de la pauvreté en Afrique centrale ». Proposition de recherche soumise au Centre de recherches pour le développement international (CRDI) par la FSEG/UYII-SOA, 2006.

(Tchoua'a, Njangui, etc.) et fonctionnaient en mettant en exergue le principe de l'épargne préalable au crédit (Nzemen, 1998). Le système financier informel est constitué des commerçants, des banquiers ambulants, des tontines, des organisations d'autopromotion. Les tontines sont à la fois un moyen d'épargne et de financement des projets. Certes, le mécanisme de tontines est à l'extérieur de toute réglementation régissant le fonctionnement des institutions financières. Mais, il a l'avantage d'être proche et accessible à bon nombre de personnes en zone rurale.

Plusieurs analyses sur l'offre de financement ont conclu que dans les pays en voie de développement, les tontines restent le passage obligé vers l'amélioration du cadre de vie des paysans, que ce soit à l'échelle familiale, clanique, corps de métier, etc. En tant que tel, chaque membre du groupe peut y obtenir un crédit après avoir constitué une épargne suffisante pour garantir un prêt.

Pour Cuevas (1989), les crédits- tontines représentent environ
36 % des crédits accordés au secteur privé par les banques et 54 % de l'ensemble des dépôts bancaires. Il apparaît donc de plus en plus que la finance informelle constitue « la planche de salut » pour le monde rural. Ce qui faire dire à Taylor (1983), que l'existence des marchés financiers informels permet une allocation efficiente des ressources ainsi que l'accroissement de l'investissement. Cette forme de financement n'est cependant pas résiduelle (Tchouassi et Ndjanyou, 2002). Pour ces auteurs, cette finance informelle reste très utile notamment dans le financement agricole et le financement des PME/PMI.

L'étude réalisée par Kenikou (2001) relève quant à elle de nombreuses pratiques adoptées par les producteurs pour pallier le manque de financement. Ces pratiques incluent: l'utilisation de la main-d'œuvre familiale gratuite, le développement des activités extra-agricoles permettant d'avoir des recettes plus ou moins régulières, la recherche des travaux payants moins contraignants et permettant d'avoir des liquidités, la location des équipements, les prestations de services dans d'autres exploitations, le réinvestissement des excédents qui se dégagent de leurs activités agricoles dans des spéculations rentables à court terme.

### *De la tontine à la microfinance formelle*

Outre les réseaux informels, de plus en plus d'exploitants sollicitent les services des institutions de microfinance[11] (IMF). En Afrique centrale, 90 % des structures de microfinance opérationnelles sont camerounaises. Pour l'instant, les IMF apportent des contributions certes insuffisantes, mais non négligeables. Entre 1999 et 2000, la masse de financements mobilisés par ces derniers créneaux a été de 35 milliards de FCFA (MINAGRI, 2001).

Supposées contribuer à la création d'activités génératrices de revenus et à la lutte contre la pauvreté, les IMF ne répondent cependant qu'imparfaitement aux attentes de leurs responsables, des bailleurs de fonds, des décideurs nationaux, voire des bénéficiaires. La microfinance présente des enjeux importants qui sont ceux de la couverture des besoins des pauvres agriculteurs et des enjeux majeurs liés à la durabilité des services qu'elle offre (Baumann et Servet, 2006). Elle fait donc face à de nombreux défis et problèmes qui exigent un changement de stratégie et l'invention des nouveaux instruments de financement adaptés aux besoins des populations vulnérables.

Il ressort de la revue faite que trois mécanismes de financement des activités agricoles existent: le financement bancaire, le financement informel et la microfinance formelle. Pour l'instant, les conditionnalités de chacun de ces mécanismes sont telles que l'éligibilité des EFA est limitée, notamment par l'insuffisance des garanties présentées. A cette insuffisance s'ajoute le fait que certains produits financiers proposés ne sont pas adaptés aux besoins de financement des activités agricoles en général et celles des EFA en particulier.

### 3. Méthodologie

*Méthodes*

Pour identifier les déterminants de la demande du crédit agricole et ceux de l'accès effectif à ce crédit, deux types d'outils sont utilisés. D'une part, une étude du comportement financier des EFA aboutissant également à la typologie des EFA et, d'autre part, une modélisation économétrique pour vérifier les résultats obtenus de l'analyse des comportements.

L'étude du comportement fait intervenir la fonction de production des EFA. Elle conduit à l'identification des facteurs qui jouent sur la décision d'un producteur agricole de demander ou non le crédit (Muayila, 2006).

---

[11] Les micro-banques de développement rural implantées sur le territoire de la Communauté économique et monétaire de l'Afrique centrale (CEMAC) sont dénommées microfinance par la COBAC. Celle-ci entend par microfinance, une activité exercée par des entités agréées n'ayant pas le statut de banque ou d'établissement financier tel que défini à l'annexe de la convention du 14 janvier 1992 portant harmonisation de la réglementation bancaire dans les États de l'Afrique Centrale et qui pratiquent à titre habituel, des opérations de crédit et/ou de collecte et offrent des services financiers spécifiques au profit des populations qui évoluent pour l'essentiel en marge du circuit bancaire traditionnel (COBAC, 2000).

Dans cette étude de comportement, une description des principales tendances est faite de la structure socio-économique et du schéma de financement des ménages, prenant en compte les principaux recours financiers, qu'ils soient institutionnels ou non. Par la suite, à partir de l'analyse en composantes principales[12] affinée par une classification ascendante hiérarchique (CAH), la typologie des EFA est élaborée. L'analyse faite s'appuie d'une part, sur le modèle développé par Moulende (2003) qui fait le lien entre les actifs du ménage, ses activités, les flux entre ressources et activités et d'autre part, sur le modèle de demande de crédit et d'accès au crédit développé par Muayila (2006). Ce dernier modèle a l'avantage d'intégrer les aspects du ménage liés à sa structure interne et son comportement financier, tout en mettant en valeur la diversité de ses comportements.

S'agissant de la modélisation économétrique, un modèle binaire simple est estimé.

Soit la spécification suivante:

$$P\ (y = 1/x) = G\ (\ x\ \beta) = p(x) \tag{1}$$

Avec x de dimension , le vecteur des variables explicatives[13] et $\beta$ est le vecteur des paramètres à estimer. $P\ (y = 1/x)$ est la probabilité conditionnelle de solliciter (d'obtenir) un crédit auprès d'un établissement de microfinance. Le choix des variables explicatives est fait ci-après (Tableau 3.1).

Pour des raisons de commodité, notamment l'aisance dans la manipulation de la fonction de répartition, le modèle Logit est préféré au modèle Probit. De manière spécifique, en posant

(z) = (xβ), l'équation (1) peut s'écrire comme suit:

---

[12] Comme toutes les méthodes factorielles, l'analyse en composante principale (ACP) s'appuie sur les distances entre points (variables ou individus) pour synthétiser la dispersion et rendre compte de la structure des données. Elle consiste, d'un point de vue géométrique, à positionner chaque exploitation agricole dans un espace à v dimensions et de déterminer des axes (les facteurs) qui synthétisent au mieux le nuage de points créé par chacune des exploitations enquêtées, repérées dans ce système d'axe multidimensionnel. Les facteurs, qui représentent donc le nuage de points de la façon la plus conforme, c'est-à-dire sans trop le déformer, synthétisent une information qui s'étale logiquement sur plusieurs de ces variables. L'ACP résume donc l'information contenue dans l'ensemble des variables propres aux exploitations agricoles enquêtées, en un petit nombre de caractéristiques intelligibles. Ensuite, le travail consiste à donner une signification à ces nouvelles variables synthétiques (les facteurs ou composantes principales) qui résument les informations de l'enquête. On pourra ainsi par la suite détecter des groupes homogènes d'individus ou certains individus atypiques. Pour les variables, ce sont leurs liaisons qui nous intéressent. Mesurées par le coefficient de corrélation linéaire, les liaisons pourront mettre en avant des groupes de variables corrélées ou non.

[13] Pour le choix des variables explicatives, nous postulons que les conditions socio-économiques du chef d'EFA tout comme les conditions d'accès imposées par les EMF peuvent avoir une influence sur la décision du producteur de demander le crédit et la possibilité d'y accéder (voir Von Pischke, 1991; Yaron, 1992).

$$G(z) = \Lambda(z) \equiv \exp(z)/[1 + \exp(z)] \qquad (2)$$

G(z) est la fonction de répartition de la fonction logistique. Un tel modèle est estimé par la méthode du maximum de vraisemblance.

**Tableau 3.1: Définitions, mesures et signes attendus du modèle de demande de crédit par les EFA**

| Variables | Description | Mesure | Variation de sens |
|---|---|---|---|
| Primaire | Niveau d'éducation primaire qui prend la valeur 1 si l'individu a un niveau du primaire et 0, sinon | Ordinale | + |
| Secondaire1 | Niveau secondaire premier cycle | Ordinale | + |
| Secondaire2 | Niveau secondaire second cycle | Ordinale | + |
| Supérieur | Niveau supérieur | Ordinale | + |
| Age | Age de l'enquêté | Ordinale | + |
| Age2 | Carré de l'âge de l'enquêté | Ordinale | + |
| Tailm | Taille du ménage | Variable continue | +/- |
| Sexe | Sexe de l'individu qui prend la valeur 1 pour les hommes et 0 pour les femmes | Variable binaire | + |
| Stamatri | Statut matrimonial de l'enquêté | Variable ordinale avec: 0 marié; 1 célibataire; 2 divorcé; 3 veuf | +/- |
| Techno1 | Utilisation des machines agricoles qui prend la valeur 1 si l'agriculteur en fait usage et 0, sinon | Variable binaire | + |

*Source: Les auteurs, 2009.*

### Sources des données

Deux types de données sont utilisées: les données d'enquête EFA faite dans le cadre du projet REPARAC auprès de 123 chefs d'EFA et les données issues de l'enquête collective conduite sur les EMF durant la première moitié du mois de juillet 2009 par le CEREG de l'Université de Yaoundé II - Cameroun. Cette enquête a été menée auprès de 400 ménages bénéficiaires des services de microfinance dont 168 agriculteurs (toutes catégories comprises)[14] et auprès de 100 institutions

---

[14] Dans le cadre de cette étude, seules les données sur les ménages agriculteurs sont utilisées.

pourvoyeuses de services de microfinance. La collecte des données a été effectuée aussi bien en milieu rural qu'en milieu urbain.

### *Logiciels*

Outre l'encodage dans la base de données SPSS, il est utilisé dans le présent travail un modèle Logit  qui est appliqué dans les deux phases d'estimation. D'abord au niveau de la sollicitation des crédits par les agriculteurs et enfin au niveau de l'obtention de ces crédits. La régression économétrique utilise la spécification robuste du logiciel STATA9 pour corriger d'éventuels problèmes dans les données (autocorrélation, hétéroscédasticité, multi-colinéarité, etc.). L'estimation proprement dite est conduite en deux étapes par rapport à chaque aspect (sollicitation et obtention du crédit). Dans un premier temps, il n'est considéré que les variables significatives (colonnes 1 et 3 du Tableau 3.4). Dans un second temps, le modèle est estimé avec toutes les variables (colonnes 2 et 4 du Tableau 3.4).

### 4. Résultats et discussions

### *Pratiques financières dans les EFA*

#### *Recours à l'épargne*

La plupart des chefs d'exploitation agricole familiale ont recours à l'épargne, aux tontines, ou aux réseaux de proximité (parents et amis) pour le financement de leurs activités. Il est noté un très faible recours aux sources formelles de financement.

Plusieurs formes d'épargne sont identifiées dont les plus importantes sont l'épargne individuelle et l'épargne-tontine. L'épargne individuelle prend le plus souvent la forme de transferts internes entre activités, phénomène identifié comme mode de financement important en l'absence de marché de crédit. L'épargne individuelle peut également prendre une forme non monétaire « qui permet de venir en aide aux proches et de maintenir les relations de solidarité entre amis et relations. Le recours à l'épargne-tontine -qui est un mécanisme de crédit solidaire- est cependant limité par plusieurs types d'obstacles. En effet, contrairement au taux d'intérêt qui ne semble pas être un obstacle important, c'est plutôt l'absence d'un mécanisme d'épargne discret, confidentiel et sécurisé qui semble influencer la demande de crédits des EFA.

*Recours au crédit*

Les principaux fournisseurs de crédits sont les parents, les amis, la tontine et dans une moindre mesure les coopératives d'épargne et de crédit, les usuriers et les commerçants. Dans ce lot, la tontine occupe une place de choix (N. Nonga, Basemeg *et al.*, 2007). En deuxième position viennent les commerçants qui préfinancent la production et certaine coûts de transaction auxquels font face les agriculteurs. Les demandes de financement adressées aux coopératives, banques et aux usuriers sont moindres, mais leur taux de satisfaction est aussi élevé que pour les tontines.

*Utilisation des fonds disponibles*

Comme il ressort du Tableau 3.2 ci-après, les fonds obtenus servent à de multiples usages donnés par ordre décroissant: la santé, la scolarité, la subsistance et les intrants.

**Tableau 3.2: Utilisation des prêts obtenus**

| Rubriques | Tontine | | COOP | | Com | | Usuriers | | Total | |
|---|---|---|---|---|---|---|---|---|---|---|
| | Val | % | Val | % | Val | % | Val | % | Val | % |
| Capital Circulant | 7 | 4,9 | 5 | 5 | 5 | 3,8 | 6 | 5 | 23 | 4,6 |
| Intrant/ outillage | 31 | 21,5 | 29 | 28,7 | 15 | 11,5 | 12 | 10 | 87 | 17,6 |
| Santé | 22 | 15,3 | 28 | 27,7 | 26 | 20 | 6 | 5 | 82 | 16,6 |
| Scolarité | 25 | 17,4 | 29 | 28,7 | 8 | 6,2 | 33 | 28 | 95 | 19,2 |
| Subsistance | 15 | 10,4 | 5 | 5 | 40 | 30,8 | 11 | 9,2 | 71 | 14,3 |
| Cérémonies | 11 | 7,6 | | 0 | 13 | 10 | | 0 | 24 | 4,8 |
| Commerce | 8 | 5,6 | | 0 | 8 | 6,2 | 6 | 5 | 22 | 4,4 |
| Habitat | 8 | 5,6 | | 0 | 8 | 6,2 | 17 | 14 | 33 | 6,7 |
| Déplacements | 2 | 1,4 | | 0 | 2 | 1,5 | 6 | 5 | 10 | 2 |
| Remboursement de dettes | 2 | 1,4 | | 0 | 2 | 1,5 | 17 | 14 | 21 | 4,2 |
| Agriculture | 8 | 5,6 | 5 | 5 | 3 | 2,3 | 6 | 5 | 22 | 4,4 |
| Autres activités | 5 | 3,5 | | 0 | | 0 | | 0 | 5 | 1 |
| TOTAL | 144 | 100 | 101 | 100 | 130 | 100 | 120 | 100 | 495 | 100 |
| % | 29,1 | | 0,4 | | 26,3 | | 24,2 | | 100 | |

*Source: Les auteurs, 2009.*
*(Val = Valeur, Ton = Tontine, Coop = COOPEC, Com = Commerçants, Usur =Usuriers)*

### Analyse quantitative des comportements financiers des EFA: Typologie des EFA

Les résultats de l'ACP donnent des taux de corrélation assez faibles qui s'expliquent sans doute par la variabilité des observations individuelles sur un nombre limité d'exploitations. Cependant, le test de sphéricité proche de 0, (donc hautement significatif), permet de rejeter l'hypothèse nulle qui postule l'existence de facteurs orthogonaux c'est-à-dire indépendants. Ce qui permet de dire que les résultats ne sont pas dus au hasard. De ce fait la structure des résultats est par conséquent significative.

L'analyse des comportements des EFA vis-à-vis des problèmes financiers et d'accumulation a donc permis de caractériser les situations en termes de ressources et de les classer en fonction de leurs performances technico-économiques. Les EFA du Grand Sud peuvent ainsi être regroupés en quatre classes (Tableau 3.3).

**Tableau 3.3: Caractéristiques des quatre classes retenues**

| Rubriques | Classe 1 | Classe 2 | Classe 3 | Classe 4 |
|---|---|---|---|---|
| Répartition des producteurs ( %)* | 62,5 | 30 | 5 | 2,5 |
| Age (ans) | 48 | 47 | 56 | 45 |
| Sexe masculin ( %) | 60 | 67 | 0 | 0 |
| Niveau d'instruction au moins CEPE ( %) | 96 | 100 | 0 | 0 |
| Activité principale agriculture ( %) | 92 | 92 | 0 | 0 |
| Activité secondaire ( %) | 64 | 75 | 100 | 100 |
| Dépendants (nb. de personnes en charge) | 7 | 12 | 5 | 4 |
| Actif (nb. de forces de travail) | 7 | 7 | 3 | 3 |
| Recours au crédit | 72 | 75 | 0 | 0 |
| Surface cultivée (ha) | 17 | 9 | 5 | 2 |
| Cheptel (valeur en FCFA) | 135 000 | 260 000 | 67 500 | 55 000 |
| Revenu monétaire (FCFA) dont | 1 994 570 1 | 1 650 437 | 799 062 | 541 980 |
| • Revenu agricole | 674 570 | 1 059 000 | 272 000 | 52 000 |
| • Revenu élevage | 20 000 | 35 000 | 67 500 | 55 000 |
| • Revenu para-agricole | 300 000 | 556 437 | 459 562 | 434 980 |
| Revenu monétaire/Actif - FCFA | 284 938 | 235 776 | 266 354 | 180 660 |

*Source: Les auteurs, 2009.*

### Description des classes

*Classe 1: Dynamisme, alphabétisme et objectifs de revenu et de capitalisation élevés*

Cette classe représente 62,5 % des exploitants répondants dont 96 % ont au moins le Certificat d'Etudes de primaire élémentaire (CEPE). Ils sont relativement jeunes. Le foncier, l'autosuffisance alimentaire constituent les principaux atouts de cette classe. La principale contrainte est liée à une grande dépendance vis-à-vis des prix sur les marchés et à l'organisation des filières. Le dynamisme de ces EFA vient de la grande valeur des superficies mises sous exploitation et le recours à la main-d'œuvre salariale. L'EFA de cette classe dispose en moyenne de 17 hectares de terre, ses activités (agricoles, para et extra-agricoles) sont fortement diversifiées.

La production vivrière de la femme assure l'autosuffisance alimentaire et le gain tiré de la vente du surplus des produits vivriers permet de subvenir aux « petits besoins » du ménage sur la plus grande partie de l'année. L'argent des cultures pérennes qui constitue un complément de revenus, est affecté aux remboursements des emprunts contractés au cours de l'année. Le revenu qui n'est pas immédiatement affecté à une quelconque dépense vient renforcer l'épargne monétaire. Dans cette classe, les pratiques courantes de stockage améliorent les revenus. Comme stratégie de financement, les EFA de ce groupe utilisent leur épargne monétaire et recourent au financement familial.

*Classe 2: Forte dépendance, objectif d'autosuffisance et répartition des risques*

Cette classe regroupe 30 % des exploitants répondants. En moyenne six actifs pour une superficie moyenne totale mise sous exploitation de neuf hectares. L'importance de la taille de la famille qui caractérise cette classe justifie que le premier objectif visé par l'EFA soit d'assurer la scolarité des enfants. Les principaux atouts de ces EFA sont liés à leur capacité à mobiliser de la main-d'œuvre salariée en période de récolte, cela grâce aux revenus réguliers générés par la vente échelonnée des vivriers. Dans cette classe, on observe également une forte diversification de la production vivrière, permettant ainsi d'entretenir la stabilité des revenus.

Par ailleurs la diversification des activités de l'EFA (élevage, chasse, commerce, etc.) contribue à augmenter la capacité d'autofinancement de l'exploitation. Les principales contraintes sont essentiellement liées au faible niveau d'intensification des cultures et au fait que le revenu monétaire permis par les vivriers soit dilué dans le temps. Ce qui réduit la valeur de l'épargne monétaire et limite la réalisation de gros investissements agricoles. Pour le financement de leurs activités, les EFA de ce groupe restent fortement dépendantes des circuits informels de financement et de la famille.

*Classe 3: Passivité et sécurité des besoins élémentaires*

Cette classe regroupe 5 % des exploitants interrogés, composés en majorité de femmes. Dans ce groupe, on compte en moyenne trois actifs par exploitation, pour une surface totale cultivée de cinq hectares. Toutefois l'insuffisance de cette force de travail est surmontée par l'entraide villageoise.

L'aspiration principale des chefs des EFA de cette classe est de créer une activité extra-agricole. En effet, l'agriculture (vivrière, d'exportation et/ou de rente) reste la principale activité. Les ventes des produits agricoles se font ponctuellement, pour avoir les ressources financières permettant de satisfaire aux besoins urgents du ménage. Les activités sont faiblement diversifiées et l'EFA fait face à de nombreuses contraintes de production et de commercialisation.

La caractéristique financière est l'absence totale d'épargne. Les chefs d'exploitation de cette classe ne connaissent pas d'institution financière formelle, ne demandent pas de crédit même dans les institutions informelles, ne savent rien sur les taux d'intérêt et n'ont aucune vision personnelle des EMF formels.

*Classe 4: Faible dynamisme et analphabétisme*

Ce type ne représente que 2,5 % des exploitations. Comme la classe précédente, leur force de travail est faible, avec des surfaces réduites (trois actifs pour deux hectares en moyenne par exploitation). Ces exploitations optent pour une extensification des cultures (augmentation des surfaces sans engrais et avec peu d'interventions culturales) et se caractérisent fréquemment par des résultats agricoles qui ne permettent pas d'assurer l'autosuffisance alimentaire. Le niveau de capitalisation est faible, avec une valeur moyenne de 55 000 francs CFA/an, et le cheptel (porcin et volaille) qui a une fonction d'épargne est acquis à partir du revenu para-agricole. Le principal atout de ces exploitations est lié au fait que les familles ne dépendent pas seulement des activités agricoles pour leur survie et elles diversifient les activités para-agricoles. L'aspiration principale est la création des activités para-agricoles.

A partir des analyses faites, il apparaît que de très faibles relations existent entre les EFA et les EMF. Cette faiblesse est également démontrée par les résultats des estimations économétriques.

**Déterminants de la demande de financement des EFA**

*Résultats descriptifs*

Une analyse descriptive des variables fait ressortir un ensemble d'éléments saillants. Dans l'échantillon qui a été considéré pour l'étude, sur un total de 358 enquêtés avec 340 réponses effectives, il est recensé 168 agriculteurs dont 111 hommes et 57 femmes. Les agriculteurs ont été majoritairement enquêtés dans les régions du Centre et du Littoral avec respectivement 59 et 38 agriculteurs par chacune de ces deux régions.

Il apparaît que les femmes sont assez peu représentées dans la sollicitation et l'obtention des crédits. Les hommes constituent presque les deux-tiers de l'effectif des agriculteurs dans l'échantillon, soit 111 sur les 168.

Sur le plan du crédit, 116 agriculteurs ont sollicité des emprunts auprès de diverses institutions (banques, EMF, fournisseurs, parents, tontines, usuriers). Seuls 48 d'entre eux ont obtenus des crédits auprès des EMF pour des montants allant de 30 000 FCFA à 8 0000000 FCFA, soit un montant total de crédit de 48 126 000 FCFA obtenu auprès de la microfinance. Ce montant donne une moyenne globale de 1 002 625 francs CFA par agent avec un écart-type égal à 1 780 619 FCFA. Cependant, cette moyenne globale cache de profondes disparités car elle est tirée par les gros montants d'emprunts (à partir de 1 000 000 de francs CFA), puisque 10 des 48 crédits obtenus font un total de 36 000 000 F CFA, pour une moyenne par agent se situant à 3 600 000 FCFA et un écart-type de 2 611 938 FCFA. Les 38 autres crédits obtenus s'établissent à un total de 12 126 000 FCFA, soit une moyenne de 319 105 FCFA et un écart-type 254 756 FCFA.

Les différents écart-types traduisent donc une forte dispersion dans la population totale qui a reçu des crédits de la microfinance. Cette dispersion est plus forte lorsque l'on considère les plus gros montants (2 611 938 FCFA). Tandis que pour la population qui a bénéficié de crédits en-dessous de 1 000 000 FCFA, cet indice de dispersion retombe à 254 756 FCFA.

Si ces résultats traduisent une faible pénétration des EMF dans le monde agricole, ils sont néanmoins à relativiser. Ils s'avèrent meilleurs que ceux d'autres institutions de crédit, principalement les banques secondaires auprès desquelles, les agriculteurs ont obtenu 3 crédits pour un montant global de 2 600 000 FCFA.

Les agriculteurs ont obtenu autant de crédits auprès des associations/tontines (48 crédits) qu'auprès des EMF (48 crédits), bien que le montant total des crédits auprès des associations/tontines (11 603 000 FCFA) soit inférieur à celui des EMF. Par ailleurs, les populations agricoles ont obtenu sept crédits auprès des parents pour un total de 2 586 000 FCFA, crédits usuriers pour 7 250 000 FCFA, deux crédits fournisseurs pour 450 000 FCFA.

*Nature de l'influence des facteurs identifiés sur la demande et l'accès effectif des EFA au financement des EMF*

On obtient une relation négativement significative entre le niveau scolaire (pour tous ceux qui sont au premier cycle du secondaire) et la sollicitation du crédit (Tableau 3.4). Par ailleurs, l'utilisation des machines agricoles a un effet significatif sur la sollicitation des crédits par les agriculteurs.

**Tableau 3.4: Résultats des estimations du modèle Logit de sollicitation et d'obtention du crédit**

| Variables | Sollicitation du crédit | | Obtention du crédit | |
|---|---|---|---|---|
| | (1) | (2) | (3) | (4) |
| Secondaire1 | -6,89* | -9,23*** | | |
| | (2,64) | (4,25) | | |
| Techno1 | -3,73** | -6,64 | | |
| | (1,77) | (4,04) | | |
| Intérêt_emprunt | -3,16** | -4,26** | | |
| | (1,41) | (2,19) | | |
| Condpaie | -2,58*** | 4,85 | | |
| | (1,47) | (3,01) | | |
| G_emprunt | -2,76** | -3,47*** | | |
| | (1,43) | (1,84) | | |
| Age | | 0,44 | | 0,14 |
| | | (0,40) | | (0,15) |
| Age2 | | -0,006 | | -0,001 |
| | | (0,006) | | (0,001) |
| Sexe | | -1,53 | | 0,52 |
| | | (2,6) | | (0,47) |
| Tailm | | 0,43 | | |
| | | (0,43) | | |
| Marié | | 1,95 | | |
| | | (2,38) | | |
| Lventes | | -0,064 | -0,21*** | -0,23*** |
| | | (0,54) | (0,11) | (0,12) |
| Primaire | | | 0,94** | 0,71 |
| | | | (0,47) | (0,49) |
| Type_activité1 | | | -1,76*** | -2,19** |
| | | | (1,08) | (1,08) |
| Fako | | | 1,55** | 1,76** |

| | | | (0,81) | (0,85) |
|---|---|---|---|---|
| Constante | 21,48* | 20,37* | 2,08 | -1,77 |
| | (7,98) | (13,24) | (0,96) | (3,31) |
| OBS | 77 | 72 | 124 | 117 |
| Log likelihood | -11,7 | -9,67 | -68,43 | -63,17 |

*Source: Les auteurs, 2009, sous la base du logiciel Stata.9*
*Notes: \*, \*\* et \*\*\* indiquent la significativité respectivement à 1 %, 5 % et 10 %; (.) indique l'écart type*

Les conditions de crédit, principalement le taux d'intérêt, les conditions de paiement et la garantie de l'emprunt exercent chacun un effet significativement négatif sur la sollicitation du crédit par les agriculteurs. En effet, il y a une relation inverse entre le taux de crédit et la sollicitation de ces crédits. Plus le taux appliqué est élevé, moins les crédits sont sollicités. De même, plus les conditions de paiement sont contraignantes, moins les crédits sont sollicités. La garantie à son tour exerce un effet dissuasif sur la sollicitation des crédits.

Dans cette première estimation portant sur la demande du crédit, les facteurs individuels des agriculteurs semblent avoir très peu d'influence sur leur demande de crédit. A l'exception du niveau d'éducation dont la modalité « secondaire1 » présente une significativité négative, ce sont les facteurs liés aux conditionnalités du crédit qui expliquent au mieux les réticences des agriculteurs à accéder au microcrédit. Ces réticences ne peuvent cependant pas se résumer à ces seuls facteurs. Il est à remarquer que la distribution des EMF n'est pas homogène dans les zones urbaines et celles rurales. Elle présente une plus forte concentration en zone urbaine. De ce fait, les populations agricoles des zones rurales n'ont même pas souvent connaissance de la possibilité qui s'offre à eux de pouvoir recourir au microcrédit pour financer leurs activités, et pour celles qui ont connaissance de cette opportunité, l'absence ou la rareté des EMF dans leurs milieux d'implantation limite une fois de plus leur accès au microcrédit.

L'estimation de la fonction d'obtention du crédit par le modèle Logit met en exergue l'impact significatif des ventes de l'année précédente, du niveau d'éducation, du type d'activité et du milieu d'implantation (Tableau 3.4). Pour ce qui est des ventes de l'année précédente, l'application du logarithme aux ventes annuelles fait ressortir une significativité à 10 % avec un coefficient négatif. En effet, si les ventes au titre de l'année précédente ont été importantes, le paysan dispose de suffisamment de moyens financiers et ne sollicite donc pas de crédits nouveaux. Il va recourir aux fonds disponibles, tirés des ventes précédentes pour couvrir les charges de son activité. Adebosin *et al.* (2013) avaient aussi trouvé, dans le cas d'une communauté rurale au Nigeria, que les ventes et le type d'activité étaient des variables importantes pour la demande de la microfinance par les paysans.

Le niveau d'éducation fait intervenir une relation positive entre l'obtention du crédit et le niveau primaire. Dans les zones rurales en général, les paysans sont soit non scolarisés, soit sous-scolarisés. Les jeunes qui réalisent des études longues quittent le milieu rural pour s'implanter dans les centres urbains qui leur offrent plus d'opportunités. De ce fait, les plus instruits qui restent en campagne ont le plus souvent le niveau du primaire[15]. Ils présentent donc plus de possibilités d'obtention de crédit par rapport aux populations non scolarisées.

Au niveau du type d'activité, toutes les variables se sont avérées non significatives, en dehors de la modalité « ouvrier » qui a une significativité négative, indiquant que pour cette catégorie d'agents, l'obtention du crédit est très restreinte.

Par rapport au milieu de vie, seul le département du Fako (cadre urbain) a présenté un impact significatif sur l'obtention du crédit. Toutes les autres localités étant non significatives. De ce fait, il peut être considéré que les populations des zones urbaines présentent une plus grande opportunité d'obtention des microcrédits. Ce qui complète le résultat précédent au niveau de la sollicitation des crédits, confirmant que les paysans dans les zones rurales ne sollicitent pas assez de crédit et par conséquent, n'en reçoivent pas beaucoup non plus.

Au total, les conditions de crédit (taux d'intérêt, garantie, conditions de paiement), le milieu de vie et le niveau de scolarisation ont une influence très importante sur le financement des activités agricoles. Les conditions de crédit constituent des facteurs limitatifs dans la sollicitation du crédit. Ce sont les leviers sur lesquels il faut pouvoir jouer pour impulser une plus grande demande de microcrédits par les agriculteurs qui ont connaissance de cette opportunité de financement de leurs activités.

Le niveau d'éducation est important pour permettre aux agriculteurs d'avoir connaissance de l'existence des EMF et des mécanismes de sollicitation de crédits auprès de ces institutions. Cependant, le milieu de vie a un effet négatif sur l'obtention de crédit par les agriculteurs.

### 5. Implication des politiques économiques et financières

La petite agriculture au Cameroun reste un sous-secteur à haut risque. Dans l'ensemble, les EMF y sont faiblement impliqués. Il existe très peu d'EMF au niveau des villages et autres zones de production. Même quand ces zones sont très proches des centres urbains, les produits offerts par les EMF atteignent difficilement les producteurs (exemple donné le pôle de production de maïs de Galim et la ville de Mbouda où un certain nombre d'EMF est implanté). Le manque de garanties présentées par ces producteurs accentue ce phénomène. En réalité, la grande

---

[15]Dans l'échantillon de l'enquête, le niveau primaire fait référence au titulaire d'un CEPE.

majorité des EMF préfèrent s'orienter prioritairement vers le commerce et les activités de transformation. Par conséquent, l'hypothèse sous-entendue dans cette recherche et qui justifie la faible orientation des EMF vers l'agriculture par leurs stratégies de minimisation de risque est confirmée. Il y a donc nécessité de réduire le risque lié aux activités agricoles en les modernisant. Cette modernisation passe par la professionnalisation des agriculteurs. Pour l'instant au Cameroun, cette professionnalisation reste hypothétique, les agricultures en général et les EFA en particulier subissent de nombreuses contraintes, qui empêchent le chef de l'exploitation familiale agricole i) de tirer de sa production des revenus monétaires suffisants et nécessaires à la satisfaction des besoins vitaux de sa famille et ii) de mobiliser des méthodes de gestion durable. Ces contraintes sont de deux principaux ordres. Premièrement, les contraintes internes à l'EFA: faible accès aux marchés des produits, coûts élevés et parfois faible accès aux intrants et semences améliorées, faible accès aux services techniques et financiers, pénibilité du travail, dégradation des ressources naturelles. Deuxièmement, les contraintes externes à l'EFA: faiblesse des prix de vente, faiblesse des infrastructures de transport et de commercialisation, enclavement, pression foncière, concurrence, infertilité des sols, climat défavorable, coxage, vol, etc.

L'objectif principal de la professionnalisation des EFA est de lever ces contraintes et donc d'amener les EFA à passer d'une agriculture d'autosuffisance alimentaire à une stratégie de production orientée vers le marché. Mais pour y arriver, il est nécessaire de renforcer les EFA dans leur fonctionnement et dans leurs relations internes et externes avec leurs environnements (accès aux facteurs de production, aux marchés, conseil, formation, information, gestion des ressources naturelles). La professionnalisation de ces EFA implique en effet, des changements de pratiques, qui supposent de développer des capacités de négociation et de gestion, d'améliorer l'accès aux services de base (intrants, information, formation, …), et de renforcer la ressource humaine.

Au niveau politique, il est nécessaire de poursuivre la diversification, l'organisation des filières agricoles et la professionnalisation des organisations de producteurs agricoles (OPA) censées impulser la professionnalisation des EFA. Il est tout aussi nécessaire que l'État mette en place des fonds de stabilisation spécifiques pour chaque filière organisée. En outre, l'assurance des risques agricoles doit devenir une réalité au Cameroun afin de sécuriser l'investissement dans le secteur agricole. Dans la dynamique de professionnalisation des EFA, l'État devrait enfin sécuriser les relations entre les OPA et les EMF. Cette sécurisation garantirait un assouplissement des conditions d'octroi de crédit et la réflexion continue sur des conditions spécifiques et des produits spécifiques tenant compte des contraintes et des besoins spécifiques du secteur agricole. Besoins qui sont de court, moyen et de long terme.

S'agissant des besoins de moyens de long terme, le refinancement systématique des EMF par les banques classiques, en même temps qu'il permettrait de disposer des ressources financières pour la diversification et la modernisation de la petite agriculture, augmenterait les possibilités de crédit pour les EMF. Il s'agit en définitive de mettre en place un fonds de garantie pour le crédit agricole et un cadre ou mécanisme obligatoire de concertation entre les EMF et les structures de promotion agricole en vue de minimiser les risques de non remboursement des crédits à moyen terme. Enfin, l'État devrait offrir des conditions fiscales préférentielles aux structures de refinancement des EMF orientées vers l'agriculture.

## 6. Conclusion

La présente étude a comme objectif principal d'identifier les facteurs qui influencent la demande des services des EMF par les EFA. Ce diagnostic part de la description des comportements financiers des EFA pour montrer que leur disponibilité pour demander les services est faible. Certes les résultats de l'enquête EMF faite au niveau du CEREG tendent à montrer que le taux d'accès des EFA au crédit est élevé. Mais ce résultat est biaisé à la fois par la méthode d'enquête et l'échantillon choisis. Les résultats obtenus montrent que dans la rencontre entre les EFA et les EMF, des facteurs liés à la structure propre des EFA engendrent des besoins spécifiques expliquant la manière dont les EFA interagissent avec les structures financières pour accéder au microcrédit agricole. Le gap entre les besoins des EFA et les services délivrés par les EMF s'explique par les caractéristiques propres aux EFA qui leur permettent de s'ouvrir ou non à ces institutions. De plus, il apparaît que les EFA ont recours en priorité aux circuits informels.

Toutefois, les analyses que nous avons faites sont limitées, d'une part par la non-prise en compte des arguments des EMF (offre) et donc des élasticités de l'offre des EMF et de la demande des EFA. Et d'autre part, par la faiblesse des échantillons (et donc des zones de production du grand sud Cameroun) et les données manquantes.

Dans l'ensemble donc, les enquêtes approfondies ciblant les producteurs dans plusieurs régions du Grand Sud Cameroun sont à refaire. Ce qui conduirait pertinemment à répondre à la question de savoir quels sont les facteurs qui influencent la probabilité pour un chef d'EFA d'obtenir du crédit auprès des EMF s'il en exprime le besoin.

## *Références Bibliographiques*

Adebosin, W. G., A. A. Adebayo, W. M. Ashagidigbi & A. A. Ayanwole (2013), 'Determinants of Farmers' Demand for Microfinance: The Case of a Rural

Community in Nigeria', *Journal of Economics and Sustainable Development* 4(5):24-30.

Akpaca, M. & G. Caugant (1992), Les systèmes de financement rural au Cameroun. Paris, CCCE, 62p.

Bassolé, L. (2003), 'Responsabilité conjointe et performance des groupes de crédit'. Article CERDI-CNRS, Université d'Auvergne, 65, Boulevard François Mitterrand, 63000, 11p.

Baumann, E. & J. M. Servet (2006), *'Revue Autre part'* - Appel à communication pour un numéro thématique: Risques et Microfinance.

COBAC (2000), Situation des institutions de microfinance du Cameroun. Yaoundé.

Cuevas, C. E. (1989), 'Marchés en financiers informels en Afrique: questions principales et étude de cas choisi', Colloque sur le rôle des institutions informelles et coopératives dans les systèmes financiers en milieu rural, Abidjan, Décembre.

Fry, M. J. (1995), *Money interest and banking in economic development.* 2e éd, Baltimore: The Johns Hopkins University Press, 346p.

Guérin, I. (1996), Épargne crédit en milieu rural: méthodologie d'intervention, l'exemple de l'Ouest – Cameroun. Mémoire de DEA, Faculté de Sciences Économiques, Université Lyon 2, 288p.

Kenikou, M. C. (2001), Les marchés financiers ruraux. Quelles particularités pour les exploitations agricoles des provinces du Nord et de l'Extrême Nord Cameroun. Mémoire DEA.

MINADER (2005), Evolution des productions Agricoles au Cameroun au cours de la dernière décennie (1993/ 94 - 2003/04), Actions menées et mesures envisagées. Rapport d'étude.

MINAGRI (2001), Rapport d'activités.

Moulendé, T. (2003), Les mécanismes de financement en milieu rural camerounais: une analyse des déterminants de la demande des services financiers des ménages. Thèse de Doctorat en sciences économiques, Centre d'Economie et d'Ethique pour l'Environnement et le Développement (C3ED), Université de Versailles Saint-Quentin-en-Yvelines, 378p.

Muayila, K. H. (2006), Financement de l'agriculture paysanne par les institutions de microfinance. Analyse des déterminants de la demande et de l'offre du crédit agricole. Cas de l'hinterland de Kinshasa. Mémoire de DEA en développement environnement et société. Université Catholique de Louvain.

N. Nonga, F., G. C. Zonkeng, M. Havard, J. H. Nlom., N. N Mondjeli, L. Kouodiekong, H. Mafouasson, J. M. Essomba, J. R. Minkoua Nzié & Th. Guemne (2009), « Analyse de la diversité des exploitations familiales agricoles à base de maïs dans le Centre et à l'Ouest du Cameroun ». Rapport d'analyse des données globales d'enquête. Ydé, PRP OP MAÏS/ REPARAC/IRAD, 103p.

N. Nonga, F., K. E. Basemeg, C. A. Ngom, H. Tchekote, J. Mbarga & C. Moma (2007). « Caractérisation de la demande de financement agricole dans les exploitations familiales agricoles au Cameroun: une analyse basée sur les stratégies endogènes de financement de l'agriculture et les pratiques paysannes de gestion de l'exploitation ». Communication présentée à l'atelier à mi-parcours REPARAC/PCP, Mbalmayo, 16-19 juin 2008. PRP Financement/IRAD-CIRAD, 17p.

Nzemen, M. (1998), Théorie de la pratique des tontines au Cameroun SOPECAM, Yaoundé, 163p.

PCP/IRAD (2005), « Plaquette de présentation ».

Taylor, L. (1983), *Structuralist Macroeconomics: applicable models for the Third World*. New York: Basic Books.

Tchouassi, G. & L. Ndjanyou (2002), 'Affaiblissement du rôle de l'intermédiation Financière', In (editeurs) Intermédiation financière et financement du développement en Afrique ». Presses Universitaires de Yaoundé, mars 2002, pp. 59-82.

Von Pischke, J. D. (1991), Finance at the frontier: Debt capacity and the role of credit in the private economy. The World Bank, Washington, D.C.

Yaron, J. (1992), 'Rural finance in developing countries'. Policy Research Working Paper. The World Bank, Washington, D.C.

# CHAPITRE 4

## LA DEMANDE DE MICROCRÉDIT ET LA RÉDUCTION DE LA PAUVRETÉ AU TCHAD

**Nguariguem Nassarmadji, Christian Beassoum & Symphorien Ndang Tabo**

*Centre d'Etudes et de Recherche en Droit et Economie Appliquée (CERDEA), Université de Tchad, Ndjaména (nassarmadji@yahoo.fr)*

### RÉSUMÉ

Plus qu'une théorie en quête de propagation et de publicité, la microfinance représente de plus en plus un véritable outil de lutte pour la réduction de la pauvreté dans le monde en général et au Tchad en particulier. La création au cours de ces dernières années des départements ministériels de microfinance dans la plupart des pays en voie de développement et la fulgurante inflation des entreprises de microfinance témoignent de l'intérêt que revêt ce nouveau champ pour les décideurs politiques et économiques et pour les chercheurs.

Sur la base d'une enquête menée auprès d'un échantillon de 708 enquêtés, la présente étude a tenté de répondre à la question suivante: quelles sont les caractéristiques qui garantissent l'accès des pauvres aux services de microcrédit au Tchad ?

L'enquête a couvert les principales régions du Tchad où sont exercées les activités de micro- finance, à savoir les régions de N'Djamena, Mayo Kebbi, Moyen Chari, Logones oriental et occidental et Guera. L'analyse explicative a révélé que les distinctions de sexe, d'âge et de statut matrimonial ne donnent pas de chances supplémentaires d'accès aux services de microcrédit au Tchad. Par contre, il a été mis en évidence d'une part que la probabilité pour des individus ayant des revenus mensuels plus élevés de bénéficier de services de microcrédit est de 0,25 fois plus forte que la probabilité de ceux qui ont des revenus faibles et d'autre part que la probabilité pour un individu ayant un niveau d'instruction élevé (secondaire ou supérieur) de bénéficier de services de microcrédit est 0,20 fois moindre que celle d'un individu ayant un niveau d'instruction faible (sans instruction ou niveau primaire).

On voit bien à travers ces résultats que la question de microcrédit se pose moins en termes de ciblage des plus vulnérables que de son efficacité à transformer les conditions de vie des bénéficiaires.

*Mots clés: microcrédit, vulnérable, réduction de la pauvreté, revenus mensuels*

## 1. Introduction

La réduction de la pauvreté par le crédit n'est pas une idée nouvelle. D'importants crédits publics ont ainsi été investis dans les pays en voie de développement en faveur des populations les plus pauvres, par le biais des banques d'État généralement agricoles qui offraient un crédit subventionné aux agriculteurs en visant une augmentation de leur productivité. Ces politiques menées entre 1950 et 1980, ont été, en général, des échecs. Le développement de la microfinance est donc, en partie, né du constat[16] que les institutions financières classiques sont dans l'incapacité de participer efficacement au développement économique et à l'allègement de la pauvreté dans ces pays.

La création des institutions de microfinance (IMF) a permis l'émergence d'un système bancaire assurant l'accès des populations pauvres aux services financiers. La forme la plus connue de la microfinance est incarnée par la Grameen Bank[17]. Leur objectif en matière de lutte contre la pauvreté est d'atteindre le plus grand nombre de pauvres. On reconnaît généralement que ces institutions peuvent aider à réduire la pauvreté, car elles favorisent les activités de production (ou parfois des activités mixtes de production et de consommation) des ménages ou de la petite[18] et microentreprise.

Cependant, sur le plan scientifique, et avec la masse d'informations accumulées depuis lors, il est important de s'interroger sur l'efficacité réelle de ce type de financement comme instrument de lutte contre la pauvreté et du même coup sur les caractéristiques socio-économiques qui déterminent son accès. En effet, une revue rapide de la littérature montre que la partie la moins bien analysée dans ce contexte, au moins au niveau empirique, semble être justement celle relative aux caractéristiques de l'accès au crédit auprès des IMF. La présente étude s'appuie sur ce constat préliminaire et s'insère dans ce contexte pour répondre aux préoccupations légitimes en matière d'études devant orienter les décisions des décideurs politiques et économiques dans la lutte contre la pauvreté.

En se situant du point de vue de la demande de microcrédit, l'objectif global de l'étude est de déterminer les caractéristiques qui garantissent l'accès des pauvres aux services de microcrédit. De façon spécifique, nous allons chercher à: 1) identifier les facteurs contribuant à la formulation de la demande de microcrédit par les personnes pauvres; et 2) cerner les limites des ménages pauvres dans la demande de microcrédit.

---

[16]Yunus, Muhammad. (1997), Le monde diplomatique, pages 14 et 15, décembre.
[17]Dingammadji Arnaud (2006), dans Mohammad Yunus, l'inventeur du micro-crédit, *Carrefour*, n°42, pp. 14.
[18]Les modalités sont: exploitation familiale, entreprise familiale, exploitation non familiale, entreprise non familiale

La présente étude est organisée comme suit: la section 1 porte sur la revue de la littérature combinée avec l'état des lieux de la microfinance au Tchad. La section 2 décrit la méthodologie suivie et les sources des données. La section 3 présente les résultats ainsi que les propositions visant l'amélioration de la demande de services de microfinance par pauvres.

## 2. Revue de la littérature et problématique de l'étude

### *Revue de littérature*

Le développement de la microfinance dans tous les États membres de la Communauté économique et monétaire d'Afrique centrale (CEMAC) est resté embryonnaire jusqu'en 1990 alors qu'à l'échelle internationale, cette activité a connu un grand essor. Par la Résolution 53/197 adoptée le 15 décembre 1998, l'Assemblée Générale des Nations Unies a proclamé l'année 2005 « Année Internationale du Microcrédit » et en même temps a invité les gouvernements, les organismes des Nations Unies et toutes les Organisations non gouvernementales (ONG) concernées, ainsi que les autres acteurs de la société civile, le secteur privé et les medias à mettre en lumière et à faire mieux connaître le rôle que joue le microcrédit dans l'élimination de la pauvreté, la contribution qu'il apporte au développement social et les effets bénéfiques qu'il exerce sur les conditions de vie des personnes pauvres. Le Secrétaire Général de l'Organisation des Nations unies (ONU) a souligné, dans son message à ce propos, le 29 décembre 2003 que « L'Année Internationale du Microcrédit 2005 souligne l'importance de la microfinance comme partie intégrante de notre effort collectif visant à atteindre les Objectifs du millénaire pour le développement (OMD). L'accès durable au 'micro financement' contribue à atténuer la pauvreté en générant des revenus, en créant des emplois, en donnant la possibilité aux enfants d'aller à l'école, en permettant aux familles d'obtenir des soins médicaux et en donnant les moyens aux populations de faire les choix qui répondent le mieux à leurs besoins. Le grand défi qui se dresse devant nous est d'aborder les contraintes qui font obstacle à la pleine participation des populations au secteur financier. Ensemble, nous pouvons et devons construire des secteurs financiers intégrants qui aident les populations à améliorer leurs conditions d'existence »[19].

En effet, hormis les services complémentaires (alphabétisation, formation, santé, etc.) prévus dans leurs différents programmes, les bailleurs de fonds internationaux reconnaissent qu'une partie significative des besoins essentiels des populations marginalisées peut être satisfaite par les microcrédits pour lesquels

---

[19]Discours du Secrétaire général des Nations Unies à l'Assemblée de décembre 2003.

les banques classiques ne sont pas disposées à intervenir. Dans le même temps, le mouvement international de la microfinance préconise à terme l'appropriation locale de l'activité par une démarche pédagogique inculquant aux populations, notamment rurales, des méthodes simplifiées d'épargne.

Les fortes inégalités régionales observées dans les recherches sur ce domaine important illustrent éloquemment que tous les pays en voie de développement n'accordaient pas de la même manière la place qu'il faut à la microfinance. Tous les analystes reconnaissent que la microfinance joue le même et unique rôle: générer un impact substantiel sur la réduction de la pauvreté chez les populations à faible revenu tant urbaines que rurales. C'est la difficulté rencontrée par cette tranche de population à avoir accès aux divers services des institutions commerciales d'octroi de crédit, de dépôts de revenus et de prestation d'assurances qui a obligé les chercheurs à se pencher sur ce secteur sous ses divers aspects.

Bouquet *et al.* (2007), par exemple, analysant la clarification faite par certains chercheurs par rapport aux liens entre la pauvreté, le risque et la vulnérabilité, soutient que les services financiers (épargne, crédit et assurance) sont le mécanisme de gestion du risque et de la vulnérabilité. Que cette gestion permet de réfléchir sur la nature de la demande et de l'adéquation de l'offre et d'élargir des études d'impact des services de microfinance, initialement centré sur l'augmentation du revenu et du patrimoine.

Si de nombreuses études antérieures se sont penchées sur la résolution des problèmes liés à l'impact des services des IMF, d'autres se sont plutôt souciées de l'évaluation de la pauvreté et du taux d'intérêt viable pour la microfinance. Dans le même sens, une évaluation du secteur financier, notamment de la microfinance de la CEMAC, a été demandée par les États de cette sous-région et appuyé par le Groupe consultatif d'assistance aux plus pauvres de la Banque Mondiale.

### *Problématique de la microfinance en liaison avec la réduction de la pauvreté*

La situation de l'Afrique francophone en général et de l'Afrique centrale en particulier en matière de microfinance reste à élucider lorsqu'il s'agit de l'impact des IMF sur les pauvres. En dehors de la République du Cameroun et de la République du Congo qui ont enregistré une évolution dynamique de la microfinance quelques années après les indépendances, la République du Tchad a connu la naissance de ces institutions avec la dévaluation du franc CFA en 1994 et surtout avec l'influence du contexte politico-économique aux conséquences socialement négatives pour une grande tranche de population. En effet, selon la deuxième enquête de consommation de ménages et le secteur informel (INSEED,

2006)[20], la pauvreté a augmenté de 1995 à 2003, passant d'une incidence de 50 % à 55 % comme mentionné dans le Tableau 4.1 ci-dessous.

**Tableau 4.1: Indicateurs de pauvreté par région**

| | Incidence de la pauvreté | Profondeur de la pauvreté | Sévérité de la pauvreté |
|---|---|---|---|
| Préfectures Batha | 48,4 | 15,5 | 6,6 |
| BET/ Biltine | 55,2 | 19,3 | 8,2 |
| Chari Baguirmi | 49,6 | 16,6 | 7,8 |
| Guera/Salamat | 62,8 | 23,1 | 11,1 |
| Kanem/Lac | 54,1 | 22,6 | 12,0 |
| Logone Occidental | 57,6 | 22,7 | 10,9 |
| Logone Oriental | 64,7 | 29,4 | 16,2 |
| Mayo Kebbi | 71,7 | 31,2 | 16,4 |
| Moyen Chari | 69,3 | 30,4 | 16,4 |
| Ouaddaï | 34,4 | 9,8 | 3,9 |
| Tandjilé | 62,1 | 25,0 | 12,7 |
| N'Djamena | 20,8 | 6,1 | 2,7 |
| Ensemble | 55,0 | 21,6 | 10,8 |

*Source: INSEED, ECOSIT2, 2003/2004.*

Face à cette situation de paupérisation, le recours aux instruments financiers a été privilégié. Les IMF au Tchad ont été d'abord structurées de façon informelle avant de se transformer en une association professionnelle, l'Association professionnelle Tchadienne des établissements de microfinance (APTEMF), en 2002. A sa naissance cette association comptait six membres (Association pour le développement d'épargne et de crédit (ASDEC), Centre for the promotion and cost-effectivenes of community initiatives (CEPRIC), Promotion et Appui au Réseau des Coopératives d'Epargne et de Crédit (PARCEC)-MC, Union des clubs d'épargne et de crédits du Mayo-Kebbi (UCEC-MK), Volunteers in Technical Assistance (VITA), Union régionale des coopératives d'épargne et crédit de N'Djaména (URCOOPEC)). Aujourd'hui elle en compte 193 sur les 205 membres répertoriés à l'Assemblée Générale tenue en octobre 2007; 158 d'entre elles sont agrées par le Ministère des Finances du Tchad. En 2001, l'ensemble des structures de microfinance avaient collecté au Tchad 635 millions de francs CFA d'épargne, et

---

[20]C'est la dernière plus grosse enquête budget consommation au tchad organisée en 2003 et publiée en 2005.

accordé 1,3 milliard de crédits aux usagers. Ainsi 32 000 personnes avaient accédé aux services financiers des établissements de microfinance (EMF).

En comparaison de la situation des banques, la croissance des activités de la microfinance a été fulgurante et semble apporter un début de solution à la sous-bancarisation de par sa proximité des populations rurales, péri-urbaines et même urbaines, exclues du système bancaire classique. Les banques sont implantées dans 5 villes seulement alors que les EMF sont identifiés dans 95 villes et villages, soit 20 fois plus de sites. Avec 98 378 membres, les EMF offrent des services financiers à deux fois plus d'individus que les banques qui ont enregistré 59 553 clients titulaires de comptes en 2007.

Pour accompagner cette stratégie informelle et implicitement incontournable qui permettait aux hommes et aux femmes défavorisés de s'organiser en vue de s'entraider ou de mener des activités génératrices de revenus perceptibles aussi bien dans les villes que dans les villages, le gouvernement tchadien s'est engagé à réduire les insuffisances de sa mauvaise gouvernance. C'est ainsi qu'il a été mis en place un cadre institutionnel pour élaborer une stratégie de la microfinance.

En dehors du ministère de Microfinance, le Tchad dispose des instances de promotion de la microfinance, notamment l'Observatoire de la Pauvreté, l'Association professionnelle Tchadienne des établissements de microfinance (APTEMF), et l'Organisation des acteurs non étatiques (OANET). Cependant, l'impact du mouvement des IMF reste mitigé au Tchad. Ceci est d'autant plus vrai que plusieurs de ces institutions, comme les Coopératives d'épargne et de crédit (COOPEC), appelées à se pérenniser tout en rendant de grands services aux pauvres ont connu la faillite.

En effet, malgré son développement rapide, le secteur de la microfinance au Tchad n'est pas épargné par les difficultés de tout genre, les principales insuffisances ont pour nom: l'inexistence d'une politique nationale de microfinance; la faible vulgarisation du Règlement N°01/02/CEMAC/ UMAC/COBAC relatif aux conditions d'exercice et de contrôle de l'activité de microfinance; les faibles capacités professionnelles des différents acteurs; la faible implication des bailleurs de fonds qui se limitent à introduire des volets crédits dans des projets exécutés, dans la plupart des cas, par des non professionnels; l'absence de concertation entre les différents ministères concernés intervenant dans le secteur d'une part, et entre les bailleurs de fonds internationaux d'autre part; le défaut d'appui pour le renforcement des capacités des institutions chargées du secteur (Cellule technique du ministère des Finances et APTEMF) et le manque de services privés spécialisés dans l'offre des prestations de services spécifiques à la microfinance (audit institutionnel et financier).

Toutes ces insuffisances ont une conséquence majeure qui est l'inadéquation de l'offre actuelle des EMF par rapport aux besoins en services financiers de proximité et accessible aux pauvres. Il en est de même pour la demande des services de ces institutions. Le Tchad, plus que tout autre pays, doit développer la microfinance pour assurer son essor économique et social et réduire la pauvreté. Récemment, Khandker et Samad (2013) ont montré que la microfinance a aidé les pauvres à consommer plus et de sortir de la pauvreté. D'autres études (Guérin *et al.*, 2011; Kausar, 2013; Adebosin *et al.*, 2013) ont analysé les déterminants de la demande de microcrédit.

L'approfondissement de la connaissance de l'étendue et de l'intensité des effets de l'offre et de la demande des services de la microfinance demeure un défi en Afrique centrale et particulièrement au Tchad. Il est donc indispensable de relever ce défi afin d'orienter et/ou de corriger les actions futures qui s'inscrivent dans le cadre d'une stratégie de lutte pour la réduction de la pauvreté dans cette région et territoire. La présente étude est une contribution aux nombreuses pistes que doivent explorer les décideurs économiques et politiques pour pallier les insuffisances citées plus haut en vue d'une réduction effective et durable de la vulnérabilité.

### 3. Questions, objectifs et hypothèse de recherche

#### Questions de recherche

Pour la présente étude, la question de recherche majeure est la suivante: Quels sont les facteurs qui déterminent la demande de services financiers exprimée par les pauvres ? Il en découle deux questions spécifiques relatives au profil des demandeurs de microcrédit et aux facteurs économiques et démographiques qui donnent plus de chance aux pauvres d'avoir accès au microcrédit au Tchad.

#### Objectifs de l'étude

Cette étude vise de manière générale à comprendre les facteurs qui déterminent les demandes de microcrédit au Tchad en rapport avec la réduction de la pauvreté. De manière spécifique, il s'agit de: a) identifier le profil des bénéficiaires de microcrédit au Tchad; b) déterminer les caractéristiques qui donnent plus de chance aux populations pauvres d'avoir accès aux microcrédits et c) proposer des éléments de solution pour surmonter les inégalités constatées.

#### Hypothèse de recherche

Pour atteindre le but poursuivi par cette étude, l'hypothèse formulée était: H0: les caractéristiques sociodémographiques et économiques des individus déterminent leur accessibilité au microcrédit au Tchad.

## 4. Approches méthodologiques

Dans la perspective des objectifs ci-dessus cités, la méthodologie est inspirée des expériences des autres pays en matière de liens entre la microfinance et la réduction de la pauvreté. Les outils statistiques suivants sont ceux utilisés pour obtenir les résultats attendus.

### Outils statistiques d'analyse

Afin de faire une comparaison entre les données démographiques et socioéconomiques de deux catégories de ménages ayant fait l'objet de l'enquête, l'une bénéficiaire de microcrédit et l'autre non bénéficiaire de microcrédit, nous avions utilisé les statistiques de tendance centrale, les tableaux croisés ainsi que les tests d'indépendance de type $\chi^2$. Les fondements théoriques de $\chi^2$ sont développés dans l'annexe. Les variables utilisées sont: le sexe de l'individu, le fait d'avoir accès aux crédits, la valeur du crédit, le nombre de fois où le crédit a été obtenu, le fait d'avoir des actifs, etc. Les comparaisons statistiques et tests simples d'égalité entre les moyennes sont aussi utilisés quand cela est nécessaire.

### Le modèle Probit

Dans un deuxième temps, pour relier l'analyse de l'accessibilité physique aux services de la microfinance et politique en cours ou à recommander en matière de microfinance, il conviendrait de tester la véracité des hypothèses sur les variables socioéconomiques et démographiques à travers un modèle macro-économétrique. Pour ce faire, le modèle logistique binaire sera utilisé. L'objectif final est d'identifier les caractéristiques des individus qui donnent plus de chance d'accéder au microcrédit.

A ce niveau, il sera question de l'estimation de la probabilité d'être un bénéficiaire de services microcrédit pour un ménage sachant ses caractéristiques sociodémographiques et économiques. Il s'agira d'abord de déceler les caractéristiques déterminantes, et de comparer les sensibilités de l'accès à la microfinance. Est-ce qu'un pauvre a les mêmes chances qu'un non pauvre d'avoir accès au microcrédit ?

Ainsi, les aides aux décisions statistiques au seuil de 5 % concernant les tests des coefficients (statistiques de Student, test de DW, etc.) et de significativité globale du modèle (Wald) qui sont les plus appropriées pour les modèles Probit ou Logit seront utilisées. Dans ce type de modèle, la qualité globale de l'ajustement ne peut se prêter au «$R^2$» comme c'est le cas dans les modèles de régression linéaire classique. Cependant, nous pourrons mettre à contribution le pseudo «$R^2$» de Cox/Snell, de NagelKerke ou de McFaden pour apprécier la qualité globale du modèle.

Il sera également présenté les rapports de chance.

La probabilité pour un ménage d'être bénéficiaire de microcrédit est

$$\frac{P(Yi=1)}{P(Yi=0)} = \frac{P1}{1-P1} = Exp(\sum_{k=1}^{K} b_k X_k)$$

Avec $b_k$ le coefficient de la caractéristique $X_k$, et s'interprète comme le facteur multiplicatif du rapport de chance correspondant à l'augmentation d'une unité ou au passage d'une modalité à une autre de celle-ci; toutes choses égales par ailleurs.

Le signe du paramètre de la variable indique le sens de l'impact et l'effet marginal est calculé comme étant le produit du paramètre par la fonction de densité. La signification du paramètre est donnée par la valeur du t (student). Quand une variable a un coefficient significatif et positif, elle accroît la probabilité d'être bénéficiaire ou d'accéder au crédit. Si c'est négatif, la variable contribue à réduire la probabilité d'être bénéficiaire. La valeur de l'impact de la variable sur la probabilité est donnée par l'effet marginal. La qualité du modèle est donnée par $R^2$ exposé en annexe.

### Collecte des données auprès des bénéficiaires et des non bénéficiaires des microcrédits

L'enquête sur le lien entre le microcrédit et la réduction de la pauvreté est une enquête par strate. Elle est du type quantitatif. La population cible est constituée de tous les ménages bénéficiaires et non bénéficiaires de microcrédit des EMF de la région d'implantation.

Aux fins des analyses, six strates (régions) réputées très pauvres selon ECOSIT 2 (voir incidences de pauvreté ci-après) sont retenues: Mayo Kebbi Est, Logone oriental, Moyen Chari, Tandjilé, Salamat et Guera. A ces régions, il convient d'ajouter celle de N'Djamena en vue d'examiner les difficultés de type institutionnel auxquelles sont confrontés les offreurs et les demandeurs de services financiers. En effet, N'Djamena, en tant que capitale économique et politique a un statut très particulier du fait de la concentration des opérateurs économiques, institutionnels et politiques. Le choix des enquêtés a visé à respecter le quota de 50 % de bénéficiaires et 50 % de non bénéficiaires.

### Collecte des données auprès des EMF

L'enquête auprès des EMF est basée sur des interviews directes, individuelles auprès des responsables et des membres de ces groupes. Les principales rubriques du questionnaire concernent: l'identification des EMF; les services financiers offerts; le profil de la clientèle de l'EMF; les types de relations existant entre les EMF, les petites entreprises et les ménages; la capacité de mobilisation de l'épargne et du crédit des EMF; les obstacles au financement de la création et du développement de la petite entreprise du côté de la clientèle et de celui des EMF; le rôle joué par l'État dans le développement de la microfinance au bénéfice des pauvres et le cadre réglementaire de la microfinance au Tchad; Un balayage exhaustif des EMF a été envisagé mais le taux de couverture est près de 77 %.

## 5. Résultats

### *Caractéristiques d'ensemble des enquêtés*

L'enquête a concerné 708 individus dont 359 ayant bénéficié des services des EMF et 349 non bénéficiaires. La répartition selon la région est donnée par le tableau 4.2 ci-après.

**Tableau 4.2: Répartition des enquêtés entre bénéficiaires et non bénéficiaires par région**

| | | Type de Bénéficiaires | | | | | |
|---|---|---|---|---|---|---|---|
| | | Bénéficiaire | | Non- Bénéficiaire | | | Total |
| Région | N'Djaména | 14,1 % | 100 | 14,1 % | 100 | 28,2 % | 200 |
| | Mayo Kebbi | 7,2 % | 51 | 6,9 % | 49 | 14,1 % | 100 |
| | Moyen Chari | 7,1 % | 50 | 7,1 % | 50 | 14,1 % | 100 |
| | Tandjilé | 7,1 % | 50 | 6,8 % | 48 | 13,8 % | 98 |
| | Logone | 7,1 % | 50 | 7,1 % | 50 | 14,1 % | 100 |
| | Guéra | 8,2 % | 58 | 7,3 % | 52 | 15,5 % | 110 |
| | Total | 50,7 % | 359 | 49,3 % | 349 | 100,0 % | 708 |

*Source: Nos enquêtes.*

D'après les statistiques de Khi-deux de personnes obtenues (Khi deux = 0,267; sig = 0,998), la variable région n'est pas significativement liée à la chance de bénéficier de microcrédit ou non.

### *Caractéristiques sociodémographiques*

Globalement, la plupart des personnes enquêtées sont des chefs de ménage (61 %) ou conjoint(e) du chef de ménage (28 %). Cette structure est présente au niveau des différentes localités d'étude, comme le montre le Tableau suivant (Tableau 4.3) suivante.

La répartition globale des enquêtés selon le sexe est de 51 % d'hommes et 49 % de femmes. Ainsi, ce sont les hommes qui sont les plus enquêtés dans toutes les régions, sauf à N'Djaména où ce sont les femmes qui sont majoritaires.

**Tableau 4.3: Lien de parenté des enquêtés avec le chef de ménage par région**

| Région / Lien de Parenté | N'Djaména | Mayo Kebbi | Moyen Chari | Tandjilé | Logone | Guéra | Total |
|---|---|---|---|---|---|---|---|
| | | | % | | | | |
| Chef de ménage | 15 | 11 | 10 | 8 | 9 | 8 | 61 |
| Conjoint | 7 | 2 | 3 | 5 | 4 | 6 | 28 |
| Enfant | 5 | 0 | 0 | 0 | 1 | 1 | 7 |
| Parent | 1 | 1 | 0 | 0 | 0 | 1 | 3 |
| Autre Personne Apparantée | 0 | 0 | 0 | 0 | 0 | 0 | 0 |
| Beau Parent | 0 | 0 | 1 | 0 | 0 | 0 | 1 |
| Total | 28 | 14 | 14 | 14 | 14 | 16 | 100 |

*Source: Nos enquêtes.*

### Sexe de l'enquêté

Un examen détaillé des personnes de sexe féminin fait ressortir que 56 % d'entre elles sont conjointes du chef de ménage. Cette prédominance des conjointes de chefs de ménage parmi les femmes se conserve au niveau des régions, sauf à N'Djaména et dans le Mayo Kebbi où les femmes chefs de ménage sont les plus nombreuses (respectivement 39 % et 52 %).

Les tranches d'âge les plus représentées sont les 25 à 40 ans et les 40 à 60 ans. Globalement, on a un taux de 41 % pour respectivement chacune de ces tranches d'âge; ce qui nous donne ainsi un taux de 82 % pour les personnes de 25 à 60 ans. A N'Djaména, on a 82 % de personnes de 25 à 60 ans; dans le Mayo Kebbi, 81 %; dans le Moyen Chari, 85 %; dans la Tandjilé, 90 %; dans le Logone, 73 %; et dans le Guéra, 78 %.

La répartition globale des enquêtés selon le niveau d'instruction est donnée par la Figure 4.1. Les individus de niveau d'études secondaires sont les plus nombreux suivis de ceux de niveau primaire (31 %). Cependant, il existe des disparités au niveau des différentes régions. A N'Djaména, ce sont les personnes de niveau d'études secondaires qui sont les plus nombreuses (42 %) suivies de celles de niveau primaire (27 %). La répartition selon le niveau d'instruction est semblable à celle de N'Djaména au niveau de la région du Mayo Kebbi, avec 40 % d'individus de niveau secondaire et 32 % de niveau primaire, et au niveau du Moyen Chari, avec respectivement 57 % et 26 %. Pour ce qui est de la situation matrimoniale des enquêtés, on constate que ceux-ci sont pour la plupart mariés[21]. A N'Djaména, on a 68 % de mariés; dans le Mayo Kebbi, 88 %; dans le Moyen Chari, 71 %; dans la Tandjilé, 83 %; dans le Logone, 81 %; et dans le Guéra, 86 %.

**Figure 4.1: Niveau d'instruction des enquêtés**

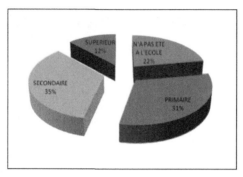

*Source: Nos enquêtes*

### Niveau de vie

Selon les résultats, 59 % des individus ont déclaré avoir un revenu mensuel de moins de 30 000 FCFA, dont 35 % de moins de 15 000 FCFA. Il y a de moins en moins d'individus lorsqu'on augmente de classe de revenus mensuels. Cependant, il faut remarquer la particularité de N'Djaména et du Moyen Chari: dans le premier cas, ce sont les gens de niveau de revenu mensuel compris entre 30 000 et 50 000 FCFA qui sont les plus nombreux (27 %) suivis de ceux ayant un revenu mensuel inférieur à 15 000 FCFA (21 %), et dans le second cas, ce sont ceux ayant un revenu mensuel compris entre 15 000 et 30 000 FCFA qui sont les plus nombreux (33 %).

La répartition des enquêtés selon le type d'aisance utilisé par leur ménage est donnée par la Figure 4.2. On a par ordre d'importance globale les latrines sommaires (41 %), les latrines améliorées (30 %), la nature (28 %) et les WC avec chasse d'eau.

À partir du type d'aisance, on a construit un indicateur de pauvreté y relatif comme suit: les ménages utilisant des WC avec chasse d'eau ou des latrines

---

[21] Dans tout ce document, le terme marié englobe aussi bien une personne en situation de mariage officiel qu'en union libre.

améliorées sont considérés comme aisés et les autres comme pauvres. On a obtenu les résultats suivants pour la pauvreté relative au type d'aisance: Globalement, il y a 69 % de pauvres.

**Figure 4.2: Type d'aisance des enquêtés par région**

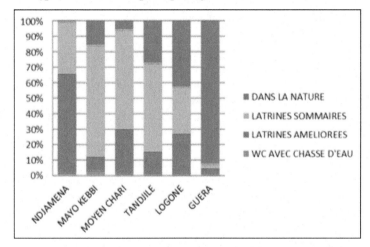

La répartition des enquêtés selon les matériaux du toit est donnée par le Tableau 4.4, où on a construit une catégorisation des types de toit en deux groupes: le groupe des personnes aisées selon cet indicateur étant celui de ceux vivant dans un logement dont le toit est en tôle en tuile ou en béton. On a ainsi 64 % d'individus aisés au niveau global, les individus du Guéra ayant la particularité d'être à 98 % pauvres selon cette variable.

**Tableau 4.4: Matériaux du toit du logement (%) des enquêtés par région**

| | N'Djaména | Mayo Kebbi | Moyen Chari | Tandjilé | Logone | Guéra | Total |
|---|---|---|---|---|---|---|---|
| | | | Region | | | | |
| Paille/Banco | 5,0 | 32,7 | 28,0 | 47,9 | 34,0 | 98,1 | 36,1 |
| Tôle/ Tuile/ Beton | 95,0 | 67,3 | 72,0 | 52,1 | 66,0 | 1,9 | 63,9 |

Dans le but de construire un indicateur composite de pauvreté pour l'étude, on a adopté une approche union: un individu est considéré comme aisé s'il l'est à la fois pour l'indicateur de pauvreté relatif au type d'aisance et pour celui relatif aux matériaux du toit du logement. On a obtenu les résultats suivants pour la pauvreté composite: Globalement, il y a 30 % de personnes aisées. Par régions, les aisés se répartissent comme suit: 64 % à N'Djaména; 11 % à Mayo Kebbi; 28 % au Moyen Chari, 14 % à Tandjilé; 27 % au Logone.

Le croisement d'un certain nombre de variables avec celles liées au statut de bénéficiaires ou non bénéficiaires des services des EMF nous donne les résultats suivants: la répartition des pauvres entre bénéficiaires et non bénéficiaires est quasiment équitable et les aisés sont plus nombreux (53 %) chez les bénéficiaires que chez les non bénéficiaires.

### Caractéristiques des non bénéficiaires des services des EMF

Les non-bénéficiaires des services des EMF ont des caractéristiques sociodémographiques semblables à l'ensemble des enquêtés: 63 % d'entre eux sont chefs de ménage. Plus de 3 non bénéficiaires sur 4 ont entre 25 et 60 ans; les personnes de niveau secondaire sont les plus nombreuses (33 %) suivies de celles de niveau primaire (30 %), celles de niveau supérieur étant les moins nombreuses (15 %); les mariés sont les plus nombreux (78 %); les non bénéficiaires des services des EMF ont pour la plupart (46 %) un revenu mensuel bas, inférieur à 15 000 FCFA. De façon générale, pour cette étude, lorsqu'on augmente de classe de revenu, l'effectif décroît, aussi bien au niveau de l'ensemble des non bénéficiaires qu'au niveau de chaque région.

Pourquoi certains individus ne bénéficient-ils pas des services des EMF ? Trois questions spécifiques ont été adressées aux non bénéficiaires des services des EMF afin de percevoir les raisons pour lesquelles ils n'en bénéficient pas: N'ont-ils jamais eu de contact avec les EMF?; Pour quelle(s) raison(s) ne bénéficient-ils pas des services des EMF ?; Ont-ils l'intention de contacter les EMF dans un proche avenir ?

Globalement, la majorité des non bénéficiaires (57 %) n'a jamais eu de contact avec les EMF. Cependant, au niveau des régions, il y a la particularité du Mayo Kebbi, du Moyen Chari et de la Tandjilé où la majorité (respectivement 55 %, 52 % et 55 %) a eu contact avec les EMF mais n'a pas bénéficié de leurs services. Ainsi, un travail de rapprochement doit être effectué par les EMF afin d'atteindre ceux qui ne bénéficient pas encore de leurs services et en faire des clients dans l'avenir.

L'ignorance est la raison pour laquelle la moitié des individus ne bénéficie pas des services des EMF. Cette raison demeure la principale au niveau de toutes les régions comme le montre le Tableau 4.5.

Les non-bénéficiaires des services des EMF constituent une clientèle potentiellement importante pour ces institutions. En effet, une large majorité d'entre eux (82 %) a l'intention de contacter ces établissements dans un proche avenir, à des niveaux variables selon la région: à N'Djaména, ils représentent 64 %; dans le Mayo Kebbi, 86 %; dans le Moyen Chari, 86 %; dans la Tandjilé, 90 %; dans le Logone et dans le Guéra, 96 % respectivement.

**Tableau 4.5: Raisons pour lesquelles les individus ne bénéficient pas des services des EMF par région (pourcentage)**

| Raison | N'Djaména | Mayo Kebbi | Moyen Chari | Tandjilé | Logone | Guéra | Total |
|---|---|---|---|---|---|---|---|
| Manque de garantie | 24,00 | 8,20 | 8,00 | 6,30 | 18,00 | 11,50 | 14,30 |
| Faible Niveau d'activité | 11,00 | 2,00 | 16,00 | 20,80 | 2,00 | 30,80 | 13,50 |
| Coût elévé | 7,00 | 8,20 | 0,00 | 6,30 | 0,00 | 3,80 | 4,60 |
| Peur de crédit | 19,00 | 28,60 | 18,00 | 25,00 | 8,00 | 7,70 | 17,80 |
| Ignorance | 39,00 | 53,10 | 58,00 | 41,70 | 72,00 | 46,20 | 49,90 |

*Source: Nos enquêtes.*

### Caractéristiques des bénéficiaires des services des EMF

Dans l'ensemble, les bénéficiaires des services des EMF ont les caractéristiques sociodémographiques suivantes: a) près de 6 sur 10 d'entre eux sont des chefs de ménage; b) 85 % d'entre eux ont un âge compris entre 25 et 60 ans; c) les individus de niveau d'études secondaire sont les plus nombreux (35 %) suivis de ceux de niveau primaire (32 %), ceux de niveau supérieur étant les moins nombreux (10 %); d) plus des trois-quarts d'entre eux sont mariés, e) près de 3 bénéficiaires sur 10 ont un revenu inférieur à 15000 francs CFA. Cependant, chaque région a sa particularité comme le montre le Tableau 4.6. Par exemple, dans le Mayo Kebbi, ce sont les individus ayant un revenu mensuel de plus de 100000 francs CFA qui sont les plus nombreux.

**Tableau 4.6: Revenu mensuel des bénéficiaires des services des EMF par région**

| | Région | | | | | |
|---|---|---|---|---|---|---|
| Revenu mensuel | Ndjamena | Mayo Kebbi | Moyen Chari | Tandjile | Logone | Guera |
| | Pourcentage | | | | | |
| 0 - 15000 | 14,00 | 15,70 | 16,00 | 30,00 | 54,00 | 55,20 |
| 15000 - 30000 | 18,00 | 23,50 | 32,00 | 38,00 | 18,00 | 32,80 |
| 30000 - 50000 | 30,00 | 9,80 | 26,00 | 18,00 | 6,00 | 8,60 |
| 50000 - 100000 | 15,00 | 15,70 | 12,00 | 6,00 | 22,00 | 3,40 |
| plus de 100000 | 23,00 | 35,30 | 14,00 | 8,00 | | |

*Source: Calculs des auteurs.*

Par ailleurs, l'étude a révélé aussi que près de 7 bénéficiaires sur 10 sont pauvres selon l'indicateur de type d'aisance. Cependant, au niveau de N'Djaména, environ 3 individus sur 5 sont aisés selon cet indicateur.

Selon la nature de l'activité qu'ils exercent, il y a beaucoup plus de commerçants (46 %) sur l'ensemble des bénéficiaires, suivis d'agriculteurs (26 %). La répartition des bénéficiaires par la nature de leur activité selon la région est donnée par la Figure 4.3.

La gestion de l'activité est à la charge des bénéficiaires des services des EMF eux-mêmes, pour la plupart. Le gain tiré par mois de leur activité est inférieur à 30 000 francs CFA dans l'ensemble des bénéficiaires des services des EMF. Mais le Mayo Kebbi a la particularité d'avoir un gain mensuel compris entre 50000 et 100 000 FCFA pour 49 % d'entre eux.

Beaucoup ont une affiliation récente aux EMF (32 %). Cependant, les cas de deux régions sont particuliers: dans la Tandjilé, la moitié des bénéficiaires est affiliée depuis plus de 5 ans et dans le Logone 42 % sont dans le même cas. La principale raison de l'adhésion aux EMF est le crédit pour 6 bénéficiaires sur 10, suivi de l'épargne pour 33 % d'entre eux. Néanmoins, la majorité de ceux du Moyen Chari (54 %) a pour principale raison l'épargne. Les bénéficiaires des services des EMF sont en général (85 %) satisfaits des services qui leur sont offerts et trouvent les produits proposés appropriés. La grande majorité des bénéficiaires des services des EMF (83 %) dispose d'un compte d'épargne. Le montant actuel de leur épargne est variable comme le montre la Figure 4.4. On y remarque, par exemple, que dans la capitale N'Djaména, beaucoup d'entre eux ont un montant d'épargne compris entre 65000 et 100000 FCFA.

**Figure 4.3: Nature de l'activité des bénéficiaires des services des EMF par région**

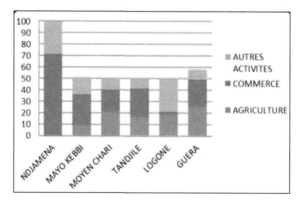

En dehors de la création de centres de santé communautaires qui est demandée par plus de 4 bénéficiaires sur 10, beaucoup d'entre eux souhaitent disposer de produits de microassurance (38 %). Le type de crédit le plus demandé est celui pour le petit commerce (46 %). Le montant du premier crédit est pour beaucoup supérieur à 100 000 FCFA. La répartition des bénéficiaires des services des EMF selon le montant du premier crédit dont ils ont bénéficié est donnée par la Figure 4.4.

La confiance des bénéficiaires des services des EMF en ces établissements existe bel et bien. En effet, 88 % d'entre eux déclarent cette confiance. En outre, beaucoup de ces bénéficiaires considèrent les EMF comme un outil de développement communautaire ou social au niveau de toutes les régions. Toutefois, 5 % d'entre eux trouvent ces institutions défaillantes ou peu recommandables.

**Figure 4.4: Montant obtenu du premier crédit par les bénéficiaires des services des EMF**

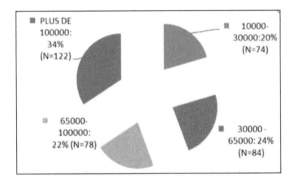

### Analyse exploratoire des données

L'analyse consiste d'abord à explorer la matrice des données issues des variables retenues pour le modèle. Ces variables sont pour la plupart des variables démographiques (sexe, statut matrimonial, âge, lien de parenté avec le chef de ménage, niveau d'instruction) des unités bénéficiaires ou non des services de microcrédit (la liste exhaustive des variables du modèle ainsi que leurs modalités a été présentée à l'annexe – Tableau 4A.1).

En analysant la matrice de corrélation par rapport à la variable d'intérêt à savoir le fait d'être bénéficiaire ou non des services de microcrédit, on peut dissocier deux types de liaisons. Des liaisons significatives[22] avec la variable d'intérêt concernent

---

[22]Lorsque la probabilité de significativité est inférieure à 0,10, la liaison est dite significative.

les variables suivantes: Le type d'aisance, les matériaux de toit, les matériaux de sol, le niveau d'instruction, la situation matrimoniale, nature de l'activité, le revenu mensuel (voir les résultats à l'annexe – Annex 4A.2).

Le deuxième groupe des variables qui ressort de la matrice de corrélation est celui qui n'a pas de liaisons significatives avec le fait d'être bénéficiaire ou non des services de microcrédit. Il s'agit des variables région, matériaux des murs, lien parental avec le chef de ménage, le sexe, l'âge. Avec un coefficient de corrélation négative, on peut dire que le fait d'avoir des revenus mensuels importants et le fait d'être bénéficiaire sont positivement corrélés. Par ailleurs l'analyse exploratoire semble indiquer une significative corrélation entre la région et les variables matériaux de toit, matériaux de sol et le type d'aisance.

### Analyses explicatives

Nous commençons par un modèle multinomial ci-dessous, car la nature de nos variables nous permet largement de l'utiliser. La variable B à expliquer est le fait d'avoir bénéficié ou non des services de micro crédit [23]

$$B = C + \alpha_1 L_{01} + \alpha_2 L_{02} + \alpha_3 L_{03} + \alpha_4 L_{04} + \alpha_5 D_{03} + \alpha_6 D_{04} + \alpha_7 D_{05} + \alpha_8 D_{06} +$$
$$\alpha_9 D_{08} + \alpha_9 B_{01} + \alpha_{10} D_{02} \tag{1}$$

Ou encore:

$$Beneficiaire = Const + \alpha_1 typaisance + \alpha_2 Sol + \alpha_3 mur + \alpha_4 toit +$$
$$\alpha_5 sexe + \alpha_6 age + \alpha_7 instruct + \alpha_8 statmat + \alpha_9 revenu + \alpha_9 activit$$
$$+ \alpha_{10} lienparental$$

### Résultats de l'estimation du modèle multinomial

Au seuil de 10 %, quatre variables indépendantes sont jugées significatives. Il s'agit des variables matériaux de construction des maisons (L02), le niveau d'instruction du bénéficiaire (D05), les revenus mensuels (D08) et le type d'aisance (L01). Notons que les variable L01 et L02 peuvent valablement estimer le bien-être social des individus enquêtés. En effet, leurs modalités respectives dissocient sans ambages les populations pauvres des non pauvres.

On peut être amené à penser que les variables revenus mensuels et le bien-être social ainsi créé peuvent être corrélés mais le second étant purement monétaire, et à la lumière des littératures existantes sur la pauvreté multidimensionnelle,

---

[23]B= BÉNÉFICIAIRES= {1=beneficiaire de microcredit; 2=non bénéficiaire}

les corrélations entre les variables monétaires et non monétaires ne sont pas systématiques.

Avec les quatre variables significatives, nous proposons un modèle Probit qui permet de déterminer les probabilités relatives pour un type de caractéristiques donné de l'enquêté de bénéficier d'un microcrédit.

**Tableau 4.7: Premiers résultats de l'estimation du modèle multinomial**

|  |  | A | E.S. | Wald | ddl | Sig. | Exp(B) |
|---|---|---|---|---|---|---|---|
| Etape 1[a] | L02 | 0,366 | 0,179 | 4,17 | 1 | 0,041 | 1,442 |
|  | L03 | -0,065 | 0,106 | 0,369 | 1 | 0,543 | 0,937 |
|  | L04 | -0,106 | 0,115 | 0,847 | 1 | 0,357 | 0,899 |
|  | D02 | -0,053 | 0,089 | 0,352 | 1 | 0,553 | 0,949 |
|  | D03 | -0,11 | 0,182 | 0,366 | 1 | 0,545 | 0,896 |
|  | D04 | -0,067 | 0,104 | 0,423 | 1 | 0,516 | 0,935 |
|  | D05 | 0,375 | 0,107 | 12,213 | 1 | 0,000 | 1,454 |
|  | D06 | 0,038 | 0,085 | 0,201 | 1 | 0,654 | 1,039 |
|  | D08 | -0,254 | 0,067 | 14,328 | 1 | 0,000 | 0,775 |
|  | L01 | -0,741 | 0,168 | 19,401 | 1 | 0,000 | 0,477 |
|  | B01 | -21,082 | 1201,414 | 0,000 | 1 | 0,986 | 0,000 |
|  | Cons. | -0,525 | 0,829 | 0,401 | 1 | 0,527 | 0,592 |

*a. Variable(s) entrées à l'étape 1: L02, L03, L04, D02, D03, D04, D05, D06, D08, L01, B01.*
*Source: Calculs des auteurs*

$$\frac{P(B=2)}{P(B=1)} = \frac{P1}{1-P1} = Exp(\alpha_1 L_{01} + \alpha_2 L_{02} + \alpha_3 D_{05} + \alpha_4 D_{08})$$

L'estimation du modèle Probit avec la constante donne les résultats suivants:

**Tableau 4.8: Résultats révisés de l'estimation du modèle multinomial**

| Variable | A | E.S. | Wald | ddl | Sig. | Exp(B) | IC pour Exp(B) 90 % | |
|---|---|---|---|---|---|---|---|---|
|  |  |  |  |  |  |  | Inférieur | Supérieur |
| L01 | -0,016 | 0,116 | 0,018 | 1 | 0,892 | 0,984 | 0,813 | 1,192 |
| D05 | 0,340 | 0,102 | 11,187 | 1 | 0,001 | 1,405 | 1,189 | 1,661 |
| D08 | -0,257 | 0,066 | 15,226 | 1 | 0,000 | 0,774 | 0,694 | 0,862 |
| L02 | 0,482 | 0,175 | 7,604 | 1 | 0,006 | 1,620 | 1,215 | 2,160 |
| Constante | -1,475 | 0,624 | 5,585 | 1 | 0,018 | 0,229 |  |  |

*Source: Calculs des auteurs*

Avec R-deux de Nagelkerke de 0,51, le modèle est globalement validé au seuil de 10 %. Il en ressort donc que les variables revenu mensuel, niveau d'instruction, type de matériaux de sol et la constante ont été significatives dans le modèle. La variable type d'aisance n'est pas significative, certainement que cette variable et le type de matériaux ont les mêmes effets. Nous utiliserons les statistiques exp(B) pour déduire les résultats[24] à interpréter.

**Tableau 4.9: Résultats définitifs du modèle avec transformation exponentielle**

| Variables | Probabilité initiale | Odds (defaut) | A | Exp B | Odds Revisé | Prob. |
|---|---|---|---|---|---|---|
| D05: revenu | 0,2 | 0,25 | 0,34 | 1,405 | 0,351 | 0,260 |
| D08: niveau d'instruction | 0,25 | 0,333 | -0,257 | 0,774 | 0,258 | 0,205 |
| L02: type de matériaux de sol | 0,25 | 0,333 | 0,482 | 1,62 | 0,54 | 0,351 |

*Source: Nos enquêtes*

D'après la méthodologie appliquée, ODDS (défaut)= =1/probabilité initiale où la probabilité initiale est l'inverse du nombre de modalités que possède la variable indépendante.

Par ailleurs, $ODDS(\text{défaut}) = \dfrac{P(\text{défaut})}{1 - P(\text{défaut})}$

avec ODDSR (défaut)=ODDS*exp(B)

D'après les résultats, on peut dire que la probabilité pour des individus ayant plus de revenus mensuels de bénéficier de service de microcrédit est de 0,25 fois plus forte que la probabilité de ceux qui ont des revenus faibles. Pour la deuxième variable indépendante significative à savoir le niveau d'instruction, on trouve aussi que la probabilité pour un individu ayant un niveau d'instruction élevé (secondaire ou supérieur) de bénéficier de services de microcrédit est 0,20 fois moindre que la probabilité qu'aurait l'individu ayant un niveau d'instruction faible (sans instruction ou primaire). Enfin, les personnes vivant dans des maisons fragiles (terres battues) ont 0,35 fois plus de chance d'avoir accès aux services de

---

[24] La signification d'un coefficient de régression logistique n'est pas aussi simple que celle d'un coefficient de régression linéaire. Si B est pratique pour tester l'utilité de prédicteurs, Exp (B) est plus facile à interpret. Exp (B) représente le changement de rapport de la probabilité de l'événement d'intérêt pour un changement d'une unité dans le prédicteur.

microcrédit que ceux vivant dans des maisons faites de ciment et/ou de carrelage. Enfin, cette variable laisse facilement deviner que les pauvres ont plus de chance d'avoir accès aux services de microcrédit que les non pauvres.

Ainsi donc, cette étude de la demande de services de microcrédit aboutit à la conclusion déjà prouvée dans l'analyse descriptive à savoir que les services de microcrédit au Tchad sont plus ou moins orientés vers les pauvres. Mais cela est-il suffisant pour éradiquer la pauvreté ? Les taux d'intérêt et les montants sont-ils aussi adaptés aux pauvres ?

### 6. Conclusions et implications de politiques économiques

L'étude sur la demande des services de microcrédit au Tchad visait, entre autres, à dresser le profil socio-économique des demandeurs et à répondre à une question essentielle « quelles sont les caractéristiques qui déterminent l'accès aux services de microcrédit ? ». Pour atteindre cet objectif, une enquête nationale basée sur 708 individus dont 359 bénéficiaires et 349 de non bénéficiaires a été réalisée.

Les résultats montrent que la majorité des non-bénéficiaires (57 %) n'a jamais eu de contact avec les EMF ou entendu parler de microcrédit. Cependant, ces résultats varient selon les régions du Tchad. En particulier, dans les régions de Mayo Kebbi, du Moyen Chari et de la Tandjilé, la majorité des enquêtés (respectivement 55 %, 52 % et 55 %) a eu contact avec les EMF mais n'a pas bénéficié de leurs services. Ainsi, un travail de rapprochement doit être effectué par les EMF afin d'atteindre ceux qui ne bénéficient pas encore de leurs services et en faire des clients dans l'avenir.

L'ignorance est la raison pour laquelle la moitié des individus ne bénéficie pas des services des EMF. Cette raison demeure une préoccupation récurrente dans toutes les régions du Tchad.

Les non-bénéficiaires des services des EMF constituent une clientèle potentiellement importante pour ces institutions. En effet, d'après l'enquête réalisée, une large majorité d'entre eux (82 %) a l'intention de contacter ces établissements dans un proche avenir, à des niveaux variables selon la région.

En ce qui concerne le deuxième objectif de l'étude, les analyses explicatives effectuées ont abouti aux conclusions suivantes: (a) les distinctions de sexe ne donnent pas plus ou moins de chances d'accès aux services de microcrédit au Tchad; (b) il a été mis en évidence d'une part que la probabilité pour des individus ayant plus de revenus mensuels de bénéficier de service de microcrédit est de 0,25 fois plus forte que la probabilité de ceux qui ont des revenus faibles et d'autre part que la probabilité pour un individu ayant un niveau d'instruction élevé (secondaire ou supérieur) de bénéficier de services de microcrédit est 0,20 fois moindre que la probabilité qu'aurait l'individu ayant un niveau d'instruction faible (sans instruction ou primaire); et (c) Les autres caractéristiques socio démographiques et économiques retenues dans le modèle n'ont pas été significativement discriminantes.

On voit bien à travers ces résultats que la question de microcrédit se pose moins en termes de ciblage des plus vulnérables que de son efficacité à transformer les conditions de vie des bénéficiaires. D'ailleurs, ces résultats sont nettement confirmés par les opinions des 708 individus enquêtés dans notre échantillon.

Pour faire du microcrédit un instrument de lutte contre la pauvreté, il est nécessaire d'entreprendre résolument des recherches sur les questions pendantes à savoir les difficultés de remboursement des prêts par les emprunteurs de microcrédit, le faible impact apparent des services de microcrédit sur les conditions de vie des emprunteurs et au-delà de la demande, la question majeure de la viabilité des EMF au Tchad.

### Références Bibliographiques

Adebosin, W. G., A. A. Adebayo, W. M. Ashagidigbi & A. A. Ayanwole (2013), 'Determinants of Farmers' Demand for Microfinance: The Case of a Rural Community in Nigeria', *Journal of Economics and Sustainable Development* 4(5):24-30.

Bouquet, Emmanuel, B. Wampfler, E. Rahison & M. Roesch (2007), 'Trajectoires de crédit et vulnérabilité des ménages ruraux: le cas des Cecam de Madagascar', *Autrepart* 2007/4:157-172.

ECOSIT 2 (2004), Enquête sur la Consommation et le Secteur Informel au Tchad II (2003-2004), République du Tchad, Ministère du plan et de l'aménagement du territoire, Institut National de la Statistique, des Etudes Economiques.

Guérin, I., Morvant-Roux, S., Roesch, M., Moisseron, J-Y., Ould-Ahmed, P. (2011), 'Analysis of the Determinants of the Demand for Financial Services in Rural Morocco'. Summary Report: *Impact Analysis Series* No. 6, Agence Française de Développement (AFD) and Rural Microfinance and Employment (RUME): Paris, France.

INSEED (2006), Enquête Consommation des Ménages et Secteur Informel au Tchad II (ECOSIT-2). Rapport final d'enquête. Institut National de la Statistique, des Etudes Economiques et Démographiques (INSEED).

Kausar, A. (2013), 'Factors Affect Microcredits' Demand in Pakistan', *International Journal of Academic Research in Accounting, Finance and Management Sciences* 3(4):11-17.

Khandker, S.R. & H.A. Samad (2013), 'Microfinance Growth and Poverty Reduction in Bangladesh: What does the Longitudinal Data Say?' Working Paper No. 16, Institute of Microfinance, Dhaka, Bangladesh.

Yunus, Muhammad (1997), 'Trangresser les préjugés économiques', *Le monde diplomatique*, pp. 14-15, décembre.

## Annexe 4A.1: Liste des variables

| Variable | Libellé | Modalités |
|---|---|---|
| Region | Region | 1= Ndjamena; 2=Mayo Kebbi; 3= Moyen Chari; 4=Tandjilé; 5= Logone et 6=Guera |
| L01 | Type d'aisance | 1=WC avec chasse d'eau; 2= latrines améliorées; 3=latrines sommaires; 4=dans la nature |
| PL01 | Pauvreté relative au type d'aisance | 1=non pauvre; 2=pauvre |
| L02 | Materiaux du sol | 1=carrelage; 2=Ciment; 3=terres battues; 4=autres |
| L03 | Materiaux des murs | 1=paille; 2=banco; 3=ciment; 4=autre |
| L04 | Materiaux du toit | 1=paille; 2=banco; 3=tole/tuile/beton |
| PL04 | Pauvreté relative aux materiaux du toit | 1=non pauvre; 2= pauvre |
| P | Pauvreté | 1=non pauvre; 2=pauvre |
| D02 | Lien de parenté avec le chef de ménage | 1=chef de ménage, 2= conjoint/e; 3=enfant; 4=parent; 5=autre personne apparentée; 6=beau-parent |
| D03 | Sexe | 1=masculin; 2=feminin |
| D04 | Age | 1=18-25 ans; 2= 25-40 ans; 3=40-60 ans; 4=60 ans et plus |
| D05 | Niveau d'instruction | 1=n'a pas été à l'école; 2=primaire; 3=secondaire; 4=superieur |
| D06 | Situation matrimoniale | 1=marié; 2=celibataire; 3=divorcé; 4=veuf |
| D08 | Revenu mensuel | 1= 0-15000; 2=15 000-30000; 3=30000-50000; 4=50 000-100000; 5= plus de 100000 |
| B | Bénéficiaires? | 1=bénéficiaire de microcredit; 2=non bénéficiaire |
| N01 | N'avez-vous jamais eu le contact avec les EMF ? | 1=oui; 2=non |
| N02 | Pour quelle(s) raison(s) votre ménage ne bénéfice-t-il pas des services des EMF ? | 1=manque de garantie; 2=faible niveau d'activité; 3=cout elevé; 4=peur de credit; 5=ignorance; 6=autre |
| N03 | Avez-vous l'intention de contacter les EMF dans un proche avenir ? | 1=oui; 2=non |
| B01 | Nature de l'activité | 1=agriculture; 2=commerce; 3=production; 4=Batiment Travaux Publics; 5=autre service |

| | | |
|---|---|---|
| B05 | Qui gere cette activité | 1=vous-mêmes; 2=conjoint; 3=ensemble avec conjoint; 4=un membre de famille; 5= une employé |
| B06 | Combien gagnez-vous de cette activité par mois ? | 1= 0-30000; 2=30000-50000; 3=50000-100000; 4 = plus de 100000 |
| B07 | Depuis quand etes-vous affilié à l'EMF ? | 1=moins d'1 an; 2= 1 à 3 ans;3= 3 à 5 ans et 4=+ 5 ans |
| B08 | Raison de l'adhesion | 1=credit; 2=épargne; 3= transfert de fond; 4= micro assurance; 5=autre |
| B11 | Dis posez-vous d'un compte d'épargne ? | 1=oui; 2=non |
| B12 | Les produits d'épargne proposés vous paraissent-ils appropriés ? | 1=oui; 2=non |
| B13 | Montant actuel de votre épargne | 1=-30000; 2= 30 à 65 000; 3= 65 à 100 000; 4= plus de 100 000 |
| B16 | Quel type de couverture sociale avez-vous besoin ? | 1=centre de santé communautaire; 2=assurance maladie; 3=micro assurance; 4=autre |
| B17 | Type de crédit | 1=crédit de campagne; 2= crédit petit commerce; 3=crédit aux PME; 4= crédit scolaire; 4= crédit salarié; 5=autre |
| B18 | Montant obtenu lors du premier crédit | 1=0-30000; 2=30000-50000; 3=50000-100000; 4 = plus de 100000 |
| B19 | Type de crédite en cours | 1=crédit de campagne; 2= crédit petit commerce; 3=crédit aux PME; 4= crédit scolaire; 5= crédit salarié; 6=autre |
| B20 | Montant de ce crédit | 1= moins de 10000; 2= 10 à 20 000; 3= 20 à 60 000; 4= plus de 60 000 |
| B21 | Confiance en votre EMF | 1=non pauvre; 2=pauvre |
| B22 | Confiance aux EMF de votre région | 1= outil de développement communautaire; 2= instrument de développement économique; 3= défaillant; 4=autre |

**Annexe 4A.2: Résultats du modèle Logit**

|  | Corrélation de Pearson | Sig. (bilatérale) |
|---|---|---|
| Type d'aisance | 0,026 | 0,006 |
| Matériaux du sol | 0,110** | 0,004 |
| Matériaux du toit | -0,067 | 0,075 |
| Sexe | -0,020 | 0,593 |
| Age | -0,046 | 0,221 |
| Niveau d'instruction | 0,041 | 0,005 |
| Situation matrimoniale | 0,005 | 0,007 |
| Revenu mensuel | -0,114** | 0,002 |
| Nature de l'activité | .a | 0,000 |
| Type de crédit | .a | 0,000 |
| Montant de ce crédit | .a | 0,000 |
| Type de crédit en cours | .a | 0,000 |
| Confiance aux EMF de votre région | .a | 0,000 |
| Matériaux des murs | -0,059 | 0,114 |

*Source: Calculs des auteurs*

# CHAPITRE 5

## L'ANALYSE DE L'OFFRE DE MICROCRÉDIT
## AU TCHAD

**Banayal Rimtebaye & Symphorien Ndang Tabo**

*Centre d'Etudes et de Recherche en Droit et en Economie Appliquée, Université de N'Djamena, Tchad (banayal@yahoo.fr)*

## RÉSUMÉ

La présente étude cherche à répondre à une question fondamentale concernant l'adéquation de l'offre de microcrédit par rapport à la demande exprimée par les pauvres. Ce qui renvoie aux contraintes techniques, économiques et institutionnelles dans lesquelles les établissements de microfinance (EMF) évoluent au Tchad. Sur la base d'une enquête menée auprès de cinquante EMF, des résultats importants ont été obtenus. L'étude a montré que l'implantation des EMF au Tchad est concentrée dans les zones du Sud du Tchad à forte incidence, intensité et profondeur de pauvreté. Toutefois, cette répartition est inégale en défaveur de la grande superficie de l'Est du Tchad. L'analyse des dépôts moyens de la clientèle fait ressortir que les populations les plus pauvres du Tchad, majoritairement rurales, s'intéressent plus aux activités de microcrédit que les non pauvres des zones urbaines. Cependant on observe une tendance à la hausse au niveau des dépôts moyens de la clientèle rurale. Entre 2006 et 2008, les dépôts moyens en milieu rural ont progressé de 39 % contre une baisse en milieu urbain.

Le taux de transformation de dépôts en microcrédits est passé de 76 % en 2006, à 87 % en 2007, puis à 95 % en 2008 indiquant ainsi un fort taux de transformation des dépôts en crédits. C'est un signe que les crédits répondent aux besoins de la clientèle au Tchad. Le taux élevé de transformation des dépôts expose les EMF à un grand risque d'liquidité et les oblige à recourir aux ressources externes (refinancement bancaire, subvention) autres que les fonds propres. Ce qui est un signe de fragilité en matière de microfinance.

La qualité des services de microcrédit offerts aux pauvres est, selon les enquêtes, largement affectée par la lourdeur dans le traitement des dossiers et par le niveau élevé du taux d'intérêt. Concernant les critères d'attribution de microcrédit, les critères les plus récurrents sont ceux de la pauvreté (88 %), ceux d'intérêts propres aux EMF (70 %) et dans une négligeable mesure les considérations ethniques et régionales (16 %). Au niveau de l'État, des faiblesses ont été relevées dont la faible intervention de l'État dans l'émergence de la microfinance; la protection de l'épargne des déposants ne constitue pas une préoccupation majeure des autorités publiques; la faible prise en compte des spécificités tchadiennes dans la réglementation COBAC-CEMAC promulguée en avril 2000; et l'absence des moyens de travail dont dispose la cellule technique chargée de la supervision de l'activité de microfinance dans le pays. En guise de solution, les autorités publiques doivent (1) professionnaliser les EMF en renforçant leurs capacités techniques et institutionnelles de manière à ce qu'ils soient perçus par les banques comme des clients au même titre que les entreprises classiques; (2) augmenter le niveau de confiance des EMF auprès des banques en améliorant les garanties qu'ils peuvent posséder: fonds de garantie, cofinancement; et (3) réduire le coût d'accès au refinancement bancaire

*Mots-clés: l'offre de microcrédit, épargne, pauvreté, garanties*

## 1. Introduction

La microfinance constitue un puissant outil de développement ayant le potentiel d'atteindre les populations pauvres, d'élever leur niveau de vie, de créer des emplois, de créer la demande pour de nouveaux biens et services et de contribuer à la croissance économique. De ce fait, elle joue le rôle d'instrument de réduction de la vulnérabilité des pauvres aux chocs économiques. En général, les programmes de microfinance offrent aux entrepreneurs pauvres l'accès aux services financiers tels que le crédit, le dépôt, et les services d'épargne qui sont conçus en fonction de leurs besoins. Bien que les microentreprises créent des emplois et contribuent au produit intérieur brut (PIB), elles font face souvent à de nombreuses contraintes par manque d'accès aux services financiers. Ces contraintes sont de plusieurs ordres: institutionnel, financier, professionnel, environnemental et culturel.

Le développement de la microfinance dans tous les États membres de la CEMAC est resté embryonnaire jusqu'en 1990, alors qu'à l'échelle internationale, cette activité a connu un essor florissant. Ensuite, au plan international, le mouvement de la microfinance s'est amplifié parce que désormais considéré comme un des vecteurs essentiels de la lutte contre la pauvreté.

L'activité de microfinance dans les États de la CEMAC a été favorisée par un flou juridique où se côtoient et s'appliquent des lois nationales sur les coopératives et une réglementation bancaire, la Convention du 17 janvier 1992, qui est difficilement applicable aux opérations d'épargne et de crédit de type associatif et coopératif.

Au Tchad, les structures informelles d'entraide ont constitué un terreau pour l'éclosion de la microfinance au travers des associations, des mutuelles et des groupements. Comme dans la plupart des pays de la sous-région, le mouvement de création des EMF a véritablement commencé dans les années 90, en dehors du projet VITA (Volunteers in Technical Assistance) financé par United States Agency for International Development (USAID) et l'Union des clubs d'épargne et de crédits (UCEC) de Pala financé par le Bureau d'étude et de liaison, d'action caritative et de développement (BELACD). Des hommes et des femmes s'organisaient ainsi pour s'entraider ou mener des activités génératrices de revenus perceptibles aussi bien dans les villes que dans les villages.

L'importance de ce secteur peut être appréciée par son évolution et les opportunités qu'il offre en matière de développement et de contribution à la réduction de la pauvreté. En 2001, 128 structures de microfinance dont 111 regroupées dans cinq réseaux existaient et avaient collecté 635 millions de FCFA d'épargne, et accordé 1,3 milliard de crédits aux usagers. Ainsi 32 000 personnes avaient accédé aux services financiers de ces EMF. Dans le cadre de la mise en œuvre du dispositif réglementaire CEMAC/COBAC, 214 EMF dont 187 organisés en réseau et cinq sous forme de projets ont été identifiées en 2004. Ce qui correspond à 4,419 milliards de FCFA de dépôts collectés, 3,669 milliards de FCFA de crédits accordés à 98 378 usagers. Avec ce nombre, le Tchad occupe le deuxième rang après le Cameroun en termes d'importance des EMF dans les États membres de la CEMAC.

Toutefois, le secteur émergeant de la microfinance souffre d'insuffisances, notamment: l'inexistence d'une politique nationale de microfinance; la faible vulgarisation de la réglementation y relative; la faible capacité professionnelle des différents acteurs; la faible implication des bailleurs de fonds qui se limitent à introduire des volets crédits dans des projets d'ensemble exécutés dans la plupart des cas par des non professionnels; l'absence de concertation entre les différents ministères concernés intervenant dans le secteur d'une part, et entre les bailleurs de fonds internationaux d'autre part; le défaut d'appui pour le renforcement des capacités des institutions chargées du secteur (Cellule technique du ministère des Finances et Association Professionnelle Tchadienne des Etablissements de Microfinance) et le manque de services privés spécialisés dans l'offre des prestations de services spécifiques à la microfinance (audits institutionnel et financier).

La présente étude analyse l'offre de microcrédit au Tchad et son rôle potentiel dans l'allègement de la pauvreté dans ce pays. Elle fait des recommandations pour améliorer les pratiques en matière de microfinance en vue de réduire le fossé entre la demande et l'offre de microcrédit.

## 2. Revue de la littérature et problématique

*Revue de la littérature*

Les défis qui se posent dans la plupart des pays africains sont essentiellement des défis de développement. En effet, les chocs successifs qui ont affecté l'économie mondiale ont porté un violent coup aux économies encore balbutiantes des pays de l'Afrique noire en général et ceux d'Afrique centrale en particulier. Ces pays très dépendants des recettes d'exportation de leurs matières premières restent vulnérables aux chocs extérieurs et ne parviennent pas à endiguer l'extrême pauvreté qui ravage leurs populations respectives. Face à l'échec des divers programmes politiques, le microcrédit semble offrir une alternative parmi les nombreuses pistes envisageables de lutte contre la pauvreté. D'où l'émergence des dispositifs permettant d'offrir de très petits crédits (« microcrédits ») à des familles très pauvres pour les aider à conduire des activités productives ou génératrices de revenus leur permettant ainsi de développer leurs très petites entreprises.

Cependant, le développement de ce microcrédit progresse à un rythme très variable selon les milieux géographiques, les cultures et l'environnement économique. D'abord au niveau régional, malgré l'apparition de nombreux clubs d'épargne, de mécanismes de financement non structurés et de mutuelles de crédit locales pour répondre à la demande de petits crédits que les banques commerciales, les institutions publiques ou les organismes donateurs ne satisfont pas, le marché du microcrédit africain connaît un net retard par rapport aux importants volumes engagés par le secteur privé et les bailleurs de fonds en Asie ou bien encore en Amérique latine.

Etant donné que l'Afrique est la seule région du monde où l'on prévoit une aggravation de la pauvreté, il y a là une solide raison pour les donateurs, les gouvernements et leurs agents d'accorder aujourd'hui une attention particulière à ce continent et à y développer la microfinance. Selon l'article « Le micro crédit progresse en Afrique » publié sur le site « www.Economiesocialequebec.ca » du 22 juillet 2009, 4 % de la population du continent possèdent un compte en banque et seulement 1 % des africains ont obtenu un prêt ou une autre forme de crédit provenant d'une institution financière formelle. Or, l'accès à des systèmes financiers jouant pleinement leurs rôles peut permettre aux populations pauvres et à faibles revenus, ainsi qu'aux micros et petites entreprises, d'augmenter considérablement leur pouvoir économique et social et de mieux s'intégrer dans les économies de leurs pays respectifs.

L'accès aux services financiers contribue aussi, de manière active, à leur développement économique et humain, à la croissance économique de leur pays et à la mise en place de filets sociaux de protection contre les chocs économiques.

Ensuite, les contrastes en matière de développement sont aussi énormes à l'intérieur du continent entre les pays pris individuellement ou par zone. Malgré les avantages que le microcrédit semble apporter dans la lutte contre l'extrême pauvreté, tout le monde ne s'accorde pas sur son efficience. Ce qui amène M. Lelart, directeur de recherche au Centre National de la Recherche Scientifique (CNRS) d'Orléans en France à affirmer en décembre 2009 lors de l'ouverture des journées de réflexion sur « La microfinance comme outil de lutte contre la pauvreté »:« s'il est certain que la microfinance peut aider beaucoup de pays, elle ne saurait constituer un remède miracle aux problèmes du développement». M. Lelart estime aussi qu'il n'est pas évident de juger de l'efficacité de la microfinance sur les petites et les microentreprises, ainsi que de son impact social sur la pauvreté, étant donné que le modèle «en est encore à ses débuts» (Lelart, 2007). Des études (Imai *et al.*, 2010; Imai *et al.*, 2012; Rosenberg, 2010; Khandker et Samad, 2013; Imai *et al.*, 2012) menées ailleurs ont explorées les liens entre la microfinance et la réduction de la pauvreté.

De plus, le comportement récent de certaines banques a créé des remous dans le monde de la microfinance, à tel point que Muhammad Yunus s'est emporté lors du Sommet sur le microcrédit à Bali en Indonésie durant l'été 2008: «Les pauvres ne devraient pas être considérés comme une opportunité de faire de l'argent», a-t-il déclaré, en faisant allusion à l'affaire Compartamos. En 2007, cette ancienne ONG, dont le mandat de départ était de prêter de l'argent aux femmes pauvres de la banlieue de Mexico, a atteint une rentabilité excédant 13 fois la demande et une valeur de presque deux milliards de dollars. Compartamos est devenue une banque faisant des plus-values vertigineuses de 300 % sur des actions achetées en 2000 et vendues en 2007. Malgré la rentabilité de leur entreprise, les dirigeants n'ont jamais baissé les taux d'intérêt de plus de 100 % qu'ils appliquaient à leur clientèle et ont vendu des parts de la banque pour leur seul enrichissement personnel, appauvrissant par la même occasion leur organisation.

S'il est vrai qu'il existe une batterie d'études sur la microfinance, très peu sont orientées sur la problématique de la microfinance en liaison avec la réduction de la pauvreté. On note ainsi que beaucoup d'études se sont penchées sur la résolution des problèmes liés à l'impact des services des IMF et récemment d'autres (Hatch and Frederick, 1998; Acclassato, 2008) ont exploré l'évaluation de la pauvreté et du taux d'intérêt viable pour la microfinance. Dans le même sens, une évaluation du secteur financier, notamment de la microfinance de la CEMAC, a été demandée par les États de cette sous-région et appuyée par le Groupe consultatif d'assistance aux plus pauvres de la Banque Mondiale (Microassurance, 2008).

Pour ce qui est du Tchad, le diagnostic des études menées sur le thème de la microfinance en liaison avec la pauvreté est maigre. On note quelques analyses qualitatives menées par le journal « Tchad et culture » en la matière sans toutefois toucher les détails nécessaires. On enregistre aussi une étude réalisée par Liliane Guemdje experte juriste en septembre 2008 sur « L'examen des conditions d'exercice des Etablissements de Microfinance (EMF) au Tchad », notamment du point de vue institutionnel et réglementaire par rapport à leurs activités. Cette étude donne une vision globale du cadre juridique et institutionnel des EMF au Tchad (Guemdje, 2008).

### *Problématique de la microfinance en liaison avec la réduction de la pauvreté.*

Le développement de la microfinance dans tous les États membres de la CEMAC est resté embryonnaire jusqu'en 1990, alors qu'à l'échelle internationale, cette activité a connu un essor florissant. Ensuite, au plan international, le mouvement de la microfinance s'est amplifié parce qu'ayant constaté que: (i) l'évolution et la croissance des structures de microfinance dans la sous-région de l'Afrique centrale, rendues possibles grâce à l'existence des besoins spécifiques en matière bancaire et financière non satisfaits, militent en faveur de la mise en place d'un cadre régissant les activités de microfinance pour sécuriser l'épargne et favoriser le financement des initiatives économiques de base et (ii) certaines dispositions de la réglementation bancaire en vigueur se sont révélées en pratique difficilement applicables aux structures de microfinance en raison de leurs spécificités, la COBAC de la Banque des États de l'Afrique centrale (BEAC) a adopté en avril 2002, un cadre juridique spécifique à la microfinance dans la zone de la CEMAC afin de doter les pays de l'Afrique centrale d'un cadre règlementaire.

Au Tchad; les institutions de microfinance se sont développées dans un contexte peu réglementé. La réglementation COBAC est la seule qui lui soit spécifique. Cependant, son caractère régional peut occulter certaines réalités nationales ou locales.

Les premières institutions de services financiers de proximité sont apparues au Tchad au cours de la décennie 1980. Elles ont connu un timide développement à leur début. Au début des années 90, le BELACD appuie l'initiative d'un réseau de Clubs d'épargne et de crédit (CEC) regroupés en une Union de CEC (UCEC) dans le Mayo Kebbi. C'est véritablement au cours de la décennie 1990 que les institutions de microfinance connaissent un essor certain. Le BELACD met également en place un autre réseau de CEC dans le Moyen Chari et le PNUD contribue à la création de COOPEC avec leur organe faîtier, l'URCOOPEC à N'djamena. Toutes ces institutions fonctionnent sur le modèle coopératif.

Au plan réglementaire, l'ordonnance 025/PR/92 du 7 décembre 1992 portant création des groupements à vocation coopérative et des coopératives, a été prise. Son décret d'application n° 066/PR/MET/94 du 1er avril 1994 détermine les modalités de création, de fonctionnement, et d'enregistrement des groupements et des coopératives. Les dispositions de ces textes permettent la reconnaissance et l'enregistrement des groupements et des coopératives au niveau déconcentré par les structures appelées Comités Locaux d'Agrément (CLA) et au niveau central, par la Direction de l'Action Coopérative (DAC).

En comparaison de la situation des banques au Tchad, la croissance des activités de la microfinance a été fulgurante et semble apporter un début de solution à la sous-bancarisation de par la proximité des populations rurales, périurbaines et même urbaines, qui sont exclues du système bancaire classique. Les banques sont implantées dans 5 villes seulement alors que les EMF sont identifiés dans 95 villes et villages, soit 20 fois plus de sites. Avec 98 378 membres, les EMF offrent des services financiers à deux fois plus d'individus que les banques qui enregistrent 59553 clients titulaires de comptes. Pour accompagner cette stratégie informelle et implicitement incontournable qui permettait aux hommes et aux femmes défavorisés de s'organiser en vue de s'entraider ou de mener des activités génératrices de revenus perceptibles aussi bien dans les villes que dans les villages, le gouvernement tchadien s'est engagé à réduire les insuffisances de sa mauvaise gouvernance. C'est ainsi qu'il a été mis place un cadre institutionnel pour élaborer la stratégie de microfinance adoptée lors du colloque du 18-19 août 2008. En dehors du Ministère de Microfinance, le Tchad dispose des instances de promotion de la microfinance, notamment l'Observatoire de la Pauvreté, l'Association Professionnelle Tchadienne des Etablissements de Microfinance, et l'Organisation des Acteurs non Étatiques. Cependant, comme l'a si bien mentionné Laoro Ngondjé (CEFOD, 2004), l'impact du mouvement des institutions ou établissements de microfinance reste mitigé au Tchad. Cette déclaration est d'autant plus vraie que plusieurs de ces institutions, telles que les COOPEC, appelées à se pérenniser tout en rendant de grands services aux pauvres, ont connu la faillite.

Ces insuffisances ont une conséquence majeure qui est l'inadéquation de l'offre actuelle des EMF par rapport aux besoins en services financiers de proximité et accessibles aux pauvres. Il en est de même pour la demande des services de ces institutions. L'approfondissement de la connaissance de l'étendue et de l'intensité des effets de l'offre et de la demande des services de la microfinance demeure un défi en Afrique centrale et particulièrement au Tchad. Il est donc indispensable de relever ce défi afin d'orienter et/ou de corriger les actions futures qui s'inscrivent dans le cadre d'une stratégie de lutte pour la réduction de la pauvreté dans cette région et territoire. La présente étude est une contribution aux nombreuses pistes que doivent explorer les décideurs économiques et politiques pour pallier les insuffisances citées plus haut en vue d'une réduction effective et durable de la vulnérabilité des populations pauvres.

### 3. Objectifs de la recherche

La question de recherche définie ainsi, a pour principal objectif d'évaluer la contribution des EMF à la réduction de la pauvreté en Afrique centrale et plus particulièrement au Tchad. La présente étude porte sur l'axe de l'offre des services financiers par les EMF et cherche à apporter des réponses à la question majeure suivante: l'offre des services fournis par la microfinance contribue-t-elle à la réduction de la pauvreté au Tchad? De cette question centrale découle des questions spécifiques concernant: l'ampleur de l'offre, le profil des bénéficiaires actuels des services de microfinance, le rôle que l'État doit jouer dans le développement de la microfinance au bénéfice des pauvres, et le cadre réglementaire sous-régional régissant l'activité de la microfinance en liaison avec la réduction de la pauvreté.

### 4. Méthodologie de la recherche et source des données

La méthodologie utilisée dans le cadre de cette étude est inspirée des expériences des autres pays en matière de liens entre la microfinance et la réduction de la pauvreté. Elle est basée sur une enquête sur les EMF au Tchad avec l'accent sur les aspects liés à la réduction de la pauvreté. Il s'agira simplement de ressortir les tendances majoritaires des opinions des EMF par rapport à la problématique de l'étude. Les outils statistiques utilisés sont purement descriptifs avec les indicateurs de tendance centrale.

L'enquête auprès des EMF s'est déroulée par des interviews directes, individuelles auprès des responsables et des membres de ces groupes. Un questionnaire comportant de grandes rubriques a été conçu et administré aux EMF.

### 5. Résultats et discussions

#### *Caractéristiques des EMF enquêtés*

Conformément aux objectifs de l'étude, un échantillon de 50 EMF a été sélectionné et enquêté. Cet échantillon est assez représentatif de l'ensemble des EMF qui sont environ 210. Notons par ailleurs que parmi les 50 EMF, l'ensemble des réseaux au Tchad (au nombre de 6) a été enquêté, lesquels regroupent plus de 150 EMF du pays. Les six réseaux des EMF sont: l'Union des clubs d'épargne et de crédit de Mayo-Kebbi (UCEC MK), l'Union des clubs d'épargne et de crédit de Moyen-Chari (UCEC MC), Association pour le Développement de l'Epargne et de Crédit (ASDEC), Association pour le crédit et l'épargne locale (ACEL), Association des coopératives d'épargne et de crédit (ASSOCEC) et l'URCOOPEC. Les EMF indépendants enquêtés sont: Finance pour le développement (FINADEV), Caisse espoir des femmes (CEFEM), Mutuelle des femmes pour l'épargne et le crédit (MUFEC), Association pour la promotion des microentreprises (AMANA), Caisse de crédit pour les femmes du Tchad (CACFET). Le taux de sondage est plus de 70 %.

### Localisation des EMF

Sur les 50 EMF enquêtés, la plupart sont situés dans la partie méridionale (34 EMF, soit 68 % de l'échantillon) du pays et dans la capitale N'Djamena (15 EMF, soit 30 % de l'échantillon). Un seul EMF est localisé dans le centre du pays, à Mongo.

L'analyse de l'implantation en milieu rural et en milieu urbain nous donne la configuration suivante: sur les 50 EMF, 28 sont situés en milieu rural contre 22 implantés en milieu urbain.

Il ressort de cette cartographie que l'implantation des EMF obéit aux critères de localité à forte densité de population pour assurer la viabilité de ces structures. Il ressort également que les EMF sont implantés dans les régions du pays considérées comme pauvres (source enquête Ecosit 2). Les régions dépourvues d'EMF sont les moins pauvres mais l'inexistence d'EMF peut s'expliquer par d'autres causes (insécurité, traits culturels et religieux, notamment).

Les lieux d'implantation des EMF sont-ils les régions les plus riches du pays ? Ou le fait que les EMF soient installés dans une région du pays a-t-il contribué à réduire le niveau de pauvreté ? A la lumière du classement des régions par niveau de pauvreté effectué par le Ministère de l'Economie, les zones rurales du sud du pays où sont implantées la majorité des EMF sont les plus pauvres du pays avec un taux de pauvreté estimé à 70,3 % (INSEED, Ecosit 2, 2006). Alors que les zones rurales septentrionales dans lesquelles on ne trouve pas d'EMF sont moins pauvres (50,6 %).

Une analyse par région fait ressortir que le Mayo-Kebbi, le Moyen-Chari et le Logone Oriental sont respectivement les régions les plus pauvres du Tchad et paradoxalement elles se trouvent être les lieux où il existe une forte concentration d'EMF. Les plus grands réseaux de microfinance du pays se trouvent dans ces trois régions (UCEC-MK, UCEC-MC et ASDEC).

Cette situation paradoxale soulève les interrogations suivantes:

- La microfinance en tant qu'outil de développement joue-t-elle vraiment son rôle ?
- Sans la microfinance, l'indice de pauvreté ne serait-il pas beaucoup plus élevé dans ces régions ?

- L'environnement dans lequel évolue la microfinance est-il propice pour lui permettre de jouer son rôle de catalyseur de développement ?
- Les autres leviers de croissance sont-ils correctement actionnés pour permettre de réduire le niveau de pauvreté ?

De ces interrogations et constats, il ressort que la microfinance à elle seule ne peut constituer véritablement un moteur de développement. Car les régions les moins pauvres du pays sont celles qui bénéficient le plus des projets de développement intégrés initiés par l'État et ses partenaires au développement (Projet de développement rural au Kanem (PRODER-K), Projet de développement décentralisé des départements d'Assoungha, Biltine, Dourf Al Ahmar et Ouara (PRODABO,) dans le Ouaddaï et Biltine, Projet de sécurité alimentaire au Nord Guera (PSANG) dans le Guera, Projet de développement intégré du Salamat (PDIS) dans le Salamat). Par ailleurs, la microfinance ne peut intervenir dans un environnement socio-économique en déliquescence tels que les milieux ravagés par la famine, les conflits agriculteurs-éleveurs et la guerre. A titre d'illustration, avant la crise qu'ils connaissent depuis 2004, les EMF du réseau URCOOPEC implantés dans la capitale N'Djamena se sont très vite développés et ont atteint en moins de 10 ans un niveau de sociétariat et de mobilisation de l'épargne que les EMF des autres régions n'ont pas réussi à égaler en 15 ou 20 ans.

**Tableau 5.1: Indicateurs de pauvreté par région de résidence**

| Région de résidence | Incidence de la pauvreté | Profondeur de la pauvreté | Sévérité de la pauvreté |
|---|---|---|---|
| Batha | 48,4 | 15,5 | 6,6 |
| BET/ Biltine | 55,2 | 19,3 | 8,2 |
| Chari Baguirmi | 49,6 | 16,6 | 7,8 |
| Guera/Salamat | 62,8 | 23,1 | 11,1 |
| Kanem/Lac | 54,1 | 22,6 | 12,0 |
| Logone Occidental | 57,6 | 22,7 | 10,9 |
| Logone Oriental | 64,7 | 29,4 | 16,2 |
| Mayo Kebbi | 71,7 | 31,2 | 16,4 |
| Moyen Chari | 69,3 | 30,4 | 16,4 |
| Ouaddaï | 34,4 | 9,8 | 3,9 |
| Tandjilé | 62,1 | 25,0 | 12,7 |
| N'Djamena | 20,8 | 6,1 | 2,7 |
| Ensemble | 55,0 | 21,6 | 10,8 |

*Source: INSEED, ECOSIT2, 2003/2004.*

L'intervention de la microfinance dans un milieu pauvre ne peut réussir que si des programmes d'accompagnement structurant les initiatives de développement locales ne sont pas mis en place. La microfinance à elle seule ne peut pallier les carences de l'État dans la lutte contre la pauvreté. Elle est un outil que les pouvoirs publics peuvent et doivent utiliser pour améliorer les capacités de production et d'exercice d'activités génératrices de revenus par les populations. Par ailleurs, les pesanteurs sociales et certains traits culturels peuvent être des facteurs aggravant le niveau de pauvreté.

De toute évidence, dans certaines régions méridionales l'indice de la pauvreté serait plus fort si les EMF n'y étaient pas installés (Tableau 5.1). Pour résumer, les dimensions non monétaires de la pauvreté ne sont pas directement du ressort de la microfinance (santé, nutrition, éducation, formation, infrastructures…) alors qu'elles constituent le socle sur lequel la microfinance se construit et se développe. Ces aspects sont à prendre en compte dans une politique globale de réduction de la pauvreté et dépassent la capacité d'intervention des EMF, bien qu'ils contribuent à l'amélioration des conditions de vie des populations desservies.

Bien entendu, les indicateurs non monétaires de pauvreté ne sont pas pris en compte dans la présente étude, car cela nécessiterait une étude d'impact sur les dimensions sociales de la contribution de la microfinance à l'amélioration des conditions de vie sociales des populations.

### Taux de couverture

Le taux de couverture est faible puisque les EMF sont concentrés dans une partie qui ne représente que moins de 20 % de la superficie totale du Tchad. Une grande partie du pays et donc un nombre important de la population tchadienne ne sont pas couverts par les services financiers de proximité. Ainsi plus de 50 % de la population tchadienne n'a pas accès à ces services si l'on tient compte des statistiques de l'Institut national de la statistique, des études économiques et de développement (INSEED) qui établissent que 42 % de la population tchadienne vit dans la zone septentrionale rurale. Il n'existe pas d'EMF dans la partie Est et Ouest du pays. Parmi les raisons pouvant expliquer l'absence d'EMF dans ces parties du pays, figure la religion. En effet, certains courants de la religion musulmane ne sont pas favorables aux activités de crédits notamment le paiement d'intérêt. Les EMF ayant leur siège à N'Djamena ou au sud n'ont pas de filiales ou guichets dans les autres régions du pays.

*Taux de pénétration*

Les résultats de l'enquête nous donnent un nombre total de 95 005 clients. Les statistiques du secteur au 31 décembre 2008 indiquent un nombre de 160 000 clients. Compte tenu du fait que rarement deux personnes dans un ménage sont clients directs d'un EMF, l'on considèrera que derrière chaque client ou membre d'un EMF, il y a cinq personnes bénéficiaires directes des services des EMF. Cela nous permettra d'arriver à un nombre total d'environ 800 000 bénéficiaires des services des EMF. Ce chiffre rapporté à la population tchadienne, estimée à 8,7 millions en 2008, nous donne un taux de pénétration de 9,2 %.

<u>La clientèle féminine</u>

Sur les 95 005 clients dénombrés, 31 814 sont des femmes, soit 33,5 % de la clientèle totale. Ce nombre a augmenté de 15,8 % entre 2007 et 2008 (Figure 8.1). Cette croissance est plus forte que celle des clients groupements mixtes ou des hommes. On enregistre par ailleurs trois EMF à clientèle exclusivement féminins (MUFEC, CEFEM, Caisse d'Epargne et de Crédit du village Kosguelnan (KOSGUELNAN), CACFET) sur les 50 rencontrés, et un EMF à clientèle très majoritairement féminin (FINADEV).

On remarque que tous les EMF qui ne disposent pas de conditions d'adhésion rigoureuses ont un sociétariat féminin important.

**Figure 5.1: Répartition des clients par sexe et par année**

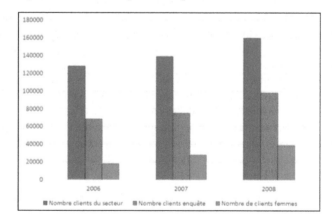

*Capacité de mobilisation de l'épargne*

<u>Structuration des dépôts et degré de confiance</u>

Les dépôts sont collectés par les EMF des catégories 1 et 2 du classement de la commission bancaire (COBAC). Mais on constate qu'un EMF de la catégorie 2 ne pratique que l'activité de crédit (FINADEV).

<u>Tarification et niveau d'épargne</u>

Plus la tarification de l'épargne est élevée, plus un EMF a de fortes chances de disposer d'un niveau d'épargne élevé. Cela se vérifie au niveau du réseau UCEC-MK où dans certaines caisses le taux d'intérêt sur les dépôts est passé de 3 % à 4 % voire 6 %. Cet accroissement du taux d'intérêt a eu un effet multiplicateur impressionnant sur le niveau d'activité de l'institution: augmentation des dépôts, hausse du niveau de crédit induite par celle des dépôts, amélioration du niveau de rentabilité.

Cependant l'EMF court un risque d'intermédiation financière s'il fixe le taux d'intérêt sur les dépôts à un niveau ne permettant pas une couverture par les intérêts débiteurs.

<u>Encours de dépôts et niveau de pauvreté/richesse de la population</u>

L'encours de dépôts de l'échantillon enquêté s'élève à 3 999 374 314 FCFA au 31 décembre 2008. Le niveau de 2007 est de 3 233 992 589 FCFA. Ce qui donne une croissance remarquable de 24 % en une année (Figure 5.2). Cette croissance va-t-elle de pair avec l'évolution du niveau de vie de la population tchadienne? La réponse est négative au regard de la croissance économique du pays qui est de 2,6 % en 2008.

La croissance des dépôts s'explique par un accroissement du nombre d'épargnants que par une croissance assez marquée du dépôt moyen par client. Plus les EMF augmentent leur rayon d'action, plus la probabilité que l'encours de dépôts augmente est élevée. En outre la croissance de l'encours de dépôts est à lier parfois à celle de l'encours de crédit du fait que la garantie financière payée par les clients afin de bénéficier d'un crédit est enregistrée en dépôt (bloqué). Par ailleurs, il est démontré de façon empirique et par expérience que l'augmentation de l'épargne croit avec celle du nombre des gros épargnants dans une institution financière. Ce qui nous fait dire que la croissance des dépôts est le fait, à un certain degré, de la clientèle « haut de gamme » des EMF composée essentiellement des micro-entrepreneurs et des paysans aisés.

**Figure 5.2: Evolution des dépôts (en millions)**

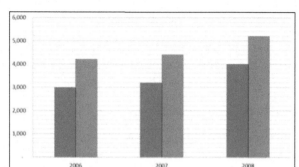

<u>Analyse des dépôts moyens</u>

Cette analyse fait ressortir que la pauvreté au Tchad est très accentuée en milieu rural en comparaison des zones urbaines. Cependant on observe une tendance à la hausse au niveau des dépôts moyens de la clientèle rurale. Entre 2006 et 2008, les dépôts moyens en milieu rural ont progressé de 39 % contre une baisse en milieu urbain due au déclin du réseau URCOOPEC de N'Djamena.

*Offre de services de crédit*

<u>Capacité de recyclage des dépôts en crédit</u>

Le recyclage des dépôts en crédit traduit l'existence d'une demande de services financiers pour le financement des activités de production ou commerciales. Cependant un faible niveau de transformation des dépôts en crédit est le signe soit d'une inadaptation de l'offre aux besoins de la clientèle, soit d'un besoin des clients plus prononcé pour les dépôts par rapport aux crédits.

Plus le taux de transformation est élevé, plus la demande en crédit est forte et/ou le niveau des dépôts est faible. Un taux élevé permet à un EMF d'arriver rapidement à la couverture de ses charges, et d'entrevoir plus vite sa viabilité (financière), toutes choses étant égales par ailleurs. Le taux de transformation est passé de 76 % en 2006, à 87 % en 2007, puis à 95 % en 2008. On constate donc un fort taux de transformation des dépôts en crédits. Ce qui nous permet d'affirmer que les crédits répondent aux besoins de la clientèle. Cependant plus le taux est élevé, plus l'EMF court un risque d'liquidité. D'ailleurs, les normes prudentielles limitent à 70 % le taux de transformation.

Pour disposer de taux aussi élevés (supérieur à 75 %), les EMF rencontrés lors de l'étude ont recours pour la plupart d'entre eux aux ressources externes (refinancement bancaire, subvention) et autres que les dépôts (fonds propres notamment).

Estimation des besoins en crédit

Par expérience, les besoins en crédit des clients sont toujours supérieurs aux montants de crédit réellement décaissés. Cependant une estimation trop importante par rapport aux montants réellement octroyés montre qu'il y a un travail de formation à faire pour amener les clients à mieux estimer leurs besoins au regard de leurs capacités de remboursement.

Evolution de l'offre de crédit

Au vu des chiffres communiqués par les EMF, l'offre de crédit est en constante augmentation.

Cette évolution positive est rendue possible par: une hausse de l'encours des dépôts; une articulation réussie avec le système bancaire: certains refinancements bancaires ont permis à des EMF tels que l'UCEC-MK et Finadev d'augmenter leurs encours de crédit; un recours au refinancement du Ministère de Microfinance: cas de Finadev; une adaptation de la politique de crédit aux besoins de la clientèle.

L'évolution de l'offre de crédit (Figure 5.3) permet aux EMF d'améliorer leurs conditions de viabilité. Mais elle représente un couteau à double tranchant, en ce sens qu'une augmentation trop importante du portefeuille de crédit comporte un niveau de risque élevé, à cause de l'incapacité des acteurs à accompagner efficacement cette croissance. Cette situation s'est produite au niveau du réseau de la capitale, URCOOPEC. Cet EMF a doublé son encours de crédit en l'espace d'une année sans que les capacités de suivi des agents de crédit et autres agents ne soient renforcées. Elle peut se reproduire au niveau du secteur qui a connu une augmentation d'environ un milliard en une année.

**Figure 5.3: Evolution du crédit (en millions)**

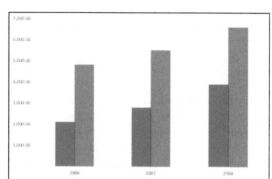

## Capacité des EMF à offrir un service de qualité

Un service de qualité est un service qui répond parfaitement aux attentes de la clientèle. La seule critique qui revient souvent est la lenteur du traitement des dossiers de crédit. La durée de traitement va de deux semaines à plus d'un mois pour les dossiers jugés complexes. Seules les coopératives à sociétariat féminin font mieux: un dossier peut être débloqué en une journée si toutes les responsables sont présentes et la trésorerie disponible. Là aussi, il faut bien analyser les procédures d'octroi de crédit pour voir si le décalage avec la réalité n'est pas flagrant.

## Offre de crédit aux femmes

Les femmes constituent la clientèle cible de certains EMF rencontrés lors de l'étude. Les EMF à clientèle exclusivement féminine octroient tous les types de crédit aux femmes: crédit de commerce, crédit stockage, crédit investissement. Par ailleurs beaucoup d'EMF ont mis en place des produits spécifiques aux femmes tels que le crédit 5/5, le crédit solidaire et le crédit petit commerce. 5/5, pour dire 5 membres au sein du groupe, allusion aux 5 cinq doigts de la main. Le crédit solidaire se réfère aux petits crédits octroyés aux groupements féminins au départ, et qui grâce la garantie du groupe appelée caution solidaire, les membres bénéficient du crédit pour financer les activités génératrices de revenus.

## Risques encours sur crédits destinés aux couches pauvres de la population

Le degré d'exposition des EMF au risque du fait de leur intervention auprès des populations pauvres est généralement élevé. Ce qui s'explique souvent par des taux d'intérêt sur crédit plus élevés que ceux des banques. Les risques sont dus à l'absence de garanties formelles; au faible niveau des activités financées, au caractère informel des activités exercées par les bénéficiaires et à l'exposition des bénéficiaires au risque de maladie (pas d'assurance maladie).

<u>Autres services aux pauvres</u>

En dehors du crédit et de l'épargne, les EMF offrent à leur clientèle les services suivants: l'achat des matériels agricoles: charrues et charrettes et d'autres, le transfert de fonds entre les caisses de base et la caisse centrale; l'éducation à l'économie familiale et la formation sur la constitution des groupes de solidarités.

### *Profil des bénéficiaires actuels de services*

Les EMF servent quasi identiquement toutes les catégories de clientèle et souvent de manière simultanée. Toutefois, la prédominance va du côté des ménages et des paysans. Une orientation qui conforte la position de ceux qui font de la microfinance un véritable outil de lutte pour la réduction de la pauvreté. En effet, sur l'ensemble des EMF enquêtés, 82 %, 88 %, 92 % et 64 % servent respectivement les commerçants, les groupements féminins, les paysans et les PME (Figure 5.4).

**Figure 5.4: Type de clientèle des EMF**

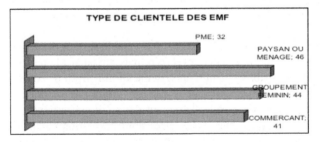

Par rapport à la question de savoir, quels sont les critères d'attribution de microcrédit, les critères les plus récurrents sont les critères de la pauvreté (88 %), les critères d'intérêts propres aux EMF (70 %) et les considérations ethniques et régionales (16 %) (Figure 5.5).

**Figure 5.5: Critère d'attribution de microcrédit**

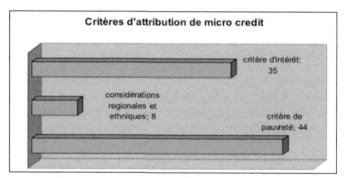

## Cadre règlementaire et ses insuffisances

*Rôle de l'État dans le développement de la microfinance*

Le rôle de l'État devrait consister à favoriser l'émergence et le développement d'EMF capables de répondre adéquatement aux besoins de leurs clients ou de leurs membres. Cela signifie notamment: que l'État doit assurer la protection de l'épargne des déposants; que l'État doit autoriser la création d'EMF et vérifier qu'ils répondent adéquatement et en toute sécurité aux besoins des populations en matière de produits et services financiers.

Ce rôle s'assume de deux façons: par l'établissement des lois encadrant les activités des institutions financières et reconnaissant particulièrement la spécificité des EMF et par l'établissement d'un système administratif de contrôle du respect de l'application de ces lois. Que constatons-nous par rapport à la situation du Tchad au regard de ce rôle clairement défini? Il existe très peu d'EMF créés à l'initiative de l'État au Tchad. Les rares dont la création émane de l'État et de ses partenaires au développement sont les réseaux URCOOPEC (avec l'appui du PNUD) de N'Djamena et ACEL (avec l'appui financier de la Banque Africaine de Développment (BAD) dans la région méridionale et enfin, les deux réseaux cités ci-haut qui sont en situation de crise ouverte (URCOOPEC) ou latente (Acel) et les chances de sortie de crise sont minces, vu le désengagement de l'État dans la recherche de solutions efficaces.

La protection de l'épargne des déposants n'est pas perçue à sa juste valeur: la situation des épargnants de l'URCOOPEC, plus d'un milliard de FCFA, n'est pas traitée au plus haut niveau des autorités du pays, laissant dans le désarroi des milliers d'épargnants.

Avec les autres pays de la sous-région d'Afrique centrale, le Tchad a promulgué en avril 2002 une loi encadrant l'exercice de l'activité de microfinance. Il s'agit de la réglementation COBAC-CEMAC. Cependant les EMF du Tchad pensent que les spécificités de l'environnement tchadien n'ont pas été suffisamment prises en compte par cette réglementation calquée beaucoup plus sur les réalités des pays les plus avancées de la sous-région.

Une Cellule Technique chargée de la supervision de l'activité de microfinance dans le pays a été créée au sein du Ministère des Finances en 2002. Mais elle n'a pas jusqu'aujourd'hui les moyens pour exécuter correctement les actions inscrites dans son cahier de charges. Ses activités se limitent à la réception des demandes d'agrément et à leur délivrance après avis conforme de la COBAC.

## Cadre réglementaire

L'exercice de l'activité de la microfinance au Tchad est subordonné à la délivrance de l'autorisation administrative du ministère du Commerce et l'agrément du ministère des Finances après avis conforme de la Commission Bancaire. La Commission bancaire de l'Afrique centrale (COBAC) a édicté en avril 2002 les conditions d'exercice de l'activité de microfinance ainsi que 21 normes prudentielles pour encadrer l'activité. Un délai de mise en conformité de trois ans était donné aux EMF existants avant l'entrée en vigueur de la réglementation. Concernant les normes prudentielles, la COBAC a accordé cinq ans pour leur application. Enfin un référentiel comptable été adopté et son entrée en vigueur imminent permettra d'avoir un cadre comptable cohérent pour l'enregistrement des opérations au niveau des EMF d'une part, et la comparaison à l'intérieur du secteur et de faciliter les contrôles externes d'autre part.

Sur les 210 EMF que compte le secteur, 158 ont reçu leur agrément du Ministère des Finances au 31 décembre 2008. Ce qui veut dire que 52 sont en attente de délivrance ou dans une situation d'illégalité. Tous les EMF enquêtés sont agréés.

## Contraintes

Le cadre réglementaire a permis d'encadrer les activités des EMF de la sous-région qui exerçaient presque dans une situation de vide juridique avant la promulgation de la loi COBAC en 2002. Ce cadre apporte-t-il pour autant des solutions aux problèmes des pauvres ? Sans chercher à délimiter les problèmes des pauvres, l'étude a permis de démontrer que la réglementation a certes permis de conformer la plupart des EMF appuyant les pauvres aux normes édictées et aux conditions d'exercice de l'activité de microfinance. Cependant, malgré sa promulgation, des crises ouvertes aux conséquences financières et sociales incommensurables ont été enregistrées au niveau des EMF exerçant au TCHAD. D'après les EMF rencontrés, les contraintes se situent sur le plan des exigences telles que le niveau élevé des fonds propres à disposer par les EMF, les exigences de diplômes des dirigeants, l'absence d'un contrôle interne, l'absence d'un système d'information et de gestion performant pour assurer le reportage à la Cobac.

*Collaboration Banque EMF*

Cette collaboration est à analyser sous trois angles: la création par les banques des filiales de microfinance, l'octroi de refinancements à des EMF et les collaborations dans la gestion du crédit.

*Downscaling*

Les EMF créés par les banques ne sont pas nombreux dans le pays. Seule la Financial Bank Tchad a créé en 2001 une filiale microfinance devenue Finadev en 2003. La Finadev dispose de deux agences, à N'Djamena et à Moundou et offre ses services à plus de 4 500 clients. ECOBANK a créé, il y a trois ans, un département microfinance mais qui n'est pas techniquement autonome.

*Refinancement*

Les banques offrant des refinancements aux EMF sont: La FINANCIAL BANK TCHAD (refinancement direct à Finadev); ECOBANK: refinancements (aux réseaux UCEC MC de Sarh en 2002, UCEC MK depuis trois ans, et Finadev).

*Partenariat dans la gestion du crédit*

Un contrat de partenariat est en vue entre ECOBANK et UCEC MK pour la gestion du crédit.

## 6. Conclusion

La présente étude visait à diagnostiquer les conditions techniques, institutionnelles et économiques pour une offre de service de microcrédit favorable aux populations pauvres du Tchad. Sur un échantillon de 50 EMF répartis sur l'ensemble du territoire, des informations ont été collectées et des tendances dégagées. L'étude a montré que l'implantation des EMF au Tchad est concentrée dans les zones du Sud du Tchad où la pauvreté est la plus importante. Toutefois, cette répartition est inégale et en défaveur de la grande superficie de l'Est du Tchad où les EMF sont absolument absentes.

L'analyse des dépôts moyens de la clientèle fait ressortir que les populations les plus pauvres du Tchad s'intéressent davantage aux activités de microcrédit que les non pauvres. En effet, selon cet indicateur, la pauvreté au Tchad est très accentuée en milieu rural en comparaison des zones urbaines. Cependant on observe une tendance à la hausse au niveau des dépôts moyens de la clientèle rurale. Entre 2006 et 2008, les dépôts moyens en milieu rural ont progressé de 39 % contre une baisse en milieu urbain.

La qualité des services de microcrédit offerts aux pauvres est majoritairement critiquée par les bénéficiaires du fait du taux d'intérêt élevé, de la lourdeur et du long processus du traitement des dossiers. En effet, en raison de l'absence de garanties formelles, du faible niveau des activités financées, du caractère informel des activités exercées par les bénéficiaires et de l'exposition des bénéficiaires au risque de maladie (pas d'assurance maladie), les EMF gonflent les taux d'intérêt sur crédit. Ce qui affecte la capacité de remboursement des emprunteurs. En effet, le non-remboursement des microcrédits est apparu comme un véritable cancer pour le développement de la microfinance au Tchad.

Toutes les catégories de clientèle sont concernées par les services de microcrédit. Toutefois, la prédominance va du côté des ménages et des paysans. Une orientation qui conforte la position de ceux qui font de la microfinance un véritable outil de lutte pour la réduction de la pauvreté.

Concernant les critères d'attribution de microcrédit, les plus récurrents sont ceux de la pauvreté (88 %), ceux des intérêts propres aux EMF (70 %) et dans une négligeable mesure les considérations ethniques et régionales (16 %).

Au niveau de l'État, on note (a) la faible intervention de l'État dans l'émergence de la microfinance. La protection de l'épargne des déposants n'est pas perçue à sa juste valeur par les autorités publiques, ce qui expose les épargnants de microcrédit; (b) la faible prise en compte des spécificités tchadiennes dans la réglementation COBAC-CEMAC promulgué en avril 2002; (c) l'absence des moyens de travail dont dispose le Cellule technique chargée de la supervision de l'activité de microfinance dans le pays.

### *Propositions visant une bonne organisation des activités de microfinance*

Au niveau des populations bénéficiaires de microcrédit, des activités de sensibilisation et des formations sont nécessaires pour une meilleure gestion des prêts obtenus. Cette condition est incontournable si l'on veut garantir aux EMF une certaine viabilité.

L'État brille par la faiblesse de ses interventions dans le secteur de microfinance en dépit des politiques officielles adoptées. Plus que des discours, les autorités publiques doivent créer des conditions d'un réel épanouissement des EMF au

Tchad en faisant un plaidoyer auprès des banques en faveur des EMF.

L'implication de l'État dans la promotion et le développement de la microfinance doit s'accroître. La création récente d'un ministère de Microfinance prouve la volonté des autorités du pays de développer cette activité longtemps considérée comme l'apanage du secteur privé et des ONG. En outre, il doit contribuer au renforcement des capacités de tous les acteurs du secteur permettant de mieux adapter l'offre à la demande: ces structures sont les banques, l'association des professionnels de la microfinance, les bureaux d'études spécialisés en microfinance, les cabinets d'audit, et les structures de formation. Les textes réglementaires de la microfinance existants sont généraux aux pays de la CEMAC et leur adaptation aux spécificités de chaque pays est indispensable.

Pour ce qui est du lien entre les banques modernes et les EMF, les conditions à satisfaire afin de rendre la microfinance bénéfique aux pauvres se situent à plusieurs niveaux:

- Professionnaliser les EMF en renforçant leurs capacités techniques et institutionnelles de manière à ce qu'ils soient perçus par les banques comme des clients au même titre que les entreprises classiques. Pour cela la gestion financière des EMF doit inspirer de la confiance par la disponibilité d'un système d'information et de gestion approprié (production des états financiers fiables, des statistiques complètes et à jour);
- Augmenter le niveau de confiance des EMF auprès des banques en améliorant les garanties qu'ils peuvent posséder: fonds de garantie, cofinancement;
- Réduire le coût d'accès au refinancement bancaire;
- Au Tchad, ces conditions ne sont pas encore mises en place pour la majorité des EMF accédant ou désireux d'avoir accès aux financements bancaires.

### *Références Bibliographiques*

Abdelkhalek, T., C. Sinzogan & T. Houeninvo (2000), 'Poverty alleviation through MSE financing: efficiency and test', COFI Working Paper. CRÉFA, Université Laval, Québec, Canada.

Abdelkhalek, T. (1999), 'Modèles de comportement des ménages: présentation et revue de la littérature', Etude D1, cahier de recherche de l'équipe MIMAP-Maroc, INSEA, Rabat.

Acclassato, D. H. (2008), 'Taux d'Intérêt Effectif, Viabilité Financière et Financement des Petits Opérateurs Economiques par les Institutions de Microfinance au Benin', *Annals of Public and Cooperative Economics* 79(1):161-195.

Bardhan, P. & C. Udry, (1999), Development Microeconomics, Oxford University Press.

CEFOD (2004), *Journal Tchad et Culture*, 2907: 7-8.

COBAC (2000), Situation des institutions de microfinance du Cameroun, Yaoundé.

Dingammadji, A. (2006), Muhammad Yunus, l'inventeur du microcrédit, dans *Carrefour* n°42, p. 14.

ECOSIT-II, Enquête sur la consommation et le secteur informel au Tchad II (2003-2004), République du Tchad, Ministère du plan et de l'aménagement du territoire, Institut National de la Statistique, des Etudes Economiques.

Guemdje, L. (2008), 'Cadre institutionnel et juridique des Etablissements de Microfinance (EMF) au Tchad', Rapport Programme d'Entreprenariat Coopératif, 9 pages.

Hatch, John K. & Laura Frederick (1998), 'Poverty Assessment by Microfinance Institutions: A review by current practice'. Agency for International Development, Global Bureau, Economic growth section, Microentreprises Development Office.

Imai, K.S., R. Gaiha, G. Thapa & S. K. Annim (2012), 'Microfinance and Poverty: A Macro Perspective', *World Development* 40(8):1675-1689.

Imai, K.S., T. Arun & S. K. Annim (2010), 'Microfinance and household poverty reduction: new evidence from India', *World Development* 38(12):1760-1774.

INSEED (2006), 'Enquête Consommations des Ménages et Secteur informel', Ministère de l'Economie et du Plan, rapport d'enquête.

Khandker, S.R. & H.A. Samad (2013), 'Microfinance Growth and Poverty Reduction in Bangladesh: What does the Longitudinal Data Say?' Working Paper No. 16, Institute of Microfinance, Dhaka, Bangladesh.

Lelart, M. (2007), 'Les mutations dans la micro finance: l'expérience du Benin', Laboratoire d'Economie d'Orléans, Cahier de Recherches.

Microassurance (2008), « Améliorer la gestion des risques pour les populations pauvres », Série N° 15 de Mai 2008. http://www.microinsurancenetwork. org/ newltr/fichier/ Microassurance_N15.pdf.

Rosenberg, R. (2010) 'Does Microcredit Really Help Poor People?' *CGAP Focus Note No. 59*. CGAP: Washington, D.C.

UNDP (2007), Human Development Report, New York.

Yunus, Muhammad (1997), 'Trangresser les préjugés économiques'. *Le monde diplomatique*, pp 14-15, décembre.

# CHAPITRE 6

## LE COMPORTEMENT DE LA CLIENTÈLE DE LA MICROFINANCE: CAS DU GABON

Jean-Sylvain Ndo Ndong & Médard Mengue Bidzo

*Laboratoire d'Economie Appliquée, Université Omar Bongo, Libreville, Gabon (jsndo@yahoo.fr)*

## RÉSUMÉ

L'objectif de la présente étude est de rechercher les conditions d'une meilleure adéquation entre l'offre et la demande de microfinance en vue de réduire la pauvreté au Gabon. Or, les populations pauvres gabonaises vivent principalement en zone rurale et se consacrent essentiellement à la production agricole. Si le microcrédit peut constituer un facteur de production nécessaire pour l'activité agricole, le déploiement des IMF dans les zones rurales pour faciliter l'accès des habitants de ces zones à la microfinance est alors souhaitable. Toutefois, l'efficacité d'un tel facteur nécessite une bonne analyse des besoins de trésorerie des ménages ruraux, ce qui permettrait une adaptation des produits financiers.

A l'aide d'un modèle théorique, deux enseignements principaux sont perçus: (1) la demande de microfinance dépend, non seulement du coût dudit service, mais encore du prix de l'output de l'activité agricole, de celui du facteur travail et de la taille de l'exploitation agricole. Et, bien que possédant ce facteur travail, les populations rurales pâtissent du manque de moyens financiers pour l'exploiter afin d'en tirer profit et d'améliorer leurs conditions de vie. (2) le microcrédit peut avoir un impact positif sur la trésorerie des ménages ruraux, améliorer le lissage de leur consommation et dans une certaine mesure, renforcer leur résistance aux chocs économiques. Il reste que les zones rurales du Gabon n'accèdent pas facilement aux microcrédits accordés par les institutions de microfinance (IMF) privées. Elles sont amputées d'un facteur de production important. Ce qui nécessite l'intervention des pouvoirs publics pour pallier l'absence des IMF, en accordant des microcrédits dont l'efficacité n'est pas toujours avérée. La mauvaise gouvernance, à laquelle s'ajoute la corruption semble être les principales causes de cette inefficacité.

Les échecs des différentes tentatives des autorités publiques gabonaises dans la microfinance inclinent à penser que cette activité ne pourrait contribuer à la réduction de la pauvreté dans ce pays que si elle est directement exercée par le secteur privé. Cependant, l'objectif de réduction de la pauvreté constitue une externalité positive provenant de l'exercice de l'activité des IMF. En effet, il s'agit bien des entreprises dont l'objectif premier est la rentabilité économique et financière. Si la microfinance doit permettre de réduire la pauvreté, la question de son efficacité est centrale par rapport à cet objectif en termes d'internalisation de l'externalité « pauvreté ». Autrement dit, les IMF devraient intégrer l'objectif de réduction de pauvreté lorsqu'elles postulent leur fonction de production.

Le problème réside dans le fait que cela va sans doute accroître les coûts de l'entreprise de microfinance. Toute la question est de savoir qui devra payer ce supplément de coût.

*Mots clés: réduction de la pauvreté, institution de microfinance, offre de microcrédit, demande des services de microfinance, comportement de production agricole*

## 1. Introduction: justification et objectifs de l'étude

L'adéquation entre l'offre et la demande des produits et des services de microfinance en vue d'une réduction de la pauvreté nécessite entre autres une large compréhension des réactions et des changements dans les comportements relatifs à la demande.

Comme le rappelait le professeur Mohammad Yunus, prix de Nobel de la paix 2006, à l'occasion de la Journée mondiale de la microfinance d'avril 2010, les consommateurs des produits et des services de microfinance sont théoriquement les pauvres, dont la situation compromet l'accès au crédit bancaire.

L'analyse des comportements des pauvres est globalement approchée dans le cadre des modèles des ménages ruraux (Chayanov, 1920; Becker, 1965), d'une part, et dans celui des modèles de production néoclassiques, d'autre part. S'agissant tout d'abord des modèles de ménages ruraux, la spécificité d'une telle modélisation tient à l'intégration dans une même structure de plusieurs comportements, traités jusqu'à lors séparément dans la littérature économique (Abdelkhalek, 1999). Inspirés de la théorie micro-économique classique et de la maximisation de plusieurs objectifs sous contraintes, les modèles de ménages ruraux tentent de décrire les comportements de production, de consommation et d'offre de travail des familles avec une activité agricole productive.

Le ménage est alors abordé à la fois comme une entreprise et comme une famille, refusant une prise en compte uniquement des aspects productifs qui ont dominé les analyses précédentes. Cela étant, il devient possible de prendre en compte les multiples objectifs poursuivis dans le ménage, les interactions entre ces objectifs et l'impact de celles-ci sur la capacité du ménage à réagir. Les modèles de ménages permettent d'analyser les aspects économiques des ménages agricoles de pure subsistance (Mduma et Wobst, 2005).

La littérature sur les modèles de ménages ruraux distingue les modèles dits séparables et ceux considérés comme non séparables (Barnum et Squire, 1979; Singh *et al.*, 1986).Le principe des modèles séparables repose sur le comportement des ménages dans un contexte de marché parfait pour tous les produits et les facteurs de production (Jorgenson et Lau, 1975). Dans un tel cadre, les prix sont exogènes au ménage et tous les produits et facteurs sont commercialisables sans subir un coût de transaction (Sadoulet et De Janvry, 1995). Cette modélisation permet de résoudre les problèmes de production, de consommation et d'offre de travail de façon séquentielle. En effet, on suppose que le ménage se comporte comme un pur producteur maximisant son profit. Ce niveau de profit, à son tour, affecte la consommation mais sans effet rétroactif sur les décisions de production.

Quant aux modèles non séparables ensuite, c'est la présence d'imperfections de marché qui conduit au principe de non séparabilité (Nakajima, 1970). En fait, le modèle de ménage est appelé non séparable lorsque les décisions du ménage concernant la production sont influencées par ses caractéristiques de consommation. On suppose ainsi l'existence d'une interdépendance potentielle entre les décisions de production et celles de consommation dans le ménage. Les sources de non séparabilité suivantes sont généralement discutées: la conjonction d'une substitution imparfaite entre travail hors exploitation et travail dans l'exploitation pour la main-d'œuvre familiale avec une substitution imparfaite entre travailleurs employés et main-d'œuvre familiale sur l'exploitation; la présence d'une marge entre prix du travail à l'achat et à la vente (pouvant provenir des coûts de transports) provoquant une bande de prix et une zone d'autosuffisance; le rationnement du crédit en présence de facteurs fixes de production; et l'absence des marchés d'assurance en conjonction avec une contrainte sur le crédit (Roe et Graham-Tomasi, 1986).

Les modèles de ménages non séparables soulèvent in fine, la question de la faiblesse du patrimoine constitué ou accessible. En effet, le bien-être de ces ménages dépend naturellement du niveau de leur accès à la propriété de certains facteurs de production, à d'autres biens durables ou encore à d'autres actifs (Abdelkhalek, 1999).C'est fondamentalement cette accessibilité qui détermine leurs comportements ou leurs décisions sur les différents marchés.

Concernant ensuite les modèles de production, ils présentent les ménages défavorisés uniquement comme les producteurs, se servant d'un ensemble donné de ressources pour produire certains biens selon une technologie définie d'avance. Ils sont déployés lorsqu'il n'existe pas d'échec de marché et que seul l'aspect de la production est privilégié. Dans cette optique, le problème est de trouver le plan pour l'exploitation qui maximise un objectif sans violer aucune contrainte.

Les institutions de microfinance (IMF) accordent généralement des microcrédits aux projets susceptibles de procurer un revenu aux bénéficiaires.

Elles privilégient à cet effet l'activité de production. Autrement dit, le microcrédit constitue un facteur de production complémentaire. Dans ces conditions, l'approche des modèles de production semble la mieux adaptée à l'analyse du comportement du client de microfinance. C'est une telle modélisation qui est retenue ici pour étudier le comportement de la clientèle de la microfinance au Gabon.

En effet, les populations défavorisées se trouvent surtout en zone rurale au Gabon (Egep, 2005). Exclues du système bancaire, elles éprouvent des difficultés à accéder aux financements de l'agriculture qui est leur principale activité. En dépit de la force de travail et des terres qui sont à leur disposition, les populations des zones rurales parviennent difficilement à améliorer leurs conditions de vie. Toutes choses qui militent sans doute en faveur de la nécessité de se tourner vers le microcrédit. D'autant plus que, dans les zones d'agriculture vivrière comme la plupart des campagnes gabonaises, l'activité agricole ne nécessite pas d'énormes crédits (Cerise, 2002). Les besoins en crédit restent marginaux et ne concernent surtout que le financement de la main-d'œuvre, le petit matériel, l'entretien et les semences. Par ailleurs, il est reconnu que les programmes de microcrédit apportent le dynamisme de l'économie de marché aux populations les plus pauvres du monde. Ils permettent d'accorder ainsi aux pauvres de petits prêts pour qu'ils puissent exercer une activité indépendante qui leur procure un revenu et leur permet de répondre à leurs besoins et à ceux de leur famille. Quel sera alors le comportement de production de ces populations défavorisées dès lors qu'elles bénéficient de ce facteur de production complémentaire ?

L'objet de la présente étude est de contribuer à une meilleure adéquation entre l'offre et la demande de microfinance en vue de réduire la pauvreté au Gabon par l'analyse des réactions et des comportements des populations pauvres, cible présupposée de la microfinance. Cela revient à étudier le comportement de production d'un gabonais pauvre qui bénéficie d'un microcrédit à partir de l'approche des modèles de production des ménages (De Janvry et Sadoulet, 1995).

La deuxième section présente la revue de littérature sur les modèles de ménages ruraux. La troisième section définie le cadre d'analyse contextuelle. La quatrième section est consacrée à la modélisation théorique. La cinquième section concerne les recommandations et la sixième section constitue la conclusion.

## 2. Revue de littérature

Les comportements individuels des populations rurales s'apprécient généralement grâce aux modèles des ménages ruraux. La littérature y relative distingue les analyses théoriques et les applications aussi bien dans les économies développées que dans celles dites en voie de développement.

S'agissant tout d'abord de la modélisation théorique, quatre grandes contributions retiennent généralement l'attention. La première est celle de Chayanov (1923), reprise par Nakajima (1957). Basée sur une approche marginaliste de l'économie-rurale, cette contribution, du reste pionnière, s'appuie sur le contexte historique des débats sur l'agriculture dans l'Union des Républiques Socialistes Soviétiques (URSS) pour présenter l'équilibre interne du ménage comme une optimisation d'un équilibre production-consommation.

La deuxième contribution érige le principe de séparabilité au centre des modèles des ménages ruraux (Singh *et al.*, 1986). Il en résulte deux types de modèle. Le premier type concerne les modèles séparables ou récursifs. Il s'agit précisément des constructions qui considèrent qu'au sein d'un ménage les décisions de production, de consommation et de travail se prennent de façon séparée. L'hypothèse centrale est la perfection des marchés pour tous les facteurs de production et pour le bien produit. Les prix sont alors exogènes au ménage. Il convient de souligner que les marchés parfaits sont une condition suffisante mais non nécessaire pour la séparabilité (De Janvry et Sadoulet, 1995). En effet, la séparabilité implique que des décisions de production du ménage ne sont pas affectées par des décisions de consommation et de ressources en main-d'œuvre. Cependant, les ressources en main-d'œuvre et les décisions de consommation ne sont pas indépendantes des décisions de production. On estime que des décisions de production sont prises dans le souci d'optimisation de la première phase, permettant la solution des demandes de facteurs, les approvisionnements de rendement et le bénéfice optimal. Etant donné le niveau optimal du bénéfice déterminé dans la première phase, le problème de consommation de seconde étape est résolu. Les demandes de loisirs de tous les membres du ménage et les demandes d'autres produits sont déterminées par les résultats de la première phase.

Le deuxième type regroupe les modèles non séparables ou non récursifs. L'idée est que dans la plupart des cas, les marchés sont imparfaits, ce qui implique la non-commercialisation des biens produits ou des facteurs de la production non commercialisables (Sadoulet *et al.*, 1998; Sadoulet, 2000). L'échec ou l'absence de marché rend inséparable les décisions de production, de consommation et de consommation d'un ménage rural. Dès lors, ces décisions doivent être conjointement déterminées et simultanément estimées. Le non- prise en compte de la simultanéité conduit à des évaluations statistiques contradictoires (Singh *et al.*, 1986).

La troisième contribution est celle des modèles « peasant economics » d'Ellis (1993). Il s'agit d'une typologie des modèles de ménages ruraux selon les arbitrages entre activités externes et internes (travail/loisir ou travail interne et salariat). Ces modèles expliquent les comportements atypiques de l'offre agricole dans un contexte d'ajustement structurel.

La quatrième contribution, plus récente, s'intéresse spécialement à l'importance des activités non agricoles en zone rurale et le revenu des ménages (Rugalema, 2001). L'intégration de ce nouveau contexte a donné lieu à des modèles appelés les « sustainable rural livelihoods » (SRL). De tels modèles substituent une stratégie de production agricole du ménage à une stratégie multisectorielle. A cet effet, on prend en compte les activités salariées dans l'agriculture ou dans d'autres secteurs, des activités génératrices de revenu non agricoles (agro-alimentaire mais aussi artisanat, services et transport) mais également la question des migrations internes ou externes. Les SRL intègrent également la dimension du risque et de la vulnérabilité des ménages face aux chocs. En ce qui concerne la microfinance, des études (Lakwo, 2006; Basher, 2010; Bhuiyan, 2013) ont explorées explicitement le lien entre la microfinance et le SRL.

Pour ce qui concerne les applications, deux groupes de travaux retiennent l'attention. Le premier groupe concerne les études dans les pays en voie de développement (par exemple Lau *et al.*, 1978; Barnum et Squire, 1978; Strauss, 1984; De Janvry *et al.*, 1992; Skoufias, 1994).

Le second groupe contient les travaux élaborés dans les cadres des économies développées et en transition (par exemple Huffman et Lange, 1989; Tokle et Huffman, 1991). Ces travaux utilisent les données en coupe transversale, d'une part, et les données en panel, d'autre part, pour analyser les comportements des ménages. Il faut dire que beaucoup d'études appliquées continuent d'employer le modèle unitaire, alors même que les modèles théoriques ont progressivement évolué pour refléter les comportements appropriés des ménages ruraux.

### 3. Cadre d'analyse

La microfinance a pris une place de plus en plus importante dans le domaine de l'appui au développement. On lui attribue tantôt des capacités en matière de financement d'acteurs économiques exclus des circuits financiers traditionnels, tantôt des avantages en matière de « resocialisation » et de lutte contre la pauvreté.

Par ailleurs, ce secteur est souvent perçu comme un outil particulièrement prometteur, en raison de l'effet de levier important généré par les organisations les plus efficaces. Des initiatives comme celles liées au Sommet du microcrédit ou aux Objectifs du millénaire pour le développement illustrent cette tendance.

Contrastant avec ces évolutions favorables, il convient de souligner l'émergence de réflexions plus critiques quant aux avantages offerts par la microfinance. Certains auteurs estiment que la microfinance, loin de favoriser un développement des clients bénéficiaires, engendre en réalité de nouvelles formes de pressions sociales.

La légitimité de l'appui des pouvoirs publics (nationaux ou internationaux) au développement de la microfinance est alors contestée. Ces échecs semblent provenir d'une inadéquation entre l'offre et la demande des produits et des services de microfinance. Il convient alors de bien identifier la cible de la microfinance en conformité avec son objectif social de réduction de la pauvreté. D'autant plus que la microfinance devrait viser pratiquement les pauvres.

Dans le cadre de l'économie gabonaise, une analyse du profil de pauvreté pourrait mieux indiquer la bonne cible aux IMF. Cela permettra ainsi de caractériser le type d'individu qui devrait bénéficier des produits et des services de la microfinance en vue de la réduction de la pauvreté.

La notion de pauvreté ainsi que sa mesure, a évolué et s'est étendue au cours de ces dernières années. Mais selon la définition la plus retenue, la pauvreté est un concept complexe et il est toujours difficile de caractériser le statut de pauvreté d'une personne donnée. On s'accorde souvent à reconnaître qu'au sein de tout groupe social, les pauvres sont ceux dont les conditions de vie sont bien en deçà de la moyenne (Pena-Casa et Pochet, 2001; Coudouel *et al.*, 2002; Duclos et Gregoire, 2002; Duclos, 2002).

Les approches de la pauvreté révèlent deux dimensions essentielles: la dimension monétaire, mesurée par le revenu et la dimension humaine qui insiste sur certaines conditions matérielles de la vie tels que l'accès à l'eau potable, le logement et l'assainissement.

Pour apprécier le niveau de pauvreté au Gabon, nous nous sommes servis des données fournies par la dernière enquête sur le profil de la pauvreté dans ce pays (Cf. EGEP, 2005)[25]. Nous avons tenté d'actualiser les données en nous servant des formules des indicateurs principaux de la pauvreté (Pena-Casaet Pochet, 2001):

- l'incidence de la pauvreté : $H = \dfrac{q}{n}$,

Cet indice représente la proportion de la population jugée pauvre. Où q est le nombre de pauvres et n, la taille de la population.

- la profondeur de la pauvreté : $PG = \sum_{i=1}^{q}(1 - y_i / z)/n$,

où PG est l'écart de pauvreté moyen proportionnel pour l'ensemble de la population (les non pauvres ont un écart de pauvreté nul). $y$ est la consommation de la personne la plus pauvre, celle de la personne qui la suit immédiatement est $y_2$, etc. $z$ est le seuil de pauvreté.

---

[25] Cette enquête a été menée avec l'appui de la Banque Mondiale et a complété l'Enquête sur la Perception de la Pauvreté (EPP) réalisée en 2004 avec l'appui du PNUD.

- la sévérité de la pauvreté :  $P_2 = \sum_{i=1}^{q} (1 - y_i / z)^2 / n$ .

$P_2$ est une simple mesure additive de l'intensité de la pauvreté, c'est la mesure de Foster-Greer-Thorbecke. Elle pondère les écarts de pauvreté par ces mêmes écarts de pauvreté aux fins de l'évaluation de la pauvreté globale.

En d'autres termes, cette formule est tout simplement une moyenne pondérée des écarts de pauvreté (exprimés en proportion du seuil de pauvreté), dans laquelle les poids sont les écarts de pauvreté proportionnels eux-mêmes.

On peut se rendre compte, en comparant les formules ci-dessus pour H, PG et P2, qu'elles ont une structure commune, ce qui suggère l'existence d'une classe de mesures génériques du type:

$$P_\alpha = \sum_{i=1}^{q} (1 - y_i / z)^\alpha / n$$ .

Pour un paramètre α non négatif. $P_\alpha$ est tout simplement la moyenne, calculée sur l'ensemble de la population, d'une mesure de la pauvreté des individus, égale à $(1 - y_i/z)^\alpha/n$ pour les pauvres et à zéro pour les non pauvres. C'est aussi le moyen le plus simple et le plus exact de calculer $P_\alpha$ lorsque l'on dispose de données à l'échelon de l'individu ou du ménage.

Du côté de la demande des produits et des services de microfinance, l'utilisation de ces différents indices de pauvreté nous a permis d'avoir les résultats suivants résumés dans le Tableau 6.1 ci-après.

Le Tableau révèle que l'incidence de la pauvreté au Gabon est de plus de 34 %. Aussi, l'écart entre les pauvres et les non pauvres est de 12 points. Ces résultats contrastent fortement avec ceux de l'étude de la Banque Mondiale qui estiment l'incidence de la pauvreté relative autour de 60 % en 1994. L'explication de ces écarts pourrait être les différences dans les méthodologies et les bases statistiques, d'une part, et dans les dimensions de la pauvreté retenues par ces travaux.

S'agissant tout d'abord des questions méthodologiques, l'indice usité dans le cadre de ce travail est très simple. Elle n'intègre pas assez d'éléments susceptibles d'expliquer le niveau de vie des populations. Un tel indice pourrait alors biaiser le résultat obtenu et tromper sur l'efficacité des mesures prises par le gouvernement. La différence entre les résultats du PNUD de 1994 et ceux de l'Enquête Gabonaise d'évaluation de la pauvreté (Egep) de 2005 en est la parfaite illustration. L'EGEP 2005 donne l'impression que le taux de pauvreté a été réduit presque de moitié entre 1994 et 2005, ce qui parait irréaliste.

**Tableau 6.1: Indices de la pauvreté selon le type et la zone de residence**

| | Incidence de la pauvreté | Profondeur de la pauvreté | Sévérité de la pauvreté |
|---|---|---|---|
| *Milieu de résidence* | | | |
| Urbain | 30 | 9,5 | 4,6 |
| Rural | 45 | 16,2 | 9,1 |
| *Région de résidence* | | | |
| Libreville | 22,8 | 5,8 | 2,3 |
| Port-Gentil | 43,6 | 13,4 | 5,7 |
| Nord | 47,4 | 16,4 | 7,2 |
| Sud | 53,9 | 19,3 | 9,1 |
| Est | 37,2 | 11,6 | 5,1 |
| Ouest/Centre | 25,8 | 7,8 | 3,2 |
| Ensemble | 34,8 | 12 | 5,6 |

*Source: Calculs de l'auteur à partir des données fournies par la Direction Nationale de la Statistique.*

En effet, le sentiment d'être frappé par la pauvreté reste assez répandu au sein de la population gabonaise. L'EPP révélait déjà en 2004 que 81,4 % des répondants considèrent leurs conditions de vie comme celles de « personnes pauvres ». A cet égard, la population associe la pauvreté aux trois repères suivants: le niveau de revenu, l'état de santé et les conditions de logement. De plus, près de la moitié de la population (46,3 %) vit dans les ménages où l'on se sent pauvre.

Au total, la perception de la pauvreté contrastant avec l'incidence de la pauvreté révélée par nos calculs, à savoir 34,8 % de la population, il peut être utile de recourir à un indicateur composite tel que l'Indice sur le développement humain (IDH) pour affiner davantage la compréhension du phénomène de la pauvreté au Gabon.

Pour ce qui concerne ensuite les différences dans les dimensions de pauvreté retenues, notre étude, à l'instar de l'EGEP 2005 opte pour une approche monétaire de la pauvreté. Tout en confirmant non seulement le caractère urbain de la pauvreté gabonaise, mais également la persistance des inégalités verticales, elle arrive à des résultats nettement différents de l'étude de la Banque Mondiale de 1994.

Au demeurant, avec une incidence de la pauvreté de 30 %, le milieu urbain qui abrite 80 % de la population compte près de 75 % des pauvres tandis que le milieu rural avec 20 % de la population et une incidence de pauvreté de l'ordre de 45 % compte un peu plus de 25 % de pauvres. La profondeur de la pauvreté revêt les mêmes contours que l'incidence de la pauvreté. Elle est de 12 % au niveau national dont 9,5 % en milieu urbain et 16,2 % dans les campagnes.

Le Gabon présente ainsi une pauvreté rurale plus profonde que celle urbaine. Autrement dit, les populations défavorisées se trouvent surtout dans les zones rurales, avec l'agriculture comme principale activité. Toute chose qui laisse penser que l'agriculture gabonaise n'est pas compétitive.

Victime du syndrome neerlandais, un phénomène économique qui relie exploitation de ressources naturelles et déclin de l'industrie manufacturière locale, ce secteur dispose pourtant d'un avantage comparatif indubitable. Il est en mesure de fournir des revenus aux populations rurales. C'est en fait sur l'exploitation des terres que le Gabon doit compter pour faire progresser les revenus des ruraux. Et face à la défaillance des modes de financements publics (banques agricoles, projets de crédit, ...) et à la réticence des banques commerciales à investir en milieu rural, la microfinance devient une alternative forte pour le financement rural.

Mais, bien que les IMF affichent un objectif d'accessibilité élargie des pauvres aux services financiers, rares sont celles qui, au Gabon mènent une politique de ciblage volontariste en faveur de cette catégorie de population. Surtout que le Gabon ne compte qu'IMF officiellement enregistrées. Les opérateurs jugent inutile de dresser une liste de critères stricts d'éligibilité, puisque leurs caractéristiques de prêts (prêts de faible montant et à court terme, remboursements rapides et fréquents, etc.) n'intéressent pas les populations nanties, induisant de ce fait naturellement leur « auto-exclusion ». Le client de la microfinance dans une perspective de réduction de la pauvreté au Gabon est alors considéré ici comme un individu vivant en zone rurale et dont l'activité principale est l'agriculture.

### 4. La modélisation théorique

Nous présentons successivement le modèle, sa résolution et l'interprétation des résultats.

### *Le modèle*

L'objet de notre modèle est d'analyser le comportement de production agricole du client de la microfinance. Nous formulons l'hypothèse, eu égard au profil de pauvreté au Gabon, que le client de la microfinance est un individu pauvre vivant en zone rurale. Sa principale activité est l'agriculture qu'elle exerce avec beaucoup de difficulté en raison du manque de moyens financiers. En outre, nous considérons que le microcrédit qu'il peut recevoir est utilisé uniquement comme facteur de production.

A cet effet, nous retenons, à l'instar De Janvry et Sadoulet (1995), un modèle dit de production ou d'offre qui présente le paysan uniquement comme un producteur. Par hypothèses, les facteurs de production sont le travail, le microcrédit et une caractéristique de l'exploitation agricole (sa taille ou la fertilité du sol). Alors que l'output est un produit vivrier qui présente l'avantage d'être réalisé à très court terme, ce qui correspond à la philosophie de microcrédit des IMF au Gabon.

On analyse ainsi les décisions du client de la microfinance concernant à la fois la détermination de la quantité produite et le choix des modalités pour réaliser la production. Dans ces conditions, les décisions concernant la production ne sont pas influencées par ces caractéristiques de consommation.

Le modèle permet de calculer le meilleur plan pour l'individu. Un plan dans lequel l'utilisation des ressources et le niveau de production d'un bien agricole facilitent la maximisation du revenu. Il ne prend pas en compte la manière avec laquelle le revenu est utilisé pour déterminer son choix de consommation. L'hypothèse implicite est que les choix de production ne sont pas influencés par les choix de consommation, et que le problème peut être résolu par séquences, comme dans le cas des modèles de ménages ruraux séparables.

On suppose par ailleurs qu'il n'y a pas de compromis entre le loisir et le travail, car le paysan travaille autant qu'il peut. La structure du problème du client de la microfinance au Gabon peut alors se présenter de la façon suivante:

$$\underset{q,m,l}{Max}\ \pi = P_v q_v - P_m m - wl \tag{1}$$

Sujet à la contrainte suivante:

$$g(q_v, m, l; z^q) = 0 \tag{2}$$

où:

$\pi$ est la fonction de profit du ménage;
$g$ est la fonction de production technique du ménage;
$q_v$ est la quantité du produit vivrier fournie par le ménage;
$P_v$ est le prix du marché du produit vivrier;
$m$ est le microcrédit considéré comme un facteur de production variable;
$P_m$ est le prix du facteur de production microcrédit sur le marché;
$l$ est le facteur de production travail demandé par le ménage;
$W$ est le prix ou le salaire du travail;
$z^q$ représente un facteur fixe, la terre.

La résolution du modèle se fait grâce à la méthode de Lagrange.

### Résolution du modèle

En réalité, deux approches de résolution d'un tel modèle sont généralement utilisées: celle de la forme réduite et celle du calibrage à des fins de simulation du modèle structurel à partir de la fonction de production implicite. Notre étude retient la méthode de la forme réduite pour sa simplicité, d'une part, et parce qu'on ne se préoccupe pas de l'impact d'une quelconque politique.

On procède par la maximisation du profit sous la contrainte de la fonction de production grâce au lagrangien. Cela permet de trouver les conditions de premier et de second ordre par rapport aux facteurs de production (travail et microcrédit).

En résolvant le système d'équations résultant des conditions de premier ordre par rapport aux facteurs de production, on obtient les fonctions de demande d'inputs du ménage suivantes:

$$m = m(p_v, p_m, w; z^q) \qquad [3]$$

$$l = l(p_v, p_m, w; z^q) \qquad [4]$$

Les équations [3] et [4] représentent respectivement la demande du facteur microcrédit et la demande du facteur travail. La demande d'un facteur dépend du prix du produit vivrier, du salaire et du coût du crédit. Il s'agit d'une fonction homogène de degré zéro par rapport aux prix, comme on peut le constater en prenant les conditions de premier ordre.

En introduisant ces valeurs de $m$ et de $l$ dans la fonction de production, on obtient l'équation suivante:

$$q_v = q_v(p_v, p_m, w; z^q), \qquad [5]$$

qui est la fonction d'offre de produit vivrier du ménage. Une telle fonction est également homogène de degré zéro par rapport au prix.

A partir de là, on détermine la valeur du profit maximum du ménage qui est représentée par l'expression suivante:

$$\pi^* = \pi^*(p_v, p_m, w; z^q). \qquad [6]$$

Il en résulte que le profit maximum du client de la microfinance dépend du prix du produit vivrier, des prix des facteurs (travail et microcrédit) et de la taille de l'exploitation agricole.

Les équations [3], [4], [5] et [6] constituent la forme réduite du modèle de production agricole du client de microfinance. Elles permettent de comprendre le comportement théorique de production agricole d'un individu défavorisé vivant en zone rurale au Gabon. La spécification et le calibrage à des fins de simulation d'un tel modèle sont parfois utiles pour saisir l'impact d'une politique de modification des prix de l'output ou des inputs.

### L'interprétation des résultats

Cette modélisation théorique du comportement de production du client de la microfinance en zone rurale fournit deux principaux enseignements. La demande du facteur de production microcrédit dépend, outre le coût du microcrédit, du prix de l'output de l'activité agricole du client de la microfinance, de celui du facteur travail et de la taille de l'exploitation agricole. Le microcrédit peut constituer un facteur de production pour le client de la microfinance exerçant une activité agricole dans une zone rurale.

S'agissant du premier enseignement, la détermination de la demande de microcrédit en zone rurale par des facteurs autres que le taux d'intérêt implique que l'existence des IMF ne suffit pas à assurer l'adéquation de l'offre et de la demande des produits et des services de microfinance. Il faut en cela que le coût du microcrédit soit à un niveau incitatif. Mais aussi, la décision d'acquérir un microcrédit doit tenir compte des coûts des autres intrants dans le processus de production et du prix des produits vivriers.

Le coût du travail dans le cas des populations défavorisées dans les zones rurales au Gabon est dérisoire pour ne pas dire nul. En effet, la force de travail est généralement apportée par l'individu lui-même. Un tel comportement rend difficile l'interprétation de la rémunération du travail en termes de salaire. En fait, c'est plutôt le profit de l'exploitation après-vente et surtout après le remboursement du microcrédit qui constitue le principal gain. Dès lors, le problème de la rémunération du travail renvoie plutôt à la question des prix des produits agricoles et du partage des marges (CERISE, 2002). De ce point de vue, une variation dans le prix du travail, comme cela a été le cas avec l'augmentation du Salaire minimum interprofessionnel garanti (SMIG) au Gabon en 2005, risque de ne pas avoir une influence significative sur la demande de microcrédit des populations rurales dans ce pays.

Quant au prix des produits vivriers, il est sans doute prépondérant dans la demande de microcrédit chez les populations défavorisées. En effet, lorsqu'il est compétitif, il conduit à la maximisation du profit. Généralement, les producteurs vont s'orienter vers la culture du produit vivrier dont le prix sur le marché concède d'importantes marges bénéficiaires. De ce fait, ils pourront se précipiter sur les microcrédits pour réaliser leur production. Ce comportement qui caractérise déjà les agriculteurs ruraux au Gabon pourrait s'intensifier avec la présence des IMF dans les zones rurales.

Les caractéristiques de l'exploitation agricole, notamment sa taille et la fertilité du sol, constituent également des motifs de demande de microcrédit dans les zones rurales. En effet, lorsque les populations disposent de terres, de surcroît fertile, cela peut constituer une motivation supplémentaire pour chercher un moyen de les mettre en valeur. Dans le cas du Gabon, les populations défavorisées des zones rurales possèdent globalement ce facteur naturel de production. Le manque de moyens financiers ne leur permet pas cependant de mieux les exploiter afin d'en tirer profit et d'améliorer ainsi leurs conditions de vie. A cet égard, le microcrédit constitue un facteur complémentaire susceptible de réduire la pauvreté dans ces zones.

Pour ce qui concerne le deuxième, le microcrédit, en tant que facteur de production, contribue à la maximisation du profit de l'exploitation agricole. Cela corrobore ainsi l'assertion que la microfinance peut avoir un impact positif sur la trésorerie des ménages ruraux, améliorer le lissage de leur consommation et dans une certaine mesure, renforcer leur résistance aux chocs économiques. A cet égard, en faisant des populations rurales une demande solvable, il pourrait constituer un moyen de réduction de la pauvreté. Devant l'absence d'autres opérateurs financiers, la microfinance devient alors une alternative solide pour le financement du développement.

Il reste que les zones rurales du Gabon n'ont pas facilement accès aux microcrédits accordés par les IMF privées. De ce fait, les populations défavorisées de ces zones se trouvent amputées d'un facteur de production important. Pour pallier cela, les pouvoirs publics tentent de se substituer aux IMF, en accordant des microcrédits dont l'efficacité n'est pas du tout avérée (Cf. l'expérience de Tchibanga, une étude menée dans le présent projet). La mauvaise gouvernance, à laquelle s'ajoute la corruption semble être les principales causes de cette inefficacité.

Les échecs des tentatives des autorités publiques gabonaises dans le domaine de la microfinance portent à penser que cette activité ne peut contribuer à la réduction de la pauvreté dans ce pays que si elle est exercée par le privé. Cependant, l'objectif de réduction de la pauvreté constitue une externalité positive provenant de l'activité des IMF. En effet, il s'agit à part entière, des entreprises dont l'objectif, conformément à la théorie économique, est la rentabilité économique et financière.

On peut alors penser que les IMF gabonaises n'exercent pas leur activité dans le sens préconisé par le professeur Yunus, qui insiste sur l'objectif social de la microfinance à chacune de ces interventions. Si la microfinance doit permettre de réduire la pauvreté, la question de l'efficacité des IMF par rapport à cet objectif en termes d'internalisation de l'externalité « pauvreté ». Autrement dit, les IMF devraient intégrer l'objectif de réduction de pauvreté lorsqu'elles postulent leur fonction de production.

Le problème réside dans le fait que cela va sans doute accroître les coûts de l'entreprise de microfinance. Alors, qui devra payer ce supplément de coût ? L'État doit-il subventionner les IMF ?

## 5. Conclusions et recommandation

Les résultats de l'étude montrent d'abord que les populations défavorisées se trouvent surtout dans les zones rurales au Gabon. Elles sont confinées dans la production agricole. Ensuite, lorsque ces populations bénéficient d'un microcrédit, elles peuvent accroître leur revenu et partant améliorer leurs conditions de vie. En cela, le microcrédit constitue un facteur de production nécessaire pour l'activité agricole de ces individus. Cela milite en faveur d'un déploiement des IMF dans les zones rurales pour faciliter l'accès des habitants de ces zones à la microfinance. Mais l'efficacité d'un tel facteur nécessite une bonne compréhension des besoins de trésorerie des ménages ruraux, ce qui permettrait une adaptation des produits financiers.

Il reste que l'analyse des besoins financiers des ménages ruraux passe nécessairement par des enquêtes directes auprès des exploitations. On relève cependant que le problème d'une telle méthode est d'obtenir une vision générale. En effet, elle peut convenir pour la zone d'intervention d'une IMF mais nécessite un dispositif d'enquête lourd pour pouvoir offrir une vision macro-économique. La principale recommandation de cette étude est de renforcer le secteur de la microfinance et de favoriser son extension dans les zones rurales.

*Références Bibliographiques*

Abdelkhalek, T. (1999), 'Modèles de comportement des ménages: présentation et revue de la littérature', *Cahier de recherche de l'équipe MIMAP-Maroc, INSEA*, Rabat.

Barnum, H. N. & L. Squire (1979), 'An Econometric Application of the Theory of the Household', *Journal of Development Economics* 6:79-102.

Basher, M. (2010), Promotional role of microcredit: Evidence from the Grameen Bank of Bangladesh. *Journal of International Development* 22:521-529.

Becker, G. S (1965), 'A Theory of the Allocation of Time', *Economic Journal* 75(299):493-517.

Bhuiyan, A. B. (2013), 'Microcredit and Sustainable Development: An Empirical Study of Islamic and Conventional Credit on the Development of Human Capital of the Borrowers in Bangladesh', *Journal of Economic Cooperation and Development* 34(3):101-128.

CERISE, (2002), 'L'évolution des enjeux et outils de l'analyse d'impact en Microfinance'. In *Techniques Financières et Développement*, Epargne Sans Frontière, n°70.

Chayanov, A. (1923), 'Die Lehre von der Bauerlichen Wirthschaft', Versuch einer Theorie der Familienwirtschaft in Landau. Berlin: Parey.

Coudouel, A., J. S. Hentschel & Q. T. Wodon (2002), 'Poverty Measurement and Analysis', PRSP Source Book, The World Bank, Washington, D.C.

De Janvry, A. & E. Sadoulet, (1995), *Quantitative Development Policy Analysis,* Baltimore and London: The John Hopkins University Press.

De Janvry, A., M. Fafchamps & E. Sadoulet (1991), 'Peasant Household Behavior with Missing Markets: Some Paradoxes Explained', *Economic Journal* 101:1400-17.

De Janvry, A., E. Sadoulet & M. Raki (1992), 'Structural Adjustment and the Peasantry in Morocco: A Computable Household Model', *European Review of Agricultural Economics* 19:427-53.

Duclos, Jean-Yves (2002), 'Vulnerability and poverty measurement issues for public policy,' *Social Protection Discussion Papers* 25534, The World Bank, Washington, D.C.

Duclos, Jean-Yves & P. Grégoire (2002), 'Absolute and Relative Deprivation and the Measurement of Poverty', Review of Income and Wealth, *International Association for Research in Income and Wealth,* 48(4):471-92.

EGEP (2005), Enquête Gabonaise d'Evaluation de la Pauvreté, Libreville, Gabon.

Ellis, F. (1993), 'Peasant Economics: Farm Households and Agrarian Development', New York and Melbourne: Cambridge University Press.

Huffman, W. & M. Lange (1989), 'Off-Farm Work Decisions of Husbands and Wives: Joint Decision Making', *The Review of Economics and Statistics* 71:471-80.

Jorgenson, Dale, and L. J. Lau (1975), 'The Structure of Consumer Preferences'. *Annals of Social and Economic Measurement* 4(1):49-101.

Lakwo, A. (2006), 'Microfinance, rural livelihoods, and women's empowerment in Uganda', African Studies Centre Research Report 85/2006, African Studies Centre: Leiden, Holland.

Lau, L.J, W. L. Lin & P. A. Yotopolous (1978), 'The Linear Logarithmic Expenditure System: An application to consumption-leisure', *Econometrica* 46:843-868.

Mduma, J. K & P. Wobst (2005), Determinants of rural labor market participation in Tanzania. *African Studies Quarterly* 8(2):32-47.

Nakajima, Chihiro (1957), 'Economic Theory of the Farm Household' (in Japanese), *The Economic Review of Osaka University* 7(2).

Nakajima, Chikiro (1970), 'Subsistence and Commercial Family Farms: Some Theoretical Models of Subjective Equilibrum' in C.R. Wharton (ed), *Subsistence Agriculture and Economic Development,* Chicago Aldine Publishing Co.

Peña-Casas, Ramon & Phillipe Pochet (2001), 'Les indicateurs monétaires et non monétaires de pauvreté et d'exclusion sociale dans une perspective européenne' Ministère des Affaires sociales, de la santé publique et de l'environnement, Paris, France.

Roe, T. & T. Graham-Tomasi (1986), Yield risk in a dynamic model of the agricultural household. In *Agricultural household models: Extensions, applications, and policy*, ed. I. Singh, L. Squire, and J. Strauss. Baltimore: Johns Hopkins University Press.

Rugalema, G. (2001), 'Coping or Struggling? A Journey into the Impact of HIV/AIDS on Rural Livelihoods in Southern Africa', Paper presented for the expert meeting on Mitigating the Impact of HIV/AIDS on Food Security and Rural Poverty: A Framework for the Agricultural Sector. Rome: Food and Agricultural Organization of the United Nations.

Sadoulet, E., A. De Janvry & C. Benjamin (1998), 'Household Behavior with Imperfect Markets', *Industrial Relations* 37(1):85-108.

Sadoulet, E. (2000), 'Marchés imparfaits et modélisation des comportements des ménages paysans: où en sommes-nous ?' *Actualité Economique,* 76 (4):459-489.

Singh, I., L. Squire & J. Strauss (1986), *Agricultural Household Models*, Baltimore: Johns Hopkins University Press.

Skoufias, E. (1994), 'Using Shadow Wages to Estimate Labor Supply of Agricultural Households', *American Journal of Agricultural Economics* 76(2):215-27.

Strauss, John (1984), 'Market Surpluses of Agricultural Households Producing Several Outputs: Responses to Prices, Production Technology, and Demographic Characteristics,' *American Journal of Agricultural Economics* 66:321–331.

Tokle, J. & W. Huffman (1991), 'Local Economic Conditions and Wage Labor Decisions of Farm and Nonfarm Couples', *American Journal of Agricultural Economics* 73:652-70.

# CHAPITRE 7

## FACTEURS AGGRAVANTS DES DIFFICULTÉS DE REMBOURSEMENT DE MICROCRÉDIT CHEZ LES POPULATIONS PAUVRES DU CANTON DE GUELO

**Sobdibe Guipelbe, Danna Abba & Symphorien Ndang Tabo**

*Centre d'Etudes et de Recherche en Droit et en Economie Appliquée, Université de N'Djamena, Tchad (guipelbeh@yahoo.fr)*

### RÉSUMÉ

Les établissements de microfinance (EMF) sont nés pour répondre à la demande spécifique des populations pauvres mises en marge de l'accès aux services financiers des banques traditionnelles en vue de réduire leur pauvreté. Ces établissements ont très vite montré leurs limites au travers des difficultés de remboursement. La présente étude a identifié le profil des bénéficiaires en difficulté de remboursement et les facteurs aggravant ces difficultés au Club d'Épargne et de Crédit (CEC) de Guélo au Tchad. Elle a permis d'établir l'incidence des facteurs aggravant les difficultés de remboursement selon le type de crédit. Ces résultats sont obtenus au moyen d'une analyse statistique avec des tableaux statistiques simples, des tableaux de contingence et le test de khi-deux. Ils permettent, entre autres, de conclure que: 1) les profils jeune, marié, analphabète et genre masculin caractérisent les bénéficiaires ayant eu des difficultés de remboursement au CEC de Guélo; 2) les crédits reçus par ces bénéficiaires sont en majorité ceux demandés pour l'investissement; 3) les taux d'intérêt élevé, le montant limité des prêts et le phénomène de fongibilité aggravent les difficultés de remboursement; 4) le taux d'intérêt élevé et les montants limités de crédit ne conviennent pas au crédit à l'investissement mais conviennent relativement bien au crédit pour le commerce. 5) le crédit pour le commerce est très fongible par rapport aux autres types de crédit. L'étude recommande que les taux d'intérêt soient différents pour chaque type de crédit et que les montants des crédits à l'investissement soient élevés par rapport aux autres types de crédit. De manière générale, les différents types de crédit et en particulier les crédits pour le commerce doivent faire l'objet d'un contrôle et d'un suivi permanents par les agents de crédit et les gestionnaires des EMF afin de réduire le risque de fongibilité.

*Mots clés: microcrédit, pauvreté, difficultés de remboursement, Canton de Guélo*

## 1. Introduction

« Notre progrès ne saurait se mesurer à l'enrichissement de ceux qui vivent dans l'abondance, mais plutôt à notre capacité de pourvoir aux besoins de ceux qui ont trop peu », déclarait le Président Américain Franklin D. Roosevelt, dans son second discours inaugural en 1937[26]. Telle reste posée la question du développement humain, auquel fait face le monde moderne en dépit des progrès scientifiques, techniques et économiques. Ce concept de développement humain implique la notion de la pauvreté et du bien-être social. Le constat de la pauvreté est réel dans le monde, en Afrique et plus particulièrement au Tchad.

La lutte contre la pauvreté a connu depuis les deux dernières décennies des échecs avec les politiques macro-économiques et de succès avec les institutions de microfinance. Les microcrédits sont ainsi devenus un outil miracle de lutte contre l'extrême pauvreté, surtout dans les pays pauvres.

La présente étude, initiée dans le cadre du Programme mondialisation, croissance et pauvreté (MCP) du Centre de recherches pour le développement international (CRDI), trouve son fondement dans la situation de pauvreté et dans la mobilisation pour les microcrédits. Les microcrédits sont devenus la préoccupation majeure de la communauté internationale (ONU), des institutions internationales de recherche (CRDI), de la Banque Mondiale, des organisations non gouvernementales et des gouvernements qui s'y sont intéressés de près durant ces dernières années.

Il est évident que l'intérêt manifeste que soulève la contribution du microcrédit à la lutte contre la pauvreté dans le monde en général et en Afrique centrale en particulier, justifie l'idée d'une recherche sous-régionale sur le thème « Les institutions de recherche et la réduction de la pauvreté en Afrique centrale », appuyée techniquement et financièrement par le CRDI. De ce thème général, nous avons déduit celui de la présente étude: « Facteurs aggravants des difficultés de remboursement des microcrédits chez les populations pauvres du canton de Guélo au Tchad ».

## 2. Contexte, problématique, objectifs et Intérêt de l'étude

### *Contexte*

De nos jours, le Rapport mondial sur le développement humain de 2008 indique d'une part que, 80 % de la population mondiale a un revenu inférieur au revenu moyen. Les plus pauvres représentent un pourcentage de 40 %. Soit

---

[26] L'état de Développement Humain, dans *Rapport Mondial sur le Développement Humain 2005*, PNUD, édition: Economica 49, rue Héricart, 75015, Paris, pp. 18.

plus d'un milliard de personnes qui survivent dans la pauvreté absolue avec moins d'un dollar US par jour. D'autre part, le Rapport mondial sur le développement humain de 2005, a souligné que les deux dernières décennies ont connu l'une des réductions de la pauvreté les plus rapides de l'histoire de l'humanité alors qu'à l'inverse, l'Afrique subsaharienne a enregistré un accroissement spectaculaire de sa population vivant avec moins d'un dollar US par jour, soit plus de cent millions de personnes en plus en 2001 par rapport à 1990.

Au Tchad, la dégradation des indicateurs sociaux révèle une pauvreté très prononcée. Sur 177 pays pauvres, le Tchad est classé 173e suivant l'IDH de 2008. L'inégalité en termes de dépenses est impressionnante dans ce pays quand on sait que les plus pauvres dépensent en moyenne 55 688 FCFA par an alors que ceux qui sont considérés comme riches dépensent environ 403 500 FCFA en moyenne par an (ECOSIT 2, 2003).

Il est évident que la réduction du taux de pauvreté monétaire est une nécessité pour le démarrage d'un développement durable au Tchad. Une importante littérature indique que le taux de réduction de la pauvreté est fonction de la croissance économique et de la participation de tout supplément de la croissance effectuée par les pauvres. D'autres de renchérir que des services financiers bien établis et efficaces contribuent de façon importante à la croissance économique et que les personnes pauvres en particulier peuvent tirer profit des services financiers tels que le système de prêt, le compte d'épargne, d'assurance et de paiement. Des données empiriques suggèrent aussi que de plus en plus de personnes pauvres ont accès à des services financiers et par conséquent non seulement ces personnes s'enrichissent mais aussi elles permettent à leur communauté de prospérer. Ainsi se dessine l'importance des institutions de microcrédit dans la lutte contre la pauvreté.

En Afrique, l'engouement pour les microcrédits est de taille. On le constate au travers de la croissance de ce secteur dans certaines sous-régions ou dans certains pays de ce continent. Au Tchad, le secteur du microcrédit a connu un essor considérable bien qu'introduit avec un peu de retard par rapport aux autres pays africains. L'intérêt porté aux microcrédits dans ce pays pour la lutte contre la pauvreté a dépassé le cadre privé. C'est pourquoi, dans le cadre de la mise en œuvre depuis 2003 de la Stratégie nationale de la réduction de la pauvreté (SNRP), le Gouvernement a créé en 2006, le ministère de la Solidarité et des Microcrédits. Cette volonté politique a amené le Gouvernement et les principaux acteurs de la microfinance de ce pays, à définir de manière concertée la Stratégie nationale de microfinance (SNMF) 2009-2013 dont le projet a été validé lors d'un atelier national en août 2008. Le gouvernement s'investit aujourd'hui de manière conséquente dans le secteur, allant même au-delà de ses prérogatives en octroyant directement des microcrédits aux pauvres.

*Problématique*

L'essor du microcrédit au Tchad a été marqué par différentes crises dont la plus récente est celle qu'a connue le grand réseau de la capitale, l'Union Régionale des Coopératives d'Épargne et de Crédit (URCOOPEC) et qui perdure. Aussi, selon la SNMF, l'activité du microcrédit est marquée par la détérioration du portefeuille des crédits des EMF avec un taux de portefeuille de crédit à risque qui est passé de 5,5 % en 2005 à 20,44 % en 2007. Les crédits à risque sont ainsi dus aux défauts ou aux retards sur les remboursements des prêts.

Dans les banques traditionnelles, les défauts de remboursement des prêts sont dus à l'asymétrie d'information entre prêteurs et emprunteurs. Ce problème de l'asymétrie d'information est en principe résolu au niveau des prêteurs locaux, car les partenaires se connaissent bien étant donné leur proximité spatiale et sociale. Ainsi, ils auraient mieux géré les problèmes d'anti-sélection en séparant les emprunteurs à hauts risques de ceux à faibles risques par la formation des groupes d'entrepreneurs responsables solidairement et la considération du profil individuel pour les emprunteurs individuels. La viabilité des institutions de microfinance (IMF) serait ainsi garantie par une nette amélioration des taux de remboursement. Cependant, cette hypothèse fondamentale se trouve contrariée au vu du taux élevé du portefeuille de crédit à risque dû aux défauts ou aux retards sur les remboursements des prêts.

Dans une étude réalisée sur les problèmes de recouvrement dans le réseau d'un système financier décentralisé (SFD) au Bénin, Soglohoun et Lontchédjin (2000) estiment à 40 % le taux d'impayés dans une caisse locale du Sud du Bénin en 1999[27].

Au Tchad, sans avoir un nombre précis, le nombre des bénéficiaires qui ont eu des difficultés de remboursement au travers des EMF est considérable. Au CEC de Guélo notre cadre d'étude, les difficultés de remboursement de crédit et les pratiques de recouvrement qu'elles entraînent sont illustrées par des faits dramatiques pour certains bénéficiaires. D'après les rapports statistiques de 2006, 2007 et 2008 du CEC de Guélo, la situation des crédits débloqués et des crédits en retard se présente comme l'indique le Tableau 7.1.

---

[27] Albert N. Honlonkou, Denis H. Acclassato, Celestin Venant C. Quenom (2001), Problématique de remboursement des crédits dans les systèmes décentraliés et garantie de prêts aux petits opérateurs économiques. Organisation Internationale du Travail, Bénin, pp. 13, consulté en ligne sur le site: Portail de Microfinance le 25/07/09.

**Tableau 7.1: Nombre de crédits débloqués et de crédits en retard du CEC de Guélo de 2006 à 2008**

| Nombre de crédits | 2006 | 2007 | 2008 | Total |
|---|---|---|---|---|
| Crédits débloqués | 190 | 291 | 204 | 685 |
| Crédits en retards | 94 | 99 | 11 | 204 |

*Source: Rapports statistiques du CEC de Guélo/ 2006, 2007, 2008.*

Nous constatons dans ce tableau que près du tiers du nombre total de crédits débloqués sont en retard. Les bénéficiaires en difficulté de remboursement, pour n'avoir pu rembourser leur dette, sont soumis à des recouvrements forcés qui les plongent dans des situations critiques telles que l'expropriation de leurs biens ou leur emprisonnement. C'est ainsi qu'en 2006, 131 personnes ont fait l'objet de poursuites judiciaires devant le chef de canton. Leurs biens ont été saisis et vendus pour désintéresser le CEC. En 2007, 99 bénéficiaires et 3 organisations paysannes comportant 361 membres ont fait l'objet des mêmes poursuites. Les représentants desdites organisations ont été arrêtés à la gendarmerie de Lagon. En 2008, 94 bénéficiaires ont subi le même sort. Ces recouvrements forcés font supporter auxdits bénéficiaires des coûts supplémentaires appelés parts des autorités. Cette part représente les 10 % du montant en retard cumulé aux intérêts normaux et intérêts de retard. De telles pratiques de recouvrement s'observent un peu partout quand on fait le tour d'horizon des IMF dans ce pays, précisément à Mayo Kebbi Ouest. Les conséquences sont souvent désastreuses et humiliantes pour les ménages. C'est pourquoi, certains clients en difficulté de remboursement ont préféré s'exiler plutôt que de se retrouver en prison. L'exemple d'un bénéficiaire du CEC de Guélo qui a dû abandonner ses femmes et ses enfants pour se retrouver au Cameroun voisin est illustratif[28].

Ces situations liées aux difficultés de remboursement des microcrédits par les bénéficiaires, entraînent une aggravation de leur pauvreté et compromettent la réalisation de leur bien-être social. Dans ces cas, le recouvrement forcé par le biais des instances judiciaires bien que garantissant la viabilité des institutions en question, est loin d'être une solution idéale, particulièrement dans un contexte de lutte contre la pauvreté. On est en fait stupéfait de constater que les succès du microcrédit, ayant conduit à sa généralisation du fait de sa contribution à la réduction de la pauvreté se trouvent biaisés face à ces constats. Ces situations qui vont à l'encontre de la louable intention du microcrédit, méritent une attention particulière.

---

[28] Notre pré-enquête à Guélo/Léré en date du 20 juin 2009.

C'est dans ce souci que le Gouvernement du Tchad par le biais du ministère de l'Economie et du Plan, a mis en place en janvier 2009, la Stratégie nationale de microfinance (SNMF) 2009-2013 pour favoriser le développement harmonieux de ce secteur et permettre sur le plan quantitatif l'atteinte des résultats parmi lesquels on peut citer la réduction du taux du portefeuille de crédit à risque à 5 % d'ici à 2013. Cet objectif de la SNMF s'insère dans la droite ligne de cette étude.

Ces interrogations constituent la principale motivation de la présente étude axée sur la question de recherche suivante: Quels sont les facteurs qui expliquent les difficultés de remboursement des microcrédits chez les bénéficiaires au CEC de Guélo?

*Intérêt de l'étude*

Une telle investigation présente plusieurs intérêts. Sur le plan théorique, la conclusion de cette étude permettra de concevoir une microfinance multicritères avec une politique de crédit adaptée au contexte d'intervention. Les recommandations pratiques qui en découleront pour la conduite à tenir par les EMF permettraient de réduire les difficultés de remboursement des microcrédits et de faciliter l'accès des pauvres aux microcrédits. Les résultats apporteront une contribution indéniable aux efforts de la lutte pour la réduction de la pauvreté des autres partenaires.

*Objectifs de l'étude*

Cette étude vise de manière générale à comprendre les difficultés de remboursement des microcrédits chez les bénéficiaires au CEC de Guélo. De manière spécifique, il s'agit de: 1) identifier le profil des bénéficiaires en difficulté de remboursement; 2) caractériser les contraintes et les phénomènes susceptibles d'aggraver les difficultés de remboursement; 3) déterminer les facteurs aggravant les difficultés de remboursement; 4) établir la contribution des facteurs aux difficultés de remboursement selon les différents types de crédit.

## 3. Revue de la littérature

Sur les marchés financiers, les défauts de remboursement des prêts sont de manière générale dus à des problèmes d'information. C'est ainsi que, dans le cadre des contrats bancaires, on parle de l'asymétrie d'information et de ses conséquences dont l'aléa moral et la sélection adverse. Ce problème d'information se trouve renforcé par le libéralisme financier en Afrique. La micro-fiance qui à travers ses caractéristiques et sa méthodologie était une réponse à cette situation se trouve de nos jours limité dans certains cas, par des difficultés de remboursement qui ont déjà fait l'objet de diverses études.

### Asymétrie d'information

Selon Simon H. cité par Patience Mpanzu Balomba (2007), les individus n'ont pas la capacité cognitive de prévoir tous les évènements éventuels qui pourraient influencer les résultats des transactions. En outre, même si tout était prévisible, il serait impossible, du moins fastidieux et très coûteux de traduire toutes les éventualités dans les clauses du contrat liées à la transaction. Par conséquent dans le cadre des marchés bancaires et financiers, les contrats de crédit sont forcément incomplets[29].

Stiglitz et Weiss (1981), dans l'article de référence « Crédit Rationning in Markets With Imperfect Information»[30] (rationnement du crédit sur les marchés en information imparfaite), ont démontré que les problèmes d'asymétrie d'information provoquent un rationnement de crédit. En effet, selon Varian (1992), cité par Honlonkou, Acclassato, Venant et Quenum (2001), on parle d'asymétrie d'information lorsqu'un agent économique est mieux informé qu'un autre sur ses propres caractéristiques et les actions qu'il va entreprendre. Dans une situation d'information imparfaite et asymétrique entre les banques et les emprunteurs, les derniers sont privilégiés car ils ont une meilleure information sur leur propre risque de défaillance[31]. Stiglitz et Weiss (1981) estiment que la banque est supposée incapable de connaître les caractéristiques de l'investissement entrepris par son client; elle ne peut donc pas ajuster son taux à la nature du projet financé; et elle offre un même taux à toutes les entreprises. Or plusieurs types d'investissements se présentent; ils procurent la même rentabilité, mais diffèrent par leurs risques. Pour chaque projet, il existe un niveau de taux au-delà duquel la rentabilité de l'entreprise est négative. Ce niveau est d'autant plus élevé que le risque est important puisque le profit de l'entreprise croit avec le risque. L'asymétrie d'information implique des problèmes de sélection adverse et d'aléa moral.

### Sélection adverse

La sélection adverse ou l'anti-sélection caractérise des situations où certaines informations pertinentes sur la situation de l'emprunteur ne sont pas connues du prêteur. Cette asymétrie de l'information conduit à une allocation du crédit

---

[29] Simon H., cité par MPANZU BALOMBA, P. (2007) dans *Microfinance en RDC: cas du site de N'djili/CECO-MAF à Kinshasa.* Université Catholique de Louvain, Kinshasa, pp. 14.
[30] Joseph E Stiglitz et Andrew Weiss (1981), Credit Rationning in Market with imperfect information, *Revue Économique Américain*, 71(3):393-410.
[31] Varian (1992), cité par Albert N. Honlonkou, Denis H. Acclassato, Celestin Venant C. Quenum, (2001). dans Problématique de remboursement des crédits dans les systèmes décentralisés et garantie de prêts aux petits opérateurs économiques. Organisation Internationale du Travail, Bénin, pp. 15, consulté en ligne sur le site: Portail Microfinance le 25/07/09.

inefficace et notamment à des phénomènes de rationnement du crédit. En effet, la banque ne peut exiger des taux d'intérêt supérieurs car seuls les mauvais emprunteurs seraient toujours candidats au prêt. Pour diminuer son risque, la banque préfère limiter le montant des crédits octroyés. Ce problème de sélection adverse peut être réduit si la banque exige des emprunteurs qu'ils lui donnent des cautions pour garantir le prêt. Cependant, particuliers et petites entreprise peuvent difficilement fournir des cautions adéquates à la banque (Sami et Delorme, 2004)[32].

## Aléa moral

L'aléa moral, appelé aussi hasard moral, est une situation où l'incomplétude de l'information provient des actions et comportements non observables susceptibles d'être entrepris par les agents après signature du contrat. C'est une sorte d'opportunisme post-contractuel qui survient lorsque les actions mises en œuvre ne peuvent être discernées. Ainsi, les individus sont susceptibles de poursuivre leurs intérêts personnels aux dépens d'autrui (Milgrom et Roberts, 1997), cité par Kalala-Tshimpaka (2006)[33].

Stiglitz et Hoff (1990) cités par Mpanzu Balomba (2007)[34], indiquent qu'il est coûteux d'assurer que les emprunteurs prennent des décisions qui maximisent leur probabilité de rembourser. Dès lors, en raison du volume des prêts demandés, ce risque d'aléa moral mène les banques traditionnelles à ne pas en accorder aux micro-entrepreneurs. Ainsi, le rationnement de crédit lié au problème d'aléa moral touche d'avantage les entreprises de petite taille.

Les taux d'intérêt réels élevés qui sont souvent associés à la libéralisation financière peuvent donc rendre le système financier plus vulnérable aux crises en aggravant les problèmes de sélection adverse et d'aléa moral et en augmentant l'incidence des défauts sur les engagements de prêts.

## Libéralisation des systèmes financiers en Afrique

Ces dernières années, il y a un consensus croissant sur la nécessité de la libéralisation du secteur financier. Les fondements théoriques des réformes sont fournis par McKinnon (1973) et Shaw (1973) et relèvent essentiellement de la

---

[32] Sami et Delorme (2004). *Diffusion d'information et risque de crédit dans les économies émergentes*, sur le site: Portail microfinance. pp. 8. Consulté en ligne le 24/07/09.

[33] Milgrom et Roberts, (1997), cité par Kalala-Tshimpaka, F. (2006). Dans 'La restructuration de l'espace microfinancier du Kivu (Est R.D. Congo): pistes d'une intermédiation effiace', Consulté en ligne sur le site:www.i6doc.com: l'édition universitaire en ligne le 25/07/09.

[34] Stiglitz et Hoff (1990), cité par Mpanzu-Balomba. (2007) dans *Microfinance en RDC: cas du site de N'djili/ CECOMAF à Kinshasa*. Université Catholique de Louvain, Kinshasa, pp. 14. Consulté en ligne sur le site: mémoire one line, le 18/04/09.

macro-finance. La principale raison est que les économies en développement sont soumises à une répression financière dont l'objectif est de réguler le prix, la quantité et la composition du crédit (Agenor, 2000).

Face à ces désavantages liés à l'intervention du public dans le secteur financier, McKinnon (1973) et Shaw (1973) recommandent la libéralisation financière fondée sur la demande de services financiers. L'effet principal attendu est la croissance de l'intermédiation entre épargnants et investisseurs et par ricochet, la croissance des incitations d'épargne et d'investissement et l'efficacité moyenne des investissements. Fisher et Smaoui (1997) constatent que la suppression des contrôles des taux d'intérêt est considérée comme étant l'évènement central de la libéralisation financière[35].

Mais les réformes n'ont pas toujours apporté les succès escomptés. De nouveaux problèmes sont apparus. Parmi ceux-ci, on peut citer la hausse exagérée du coût de crédit à travers le taux d'intérêt, conséquence de la suppression du contrôle des taux d'intérêt dans les pays caractérisés par une répression financière (libéralisation financière); et une faible expansion financière en faveur des défavorisés. Dans le sillage de l'asymétrie d'information caractérisée par la sélection adverse et l'aléa moral, qui sont à leur tour renforcés par le libéralisme financier, le microcrédit trouve sa place.

*Innovations apportées par la microfinance*

La caution et le rationnement du crédit apparaissent comme des moyens privilégiés pour les banques de lutter contre la sélection adverse, puis l'aléa moral sur le marché du crédit. Cela conduit à un équilibre avec rationnement dont les pauvres sont exclus dès lors qu'ils ne disposent pas de caution. Les coopératives de crédit et les IMF peuvent par leur plus grande proximité et capacité d'adaptation, répondre à ce problème d'opportunisme post-contractuel ou d'aléa moral et réduire celui de sélection adverse.

Ainsi, la microfinance apporte une solution à ces difficultés (sélection adverse et aléa moral) en octroyant des crédits individuels (sur la base du profil individuel) et des crédits de groupe (caution solidaire). Dans ce dernier cas, la mobilisation des liens sociaux et le rôle de l'homogénéité du groupe y contribue largement. Dans les deux cas, généralement l'octroi de crédits supplémentaires est conditionné par le succès du crédit précédent.

---

[35] Fisher et Smaoui (1997), cités par Amal Ben Hassena (2005), dans *L'impact du libéralisme financier sur l'intermédiation bancaire*. Université de Sfax: Ecole Supérieure de Commerce de Sfax/Tunisie. Consulté sur le site: mémoire one line, le 28/07/09.

### Caractéristiques du système de microfinance

La définition de la microfinance a fait l'objet de nombreux débats et d'approches multiples. Selon Tollenaere (2002), cité par Mpanzu Balomba (2007)[36], il est possible de s'accorder sur un certain nombre de dénominateurs communs à ces définitions.

La microfinance se définit donc par: 1) sa cible: les populations défavorisées, (pauvres) exclues de l'accès aux systèmes financiers classiques; 2) son objet: un instrument de lutte contre la pauvreté (instrument parmi d'autres, utilisé en soi ou intégré dans un projet ou programme); 3) ses fonctions financières d'épargne, de crédit, d'assurance , de coffres, développées en dehors du système financier formel ou bancaire classique; et 4) sa visée: le développement et/ou la création d'activités économiques rentables et pérennes, ainsi que l'accroissement des ressources des ménages.

A ces éléments généraux de définition, s'ajoutent des traits caractéristiques particuliers aux microcrédits. Ils concernent: 1) les taux d'intérêt qui sont plus élevés que ceux des banques classiques. Ces taux varient généralement entre 20 % et 55 %; 2) le niveau des montants financiers, on parle de microcrédits. Il est généralement admis que le montant de crédit se situe entre 20 et 1 000 dollars US; 3) le terme ou l'échéance de remboursement: sous des formes variées (remboursement journalier, hebdomadaire, mensuel, ou parfois à terme échu), le terme de remboursement du microcrédit est généralement court. Le plus souvent, il ne dépasse pas douze mois; 4) les conditions d'accès et d'octroi du crédit: les formalités et procédures nécessaires pour formuler une demande de crédit sont les plus simples possibles. Le temps entre la demande et l'octroi de crédit est le plus court possible. Les garanties recherchées par les IMF se trouvent généralement en dehors du champ des garanties classiques du système bancaire commercial; et 5) les types de crédit: Il s'agit du crédit à l'investissement, à la consommation et au commerce.

Il est important de souligner que le phénomène de fongibilité qui n'est autre que l'usage du prêt à d'autres fins que celles déclarées est aussi une caractéristique particulière importante des microcrédits, surtout dans un contexte de pauvreté (Mpanzu Balomba, 2007).

Malgré cette innovation de la microfinance, les difficultés de remboursement appelées aussi situation de délinquance demeurent une réalité préoccupante comme on l'a constaté chez les bénéficiaires ayant eu des difficultés de remboursement

---

[36] Tollenaere (2002), cité par MPANZU BALOMBA, P. (2004) dans *Microfinance en RDC: cas du site de N'djili/ CECOMAF à Kinshasa*. Université Catholique de Louvain, Kinshasa, pp. 17, Consulté en ligne sur le site: mémoire one line, le 23/07/09.

au CEC de Guélo. Cette crise de délinquance trouve ses origines dans diverses situations liées au crédit.

*État de la question des difficultés de remboursement*

Pendant que certaines analyses sur les limites du microcrédit expliquent le taux élevé des créances en souffrance dans les IMF par le manque de professionnalisme dans les méthodes et outils de gestion (Servet, 2008)[37], d'autres études attribuent les problèmes de remboursement des crédits au nombre d'années d'expérience d'un gérant dans une seule institution, au manque d'étude rigoureuse de rentabilité des projets avant l'octroi de crédit, au manque de culture de veille technologique, au non-octroi des emprunts de taille élevée, et au financement de l'agriculture (Albert N. Honlonkou, Denis H. Acclassato, Celestin Venant C. Quenum, 2001)[38].

Dans une étude réalisée sur les problèmes de remboursement dans le réseau de la Faîtière des caisses d'épargne et de crédit agricole mutuel du (FECECAM) au Benin, Soglohoun et Lontchédji (2000) cité par Honlonkou *et al.* (2001) identifient plusieurs causes d'impayés parmi lesquelles on peut citer la pression exercée par les membres élus sur les techniciens (le gérant et son personnel) pour les obliger à octroyer des prêts à des clients ne remplissant pas toutes les conditions de solvabilité, le manque de suivi des projets financés, l'insuffisance des montants pour financer des projets, la période de décaissement inappropriée, le détournement des crédits pour la consommation ou le remboursement des usuriers et la perception du financement public ou « l'argent froid ».

Honlonkou *et al.* (2001) expliquent que si généralement, la situation d'impayés est liée à la mauvaise gestion, il existe également des impayés volontaires. Ce sont des cas où l'individu, disposant des sommes dues, préfèrent prolonger unilatéralement la durée de leur usage parce que conscient qu'un remboursement immédiat n'offre pas automatiquement l'opportunité d'un renouvellement immédiat du crédit. Or, contrairement, à ce qu'on pourrait penser, les remboursements retardés sont aussi dangereux que les créances irrécouvrables. Non seulement ils sont associés aux retards de remboursement des coûts de recouvrement, mais également ils faussent la programmation financière et peuvent entraîner la panique des déposants des systèmes financiers décentralisés (SFD). Alors que ces derniers, contrairement aux banques classiques ne sont pas généralement reliés à un prêteur de dernier ressort qui pourrait les refinancer.

---

[37] Jean-Michel Servet (2008), dans quelques limites du micro-crédit comme levier du développement, *Informations et Commentaires*, n° 143, pp. 47.

[38] Albert N. Honlonkou, Denis H. Acclassato, Celestin Venant C. Quenum, (2001). *Problématique de remboursement des crédits dans les* systèmes décentralisés et garantie de prêts *aux petits opérateurs.* Organisation Internationale du Travail, Bénin, pp. 7-8.

Une étude en Malaisie (Mokhtar *et al.*, 2012) a démontré que des caractéristiques telles que l'âge, le genre, type d'activité et les caractéristiques du prêt (mode de remboursement et montant à rembourser) sont des facteurs qui contribuent aux difficultés de remboursement de microcrédit. Les auteurs proposent parmi d'autres la nécessité d'un suivi des certaines tranches d'âge qui font face à des problèmes de remboursement.

L'analyse des causes des difficultés de remboursement montre que plusieurs facteurs liés à la méthodologie, à la technologie, à la situation économique, à la situation politique et environnementale jouent simultanément. Il est affirmé que ce sont surtout les conditions qui entourent la mise en place du microcrédit et sa gestion tant par les emprunteurs que le personnel technique, qui occasionnent les impayés.

Rappelons que, concernant les conditions qui entourent la mise en place du microcrédit et sa gestion par les bénéficiaires, la littérature distingue les contraintes liées au microcrédit et les phénomènes liés à sa gestion par les emprunteurs généralement pauvres. A ce titre, il serait important d'isoler les contraintes et les phénomènes caractéristiques des microcrédits susceptibles de contribuer à une aggravation des difficultés de remboursement. Les caractéristiques démographiques des bénéficiaires sont tout aussi importantes à examiner afin d'identifier le profil de ceux qui ont des difficultés de remboursement. L'option pour un échantillon homogène des bénéficiaires en difficulté de remboursement a l'avantage de faciliter l'analyse et le traitement des données d'une telle étude par des outils statistiques simples. Ce qui est une démarche rarement utilisée par les études passées en revue.

### 4. Hypothèses et approches méthodologiques

#### Hypothèses de la recherche

Pour atteindre le but poursuivi par cette étude et exploiter toute la problématique soulevée, les trois hypothèses suivantes ont été formulées: H1: les bénéficiaires ayant eu des difficultés de remboursement au CEC de Guélo sont en majorité jeunes, mariés, analphabètes et du genre masculin.; H2: les contraintes et phénomènes qui caractérisent les microcrédits à savoir, le taux d'intérêt élevé, la courte durée de remboursement, le montant limité du crédit et le phénomène de fongibilité aggravent les difficultés de remboursement selon le type de crédit; et H3: le phénomène de fongibilité dépend du type de crédit.

#### Approches méthodologiques

Il est donc question dans ce point d'opérationnaliser les concepts et variables de l'étude, de présenter le cadre de l'échantillonnage et les instruments de collecte et d'analyse des données.

### L'opérationnalisation des concepts et les variables de l'étude

Selon Perrien, Cheron, Zins, cité par Zebe (2004), « opérationnaliser un problème, c'est le matérialiser en besoin d'information et de bâtir des hypothèses »[39]. Par contre, opérationnaliser un concept c'est le rendre mesurable (Tableau 7.2).

**Tableau 7.2: Opérationnalisation des concepts et variables de l'étude**

| Concepts | Variables | Indicateurs de mesures |
| --- | --- | --- |
| Modèles et type de credit | Crédit à l'investissement | Nombre bénéficiaires, proportion |
| | Crédit au commerce | Nombre bénéficiaires, proportion |
| | Crédit à la consommation | Nombre bénéficiaires, proportion |
| Contraintes caractéristiques du microcrédit | Le capital | Suffisant; insuffisant; très insuffisant |
| | Le taux d'intérêt | Eleve; 2 %; 3 % |
| | Durée de remboursement | Acceptable; court; < de 12 mois; 12- 24 mois |
| | Phénomène de fongibilité | Oui, Non |
| Profil du bénéficiaire | Genre | Masculin, féminin |
| | Age | 10 - 30 ans; 31 – 50 ans; 50 ans et plus |
| | Statut du bénéficiaire | Marié; Célibataire |
| | Niveau d'étude | Elémentaire; secondaire; non-scolarisé |

*Source: Les auteurs, 2009.*

### Cadre de l'échantillonnage

Le bénéficiaire est toute personne morale ou physique, sociétaire régulièrement constitué du CEC de Guélo. La population est constituée de tous les bénéficiaires de tous les secteurs d'activité se trouvant dans la zone couverte par le CEC. Pour être considéré comme unité de l'échantillon, il a été privilégié deux critères: 1) être un bénéficiaire de microcrédit du CEC de Guélo; et 2) faire partie des bénéficiaires dont les crédits ont été en retard durant les trois (3) dernières années (2006, 2007,

---

[39] Perrien, Cheron et Zins, cité par Zebe (2004), dans *Le comportement financier des PME tchadiennes: le financement des investissements*. Université de Ngaoundéré, Facultés des Sciences Économiques et de Gestion, pp. 50.

2008). Le choix de ce champ empirique qui est le canton de Guélo où se trouve le CEC se justifie par le nombre important des bénéficiaires ayant eu des difficultés de remboursement ces dernières années.

Dans le cadre de cette étude, afin de faire la sélection des bénéficiaires devant faire partie de l'échantillon, deux sources ont été utiles: des rapports d'activité et des fiches de balance âgée du portefeuille de crédit du CEC de Guélo. Sur cette base, une liste de 685 membres dont 63 groupements régulièrement constitués sociétaires dudit CEC, qui ont bénéficié de crédit durant les trois dernières années a été fournie. A l'examen de cette liste, plus des deux-tiers à savoir 481 bénéficiaires ont été éliminés parce qu'ils n'ont pas eu de difficultés remboursement. Ainsi, une population de 204 bénéficiaires dont les crédits étaient en retards et qui partant ont eu des difficultés de remboursement durant les trois dernières années a été considérée et un échantillon en a été déduit.

### Méthode d'échantillonnage

Dans cette étude, il a été procédé à une méthode d'échantillonnage de convenance. Cela se justifie par la difficulté de localisation des unités de la population. En effet, avec une liste de 204 bénéficiaires constituant la population retenue, le canton est parcouru et des renseignements sur le domicile de chaque bénéficiaire établis. Dès que le domicile d'un bénéficiaire figurant sur la liste est retrouvé, il est contacté pour solliciter de lui un entretien. C'est ainsi que nous avons pu rencontrer 148 bénéficiaires parmi lesquels 89 seulement ont bien voulu répondre à nos questions constituant ainsi l'échantillon d'étude.

### Taille de l'échantillon

Avec une population de 204 bénéficiaires (Tableau 7.3), 148 personnes bénéficiaires des microcrédits ayant eu des difficultés de remboursement ont été contactés parmi lesquelles 89 seulement ont répondu aux questions rendant ainsi exploitable les questionnaires au nombre desquels l'échantillon a été déduit.

**Tableau 7.3: Répartition du questionnaire**

| Variable | Enquêté |
|---|---|
| Population totale | 204 bénéficiaires du canton de Guélo |
| Questionnaire destiné | 148 soit environ 72,5 % de la population totale |
| Non-réponses | 59 soit 39,86 % des questionnaires destinés |
| Echantillon | 89 soit 60,14 % des questionnaires destinés |

*Source: Les auteurs, 2009.*

### Collecte des données

Une analyse documentaire a permis d'opérationnaliser le problème de l'étude afin d'aboutir à la formulation des trois hypothèses. L'instrument de collecte des données est le questionnaire. Le questionnaire est utilisé en mode d'administration indirect suivant lequel, il est communiqué verbalement (questionnaire oral) au répondant. Nous le remplissons nous-mêmes au fur et à mesure que le répondant répond à nos interrogations. Le choix de cette démarche se justifie par le fait que les bénéficiaires ont en majorité un niveau d'étude très bas ne leur permettant pas de comprendre et de remplir convenablement lesdits questionnaires.

### Traitement et outils statistiques appliqués

Pour la présente étude, la méthode d'analyse statistique permet une analyse précise des données et par définition, elle convient pour toutes recherches axées sur la description et l'étude des interactions entre des phénomènes susceptibles d'être exprimés en variables qualitatives ou quantitatives.

Des tableaux statistiques simples seront utilisés pour le traitement des données permettant la vérification de l'hypothèse H1. Les données qui serviront à la vérification de l'hypothèse H2 seront traitées par des tableaux statistiques et de contingence. Le test de khi-deux servira à vérifier l'existence d'une relation de dépendance entre le phénomène de fongibilité et les types de crédit (hypothèse H3).

Concernant cette recherche, l'échelle de mesure des variables, la nature de l'échantillon, la forme des relations à tester et le nombre de variables pris simultanément ont conditionné les critères de choix de l'outil et le choix de test statistique à utiliser. Les logiciels Excel et SPSS ont été utilisés pour le traitement des données.

Le choix du test $X^2$ se justifie par le fait que la recherche soit descriptive, et que les variables expliquées et les variables explicatives soient qualitatives. Pour que le test soit validé, les conditions suivantes doivent être vérifiées: 1) 20 % des cellules du tableau de contingence doivent avoir un effectif d'au moins cinq; 2) Les deux variables doivent être qualitatives. Pour être significatif, la probabilité de signification de khi-deux doit être inférieure au seuil (alpha) qui correspond au risque d'erreur. Dans le cadre de l'étude, il est fixé à 10 %, le $X^2$ théorique correspondant est de 2,706 pour un degré de liberté de 1. Le choix de ce seuil se justifie par trois raisons. D'abord, la taille de l'échantillon qui est de 89 bénéficiaires et donc inférieure à 100 bénéficiaires peut entraîner un risque élevé de se tromper. Ensuite, l'échantillon constitué par une des méthodes empiriques dite de convenance est peu représentatif et la sensibilité des données recherchées peut entraîner l'introduction des biais par les répondants. Enfin, du fait que l'étude n'a été menée que dans un seul canton (Guélo) du Tchad, les résultats ne peuvent être généralisés à l'ensemble du pays pour des problèmes de validité externe.

## 5. Résultats de la recherche

### *Caractéristiques*

### Caractéristiques descriptives de l'échantillon

Cette partie présente les caractéristiques socio-démographiques et financières des bénéficiaires de microcrédit de l'échantillon.

### Caractéristiques socio-démographiques

Pour les caractéristiques démographiques, les variables retenues sont le genre, l'âge, le statut matrimonial, le niveau d'étude et le type de crédit reçu par les bénéficiaires. Pour le genre, 76, 4 % des bénéficiaires sont des hommes contre 23,6 % de femmes. Les résultats indiquent aussi que 62,9 % des unités de l'échantillon se retrouvent dans la classe d'âge de [30 à 50] ans. 10,1 % sont de la classe de [10 à 30] ans, et 27 % appartiennent à la classe de [+ de 50] ans. On peut donc dire les bénéficiaires en difficulté de remboursement sont en majorité jeunes; 93,3 % d'unités de notre échantillon sont des mariés. S'agissant du statut matrimonial, les célibataires ne représentent qu'une proportion de 6,7 % et pour le niveau d'instruction, 39,3 % de bénéficiaires de l'échantillon ne sont pas scolarisés. Le niveau élémentaire représente 33,7 % des cas et le secondaire 27 %. Il est important de noter que, comme les non scolarisés, les bénéficiaires ayant un niveau d'étude élémentaire ne savent ni lire ni écrire. Ce qui fait au total un pourcentage d'analphabète de 73 %.

### Différents types de crédit

Il existe trois types de crédits (Tableau 7.4): le crédit à la consommation, le crédit à l'investissement et le crédit au commerce.

**Tableau 7.4: Répartition de l'échantillon selon le type de crédit**

| Type de crédit | Fréquence | Pourcentage |
| --- | --- | --- |
| Crédit à la consommation | 13 | 14.6 |
| Crédit à l'investissement | 55 | 61.8 |
| Crédit au commerce | 21 | 23.6 |
| Total | 89 | 100,0 |

*Source: Les auteurs, 2009.*

Le Tableau 7.4 montre que les crédits à l'investissement sont majoritaires dans l'échantillon car ils représentent 61,8 % des unités. Les crédits au commerce représentent 23,6 % des unités et les crédits à la consommation (objets sociaux) seulement 14,6 % des unités. La prédominance des crédits à l'investissement peut s'expliquer par le fait qu'au CEC de Guélo, ce type de crédit regroupe les activités agricoles et d'élevage sans exclure l'achat des matériels techniques nécessaires à leur réalisation. Ces activités font l'objet des fortes demandes de financement qui émanent de la part des demandeurs de microcrédit. Le caractère essentiellement agricole de la population de Guélo peut justifier la forte demande de financement de ces activités.

**Caractéristiques financières**

En complétant la description démographique, les principales caractéristiques financières du microcrédit concernent le montant des crédits reçus, les taux d'intérêt appliqués et la durée de remboursement.

<u>Montants des crédits reçus</u>

Selon le Tableau 7.5, 75,3 % des unités, soit plus de 2/3 des bénéficiaires ont bénéficié de crédit d'un montant inférieur ou égal à 200 000 FCFA. Tandis que 19,1 % ont reçu des montants supérieurs à 200 000 FCFA mais inférieurs ou égal à 400 000 FCFA. Seulement 5,6 % ont reçu des montants supérieurs à 400 000 FCFA.

<u>Taux d'intérêt</u>

Les unités de l'échantillon sont caractérisées à 100 % par un taux d'intérêt constant de 2 %.

**Tableau 7.5: Répartition de l'échantillon selon les tranches de crédit**

| Montants de crédits | Fréquence | Pourcentage |
|---|---|---|
| X ≤ 200 000 Fcfa | 67 | 75.3 |
| 200000 < X < 400000Fcfa | 17 | 19,1 |
| X ≥ 400 000 Fcfa | 5 | 5,6 |
| Total | 89 | 100,0 |

*Source: Les auteurs, 2009.*

<u>Durée de remboursement</u>

Le Tableau 7.6 indique que la majorité de crédits reçus, soit 85,4 % ont une durée de remboursement inférieure ou égale à 12 mois contre 14,6 % pour des crédits dont la durée est comprise entre 12 et 24 mois.

**Tableau 7.6: Répartition selon la durée de remboursement**

| Durée de remboursement | Fréquence | Pourcentage |
| --- | --- | --- |
| X ≤ 12 mois | 76 | 85,4 |
| 12 < X ≤ 24 mois | 13 | 14,6 |
| Total | 89 | 100 |

*Source: Les auteurs, 2009.*

### Analyse des contraintes et des phénomènes qui caractérisent les microcrédits

La revue de la littérature a permis de comprendre que les microcrédits sont de manière générale caractérisés par des contraintes et des phénomènes qui leur sont propres mais dont le niveau, la longueur ou la manifestation varient d'une institution à l'autre. Il s'agit du taux d'intérêt élevé, des montants limités des prêts, de la courte durée de remboursement et du phénomène de fongibilité. L'analyse de ces facteurs susceptibles de contribuer à l'aggravation des difficultés de remboursement va consister à les soumettre à l'appréciation des bénéficiaires en difficulté de remboursement afin de découvrir ceux qui contribuent à l'aggravation de ces difficultés suivant les différents types de crédit.

#### L'identification des facteurs aggravants des difficultés de remboursement

Les contraintes et les phénomènes liés aux microcrédits sont des variables qui les caractérisent et auxquels les bénéficiaires de crédit se trouvent confrontés. Chacune d'elles sera appréciée par les bénéficiaires en difficulté de remboursement suivant leurs modalités afin d'identifier ceux qui contribuent réellement à l'aggravation de ces difficultés.

*(a) Appréciation du montant du capital reçu par les bénéficiaires*
Les montants sont appréciés suivant les modalités comme suffisants ou insuffisants. 57,3 % des bénéficiaires trouvent les montants du capital reçu insuffisants.

*(b) Appréciation du taux d'intérêt par les bénéficiaires*
75,3 % des bénéficiaires trouvent le taux d'intérêt élevé contre 24,7 % qui le trouvent acceptable.

*(c) Appréciation de la durée de remboursement par les bénéficiaires*
La durée de remboursement de crédit est jugée courte de l'opinion de 43,8 % des bénéficiaires. Cependant, cette durée est acceptable pour plus de la moitié des unités de l'échantillon soit un pourcentage de 56,2 %.

(d) *Phénomène de fongibilité chez les bénéficiaires en difficulté de remboursement au CEC de Guélo.*

Le phénomène de fongibilité est une affectation du microcrédit reçu par les bénéficiaires à des fins autres que celles pour lesquelles il a été demandé. Il s'agit ici de vérifier l'incidence du phénomène de fongibilité parmi les bénéficiaires en difficulté de remboursement afin de voir s'il constitue un facteur aggravant de ces difficultés.

Les statistiques indiquent que 51,7 % des microcrédits reçus ont été affectés à des objectifs autres que ceux pour lesquels ils ont été demandés contre 48,3 % de crédits utilisés à des fins initialement prévues.

**L'analyse des facteurs aggravants des difficultés de remboursement selon les différents types de crédit**

L'appréciation des contraintes du microcrédit par les bénéficiaires en difficulté de remboursement semble montrer que le montant limité des prêts, le taux d'intérêt élevé et le phénomène de fongibilité sont des facteurs aggravants des difficultés de remboursement. Il sera ici question d'établir la contribution des facteurs aux difficultés de remboursement selon les différents types de crédit à l'aide des Tableaux de contingence.

*a) Appréciation du taux d'intérêt selon le type de crédit*

Notre échantillon étant caractérisé à 100 % par le taux mensuel de 2 %, nous allons établir l'appréciation de ce taux suivant les différents types de crédit.

Le Tableau 7.7 indique que sur les 75,3 % des bénéficiaires qui trouvent le taux d'intérêt élevé, 74,6 % ont obtenu des crédits à l'investissement; 14,9 % ont pris des crédits à la consommation et 10,4 % des crédits au commerce. Sur un pourcentage de 24,7 % des bénéficiaires qui trouvent le taux acceptable, 63,6 % ont pris des crédits au commerce. Il ressort de cette analyse que le taux d'intérêt élevé convient très bien au crédit pour le commerce mais pas du tout au crédit pour l'investissement.

**Tableau 7.7: Tableau de contingence appréciation du taux d'intérêt selon le type de crédit**

|  |  |  | Taux d'intérêt | | Total |
|---|---|---|---|---|---|
|  |  |  | Acceptable | Elevé |  |
| Type de crédit | Crédit à la consommation | % du crédit à la consommation | 23,1 | 76,9 | 100,0 |
|  |  | % du taux d'intérêt | 13,6 | 14,9 | 14,6 |
|  |  | % Total | 3,4 | 11,2 | 14,6 |
|  | Crédit à l'investissement | % du crédit à l'investissement | 9,1 | 90,9 | 100,0 |
|  |  | % du taux d'intérêt | 22,7 | 74,6 | 61,8 |
|  |  | % Total | 5,6 | 56,2 | 61,8 |
|  | Crédit au commerce | % du crédit au commerce | 66,7 | 33,3 | 100,0 |
|  |  | % du taux d'intérêt | 63,6 | 10,4 | 23,6 |
|  |  | % Total | 15,7 | 7,9 | 23,6 |
| Total |  | % du type de crédit | 24,7 | 75,3 | 100,0 |
|  |  | % du taux d'intérêt | 100,0 | 100,0 | 100,0 |
|  |  | % Total | 24,7 | 75,3 | 100,0 |

*Source: Les auteurs, 2009.*

La Figure 7.1 ci-après donne une représentation graphique de l'appréciation du taux d'intérêt selon les différents types de crédit.

**Figure 7.1: Appréciation du taux selon le type de crédit**

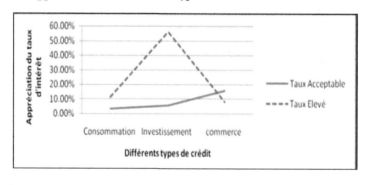

*Source: Les auteurs, 2009.*

*b) Appréciation des montants du crédit selon le type de crédit*

Le Tableau 7.8 montre que sur les 42,7 % des bénéficiaires qui trouvent les montants de crédit suffisants, 28,9 % ont reçu des crédits à la consommation, 21,1 % ont reçu des crédits à l'investissement et 50 % ont reçu des crédits au commerce. Sur le pourcentage de 57,3 % des bénéficiaires qui trouvent les montants des crédits reçus insuffisants, 3,9 % ont reçu des crédits à la consommation, 92,2 % des crédits à l'investissement et 3,9 % des crédits pour le commerce. Il ressort de cette analyse que les montants limités des crédits (inférieur ou égal à 200 000 FCFA) qui caractérisent notre échantillon conviennent très bien au commerce mais pas du tout à l'investissement. Ces données sont illustrées par la représentation graphique (Figure 7.2).

**Tableau 7.8: L'appréciation des montants selon le type de crédit**

| | | | Montant du capital | | Total |
|---|---|---|---|---|---|
| | | | Suffisant | Insuffisant | |
| Type de crédit | Crédit à la consommation | % du crédit à la consommation | 84,6 | 15,4 | 100, |
| | | % du montant capital | 28,9 | 3,9 | 14,6 |
| | | % Total | 12,4 | 2,2 | 14,6 |
| | Crédit à l'investissement | % du crédit à l'investissement | 14,5 | 85,5 | 100 |
| | | % du montant capital | 21,1 | 92,2 | 61,8 |
| | | % Total | 9,00 | 52,8 | 61,8 |
| | Crédit au commerce | % du crédit au commerce | 90,5 | 9,5 | 100,0 |
| | | % du montant capital | 50,00 | 3,9 | 23,6 |
| | | % Total | 21,3 | 2,3 | 23,6 |
| Total | | % du type de crédit | 42,7 | 57,3 | 100,0 |
| | | % du montant capital | 100,0 | 100,0 | 100,0 |
| | | % Total | 42,7 | 57,3 | 100,0 |

*Source: Les auteurs, 2009*

**Figure 7.2: Appréciation des montants de crédit selon le type de credit.**

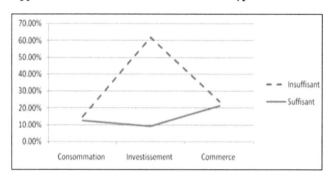

*Source: Les auteurs, 2009.*

*c) Analyse du phénomène de fongibilité et différents types de crédit*

Il s'agit ici de tester l'hypothèse H0 qui est que: le phénomène de fongibilité ne dépend pas du type de crédit (Tableau 7.9).

Le tableau de contingence (Tableau 7.9), phénomène de fongibilité et type de crédit montre que parmi les 51,7 % des bénéficiaires de crédits qui n'ont pas été investis pour la réalisation de leurs objets, 10,7 % sont des bénéficiaires de crédits à la consommation, comparé à 58,7 % des bénéficiaires de crédits à l'investissement et 30,4 % des bénéficiaires des crédits au commerce. Aussi, faut-il remarquer que, c'est au niveau du crédit au commerce seul que l'influence du phénomène de fongibilité est remarquable et significative. Sur les 23,6 % du total des crédits enregistrés pour ce type de crédit, 15,7 % ont subi le phénomène de fongibilité.

Ce risque élevé de fongibilité dans le commerce peut s'expliquer par le fait que le phénomène est souvent occasionné par la survenue des évènements sociaux (les maladies, les cérémonies funéraires, les mariages d'un membre de la famille, les complications d'accouchement, etc.) pendant la période de détention des ressources. Or, le commerce au niveau local comporte dans l'année un nombre important de cycles d'activité et cela prolonge la durée de la détention des ressources de manière à rendre probable la survenue d'un évènement social. Avec les résultats indiqués au tableau ci-dessus, l'hypothèse H0 est confirmée. Le test confirme ce tableau en mettant en évidence la non-existence d'une dépendance.

**Tableau 7.9: Test d'indépendance entre phénomène de fongibilité et type de crédit**

|  |  |  | L'utilisation du crédit reçu dans son objet ( %) | | Total |
|---|---|---|---|---|---|
|  |  |  | Oui | Non |  |
| Type de crédit | Crédit à la consommation | % du crédit à la consommation | 61,5 | 38,5 | 100,0 |
|  |  | % de l'utilisation du crédit dans son objet | 18,6 | 10,7 | 14,6 |
|  |  | % Total | 9 | 5,6 | 14,6 |
|  | Crédit à l'investissement | % du crédit à l'investissement | 50,9 | 49,1 | 100,0 |
|  |  | % de l'utilisation du crédit dans son objet | 65,1 | 58,7 | 61,8 |
|  |  | % Total | 31,5 | 30,3 | 61,8 |
|  | Crédit au commerce | % du crédit au commerce | 33,3 | 66,7 | 100,0 |
|  |  | % de l'utilisation du crédit dans son objet | 16,3 | 30,4 | 23,6 |
|  |  | % Total | 7,9 | 15,7 | 23,6 |
| Total |  | Fréquence | 43 | 46 | 89 |
|  |  | % du type de crédit | 48,3 | 51,7 | 100,0 |
|  |  | % de l'utilisation du crédit dans son objet | 100,0 | 100,0 | 100,0 |
|  |  | % Total | 48,3 | 51,7 | 100,0 |

*Source: Les auteurs, 2009.*
*$X^2$ calculé = 2,949; ddl = 2; Probabilité de $X^2$ calculé = 0,033; $X^2$ théorique = 4,605.*

La dernière hypothèse de cette étude se trouve donc infirmée, car le phénomène de fongibilité comme facteur aggravant des difficultés de remboursement ne dépend pas de type de crédit. La représentation graphique de ces résultats est l'objet de la Figure 7.3.

**Figure 7.3: Test d'indépendance entre le phénomène de fongibilité et le type de credit**

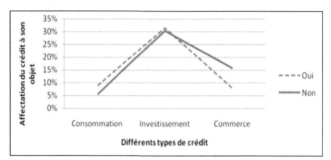

*Source: Les auteurs, 2009.*

## 6. Conclusion et implication de politiques économiques

Les résultats de l'étude ont permis d'établir que: 1) les bénéficiaires ayant eu des difficultés de remboursement au CEC de Guélo sont des jeunes, mariés, analphabètes et du genre masculin; 2) Les crédits reçus sont en majorité ceux destinés à l'investissement; 3) les taux d'intérêt élevé, les montants limités des crédits et le phénomène de fongibilité sont des facteurs aggravant les difficultés de remboursement. Il ressort de cette même analyse que le taux d'intérêt fixe de 2 % mensuel et le montant limité des crédits (inférieur ou égal à 200 000 FCFA) qui caractérisent l'échantillon ne conviennent pas au crédit à l'investissement mais conviennent bien au crédit pour le commerce.

On comprend qu'il est préférable en microfinance d'avoir des taux différents pour chaque type de crédit puisque plusieurs types d'investissement se présentent au travers de divers types de crédits et génèrent des revenus différents. Mais, même s'ils procurent la même rentabilité, ils diffèrent par leur risque. S'il n'y a pas en microfinance un ajustement des taux d'intérêt par rapport à chaque type de crédit, le problème d'asymétrie d'information ne sera pas résolu. Par conséquent, les difficultés de remboursement demeurent et le rationnement de crédit peut se manifester. Les dirigeants des EMF ont donc intérêt à reconsidérer cette situation pour ne pas détourner les microcrédits de leur objectif social.

Le phénomène de fongibilité est un facteur aggravant des difficultés de remboursement, mais il ne dépend pas du type de crédit. Ce qui confirme que les variables fongibilité et type de crédit sont indépendantes. L'observation du tableau de contingence fait remarquer une fongibilité notable et significative du crédit au commerce.

Les crédits au commerce doivent donc faire l'objet d'une attention et d'un suivi particulier par les agents ou les gestionnaires des crédits pour ainsi réduire leur risque de fongibilité.

### Références Bibliographiques

Ben Hassena, A. (2006), 'L'impact de la libéralisation financière sur intermédiation bancaire', Mémoire de Maîtrise, Ecole Supérieure de Commerce de Sfax, Université de Sfax, Tunisie. http://www. Memoireonline.com/10/07/650/ impact-liberalisation-financiere-intermediation-bancaire.html.

ECOSIT-II, Enquête sur la consommation et le secteur informel au Tchad II (2003-2004), République du Tchad, Ministère du plan et de l'aménagement du territoire, Institut National de la Statistique, des Etudes Economiques.

Honlonkou, A. N., D. H. Acclassato, et C. V. C. Quenum (2001), Problématique de remboursement des crédits dans les systèmes financiers décentralisés et garantie des prêts aux petits opérateurs économiques, ELIFID, BIT, Cahier de Recherche 00-2. http://www.ilo.org/wcmsp5 /groups/public/ed_emp/ documents/publication/wcm_041864.pdf.

Kalala-Tshimpaka, F. (2006), 'La restructuration de l'espace microfinancier du Kivu (Est R.D. Congo): pistes d'une intermédiation efficace', Thèse présentée en vue de l'obtention du grade de docteur en sciences de gestion, Université Catholique de Louvain. Consulté en ligne sur le site: www.i6doc.com: l'édition universitaire en ligne, le 25/07/09.

Mckinnon, R. (1973), *Money and Capital in Economic Development,* The Brookings Institution, Washington, D.C.

Mokhtar, S., G. Nartea & C. Gan (2012), 'Determinants of Microcredit Loans Repayment problem among Microfinance borrowers in Malaysia', *International Journal of Business and Social Research* (IJBSR) 7(2):33-45.

Mpanzu Balomba, P. (2004) dans *Microfinance en RDC: cas du site de N'djili/ CECOMAF à Kinshasa.* Université Catholique de Louvain, Kinshasa, pp. 17, Consulté en ligne sur le site: mémoire one line, le 23/07/09.

Sami, H. & A. Delorme (2004). *Diffusion d'information et risque de crédit dans les économies émergentes,* sur le site: Portail microfinance. pp. 8, Consulté en ligne le 24/07/09.

Servet, J. M. (2008), Quelques limites du microcrédit comme levier au développement, dans *Informations et Commentaires* 143:19.

Shaw, E. (1973), *Financial Deepening in Economic Development,* New York: Oxford University Press.

168

Stiglitz, J. E. & André Weiss (1981), 'Crédit rationing in markets with imperfect information', *American Economic Review* 71:1984.

Zebe, V. (2004), *Le comportement financier des PME tchadiennes: financement des Investissements*, Université de N'gaoundéré, Faculté des Sciences Économiques et de Gestion, pp. 50.

# CHAPITRE 8

## GOUVERNANCE ET PERFORMANCES DES INSTITUTIONS DE MICROFINANCE AU CAMEROUN

**Pantaléon Essama, Alain Fomba Kamga & Christian Zama-Akono**

*Faculté des Sciences Économiques et de Gestion, Université de Yaoundé II, Soa, Cameroun (essama1@yahoo.fr)*

## RÉSUMÉ

La présente étude traite de l'impact des mécanismes de gouvernance sur la performance des institutions de microfinance au Cameroun. Plus spécifiquement, il s'agit d'évaluer l'influence du conseil d'administration et du système comptable des institutions de microfinance (IMF) sur l'efficience avec laquelle elles utilisent leurs ressources. Les résultats indiquent que dans l'ensemble, la proportion des IMF classées comme efficaces varie entre 16,66 % et 22,22 %. De plus, le niveau moyen d'efficacité est passé de 60,37 % en 2006, à 57,78 % en 2007, puis à 58,69 % en 2008. Par ailleurs, il ressort des analyses économétriques que la tenue d'un conseil d'administration supplémentaire augmente de 45,29 % la performance des IMF. Mais au-delà de quatre sessions du conseil d'administration par an, cette influence peut s'avérer négative. Enfin, la qualité de la comptabilité impacte significativement la performance des IMF.

*Mots clés: microfinance, gouvernance, performance, DEA*

## 1. Introduction

Depuis les travaux pionniers de Mckinnon (1973) et Shaw (1973) sur la finance pour le développement, la microfinance est considérée comme un important outil pour le développement économique des pays. Destinée aux populations à faibles revenus, la microfinance fait référence à l'offre de services financiers tels que l'épargne, le crédit voire, l'assurance (Ledgerwood, 1999). En somme, le terme microfinance inclut non seulement les opérations *bancaires classiques*, mais aussi la mise des ressources financières à la disposition des populations pauvres (Udry, 1990). En promouvant l'auto-emploi et l'entreprenariat, l'institution de microfinance (IMF) se positionne comme le résultat d'efforts des individus et des agences d'assistance engagés à réduire la pauvreté. A cet effet, Aryeetey (1992) montrent dans le cas du Ghana que les IMF jouent un rôle vital dans l'offre de crédit et donc influent sur la capacité des pauvres à s'engager dans des activités productives pérennes. Cependant, cette contribution est conditionnée par leur pérennité financière et économique.

Parce qu'elle doit apporter les services financiers au plus grand nombre de pauvres possible[40] et couvrir ses coûts pour assurer sa pérennité, l'IMF fait face à des défis spécifiques. Plusieurs auteurs reconnaissent que les problèmes d'asymétrie d'information et d'imperfection des marchés minent les activités des IMF (Khan, 1979; Stiglitz, 1990; Aleem, 1990) et constituent une menace pour leur survie (Besley, 1994; Sharma et Zeller, 1997). Si de façon spécifique, la gestion des taux d'intérêt et la mobilisation de l'épargne sont généralement avancées comme facteurs limitant l'efficacité et la pérennité de ces institutions (Adams, Graham et Von Pischke, 1984), peu de travaux mettent l'accent sur la gouvernance de ces institutions.

Plusieurs raisons pourraient expliquer ce déficit d'études sur l'impact de la gouvernance des IMF sur leur performance. En premier lieu vient l'absence de données sur ces institutions. Celles-ci sont généralement considérées comme personnelles et par conséquent sont difficiles à obtenir. Bien que la majorité des IMF soit financée par des fonds publics canalisés au travers de larges agences internationales de développement, la rétention de l'information sur la performance vis-à-vis du public domine (Hartarska, 2004). Cette attitude est favorisée par l'absence de mécanismes de marché encourageant la transparence[41].

Deuxièmement, l'industrie de la microfinance est diverse, ce qui complique leur analyse. Certaines IMF sont organisées comme des ONG, d'autres comme des banques, des coopératives de crédit ou des institutions financières non bancaires. Toutefois, une enquête sur les IMF en 1998 en Europe de l'Est et du Centre montre qu'il y a peu de différence dans les objectifs et les performances des IMF organisées sous différentes formes légales (Hartarska, 2004).

Pourtant l'engagement de nombre d'institutions dans l'offre de microcrédit au Cameroun au cours des deux dernières décennies appelle à une analyse empirique du lien entre la gouvernance et la capacité de ces IMF à atteindre les objectifs qu'elles se sont fixées et ce de façon durable. Ceci dans la mesure où, ces problèmes de gouvernance pourraient conduire à des faillites, ébranlant ainsi les processus d'intermédiation financière  et de développement économique des populations pauvres du Cameroun.

---

[40] Activité visant à motiver les individus à profiter des avantages sociaux.
[41] Il semble que l'évaluation ne soit ni dans l'intérêt des donateurs, ni dans celui des gestionnaires des IMF dont les pratiques de gouvernance ne sont pas très transparentes.

## 2. Revue de littérature

La gouvernance est une notion d'origine économique apparue il y a plus d'un demi-siècle pour désigner les dispositifs de coordination interne et externe des activités de l'entreprise (Guesnier, 2003). La polysémie de ce terme couvre un large éventail qui va du gouvernement d'État à la *corporate governance* développée aux États-Unis. Ainsi, par « gouvernance » les institutions de Bretton-Woods (1944) entendent l'amélioration du système de gouvernement, c'est-à-dire « la mise en place d'institutions qui soient efficaces et responsables à promouvoir les principes démocratiques (...) et à établir une nouvelle relation organique entre (le) gouvernement et (la) société civil » (Stren, 1992)[42]. Si l'on introduit la dimension territoriale, la *'urban governance'* s'intéresse aux transformations des modes de gouvernement des institutions locales. En étudiant la gestion publique locale et ses performances, Ricordel (1997) dit de la gouvernance qu'elle « désigne la structure de pouvoir d'une institution qui est intégrée dans un environnement large et complexe qui ne peut pas être dominé. Cette institution voit son activité et ses performances être tributaires des relations qu'elle noue de manière contractuelle et paritaire avec les différents éléments composant son environnement » (Ricordel, 1997, p. 426).

Le terme *corporate governance*, fait référence aux dispositifs mis en œuvre pour obtenir des coordinations efficaces en interne si la firme est intégrée (hiérarchisée) ou en externe par des contrats, du partenariat, des normes dans les relations avec les sous-traitants, voire par la mutualisation et la confiance dans les districts industriels. Comme on le constate, le terme de gouvernance revêt de multiples significations et réfère à de nombreux usages.

En retenant le cadre des entreprises, différentes approches permettent de définir la notion de gouvernance. La première met en avant le contrôle du dirigeant et la maximisation de la valeur actionnariale. Dans cet ordre d'idées, la gouvernance d'entreprise renvoie à l'ensemble des mécanismes par lesquels les apporteurs de capitaux garantissent la rentabilité de l'action (Shleifer et Vishny, 1997). Cette conception de la gouvernance est centrée sur la protection des actionnaires comme bénéficiaires exclusifs de la valeur. Charreaux (1997) envisage une approche plus large et définit la gouvernance des entreprises comme l'ensemble des mécanismes qui orientent le comportement des dirigeants et délimitent leur latitude discrétionnaire. Il s'agit d'un éventail de normes qui visent à unifier les fonctions d'utilité des dirigeants et des actionnaires. La gouvernance d'entreprise

---

[42] Cela d'ailleurs conduit à retenir des indicateurs représentatifs du concept de « gouvernance », tels que la participation des citoyens, la qualité de la gestion publique, le développement social et les engagements macroéconomiques.

étant « constituée du réseau de relations liant plusieurs parties[43] ... », Rajan et Zingales (2000) critiquent la vision strictement actionnariale de la gouvernance et mettent l'accent sur la répartition du pouvoir et la convergence des fonctions d'utilité. Ils définissent par conséquent la gouvernance comme l'ensemble des mécanismes d'allocation et d'exercice du pouvoir ou de l'autorité hiérarchique. Dans le même sens, Reberioux (2003) définit la gouvernance comme la structuration et l'exercice du pouvoir dans les organisations. La gouvernance apparaît donc comme « l'ensemble des règles attenantes aux configurations de la propriété, à la tutelle de la minorité et des créanciers, au système d'administration et de contrôle » (Guido et Piergaetano, 2003, p. 233). C'est l'organisation du pouvoir formel entre le dirigeant, le conseil d'administration (CA) et les actionnaires (Abdelwahed, 2003). Cette approche aborde la gouvernance dans une perspective de négociation et met en relief les principales parties prenantes au sein de l'entreprise.

Si gouvernance et performance occupent de nos jours une place centrale en sciences de gestion[44], les études sur ces concepts conduisent à des résultats divers et variés. Le lien entre gouvernance territoriale et performance économique apparaît relativement bien établi dans la littérature. A ce sujet, Bazin (1998), en comparant les performances de deux régions (Rhônes-Alpes et Nord - Pas-de-Calais), montre que le recours à une organisation décentralisée et à la coopération entre les collectivités locales avait permis à Rhône-Alpes de se placer sur une trajectoire de croissance forte alors que le Nord - Pas-de-Calais a longtemps attendu que l'intervention de l'État vienne engager de nouvelles activités pour compenser la crise du charbonnage et du textile. Sallez (1995) quant à lui met en évidence une relation économétrique entre la dynamique des villes et la capacité de leurs dirigeants à promouvoir (implicitement ou explicitement) un projet commun d'agglomération en d'autres termes, la qualité de gouvernement des villes, mieux, la notion de gouvernance territoriale.

Nombre d'études focalisent leur attention sur les activités des organes de gouvernance et principalement sur les caractéristiques du CA et leur impact sur la performance. Lascelles (2012) note que le CA devait jouer un rôle clé dans la gestion des risques des IMF. Adams et Mehran (2003) montrent qu'en général, la structure de propriété et donc celle du CA a des effets positifs sur la performance des banques. Peter, Shapiro et Young (2005) analysent la structure de propriété, la gouvernance et la performance des entreprises familiales au Canada et relèvent l'importance des mécanismes de gouvernance. En général, l'instauration des

[43] Il s'agit des actionnaires, des dirigeants et du Conseil d'Administration qui, dans la littérature, sont parmi les « stakeholders » les plus actifs et les plus décisifs au sein de l'entreprise.
[44] Feujo (2006) justifie cette place par la séparation entre les fonctions de direction et de contrôle et la nécessité d'amener les dirigeants à s'engager totalement et rationnellement pour la cause des actionnaires.

mesures de compensation qui alignent les intérêts des dirigeants et des actionnaires revient à l'actionnaire dominant. Ces mécanismes de révélation et de transparence qui réduisent l'asymétrie informationnelle sont fortement contrôlés par les investisseurs: ceci rehausse la performance des entreprises indépendamment de leur structure de propriété. D'autres recherches établissent une relation positive entre la composition du CA et la performance de l'entreprise (Black, Jang et Kim, 2003; Klapper et Love, 2004; Kang et Zardkoohi, 2005; Choudhary, 2012).

Contrairement à ces travaux, d'autres mettent plutôt en relief une relation positive entre la taille réduite du CA et la performance aux États-Unis (Dalton *et al.*, 1998), en France (Godard, 1998), en Tunisie (Abdelwahed, 2003). D'après Abdelwahed (2003), le rôle très actif de certains actionnaires et la concentration de la propriété à dominance familiale influencent directement les choix stratégiques et expliquent par là même la relation positive entre le pourcentage du capital détenu par le dirigeant, la présence d'actionnaire majoritaire et la performance de l'entreprise. Cette relation entre d'une part le niveau de propriété du dirigeant et d'autre part l'actionnaire majoritaire ou dominant et la performance est contrariée par André et Schiehll (2004). Ces derniers trouvent plutôt une relation néfaste dans le cas du Canada. Par ailleurs, ces auteurs observent un lien positif entre la proportion d'administrateurs indépendants et la performance de l'entreprise; ce qui contrarie également les résultats de Peter, Shapiro et Young (2005) obtenus dans le même contexte. De la même manière, Pablo, Azofra et Lopez (2005) dans une étude dans les pays de l'Europe de l'Ouest et de l'Amérique du Nord, observent une corrélation négative entre la taille du CA et la valeur de l'entreprise. Cependant, Wan et Ong (2005) n'observent aucune relation significative entre la composition du CA et la valeur de l'entreprise. En ce qui concerne la structure de propriété familiale, les résultats sont également divergents.

Si les institutions de microfinance contribuent au développement économique, cette contribution est conditionnée par leur pérennité financière et économique mieux, par la qualité de leur gouvernance (Campion, 1998; Rock, Otero et Saltzman, 1998). En fait, le management quotidien de ces institutions est émaillé de problèmes et de coûts qui méritent d'être examinés. Il existe cependant peu d'études qui explorent ces questions (McGuire, 1999); celles qui existent portent sur le rôle que jouent les pratiques innovatrices de crédit pour améliorer la couverture et la pérennité des IMF (Morduch, 1999; Aghion et Morduch, 2000). Pourtant, dans la mesure où certains mécanismes de gouvernance ont un impact principalement dans la couverture de la clientèle et d'autres sur la pérennité de l'institution, il importe de questionner la relation entre gouvernance et performance des IMF.

## 3. Objectif

L'objectif principal de cette étude est donc d'examiner l'impact de certains indicateurs de gouvernance sur la performance des institutions de microfinance. De façon spécifique, il s'agit d'estimer les scores d'efficacité des IMF et d'évaluer l'influence du CA et du système comptable sur l'efficacité des IMF.

## 4. Méthodologie et résultats

Pour atteindre les objectifs de cette étude, nous adoptons une démarche en trois étapes, chacune ayant une méthodologie qui lui est propre. La première étape estime les niveaux d'efficacité des IMF, la seconde calcule les indices de productivité desdites IMF et la dernière identifie les facteurs susceptibles d'influencer les niveaux d'efficience des IMF au Cameroun, en insistant sur le rôle des réunions du CA et du système comptable des IMF.

### Estimation des niveaux d'efficacité des IMF

En général, la fonction de production est définie selon la relation entre les outputs et les inputs utilisés pour les obtenir étant donné la technologie de production. Une unité est dite pleinement efficace au sens de Pareto -Koopmans, si et seulement si, aucun de ses inputs et outputs ne peut être amélioré sans avoir d'impact négatif sur ses autres inputs et outputs. Cette définition étant trop restrictive, Farrell (1957) a introduit le concept d'efficacité relative. Selon lui, l'efficacité d'une unité est mesurée à partir des meilleures pratiques dans un secteur. En jetant ainsi les fondements de la mesure moderne de l'efficacité, ses travaux ont vu le développement de diverses méthodes pour mesurer l'efficacité d'une unité de production. Parmi celles-ci, on peut citer la méthode du Data Envelopment Analysis (DEA), qui est une méthode non paramétrique initialement développée par Charnes, Cooper et Rhodes (1978) dans le but d'évaluer l'efficacité relative des unités décisionnelles qui utilisent un ensemble similaire d'inputs pour produire un ensemble d'outputs. Elle fournit une évaluation empirique de la capacité d'une unité de gestion à transformer ses inputs en outputs sans que l'on ait besoin d'une spécification explicative de la relation fonctionnelle entre les inputs et les outputs. Pour mesurer l'impact de la gouvernance sur l'efficacité de l'IMF, nous choisissons une mesure de l'efficacité à orientation output et répondons à la question de savoir « de quelle quantité augmenter les outputs sans changer les quantités d'inputs utilisées ». Formellement, le modèle que nous utilisons peut s'écrire de la façon suivante.

$$Max_{\theta,\lambda}\,\theta$$

sous les contraintes:

$$\sum_{j=1}^{n} \lambda_j X_{ij} \le X_{i0} \quad i = 1, 2, L, m$$

$$\sum_{j=1}^{n} \lambda_j Y_{rj} \le Y_{r0} \quad r = 1, 2, L, s$$

$$\lambda_j \ge \varepsilon \quad \text{et} \quad \sum_{j=1}^{n} \lambda_j = 1 \quad j = 1, 2, L, n$$

Où $X_{r0}$ et $Y_{r0}$ sont respectivement $i^{\text{ème}}$ input et le $r^{\text{ème}}$ output de l'unité de décision DMU$_0$. s = nombre des outputs produits par la DMU; m=nombre des inputs utilisés par la DMU. $\theta^*$(max $\theta$) est un scalaire qui représente le score d'efficacité technique attribué à l'unité sous évaluation et est interprété comme le coefficient du niveau de production réalisée par celle-ci. $\lambda$ est une pondération attribuée aux DMU permettant de déterminer l'enveloppe ou la frontière formée par les DMU efficaces ($\theta = 1$). La formulation ci-dessus suppose des rendements d'échelle variables (VRS).

En considérant l'IMF comme un intermédiaire financier utilisant les dépôts, le travail et le capital physique pour fournir des services tels que les prêts, nous adoptons une formulation dans laquelle le volume de crédits représente l'output, avec pour inputs le nombre d'employés, de clients et de déposants.

Les données utilisées dans cette étude proviennent d'une enquête menée par le Centre d'études et de recherche en économie et gestion (CEREG) sur les IMF au Cameroun. Après traitement des données, nous avons retenu un échantillon de 18 IMF camerounaises sur les années 2006-2008. Le Tableau 8.1 présente quelques caractéristiques des IMF retenues dans notre échantillon. Il informe sur la moyenne et la dispersion des valeurs des variables.

De façon générale, on y observe que le volume moyen de crédits accordés par les IMF de notre échantillon a régressé en passant d'environ 560 millions de FCFA en 2006 à un peu plus de 512 millions de FCFA. Sur la même période, le nombre d'employés utilisés par les IMF oscille entre 2 et 193.

**Tableau 8.1: Statistiques descriptives**

| Variable | Min | Max | Moyenne | E.-type |
|---|---|---|---|---|
| *2006* | | | | |
| Nombre d'employés de l'IMF | 2 | 120 | 16,78 | 26,60 |
| Nombre de clients de l'IMF | 40 | 11095 | 2004,44 | 3113,74 |
| Nombre de déposants | 32 | 11095 | 2296,78 | 3130,62 |
| Vol. de crédits accordés ('000) | 10714 | 4329544 | 559874 | 1119183 |
| *2007* | | | | |
| Nombre d'employés de l'IMF | 2 | 153 | 21,66 | 34,26 |
| Nombre de clients de l'IMF | 48 | 12960 | 2343,72 | 3566,85 |
| Nombre de déposants | 50 | 12960 | 2835,22 | 3671,43 |
| Vol. de crédits accordés ('000) | 2000 | 2667326 | 506531 | 872842 |
| *2008* | | | | |
| Nombre d'employés de l'IMF | 2 | 193 | 26,17 | 43,86 |
| Nombre de clients de l'IMF | 50 | 15850 | 2872 | 4409,02 |
| Nombre de déposants | 55 | 15850 | 3093,72 | 4518,49 |
| Vol. de crédits accordés ('000) | 573 | 3144000 | 512196 | 963786 |

*Source: Enquête.*

Les résultats présentés dans le Tableau 8.2 montrent les scores d'efficacité technique pure sous l'hypothèse des rendements d'échelle variables (VRS). Dans l'ensemble, 16,66 % des IMF parviennent à une efficacité maximum de 100 % selon le VRS en 2006, 16,66 % en 2007 et 22,22 % en 2008. Ces IMF sont classées techniquement efficaces. En moyenne, le niveau d'efficacité est de 60,37 % en 2006, 57,78 % en 2007 et 58,69 % en 2008[45].

Nombre de tests statistiques de comparaison des moyennes entre des IMF appartenant à des groupes différents permettent de constater que les coopératives sont statistiquement plus performantes que les IMF ayant les autres statuts juridiques et que les IMF de la première catégorie sont plus efficientes que celles de la deuxième. Par contre, les scores d'efficacité varient très peu entre les IMF selon les critères liés au management du personnel.

---

[45] Tous les résultats de cette estimation sont présentés dans les Tableaux en annexe.

**Tableau 8.2: Efficacité technique des IMF**

| Années | % IMF Efficaces | Moyenne | Ecart type |
|--------|-----------------|---------|------------|
| 2006 | 16,66 | 0,6037 | 0,3140 |
| 2007 | 16,66 | 0,5778 | 0,3194 |
| 2008 | 22,22 | 0,5864 | 0,3300 |

*Source: Enquête.*

### Estimation des indices de productivité de Malmquist

Il est possible de comparer l'évolution des outputs d'une firme entre deux périodes données. Pour cela, l'on a généralement recours à l'indice de productivité de Malmquist qui permet de décomposer le changement de production en une composante liée au progrès technologique et une autre liée à la variation d'efficacité technique. C'est donc un outil qui permet de voir si, en termes de croissance absolue de l'efficacité, il y a une amélioration dans le temps. Shephard (1970) et Fare *et al.* (1994) ont défini l'indice de changement de productivité totale des facteurs (PTF) de Malmquist à orientation output de la façon suivante:

$$M_0\left(Y_{t+1}, X_{t+1}, Y_t, X_t\right) = \left[\frac{d_{0t}\left(Y_{t+1}, X_{t+1}\right)}{d_{0t}\left(Y_t, X_t\right)} * \frac{d_{0t+1}\left(Y_{t+1}, X_{t+1}\right)}{d_{0t+1}\left(Y_t, X_t\right)}\right]^{1/2}$$

Dans cette formulation, la technologie à la période t est celle de référence. Cette fonction de distance mesure le changement proportionnel maximum d'output requis pour rendre $(Y_{t+1}X_{t+1})$ faisable relativement à la technologie de la période *t*. La fonction de distance ainsi définie est la réciproque de la mesure de l'efficacité technique à orientation output de Farrell (1957). Une valeur de $M_0$ supérieure à l'unité indique un changement positif de productivité alors que l'inverse est interprété comme un déclin.

Fare *et al.* (1994) ont démontré que l'indice $M_0$ peut être décomposé en produit de deux rapports dont le premier mesure l'efficacité technique (position de l'unité évaluée entre les périodes t et t+1 par rapport à la technologie de la période t) et le second estime la capacité de cette même unité à employer la technologie de la période t+1 (déplacement de la frontière efficace). Ainsi, l'efficacité technique (*TE*) représente toute tentative pour se rapprocher de la frontière efficace tandis que l'efficacité technologique (*TECH*) est cette aptitude à suivre les meneurs en matière d'innovation. Fare *et at.* (1994) montrent également que la composante TE de l'indice $M_0$ peut être décomposée en «efficacité technique pure (*TEP*) et en «efficacité d'échelle (SE). Une telle décomposition fournit des informations supplémentaires sur les sources du changement de productivité globale et permet de comprendre davantage les causes de la variation de la performance des IMF. Sur cette base, on peut écrire l'indice M0 de la façon suivante:

$$M_0\left(Y_{t+1},X_{t+1},Y_t,X_t\right) = \frac{d_{0t+1}\left(Y_{t+1},X_{t+1}\right)}{d_{0t}\left(Y_t,X_t\right)} * \left[\frac{d_{0t}\left(Y_{t+1},X_{t+1}\right)}{d_{0t+1}\left(Y_{t+1},X_{t+1}\right)} * \frac{d_{0t+1}\left(Y_t,X_t\right)}{d_{0t+1}\left(Y_t,X_t\right)}\right]^{1/2}$$

Le terme $\dfrac{d_{0t+1}\left(Y_{t+1},X_{t+1}\right)}{d_{0t}\left(Y_t,X_t\right)}$ mesurant la variation relative de l'efficacité technique qui est la différence entre l'output observé et l'output potentiel. Ce terme représente le changement d'efficacité technique (*TE* ). *TE* montre à quelle distance se trouve une unité par rapport à la frontière des meilleures pratiques dans l'échantillon.

L'expression $\left[\dfrac{d_{0t}\left(Y_{t+1},X_{t+1}\right)}{d_{0t+1}\left(Y_{t+1},X_{t+1}\right)} * \dfrac{d_{0t+1}\left(Y_t,X_t\right)}{d_{0t+1}\left(Y_t,X_t\right)}\right]^{1/2}$ mesure le changement technologique ou les innovations dans le secteur entre les deux périodes. Elle est la moyenne géométrique du déplacement de la technologie (déplacement de la frontière) entre les périodes $t$ et $t+1$ évaluée aux points $X_{t+1}$ et $X_t$.

En calculant l'indice de productivité de Malmquist à orientation output ($M_0$) entre les années 2006 et 2007, on constate que l'efficacité technique a diminué dans l'ensemble, avec un taux de 1,08 % (voir Tableau 8.3). Dans le même ordre d'idées, la variation d'efficacité due à l'échelle des IMF diminue de 7,07 %.

**Tableau 8.3: Composantes de l'indice de Malmquist**

| Années | TE | TECH | TEP | SE | M0 |
|---|---|---|---|---|---|
| 2006-2007 | 1,016 | 0,605 | 0,946 | 1,074 | 0,615 |
| 2007-2008 | 1,005 | 0,748 | 1,007 | 0,998 | 0,752 |
| Moyenne | 1,010 | 0,673 | 0,976 | 1,035 | 0,680 |

*Source: Enquête.*

Par ailleurs, on note des améliorations technologiques, lesquelles ont eu une progression de 23,63 %. L'efficacité technique pure enregistre aussi une progression de 6,49 %. Ces changements se répercutent de façon positive sur la productivité totale des facteurs; laquelle enregistre une progression de 22,27 %.

### Gouvernance et efficacité de l'IMF

Après l'estimation des niveaux d'efficacité, nous estimons un modèle de panel dans lequel nous mettons en relation les scores d'efficacité et le système de gouvernance des IMF. La mesure de la gouvernance insiste généralement sur la structure dirigeante. Celle-ci est appréhendée par la *diversité* du CA et le *poids financier* de l'équipe dirigeante. La prise en compte de la *diversité du CA* a pour fondement l'idée que l'efficacité d'une institution puisse être influencée par la taille et /ou la composition du CA. Ainsi, les CA avec plusieurs membres sont moins efficaces que ceux de petite taille (Jensen, 1993; Lipton et Lorch, 1992; Yermack, 1996; Eisenberg, Sungren et Wells, 1998). Au-delà de la taille, le CA pose la question de sa représentativité. En effet, si la proportion des directeurs externes influence la valeur de l'entreprise (pour une revue de littérature, lire Hermalin et Weisbach (2003)), l'absence des ayant droits dans les organisations à but non lucratif évite les problèmes d'agence de l'ayant droit donateur (Fama et Jensen, 1983). De plus, les entreprises avec des proportions élevées de femmes et des minorités ethniques augmenteraient leur performance (Hartarska, 2004).

Dans le cadre de ce travail et compte tenu de la disponibilité des données, deux indicateurs de gouvernance ont été retenus à savoir, le nombre de réunions du CA et le fait de tenir une comptabilité ou non. Précisons que l'importance du CA dans la microfinance tient au rôle limité des forces externes du marché. Le CA est un outil interne de gouvernance qui permet de régler les problèmes d'agence entre les propriétaires et les managers. Les membres du CA étant élus par les actionnaires pour contrôler et conseiller les managers, l'efficacité de leur action dépend, au-delà de la qualité de leur contrôle, de la fréquence avec laquelle ils accomplissent leur devoir.

De plus, étant donné la marge de manœuvre significativement réduite que possèdent les dirigeants des IMF, l'évaluation et le suivi de la performance des entreprises apparaissent comme des activités nécessaires. En effet, avec la complexification du monde des affaires notamment le secteur financier, ces derniers doivent de plus en plus coupler à leur intuition, une analyse davantage formelle avec différents outils d'aide à la prise de décisions. Aussi la qualité des documents comptables, au-delà de ce qu'elle assure la sécurité fiscale, est utile pour la prise de décisions et pour le contrôle des dirigeants (Ashbaugh et Warfield, 2004). Leur utilisation devrait donc permettre aux dirigeants des IMF d'accroître leur performance ou tout simplement de réduire leur vulnérabilité.

Sur la base de ce qui précède, le modèle à estimer se présente comme suit.

$$Eff_{it} = \alpha_0 + \alpha_1 NBCA_{it} + \alpha_2 NBCA_{it}^2 + \alpha_3 COMPTA + \sum_{j=4}^{n} \alpha_j Y_{it} + \varepsilon_{it}$$

Où *Eff* représente le niveau d'efficacité, NBCA le nombre de réunions du CA par an, COMPTA une variable binaire indiquant si l'IMF tient une comptabilité moderne, les $Y_i$ étant des variables de contrôle susceptibles d'influencer les performances d'une IMF.

Les résultats de l'estimation de ce modèle sont présentés au Tableau 8.4. De façon générale, le modèle est significatif à 1 % et les indicateurs de gouvernance sont tous significatifs. La performance des IMF augmente avec le nombre de réunions du CA, mais cette augmentation est à taux décroissant.

**Tableau 8.4: Régression Tobit des données de panel à effets aléatoires de la Relation Gouvernance et Efficacité**

| Variables | Coéfficients | T-student | Probabilité |
|---|---|---|---|
| *Indicateurs de gouvernance* | | | |
| Nombre de réunions du CA | 0,4529625 | 2,88 | 0,004 |
| Nombre de réunions du CA (au carré) | -0,0495003 | -2,50 | 0,013 |
| Tenir une comptabilité moderne | 1,625858 | 2,43 | 0,015 |
| Expérience du DG | 0,0113736 | 0,95 | 0,343 |
| Nombre d'agences | 0,1044394 | 2,45 | 0,014 |
| Région du Centre | 1,280751 | 5,19 | 0,000 |
| Milieu urbain | -0,9826635 | -2,15 | 0,031 |
| IMF sans réseau | -7,700351 | -2,38 | 0,017 |
| Niveau d'éducation du DG | -2,544037 | -3,09 | 0,002 |
| Formation du DG en Economie | 3,890893 | 3,12 | 0,002 |
| Formation du DG en Gestion | 2,369083 | 2,97 | 0,003 |
| Contrat de travail à tous les employés | - 9,609904 | -2,45 | 0,014 |
| Proportion des femmes dans l'IMF | 0,0389658 | 2,70 | 0,007 |
| Nombre d'années d'activité de l'IMF | -0,2698139 | -2,48 | 0,013 |
| Constante | 16,22663 | 2,43 | 0,015 |
| Sigma_u | 16,7e-19 | 0,00 | 1,000 |
| Sigma_e | 0,1068592 | 8,75 | 0,000 |
| RHO | 3,39e-36 | | |
| Nombre d'observations | 54 | | |
| Nombre d'IMF | 18 | | |
| Nombre de période | 3 | | |
| Wald chi2 (14) | 295,08 | | |
| Prob > chi2 | 0,0000 | | |
| Log likelihood | 28,0405 | | |

*Source: Enquête.*

En effet, le fait de tenir un CA supplémentaire augmente de 45,29 % la performance des IMF, mais au-delà de quatre réunions du CA par an, tenir un conseil d'administration affecte négativement la performance des IMF[46]. En fait, les réunions du CA permettent d'assurer le contrôle du fonctionnement des IMF. Dans cette perspective, elles peuvent contraindre les dirigeants des IMF à veiller sur les indicateurs de résultats et par conséquent d'améliorer l'efficacité des IMF. Ce travail montre que le nombre optimal de leurs cessions d'évaluation et de contrôle est égal à 4,57.

De plus, le fait de tenir une comptabilité moderne augmente la performance des IMF. Ce résultat s'explique par le fait la comptabilité est un indicateur de contrôle de l'activité de toute entreprise. Elle permet de produire les soldes caractéristiques de gestion (par les opérations de fin d'exercice) et de maîtriser le respect des procédures de bon fonctionnement d'une entreprise, notamment les IMF.

Le management des IMF joue un rôle important dans leur performance. A cet effet, la qualité de la formation du principal dirigeant d'une IMF est primordiale. Ainsi, le fait pour un dirigeant d'une IMF d'avoir un diplôme en sciences économiques (respectivement en sciences de gestion) augmente de 3,89 points (respectivement de 2,36 points) la performance de son IMF. Ce résultat montre qu'au-delà du rôle du capital humain dans l'efficacité des entreprises, sa qualité et/ou son type n'est pas à négliger. Aussi, les spécialités économie et gestion préparent aux métiers de gestion des entreprises en général et des établissements financiers y compris les IMF.

Le management du personnel apparaît également comme un déterminant de la performance des IMF. Nos résultats montrent que le fait pour tous les employés de signer un contrat à durée indéterminée affecte négativement la performance des IMF. Ainsi, l'IMF gagnerait à faire un bon dosage entre les employés ayant un contrat à durée indéterminée et ceux ayant des contrats à durée déterminée. Aussi, la performance des IMF augmente avec la proportion des employés femmes dans l'IMF. Nos résultats montrent que l'augmentation de la proportion des employés femmes augmente de 3,89 % la performance des IMF (Tableau 8.4).

Le fait d'appartenir à un réseau augmente l'efficacité des IMF. En effet, ne pas être membre d'un réseau diminue de 7,70 points la performance des IMF. Les réseaux des IMF offrent des formations aux employés et dirigeants des IMF membre. En plus, ces réseaux constituent souvent pour les IMF ce que la banque

---

[46] Soit $X$ le nombre de réunions du conseil d'administration par an, $X^2$ ce nombre au carré, la performance des IMF est liée au nombre de réunions par la relation $f(x) = ax^2 + bx + c$. Le nombre de réunions optimal est obtenu en dérivant cette équation. Ce nombre est donc égal à:
$$f'(x) = 2ax + b = 0 ==> x = \frac{-b}{2a} = -\frac{0,4529}{2(-0,0495)} = 4,57.$$

centrale et son organe de contrôle sont pour les banques secondaires. Dans cette perspective, les IMF membres d'un réseau ont donc la possibilité de se refinancer auprès de leur réseau et/ou faire face par le biais de crédits syndiqués aux demandes de crédits importants. Le rôle de supervision que joue le réseau permet aux IMF membres d'améliorer leurs indicateurs de performance ainsi que les outils de mangement de leur institution.

## 5. Conclusion

L'objectif de cette étude était d'évaluer l'influence des mécanismes de gouvernance sur les performances des IMF au Cameroun. Pour atteindre cet objectif, nous avons adopté une démarche à plusieurs étapes. La première a consisté en l'estimation des scores d'efficacité et de l'indice de Malmquist en utilisant un modèle DEA. Une fois ainsi estimés, ces scores ont été mis en relation avec les indicateurs de gouvernance préalablement identifiés. Les résultats des analyses statistiques et économétriques montrent que les mécanismes de gouvernance déterminent de façon pertinente les performances des IMF. Plus spécifiquement, la tenue des sessions du CA améliorent l'efficience des IMF et garantissent leur viabilité. De plus, le système comptable impacte positivement l'efficience avec laquelle les ressources sont utilisées dans l'IMF pour jouer son rôle d'intermédiation.

*Références Bibliographiques*

Abdelwahed, O. (2003), 'Système de gouvernance et performance des entreprises Tunisiennes', *Revue française de gestion* 142:85-100.
Adams, D., W. D. Graham & J. D. Von Pischke (1984), '*Undermining Rural Development with Cheap Credit*'. Boulder, CO: Westview Press.
Adams, R. & H. Mehran (2003), 'Is bank holding company governance different?' *Economic Policy Review* 9(1):123-142.
Aghion, B. A. & J. Morduch (2000), 'Microfinance beyond group lending', *Economics of Transition* 8(2):401-420.
Aleem, I. (1990), 'Imperfect information, screening and the costs of informal lending: A study of a rural credit market in Pakistan', *The World Bank Economic Review* 4(3):329-349.
André, P. & E. Schiehll (2004), ' Système de gouvernance, actionnaires dominants et performance future des entreprise', *Finance Contrôle et Stratégie* 7:517-543.
Aryeetey, E. (1992), 'The relationship between the formal and informal sectors of the financial market in Ghana'. AERC Research Paper, Nairobi, Kenya.

Ashbaugh, H. & T. Warfield (2003), 'Audits as a corporate governance mechanism: Evidence from the German market', *Journal of International Accounting Research* 2:1-21.

Bazin, B. S. (1998), 'Passage d'une logique concurrentielle à une logique organisationnelle des politiques locales d'attraction d'entreprises: le rôle de la gouvernance locale', *Revue d'Économie Régionale et Urbaine* 4:585-606.

Besley, T. (1994), 'How do market failures justify interventions in rural credit markets?' *The World Bank Research Observer* 9(1):27-47.

Black, B., H. Jang & W. Kim (2003), 'Does corporate governance affect firm value? Evidence from Korea», *Stamford Law School J.M Olin Programme in Law and Economics Working Paper* 237.

Campion, A. (1998), 'Current governance practices of microfinance institutions', *The Microfinance Network Occasional Paper* 3, Washington, D.C.

Charnes, A., W. W. Cooper & E. Rhodes (1978), 'Measuring the efficiency of decision making units', *European Journal of Operational Research* 2:429-444.

Charreaux, G. (1997), 'Vers une théorie du gouvernement des entreprises', in Charreaux G., *Le gouvernement des entreprises*, Edition Economica, Paris.

Choudhary, S. (2012), 'Governance Challenges and Possible Solutions for Small to Mid-Size BPRs'. *MicroSave Briefing Note* No. 133, MicroSave.

Dalton, D., C. Daily, A. Ellstrand & J. Johnson (1998), 'Meta-analytic review of board composition, leadership structure and financial performance'. *Strategic Management Journal* 19(3):262-290.

Eisenberg, T., S. Sundgren & M. Wells (1998), 'Larger board size and decreasing firm value in small firms'. *Journal of Financial Economics* 48:35-54.

Fama, E. & M. Jensen (1983), 'Agency problems and residual claimants', *Journal of Law and Economics* 26:327-349.

Färe, R.S., S. Grosskopf & A. K. Lovell (1994), *Production frontier*, Cambridge, MA: Cambridge University Press.

Farrell, M. (1957), 'The measurement of productive efficiency', *Journal of the Royal Statistics Society* 120(3):253-290.

Feujo, J.R. (2006), 'Gouvernance et performance des entreprises camerounaises: un univers de paradoxes', Cahiers électroniques du CRECCI, 21.

Godard, L. (1998), 'Les déterminants de choix entre un conseil d'administration et un conseil de surveillance', *Finance contrôle stratégie* 1(4):39-61.

Guesnier, B. (2003), 'De la formation des disparités territoriales à leur correction. Des outils au service de la gouvernance locale', in *L'espace économique mondial et régional en mutation*, Ouvrage en hommage au Professeur Gaston Gaudard (Fribourg), Éditions Schultless, Zurich.

Guido, F. & M. Piergaetano(2003), 'Société européenne et gouvernance des entreprises: convergence ou différence?', in La *Société Européenne*, Dalloz.

Hartarska, V. (2004), 'Governance and performance of microfinance institutions in Central and Eastern Europe and the newly independent states', *William Davidson Institute Working Paper* 677.

Hermalin, B. E. & M. S. Weisbach (2003), 'Board of directors as an endogenously determined institution: A survey of the economic literature', *Economic Policy Review* 9(1):7-20.

Jensen, M. (1993), 'The modern industrial revolution, exit, and the failure of internal control system', *Journal of Finance* 48(3):831-880.

Kang, E. & A. Zardkoohi (2005), 'Board leadership structure and firm performance', *Corporate Governance* 13(6):785-799.

Khan, A. (1979), 'The Comilla model and the integrated rural development programme in Bangladesh: An experiment in cooperative capitalism', *World Development* 7:397-422.

Klapper, L. F. & I. Love (2004), 'Corporate governance, investor protection and performance in emergency markets', *Journal of Corporate Finance* 10:703-728.

Lascelles, D. (2012), 'Microfinance – A Risky Business: A Time for Strong Leadership', Center for Financial Inclusion at ACCION Publication No. 17, 14 pages.

Ledgerwood, J. (1999), 'Sustainable banking with the poor', in *Microfinance Handbook, An Institutional and Financial Perspective*, Wshington, D.C.: The World Bank.

Lipton, M. & J. Lorsch (1992), 'A modest proposal for improved corporate governance', *Business Lawyer* 48(1):59-77.

McGuire, P. B. (1999), 'Policy and regulation for sustainable microfinance: Country experiences in Asia', *Journal of International Development* 11(5):717-729.

Mckinnon, R. (1973), *Money and Capital in Economic Development*, The Brookings Institution, Washington, D.C.

Morduch, J. (1999), 'The microfinance promise', *Journal of Economic Literature* 37(4):1569-1614.

Pablo A., V. Azofra & F. Lopez (2005), 'Corporate Boards in OECD Countries: Size, Composition, Functioning and Effectiveness', *Corporate Governance* 13(2):197-210.

Peter, K., D. Shapiro & J. Young, J. (2005), 'Corporate Governance, Family Ownership and Firm Value: the Canadian Evidence', *Corporate Governance* 13(6):769-784.

Rajan, R. G. & L. Zingales (2000), 'The Governance of the New Enterprise', *NBER Working Paper* No 7958.

Reberioux, A. (2003), 'Gouvernance d'entreprise et théorie de la firme: quelle(s) alternative(s) à la valeur actionnariale?', *Revue d'économie industrielle* 104(4):85-110.

Ricordel, P. (1997), 'La gestion publique locale: partenariat et performance. Une étude empirique sur 20 communes-centres d'agglomérations françaises', *Revue d'Économie Régionale et Urbaine* 3:425-449.

Rock, R., M. Otero & S. Saltzman (1998), *Principles and Practices of Microfinance Governance*, ACCION International, Washington, D.C.

Sallez, A. (1995), 'Dynamique urbaine, une analyse qualitative et économétrique pour la France', *Revue d'Économie Régionale et Urbaine* 5:825-840.

Sharma, M. & M. Zeller (1997), 'Repayment Performance in Group – Based Credit Programs in Bangladesh: An Empirical Analysis', *World Development* 25(10):1731-1742.

Shaw, E. (1973), *Financial Deepening in Economic Development*, New York: Oxford University Press.

Shleifer, A. & Robert W. Vishny (1997), 'A Survey of Corporate Governance', *Journal of Finance* 52(2):737-783.

Shephard, R.W. (1970), *Theory of cost and production functions*, Princeton University Press.

Stren, R (1992), 'Urban management in development assistance', *Cities* 10(2):125-138.

Stiglitz, J. (1990), *Peer Monitoring and Credit Markets*, The World Bank, Washington, D.C.

Udry, C. (1990), 'Credit Markets in Northern Nigeria: Credit as Insurance in a Rural Economy', *The World Bank Economic Review* 4(3):251-271.

Wan, D & C.H. Ong (2005), 'Board structure, process and performance: evidence from public-listed companies in Singapore', *Corporate Governance: An International Review* 13(2):277-290.

Yermack, D. (1996), 'Higher Valuation of Companies with a Small Board of Directors', *Journal of Financial Economics* 40:185-212.

# CHAPITRE 9

L'EFFICACITÉ DES INSTITUTIONS
DE MICROFINANCE AU CAMEROUN: L'APPROCHE DE
MALMQUIST

## Henri Ngoa-Tabi & Henri Atangana Ondoa

*Faculté des Sciences Economiques et de Gestion, Université de Yaoundé II, Soa, Cameroun (ngoa_henri@yahoo.fr)*

## RÉSUMÉ

En utilisant l'approche de Malmquist, cet article appréhende les différents niveaux d'efficacité des Institutions de microfinance (IMF) au Cameroun entre les années 2006 et 2009 et identifie les facteurs d'efficacité à l'aide d'un modèle Tobit. Ainsi, 50 % d'IMF n'ont pas réussi à améliorer le niveau de leur efficacité pure ni celle de leur efficacité technique. Mais, presque toutes les IMF ont amélioré le niveau de leur productivité globale des facteurs de production et un peu plus de 70 % d'entre elles ont amélioré l'efficacité d'échelle. Cependant, des facteurs comme la région, le taux de pauvreté, le taux de chômage, le taux créditeur, le pourcentage des ménages épargnants dans la localité, le pourcentage des femmes et le milieu rural influencent la performance IMF.

*Mot clés: approche Malmquist, efficacité d'échelle, efficacité pure, performance des institutions de microfinance*

## 1. Introduction

Depuis le sommet mondial de 2005 sur la microfinance et l'obtention du prix Nobel de la paix par Muhammad Yunus, pionnier des travaux sur la microfinance au Bangladesh, le secteur de la microfinance s'est développé à travers le monde et a trouvé un écho favorable dans la plupart des pays en développement. Dès lors, il est dit, voire démontré, que le secteur de la microfinance peut réduire la pauvreté, en permettant aux populations démunies de s'insérer dans le système de production, par le biais des petites entreprises ou de très petites entreprises.

Cependant, l'efficacité des institutions de microfinance (IMF), unités de répartition des crédits et services financiers qui constituent ce secteur, demeure faible. Les objectifs qui leur sont assignés à savoir: assurer la pérennité de l'entreprise et atteindre la population cible, paraissent de prime abord contradictoire. Si l'efficacité peut être perçue comme un ensemble de forces agissantes ou la vertu pour laquelle une chose produit tout son effet, l'on serait donc en droit de se demander si les moyens mis en œuvre par les institutions de microfinance leur permettent d'assurer efficacement leur existence tout en atteignant la clientèle cible, c'est-à-dire les pauvres ou les non pauvres vulnérables. Plusieurs auteurs (Kipesha, 2012; Kipesha, 2013; Hermes et Lensink, 2011) notent que mesurer l'efficacité permet d'appréhender l'utilisation optimale des ressources.

Notre article, tout en présentant le contexte de la microfinance au Cameroun et en relevant le schisme de la microfinance à travers le débat entre Institutionnalistes et Welfaristes sur l'efficacité des IMF, déterminera les différents niveaux d'efficacité grâce aux indices de Malmquist, ainsi que les déterminants de cette efficacité. Enfin, nous présenterons les différents résultats ainsi que les explications y afférentes.

### Les missions des IMF et leurs performances

Dans cette première partie, nous nous proposons d'analyser les missions des IMF au Cameroun et de contribuer au débat portant sur la rentabilité des IMF et la population cible.

### Les IMF au Cameroun

La crise qu'a connue le secteur bancaire dans les années 80 et la restructuration qui a suivi ont entraîné la fermeture des banques et le licenciement massif des employés. Ces derniers se sont reconvertis dans le secteur de la microfinance en créant des coopératives d'épargne et de crédit. L'expertise des anciens cadres des banques a été utilisée par les nouveaux promoteurs des IMF pour développer la finance des pauvres. De plus, la reprise économique qui s'amorcée dans le pays à partir de la fin de la décennie 1990 a induit un dynamisme nouveau dans le secteur de la microfinance au Cameroun. Depuis 2005, la plupart des banques commerciales s'intéressent de plus en plus à la microfinance en créant des structures spécialisées dans ce secteur.

En effet, d'après la Commission bancaire de l'Afrique centrale (COBAC) en 2008, le secteur de la microfinance comptait 480 IMF contre 460 en 2006. Le nombre de guichets était évalué à 983 contre 129 pour le secteur bancaire. En outre, l'intermédiation entre les IMF et les banques se développe de façon soutenue et va au-delà des virements et des transferts, des opérations d'encaissement de chèques et de la réception des dépôts. En 2008, les IMF ont reçu des banques un financement de l'ordre de 3,2 milliards de FCFA.

Quant aux taux d'intérêts, ils sont déterminés par le marché et demeurent assez élevés. En 2008, le taux d'intérêt débiteur moyen, en baisse par rapport à l'année 2006, était estimé à 21 %. Il varie entre 6 % à 63 % l'an. Pour ce qui est du taux d'intérêt créditeur moyen, il est en hausse par rapport à celui de l'année 2006 et se stabilise autour de 4 %. Ce taux oscille entre 1 % et 22 % l'an (COBAC, 2008). Ainsi, la consolidation telle que mentionnée ci-dessus et qui conduit à la pérennité des IMF, la fixation des taux d'intérêt par le jeu du marché, l'atteinte de la population cible par les IMF, sont autant d'éléments débattus dans la littérature pour voir si les IMF sont réellement efficaces.

En effet, les critères sociaux et financiers sont généralement utilisés pour évaluer la performance d'une IMF. A ce titre, les IMF semblent réconcilier efficacité et solidarité. Pour preuve, la pérennité financière d'une IMF est en partie assurée lorsqu'elle parvient à réaliser ses objectifs sociaux. C'est-à-dire, lorsqu'elle accorde de façon efficiente des crédits aux promoteurs des projets sociaux moins risqués.

Dans la littérature, deux courants de pensée animent le débat sur les missions et les performances des IMF. Il s'agit du courant institutionnaliste et du courant welfariste. Le courant institutionnaliste développé par Woller, Dunford et Woodworth (1999) est qualifié d'approche[47] consistant à stimuler la levée des fonds sur les « marchés financiers ».

Cette approche privilégie les performances financières (PF) et prône l'indépendance financière des IMF. Selon ce courant, la lutte contre la pauvreté à travers le secteur de la microfinance passe par une offre massive du crédit et par voie de conséquence par une pénétration du secteur micro financier dans les marchés monétaires. Pour intéressante qu'elle soit, cette conception institutionnaliste a été critiquée pour deux raisons. En effet, dans tous les pays en voie de développement, les IMF connaissent beaucoup de faillites. En outre, plusieurs IMF oublient souvent leur mission originelle: celle qui consiste à octroyer du crédit aux assistés sociaux qui ne sont pas concernés par l'intermédiation financière des banques.

Quant au courant welfariste, son message est orienté vers la performance sociale. Il stipule que la performance d'une IMF s'évalue sur sa capacité à octroyer des crédits et autres services financiers aux démunis. Les welfaristes se concentrent davantage sur leur fort engagement vis-à-vis des pauvres. Ils analysent l'effet des stratégies des IMF sur le bien-être des populations pauvres. Ils encouragent de saines pratiques opérationnelles et managériales ainsi que l'efficacité et l'efficience des IMF. Mais bien qu'ils pensent que l'autonomie financière est désirable, ils soutiennent que cette autonomie n'est pas indispensable (Woller *et al.*, 2000). On peut relever que ces deux courants s'opposent sur la conception de la performance d'une IMF. Cependant, les travaux de recherche empirique et même théorique

---

[47] Les objectifs de cette approche ne se limitent pas au bien-être des populations pauvres en tant que tel, ils intègrent aussi l'accès au crédit et la volonté de pérennité des institutions de microfinance. Selon les institutionnalistes, le segment de la microfinance ne doit pas rester confiné à un créneau spécifique de développement des populations pauvres, mais doit faire partie intégrante du système financier. Cette approche suppose aussi une compatibilité entre les objectifs financier et social des IMF.

montrent qu'il est possible d'établir une compatibilité et même une complémentarité entre les deux courants de pensée.

*Rentabilité des IMF et clientèle cible*

L'IMF est une entreprise qui a pour mission d'apporter du crédit aux promoteurs des projets de développement dédiés à la réduction de la pauvreté et de maximiser son profit. Or, les objectifs (social et financier) sont parfois contradictoires. Si une IMF privilégie l'objectif financier, cette dernière devrait attirer les ressources des investisseurs égoïstes[48] qui exigent un taux de rentabilité ajusté au moins égal à d'autres opportunités d'investissement « égoïstes ». Une telle IMF pourrait être confrontée à trois principales difficultés.

La première serait que les actionnaires de cette IMF exigeraient des taux créditeurs et débiteurs assez élevés. Ceci pourrait renchérir le prix du loyer de l'argent appliqué par une telle IMF. Cette stratégie peut poser quelques problèmes à l'IMF. Le plus connu étant la sélection adverse (Stiglitz et Weiss, 1981). En effet, dans une analyse financière de la Grameen Bank, une hausse de 2 % du taux de défaut conduirait à une augmentation des pertes de 8,6 %, et une hausse de 5 % conduirait à une augmentation des pertes de 21.4 % (Morduch, 2000). Ainsi, une augmentation du taux d'intérêt est susceptible d'exclure les emprunteurs les plus pauvres.

La seconde serait que les investisseurs égoïstes auraient le pouvoir d'aligner les objectifs de l'entreprise avec les leurs. Quand un conflit apparaît entre la rentabilité des capitaux propres et la mission sociale, la priorité ira du côté des investisseurs plutôt que vers celui des clients. Pour contourner ce problème, il est parfois demandé aux IMF d'intégrer des investisseurs socialement responsables. Or, selon les institutionnalistes, l'investissement social est, d'une part, considéré comme un subventionnement implicite et par conséquent, n'est donc pas acceptable. D'autre part, les montants des investissements sociaux sont insuffisants pour satisfaire la demande mondiale en capitaux dédiés à la microfinance. Navajas *et al.* (2000) ont étudié la clientèle de la Bancosol en Bolivie et ont constaté qu'il est difficile de suivre des objectifs financiers sans s'éloigner de sa clientèle cible de départ. Cette étude montre que 97 % des emprunteurs de la Bancosol sont marginalement

---

[48] Woller *et al.* (2000) distinguent les « investisseurs sociaux » des « investisseurs égoïstes ». Parmi les investisseurs sociaux, on peut distinguer deux catégories: les premiers, majoritaires, cherchent seulement une retombée sociale sur un investissement qui peut se traduire concrètement comme une augmentation des revenus pour les pauvres. Les seconds, minoritaires, acceptent un taux de rentabilité moindre en échange d'un retour social sur un investissement. Les investisseurs égoïstes ne recherchent que le retour financier. Ceux-ci peuvent néanmoins être intéressés par la mission sociale des IMF, mais cette considération ne motive pas leur investissement.

pauvres (légèrement au-dessus ou en dessous) du seuil de pauvreté. Les auteurs relativisent leur résultat par trois faits: 1° les emprunteurs très pauvres pourront bénéficier des services financiers sur le long terme car l'IMF commerciale sera viable; 2° les IMF poursuivent des objectifs autres que sociaux; 3° le microcrédit ne constitue pas forcément le meilleur moyen de lutter contre la pauvreté.

La troisième, quant à elle, serait de rendre compatible l'objectif social et l'objectif financier. En effet, le subventionnement[49] peut induire des innovations dans le secteur de la microfinance dont les plus connues sont le prêt de groupe et la banque villageoise. Ces solutions novatrices de l'ingénierie financière peuvent amplifier la production et ainsi rehausser l'impact social du secteur de la microfinance. Le postulat selon lequel l'IMF à but non lucratif est moins efficiente que l'IMF commerciale s'appuie sur l'absence de recherche de profit. Ceci n'inciterait pas le management à rendre plus efficient le fonctionnement de l'IMF (Morduch, 2000). Dès cet instant, l'axiome gagnant/gagnant de Woller, Dunford et Woodworth (1999) qui permettrait d'éradiquer la pauvreté sans « subventionnement » est donc remis en cause.

Malgré ces limites, de nombreux auteurs institutionnalistes continuent de considérer l'autonomie financière comme un critère pertinent pour affirmer qu'une IMF est un succès et remplit au mieux sa mission sociale. Pourtant, l'autonomie financière[50] qui se rapproche parfois de la pérennité financière d'une IMF, s'acquiert et permet à celle-ci de mieux financer les projets des pauvres. En effet, selon Otero et Drake (1993) et Labie (1996), la transformation d'une institution d'appui en une véritable institution d'intermédiation financière se fait en trois phases: la démonstration, la seconde génération et le développement.

Dans la phase de démonstration, l'institution d'appui fait la preuve qu'il est possible de prêter aux pauvres grâce à un mode de fonctionnement adopté aux besoins de ces derniers. Dans la phase de la seconde génération, l'institution tente de conforter son mode de fonctionnement afin de tendre vers une certaine autonomie. Dans la phase de développement, l'institution commence à s'interroger sur sa fonction d'intermédiation financière. A ce moment, la transformation de l'IMF en une véritable banque des pauvres peut être envisagée. Mais, de nos jours, les IMF réalisent difficilement l'équilibre sans l'apport de subventions. Elles peuvent, pour éviter ce déséquilibre, décider de baisser les coûts opérationnels ou

---

[49] Le terme « subvention » est utilisé dans ce cadre pour décrire l'ensemble des sources de financement accessibles en dessous du coût du capital ou taux requis par les investisseurs Woller *et al.*, (2000).

[50] La dépendance des IMF aux subventions s'analyse par l'indice de dépendance aux subventions construit par Yaron (1998). Par contre, l'autonomie financière d'un programme s'apprécie par le taux de couverture des charges. Toutefois, on peut différencier le taux de couverture des charges opérationnelles du taux de couverture total. Si l'ensemble des charges est couvert, l'institution est autonome financièrement, ce qui signifie qu'elle peut se refinancer auprès des marchés financiers.

augmenter le taux d'intérêt. Or, les coûts opérationnels sont rigides à la baisse. La solution de facilité consiste donc à augmenter le taux d'intérêt débiteur et donc, à exclure les démunis de la finance des pauvres.

De nos jours, les fonds destinés à la microfinance sont insuffisants pour subvenir aux besoins du secteur. A titre d'illustration, le CGAP estime que les IMF actuellement en activité ne financent que 10 % de la demande potentielle. A cause de cette crise, les objectifs fixés par le sommet du microcrédit de 2005 ne seront pas atteints. Une des solutions envisagées par Tulchin (2003a, 2003b) pour remédier à cet important besoin de financement est de proposer sur le marché des capitaux, des fonds d'investissement socialement responsables[51].

## 2. La methodologie de la recherche

Dans le cadre de cette étude, nous utilisons une méthodologie qui se divise en deux parties: le terrain de la recherche, la méthode et le cadre d'analyse.

### Le terrain de la recherche

Le terrain de recherche couvre le réseau de la *Cameroun Cooperative Credit Union League* (CAMCCUL) qui comptait 200 IMF au mois de décembre 2009, contre 189 sur les 480 agréées en 2008. Il regroupait par ailleurs, plus de 248 797 membres en 2009 tel qu'il est noté dans le Tableau 9.1. Ce choix se justifie en partie par l'importance économique et sociale du réseau. En effet, le réseau de la CAMCCUL est le plus important, le plus ancien et le mieux organisé tant au niveau national qu'au niveau de la sous-région de la Communauté economique et monétaire de l'Afrique centrale (CEMAC).

**Tableau 9.1: Statistiques de la Cameroun Cooperative Credit Union League (CAMCCUL)**

| Année | Nombre d'IMF | Membre | | | Montant total des crédits distribués en millier FCFA | Montant total des dépôts en millier FCFA |
|---|---|---|---|---|---|---|
| | | Homme | Femme | Total (mille) | | |
| 2006 | 191 | 66 607 | 39 716 | 106,3 | 28 774 881 | 42 912 380 |
| 2007 | 191 | 124 171 | 74 653 | 198,8 | 34 403 053 | 48 110 725 |
| 2008 | 189 | 148 914 | 84 630 | 233,5 | 39 190 855 | 59 165 985 |
| 2009 | 200 | 156 968 | 91 829 | 248,7 | 55 011 062 | 72 519 963 |

*Source: Construction des auteurs à partir des statistiques 2006, 2007, 2008, 2009 de la CAMCCUL.*

---

[51] Un fonds socialement responsable est constitué par des ressources sélectionnées en fonction de critères financiers et non financiers, ainsi que des fonds gérés sur des critères religieux et qui ne sont pas nécessairement sociaux (Schepers et Sethi, 2003).

Selon le ministère des Finances du Cameroun (2009), plus d'un million de personnes ont bénéficié des services de la microfinance en 2009. L'encours total des crédits distribués s'élevait à environ 150 milliards pour un volume de dépôts évalué à plus de 200 milliards. Ainsi, sur 150 milliards de crédits distribués en 2009, le réseau CAMCCUL seul en a distribué 55 milliards, soit plus de 36,66 %. Au cours de la même année, ses dépôts s'élevaient à 72 milliards, soit 36 % des 200 milliards enregistrés sur tout le pays. Au niveau sous régional, ces taux s'élèvent respectivement à 42 % et 52 %. Il est à noter que ce réseau couvre l'étendue du territoire. De plus, 92 % de ses structures sont situées dans les zones semi-urbaines et rurales. C'est dans ces zones, d'après l'enquête camerounaise auprès des ménages (ECAM II), que l'on retrouve une bonne partie de la population cible à savoir les pauvres et les non pauvres vulnérables. Soixante-seize pour cent des crédits alloués par le réseau financent l'agriculture, le commerce, les microprojets et l'entrepreneuriat. Le terrain de la recherche portera donc sur les 200 IMF. Seront utilisées les données de panel entre 2006 et 2009.

### La méthode et le cadre d'analyse

Il s'agit ici de présenter l'approche de Malmquist qui nous permet de relever l'évolution des différents niveaux d'efficacité des IMF, d'expliquer la sélection des inputs et des outputs et de préciser les outils qui nous permettent d'identifier les facteurs d'efficacité.

### Indice de productivité et d'efficacité de Malmquist

Pour estimer la capacité des IMF du réseau CAMCCUL à réaliser ses objectifs financier et social entre les années 2006 et 2009, nous supposons que la performance des IMF est fonction de facteurs endogènes et de facteurs exogènes. Cette assertion peut être modélisée par une fonction de production telle que décrite par Callan et Santerre (1990) et, Brempong et Gyapong (1991). La performance d'une IMF est ici évaluée à partir de la production optimale. Toutefois, cette approche dite paramétrique est conseillée lorsque l'unité de production produit un seul extrant et surtout lorsque la forme fonctionnelle de la fonction de production est connue. Or, les objectifs des IMF sont financiers et social. De ce fait, on peut penser aux indices de productivité et d'efficacité de Malmquist. Dans cette optique, on identifierait les IMF qui ont le plus progressé dans la réalisation des objectifs financier et social au regard des ressources dont elles disposaient entre les années 2006 et 2009.

Les indices de productivité et d'efficacité de Malmquist évaluent l'efficacité relative des unités de production comparables à partir des informations sur les intrants et les extrants des entreprises en se basant sur la fonction distance. Selon Shephard (1970), la fonction distance établit une relation entre la production observée et la production optimale. Cette fonction distance est définie dans la relation.

$$D_0^t\left(x^t,y^t\right)=\inf\left\{\theta:\left(x^t,y^t/\theta\right)\in S^t\right\}$$

(1)

La fonction $D_0^t\left(x^t,y^t\right)$ mesure la plus grande augmentation de l'output

$y^t/\theta$ qu'on peut obtenir à partir d'un niveau d'inputs. La valeur numérique de la

fonction $D_0^t\left(x^t,y^t\right)$ mesure le niveau de l'efficacité technique au point $\left(x^t,y^t\right)$ et

à l'instant t.

Pour calculer l'indice de Malmquist, le niveau d'efficacité doit être défini à l'instant t et à l'instant $t_{+1}$. Si la technologie ne change pas entre l'instant t et l'instant $t_{+1}$, le niveau d'efficacité en $t_{+1}$, étant donnée la technologie en t, est représenté par:

$$D_0^t\left(x^{t+1},y^{t+1}\right)=\inf\left\{\theta:\left(x^{t+1},y^{t+1}/\theta\right)\in S^t\right\}$$

(2)

Selon Fare, Grosskopf, Norris et Zhang (1994), l'indice de Malmquist mesure la variation de la productivité totale des facteurs entre la période t et la période $t_{+1}$. Il peut être spécifié par la relation (3):

$$M^{t+1}\left(x^{t+1},y^{t+1},x^t,y^t\right)=\frac{D_0^{t+1}\left(x^{t+1},y^{t+1}\right)}{D_0^t\left(x^t,y^t\right)}\left(\frac{D_0^t\left(x^{t+1},y^{t+1}\right)}{D_0^{t+1}\left(x^{t+1},y^{t+1}\right)}\frac{D_0^t\left(x^t,y^t\right)}{D_0^{t+1}\left(x^t,y^t\right)}\right)^{1/2}$$

(3)

Où $\dfrac{D_0^{t+1}\left(x^{t+1},y^{t+1}\right)}{D_0^t\left(x^t,y^t\right)}$ mesure l'évolution en termes d'efficacité relative, c'est-à-

dire la distance qui existe entre la production observée et la frontière, ou plus précisément, la variation du niveau d'efficacité entre l'instant t et l'instant $t_{+1}$. Alors que l'expression

$$\left(\frac{D_0^t\left(x^{t+1},y^{t+1}\right)}{D_0^{t+1}\left(x^{t+1},y^{t+1}\right)}\frac{D_0^t\left(x^t,y^t\right)}{D_0^{t+1}\left(x^t,y^t\right)}\right)^{1/2}$$ mesure la variation du progrès

technologique entre l'instant t et l'instant $t_{+1}$.

$M^{t+1}\left(x^{t+1}, y^{t+1}, x^{t}, y^{t}\right)$ spécifie le niveau de la productivité globale des

facteurs au point $\left(x^{t+1}, y^{t+1}\right)$ , par rapport au niveau atteint au point $\left(x^{t}, y^{t}\right)$. Si

$M^{t+1}\left(x^{t+1}, y^{t+1}, x^{t}, y^{t}\right) > 1$, on dira que la productivité des facteurs s'est globalement

accrue entre la période t et la période $t_{+1}$ (Caves, Christensen et Diewert, 1982).

Dans ce travail, nous allons supposer qu'il existe k=1,...., K IMF au Cameroun, qui utilisent n=1,...., N inputs $x_{n}^{k,t}$ à tout instant t=1,...., T. Ces inputs permettent

aux IMF de produire m=1,...., M outputs $y_{m}^{k,t}$ . La frontière de production de

référence en période t est donnée par:

$$s^{t} = \left\{\left(x^{t}, y^{t}\right): y_{m}^{t} \leq \sum_{k=1}^{K} z^{k,t} y_{m}^{t}\right\} \text{ n=1,...., N, m=1,...., M, k=1,...., K et}$$

t=1,...., T. Avec

$$\sum_{k=1}^{K} z^{k,t} x_{n}^{k,t} \leq x_{n}^{t}$$
$$z^{k,t} \geq 0 \tag{4}$$

où $z^{k,t}$ est une variable d'intensité indiquant le degré d'utilisation d'un input

dans le processus de production.

Pour calculer la productivité des inputs d'une IMF entre l'instant t et l'instant $t_{+1}$, nous devons connaître la valeur numérique des fonctions distance, ce qui revient à dire que nous devons résoudre les quatre programmes linéaires suivants:

$$D_{0}^{t}\left(x^{t+1}, y^{t+1}\right), D_{0}^{t+1}\left(x^{t+1}, y^{t+1}\right), \quad D_{0}^{t+1}\left(x^{t}, y^{t}\right) \text{ et } \quad D_{0}^{t}\left(x^{t}, y^{t}\right)$$

Nous aurons donc:

a) $\begin{aligned} &\left[D_{0}^{t}\left(x^{k,t}, y^{k,t}\right)\right]^{-1} = \max \theta^{k} \\ &S/C \\ &\theta^{k} y^{k,t} \leq \sum_{k=1}^{K} z^{k,t} y^{k,t} \end{aligned}$ 

$$\tag{5}$$

$$\sum_{k=1}^{K} z^{k,t} x_n^{k,t} \le x_n^{t} \;;\; z^{k,t} \ge 0$$

b)
$$\left[ D_0^{t+1}\left( x^{k,t+1}, y^{k,t+1} \right) \right]^{-1} = \max \theta^{k}$$
$$S/C$$
$$\theta^{k} y^{k,t+1} \le \sum_{k=1}^{K} z^{k,t+1} y^{k,t+1}$$

(6)

$$\sum_{k=1}^{K} z^{k,t+1} x_n^{k,t+1} \le x_n^{t+1} \;;\; z^{k,t+1} \ge 0$$

c)
$$\left[ D_0^{t+1}\left( x^{k,t}, y^{k,t} \right) \right]^{-1} = \max \theta^{k}$$
$$S/C$$
$$\theta^{k} y^{k,t} \le \sum_{k=1}^{K} z^{k,t} y^{k,t}$$

(7)

$$\sum_{k=1}^{K} z^{k,t} x_n^{k,t} \le x_n^{t} \;;\; z^{k,t} \ge 0$$

d)
$$\left[ D_0^{t+1}\left( x^{k,t+1}, y^{k,t+1} \right) \right]^{-1} = \max \theta^{k}$$
$$S/C$$
$$\theta^{k} y^{k,t+1} \le \sum_{k=1}^{K} z^{k,t+1} y^{k,t+1}$$

(8)

$$\sum_{k=1}^{K} z^{k,t+1} x_n^{k,t+1} \le x_n^{t+1} \;;\; z^{k,t+1} \ge 0$$

Ces programmes doivent être résolus pour chaque IMF pour calculer l'indice de Malmquist.

*La sélection des inputs et des outputs*

Les indices de productivité et d'efficacité de Malmquist donnent des informations sur la productivité globale des facteurs à partir des informations sur les inputs et les outputs des IMF. A cet effet, il convient de procéder à une bonne spécification des inputs et des outputs. Ainsi, la sélection des facteurs de production s'appuie sur la théorie microéconomique qui postule que le capital, le travail et la technologie sont les principaux facteurs de production.

Les inputs des IMF sont donc les suivants:

- Input A = Charge du personnel
- Input B = Charges opérationnelles (charges financières, charge bancaire, charge de recouvrement, intérêts sur épargne)
- Input C = Autres charges (eau, électricité, transport, ...)
- Input D = Actifs financiers

Les inputs A et B représentent les charges liées à la rémunération du capital et du travail. L'input C spécifie les consommations intermédiaires et l'input D est une mesure de l'input capital.

La sélection des outputs quant-à-elle, repose sur deux objectifs que doit atteindre une IMF: l'objectif financier et l'objectif social. La performance financière s'appuie sur le fait que l'IMF est une entreprise qui gère les ressources des épargnants. De ce fait, elle se doit d'être rentable, et ce, sur la base d'indicateurs pertinents. Et, les indicateurs de rentabilité pertinents sont la rentabilité sur fonds propres et la rentabilité sur actifs qui renseignent le mieux sur la performance financière d'une IMF. C'est d'ailleurs pourquoi le rendement des actifs, dans l'optique de l'évaluation de la performance financière d'une IMF, est généralement préféré au taux de défaut. En effet, le rendement des actifs permet en premier lieu de mesurer la capacité des dirigeants de l'IMF de constituer un capital à coût raisonnable, et en deuxième lieu d'investir ce capital de la façon la plus profitable pour l'institution. Par ailleurs, comme les prêts constituent la plus importante partie des actifs de la quasi-totalité de ces institutions, et que la plus grande source de revenu correspond aux intérêts collectés sur prêts, il en ressort que la capacité de l'IMF à accorder des prêts lui produisant des intérêts influence de façon directe le profit net bancaire et favorise le succès financier (Kohers et Simpson, 2002).

S'agissant des performances sociales, elles sont une mise en pratique efficace de la mission sociale d'une IMF. Elles concernent l'impact sur le bien-être et les mesures prises pour améliorer cet impact. Selon De Bruyne et Bastiaensen (2006), la mission sociale de la microfinance revient à (i) améliorer les conditions des pauvres et des exclus, et (ii) à élargir l'éventail des opportunités pour les communautés. A cet effet, les IMF doivent:

- servir un nombre croissant de pauvres et d'exclus durablement;
- délivrer les services de manière efficiente afin de diminuer le coût du loyer de l'argent et d'administrer ainsi des taux d'intérêt justes;
- créer du capital social; et
- améliorer la responsabilité sociale des IMF envers ses employés et les clients qu'elles servent.

Les indicateurs sociaux ne sont pas évalués de manière unique. En effet, ils peuvent être approximés par les effets sociaux d'un programme et d'autre part la performance sociale est multidimensionnelle. Elle peut être déterminée par la capacité d'un programme à servir les plus défavorisés et l'amplitude qui mesure l'échelle du programme (profondeur). Elle peut aussi être évaluée par la capacité d'une IMF à adapter ses services financiers à une clientèle cible et la mesure de l'impact, notamment en termes de renforcement du capital social et politique. Trois proxies permettent de mesurer la profondeur du programme: la proportion de femmes dans les emprunteurs, le montant moyen du prêt et le montant moyen des dépôts (Lapenu et Zeller, 2002). Les outputs que nous retenons en fonction des développements précédents sont les suivants:

- Output 1 = Produit des commissions et intérêts perçus
- Output 2 = Le montant des dépôts
- Output 3 = Le montant total de l'emprunt

L'output 1 mesure la performance financière, alors que les outputs 2 et 3 mesurent la performance sociale.

*Les déterminants de l'efficacité des IMF*

Les indices de productivité de Malmquist donnent des informations sur la capacité des IMF à augmenter leurs services au regard des inputs dont elles disposent. Or, cette capacité est aussi influencée par les facteurs exogènes, c'est-à-dire des facteurs qui ne peuvent être modifiés ni en qualité, ni en quantité par les IMF. Il s'agit notamment des facteurs socioéconomiques tels que l'éducation des populations, le taux de pauvreté, le taux de scolarisation de la localité et même la religion dominante de la région. En plus, tous les facteurs endogènes qui influencent le rendement des IMF comme la discipline au sein de l'entreprise, la durée de vie de l'IMF, la compétence des dirigeants, le taux débiteur et le taux créditeur ne sont pas pris en compte dans l'estimation des indices de Malmquist. Pourtant, ces facteurs influent sur la productivité des IMF. A cet effet, il convient d'utiliser le modèle Tobit pour relayer l'influence de ces facteurs sur la productivité des IMF. Le modèle Tobit est utilisé lorsqu'on se trouve en présence d'un grand nombre d'observations pour lesquelles la valeur de la variable endogène est nulle. Ainsi, deux alternatives s'offrent à nous: soit on garde dans l'échantillon les observations pour lesquelles la valeur de la variable dépendante est nulle, soit on les élimine. Dans le premier cas, on parle d'échantillon censuré et le modèle utilisé est le modèle Tobit censuré. Dans le second, on parle de modèle Tobit tronqué (Greene, 1995), (Luoma *et al.*, 1996) et (Kirjavainen et Loikkanen, 1998). Les indices de productivité de Malmquist sont continus dans l'intervalle [0 X], avec X>1. Un modèle Tobit tronqué peut donc être utilisé pour expliquer les déterminants de la performance des IMF. Ainsi, si représente le niveau de la productivité globale d'une IMF i, le modèle peut s'écrire:

$$\begin{cases} Y_i = X\beta + u_i \\ Avec \begin{cases} Y_i = Y_i^* & si \ Y_i^* \ f \ 0 \\ Y_i = 0 & si \quad non \end{cases} \end{cases} \tag{9}$$

Dans la relation (9), les facteurs non discrétionnaires influençant le niveau d'efficacité des IMF sont représentés par le vecteur Xi. Les paramètres à estimer sont spécifiés par le vecteur $\beta$. Yi peut être considéré comme le seuil à partir duquel les variables non discrétionnaires affectent l'efficacité des IMF. C'est une variable latente.

Dans cette étude, la variable dépendante « productivité globale des facteurs » est continue et limitée dans un intervalle. En supposant que les erreurs sont normalement distribuées, l'estimation du modèle Tobit ci-dessus passera par la maximisation du logarithme de la vraisemblance[52], spécifiée dans l'équation (10) avec n le nombre d'observations, et $\delta$ l'écart type.

Pour estimer le modèle (10) il convient de mieux choisir les variables indépendantes. Ainsi, les variables retenues dans cette étape sont celles qui permettent de mieux appréhender les différences socioéconomiques et sont explicitées dans le Tableau 9.2. Il est à noter que nous reprenons les mêmes variables qui ont été retenues lors de l'étude en coupe transversale de Kobou, Ngoa et Moungou (2010) en rajoutant quelques variantes. Ceci nous permettra d'analyser l'effet produit par ces variables sur l'efficacité des IMF dans le temps.

**Tableau 9.2: Variables pouvant influencer l'efficacité des IMF**

| Variables | Définitions |
| --- | --- |
| Le pourcentage de femmes membres de l'IMF | Variables quantitatives |
| Le taux créditeur | |
| Le taux débiteur | |
| Le taux de pauvreté | |
| Les groupes (nombre d'associations qui forment une IMF) | |

---

52 $LogL = \sum_{i=1}^{n} Log\left[1 - \Phi X_i \frac{\beta}{\delta}\right] + \sum_{i} Log\left(\frac{1}{\sqrt{2\Pi}\delta}\right) - \frac{\sum_{i=1}^{n}(Y_i X_i\beta)^2}{2\delta^2}$

| | |
|---|---|
| La proportion des ménages de la localité qui épargnent | |
| Le taux de chômage de la localité | |
| Le nombre moyen d'IMF de la localité | |
| La région | 1 si l'IMF est située dans une province anglophone, 0 sinon. |
| Milieu rural | 1 l'IMF est située en milieu rural, 0 sinon. |

*Source: Construction des auteurs.*

### 3. Analyse et interprétation des résultats

L'analyse des résultats porte sur les différents niveaux d'efficacité des IMF ainsi que sur les facteurs exogènes, déterminants de l'efficacité.

*L'évolution des différents niveaux d'efficacité des IMF entre 2006 et 2009*

Les niveaux d'efficacité technique des IMF, ainsi que le niveau moyen d'efficacité de toutes les unités de production, sont générés au moyen du logiciel DEAP qui estime l'efficacité des unités de production lorsqu'on dispose des informations sur les inputs et les outputs. La variable progrès technologique étant supérieure à l'unité, on peut penser que plusieurs IMF ont amélioré les techniques de production. Ce résultat peut s'expliquer par les technologies de l'information et de la communication. En effet, plusieurs IMF utilisent internet et le téléphone mobile pour assurer le transfert de crédit aux membres. Des conventions de partenariat sont signées entre certaines IMF et les compagnies de téléphonie mobile pour assurer les transferts financiers. La population cible qui est constituée de pauvres et des non pauvres vulnérables (agriculteurs, pêcheurs, petits et micro entrepreneurs) a une bonne opportunité d'améliorer les moyens de subsistance et de réduire les coûts de transaction. Par contre, les IMF n'ont pas du tout amélioré de façon stable et évolutive sur les quatre années que porte l'étude, la performance des quatre autres indicateurs (efficacité technique, efficacité pure, efficacité d'échelle et la productivité globale des facteurs). On peut par ailleurs observer, comme le montre le Tableau 9.3 que quatre indicateurs de la performance sur cinq se sont détériorés de façon drastique en 2008. Pour preuve, l'efficacité technique a été estimée 0,3 en 2008 contre 1,012 en 2007; tandis que la productivité globale des facteurs est passée de 1,154 en 2007 à 0,765 en 2008. Sans doute, cette contre-performance est la conséquence de la crise financière et économique mondiale qui n'a épargné aucun secteur au Cameroun.

**Tableau 9.3: Efficacité moyenne des IMF**

| Année | Changement en efficacité technique | Progrès tech | Efficacité pure | Efficacité d'échelle | Productivité globale des facteurs |
|---|---|---|---|---|---|
| 2007 | 1,012 | 1,141 | 0,943 | 1,073 | 1,154 |
| 2008 | 0,303 | 2,527 | 0,431 | 0,701 | 0,765 |
| 2009 | 1,968 | 0,561 | 2,126 | 0,925 | 1,104 |
| Moyenne | 0,845 | 1,174 | 0,953 | 0,886 | 0,991 |

*Source: Construction des auteurs à partir des données de la CAMCCUL (2010) (Progrès tech = Progrès technologique).*

Cependant, quelques disparités existent entre les IMF. Dans la Figure 9.1, on observe que plus de 50 % d'IMF n'ont pas réussi à améliorer le niveau de leur efficacité pure ni celle de leur efficacité technique. Presque toutes les IMF ont amélioré le niveau de la productivité globale des facteurs et un peu plus 70 % ont amélioré l'efficacité d'échelle.

**Figure 9.1: Répartition des IMF en fonction de leur niveau d'efficacité**

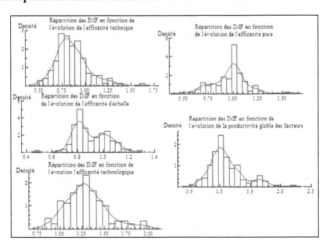

*Source: Construction des auteurs à partir des données de la CAMCCUL (2010).*

Tel que le notait Kobou, Ngoa et Moungou (2010), ce résultat peut être révélateur de la conduite de certaines IMF devenu trop grandes par le nombre de leurs membres. En effet, la plupart d'entre elles adoptent souvent l'attitude des banques vis-à-vis de leurs membres ou clients. Et l'une des principales caractéristiques de cette attitude est liée à l'asymétrie d'information qui existe entre ces grandes IMF et certains de leurs membres promoteurs de projets. Cette attitude peut malheureusement conduire à un rationnement de certains membres promoteurs de projets de développement. Il est donc difficile de savoir pourquoi les IMF finance tel projet au lieu de tel autre.

Au plan régional, on observe que les performances des IMF de la région anglophone sont supérieures à celles de la région francophone entre les années 2006 et 2009 comme en témoigne le Tableau 9.4. Par contre, dans six régions sur sept de la partie francophone, les IMF n'ont pu améliorer la productivité globale de leurs facteurs de production.

Dans toutes les régions, l'efficacité technique, l'efficacité pure et l'efficacité d'échelle se sont détériorées entre les années 2006 et 2009. Ce qui veut dire que les facteurs de production (les salaires, la rémunération de l'épargne des membres, les actifs financiers et les charges opérationnelles) des IMF augmentent plus que leurs outputs (le financement des projets, les revenus financiers issus des emprunts et les dépôts).

**Tableau 9.4: Efficacité moyenne par zone et par région entre les années 2006 et 2009**

| Zone | Région | Changement en efficacité technique | Progrès tech | Efficacité pure | Efficacité d'échelle | Productivité globale des facteurs |
|---|---|---|---|---|---|---|
| Francophone | Ouest | 0,9197 | 1,2185 | 0,9669 | 0,9515 | 1,1318 |
| | Douala- G. Sud | 0,8851 | 1,1239 | 0,9121 | 0,9703 | 0,9743 |
| | Grand Nord | 0,8397 | 1,1958 | 0,9988 | 0.8930 | 0,9902 |
| Anglophone | Nord-Ouest | 0,7995 | 1,3058 | 0,9484 | 0,8480 | 1,0446 |
| | Sud-Ouest | 0,9064 | 1,4030 | 0,9863 | 0,9213 | 1,2044 |

*Source: Construction des auteurs à partir des données de la CAMCCUL (2010) (Pro tech = Progrès technologique).*

Enfin, on constate que les IMF du milieu urbain ont relativement amélioré leur performance par rapport à celles du milieu rural. Ce résultat est logique, car durant cette décennie, la pauvreté a été revue à la hausse en milieu rural au Cameroun et certaines IMF dudit milieu ont tout simplement mis fin à leurs activités.

**Tableau 9.5: Efficacité moyenne par zone et par milieu de résidence**

|  |  | Change tech | Progrès tech | Efficacité pure | Efficacité d'échelle | Productivité globale des facteurs |
|---|---|---|---|---|---|---|
| Zone | Francophone | 0,8522 | 1,2748 | 0,9512 | 0,9024 | 1,0768 |
|  | Anglophone | 0,8752 | 1,3378 | 0,9741 | 0,9018 | 1,1717 |
| Milieu de | Urbain | 0,9061 | 1,2981 | 0,9856 | 0,9234 | 1,1739 |
| Résidence | Rural | 0,8213 | 1,2907 | 0,9339 | 0,8878 | 1,0542 |

*Source: Construction des auteurs à partir des données de la CAMCCUL (2010) (Progrès tech = Progrès technologique, Change tech = Changement en efficacité technique).*

### Les facteurs déterminants de l'efficacité des IMF

Pour identifier les facteurs d'efficacité des IMF, nous avons utilisé le logiciel Stata 9. Le modèle d'estimation des indices d'efficacité est significatif au seuil de 1 %, car Prob>chi$^2$<0,01. Le Tableau 9.6 nous donne l'estimation des déterminants de l'efficacité des IMF.

Les résultats de cette estimation font apparaître qu'entre 2006 et 2009, les IMF des régions anglophones sont plus efficaces. La variable région est très significative et exerce une influence positive sur la productivité globale des facteurs. La culture et l'histoire des peuples permettraient d'expliquer la performance des IMF de la région anglophone.

**Tableau 9.6: Déterminants de l'efficacité des IMFs**

| Variable | Coefficient | Ecart type | Seuil de significativité |
|---|---|---|---|
| Taux de pauvreté | -0,0003496 | 0,0000373 | 0,000 |
| Pourcentage de ménages de la localité qui épargnent | -0,0346436 | 0,028687 | 0,054 |
| Taux de chômage | -0,2868193 | 0,0045191 | 0,000 |
| Nombre moyen d'IMF de la localité | -0,0075596 | 0,000312 | 0,034 |
| % des femmes dans l'IMF | 0,0154457 | 0,0020077 | 0,000 |
| Taux créditeur | 0,18226 | 0,010866 | 0,013 |
| Taux débiteur | -0,0029704 | 0,02359 | 0,436 |
| Région | -0,0584371 | 0,0006363 | 0,000 |
| Groupe | 3,12e-06 | 1,77e-03 | 0,770 |
| Milieu rural | -0,1294777 | 0,0010982 | 0,000 |
| Constante | 1,595696 | 0,3601119 | 0,3427 |

| | | | |
|---|---|---|---|
| sigma_u | 0,2632485 | 0,0154379 | 0,000 |
| sigma_e | 0,0042977 | 0,0001839 | 0,000 |

Nombre d'observations: 360
Nombre de groupes: 120
Nombre d'observation par groupe
-minimum: 3, maximum: 3, Moyen: 3
Wald chi$^2$(10)= 2121,12; Prob > Chi$^2$ =0,0000

*Source: Construction des auteurs à partir des données de CAMCCUL (2010) et INS (2009).*
*Note: Variable dépendante: Productivité globale des facteurs.*

D'abord pour ce qui est de la culture, les populations de ces régions expérimentent et cultivent par nécessité la pratique du microcrédit pour des usages individuels ou pour la réalisation de projets communautaires. Ensuite, pour ce qui est de l'histoire, elle nous enseigne à suffisance que l'existence des IMF dans la partie anglophone du Cameroun remonte à l'année 1969. Par ailleurs, un avantage important dont bénéficient ces IMF est leur structuration en réseaux, et précisément, l'existence d'une politique générale cohérente dont l'implémentation est contrôlée et la définition d'une stratégie contingente se fondant sur l'effectivité et la réalité des moyens disponibles.

A contrario, l'on observe dans le reste du pays une réticence des populations à l'épargne. Et cette réticence est due à des raisons diverses. D'abord, la complexité de la période des récoltes durant laquelle, du fait des charges diverses, les populations, surtout du Centre et du Sud, sont moins enclines à l'épargne. Ensuite, ces populations hésitent à investir leur épargne dans des activités génératrices de revenus. Enfin, elles sont réticentes à participer à la réalisation de projets économiques communautaires. Par ailleurs, s'ajoutent à tout ceci la faiblesse de la gouvernance et des mécanismes de contrôle interne qui minent la quasi-totalité des IMF de cette partie du pays. Dès lors, leur performance est affectée.

En outre, les IMF qui sont situées dans des régions et localités pauvres comme le milieu rural ou dans des milieux qui connaissent des taux de chômage élevés n'ont pas pu améliorer leur performance dans la répartition du crédit aux pauvres. Il est connu que l'un des principaux déterminants du bien être des ménages est le niveau d'éducation du chef de ménage. Une analyse comparative entre les années 2001 et 2007 révèle qu'une proportion importante de ces chefs de ménage est soit titulaire d'un diplôme du second cycle de l'enseignement secondaire, soit titulaire d'un diplôme de l'enseignement supérieur. Cela signifie qu'il y a une nette amélioration du stock du capital humain, et ceci participe à l'augmentation des revenus des ménages, et donc à la réduction de la pauvreté. Cependant, la proportion des ménages dont le chef exerce dans le secteur informel s'accroît. De plus, il faut noter que les ménages pauvres ont en moyenne plus de membres (6 personnes en moyenne pour les ménages pauvres contre 3 pour les ménages non pauvres). Pourtant, un adolescent de plus entraîne la baisse de la consommation par équivalent adulte de 16 % en milieu urbain et de 21 % en milieu rural. Dans le même temps, on note que les rendements des facteurs de toutes les catégories de ménages sus-évoquées connaissent une baisse. Cela veut dire, toutes choses égales par ailleurs, que les individus sont en moyenne moins bien rémunérés. Cette situation a pour conséquence de limiter la capacité de ceux-ci à épargner (INS, 2008). La conjugaison de tous ces facteurs entraîne une baisse des revenus dans les ménages pauvres. Ce faisant, prenant en compte cette nouvelle réalité, les IMF rationnent davantage les ménages pauvres[53].

En ce qui concerne le taux créditeur, il est une autre variable qui exerce une influence nette sur la productivité globale des IMF. Les résultats des estimations démontrent que des taux créditeurs élevés améliorent la productivité globale des facteurs. En d'autres termes, les IMF qui ont le plus distribué le crédit sont celles qui rémunèrent le mieux les dépôts des membres. Ce résultat contredit celui de Kobou, Ngoa et Moungou (2010), selon lequel les taux créditeurs élevés détériorent l'efficacité des IMF. Car selon ces auteurs, le taux créditeur rémunère l'épargne. Il constitue donc une charge pour une IMF. De ce fait, les taux élevés limitent le montant global des fonds prêtables. Cette relative contradiction peut s'expliquer par la nature des deux études. L'étude des trois auteurs ci-dessus mentionnée concerne uniquement l'année 2007. Par contre l'étude actuelle couvre la période allant de 2006 à 2009. De plus, l'étude premièrement citée explique l'inefficacité des IMF alors que celle-ci explique la productivité globale des facteurs. On devrait donc penser que les taux créditeurs élevés constituent certes une charge pour l'IMF à court terme, mais renforcent la confiance entre les membres d'une IMF et de ce fait, améliorent la productivité globale des facteurs.

En définitive, les IMF qui sont majoritairement constituées de femmes ont relativement amélioré leur performance dans la répartition des crédits entre 2006 et 2009 par rapport à celles dont les membres sont essentiellement des hommes. Ce résultat était attendu, car dans la plupart des régions, les femmes sont plus solidaires et gèrent mieux leur épargne que les hommes. Elles sont aussi les acteurs principaux en ce qui concerne les activités génératrices de revenus de petite et très petite envergure.

---

[53] Sur le plan spatial, les grandes disparités de taux de pauvreté observées en 1996 et en 2001 sont confirmées en 2007. Le phénomène est prédominant en zone rurale; et surtout dans les campagnes des trois provinces septentrionales. En effet, en 2007, plus de la moitié des individus sont pauvres en milieu rural alors que seulement 12,2 % sont pauvres dans les villes de 50 mille habitants ou plus. Dans les deux métropoles que sont Yaoundé et Douala, environ une personne sur vingt est pauvre, contre une personne sur cinq dans les autres villes (INS, 2008).

## 4. Conclusion

Dans cette étude, nous avons voulu appréhender l'efficacité des IMF au Cameroun, grâce à l'approche de Malmquist qui permet de générer l'efficacité pure, l'efficacité technique, le progrès technologique, la productivité globale des facteurs, et à un Tobit qui permet d'identifier les facteurs d'efficacité des IMF. Les analyses effectuées sur les données de panel de 2006 à 2009 sur 200 IMF du réseau CAMCCUL montrent que le progrès technologique est évident grâce à l'utilisation des nouvelles technologies de l'information et de la communication; que les autres indicateurs de performance sont variables avec 50 % d'IMF qui n'ont pas amélioré le niveau d'efficacité pure et d'efficacité technique, 70 % qui ont amélioré l'efficacité d'échelle et presque toute qui ont amélioré la productivité globale des facteurs. Les facteurs exogènes qui influencent l'efficacité des IMF sont: le taux de pauvreté, le pourcentage de ménages de la localité qui épargnent, le taux de chômage, le pourcentage des femmes dans l'IMF, la région, le milieu rural et le taux créditeur qui joue un rôle positif au fur et à mesure que l'IMF se consolide en attirant les dépôts et en octroyant ces dépôts sous forme de prêts.

### *References Bibliographiques*

Brempong, K. & A. Gyapong (1991), 'Characteristics of Education Production Function: An Application of Canonical Regression Analysis', *Economics of Education Review* 10(1):7-17.

Callan, S. & R. Santerre (1990), 'The production characteristics of local public education: a multi-product and input approach', *South Economic Journal* 57(2):468-480.

CAMCCULL (2010), Base des données du réseau les années 2006, 2007, 2008 et 2009, Yaoundé.

Caves, D., L. Christensen & W. Diewert (1982), 'Multilateral Comparisons of Output, Input, and Productivity Using Superlative Index Numbers', *Economic Journal* 92:73-86.

CGAP (1997), 'Pérennité financière, ciblage des plus pauvres et impact sur le revenu: quels compromis pour les institutions de microfinancement?', *Focus Note*, n°5 (disponible sur le site www.cgap.org ).

COBAC (2008), Enquête statistique sur l'évolution de l'activité de microfinance dans la CEMAC.

De Bruyne, B. & J. Bastiaensen (2006), *How to put social performance management into practice?* Trias, Brussels.

Fare, R., S. Grosskopf, M. Norris & Z. Zhang (1994), 'Productivity Growth, Technical Progress, and Efficiency Change in Industrialized Countries', *The American Economic Review* 84(1):66-83.

Greene, W. (1995), *Econometric Analysis*, 4$^{\text{ième}}$ edition, Prentice Hall.

Hermes, M. K. R. Lensink (2011), 'Microfinance: Its impact, outreach and sustainability', *World Development* 39(6):875-881.

INS (2008), Troisième enquête camerounaise auprès des ménages (ECAM III): Rapport Préliminaire.

INS (2009), Conditions de vie des populations et profil de pauvreté au Cameroun en 2007, Rapport principal de l'ECAM III, Yaoundé.

Kipesha, E. F. (2012), 'Efficiency of Microfinance Institutions in East Africa: A Data Envelopment Analysis', *European Journal of Business and Management* 4(17):77-88.

Kipesha, E. F. (2013), 'Production and Intermediation Efficiency of Microfinance Institutions in Tanzania', *Research Journal of Finance and Accounting* 4(1):149-160.

Kirjavainen, T. & H. Loikkanen (1998), 'Efficiency Differences of Finnish Senior Secondary Schools: An Application of DEA and Tobit Analysis', *Economics of Education Review* 17(4):377-394.

Kobou, G., H. Ngoa & S. Moungou (2010), 'L'efficacité du financement des micros et petites entreprises dans la lutte contre la pauvreté au Cameroun', *Economie Appliquée* 63(1):135-162.

Kohers, T. & W. G. Simpson (2002), 'The link between corporate social and financial performance: evidence from the banking industry', *Journal of Business Ethics* 35:97-109.

Labie, M. (1996), 'Perspectives d'autonomie et de pérennisation des systèmes financiers décentralisés', *Revue Tiers Monde* 37(145):85-96.

Lapenu, C. & M. Zeller (2002), 'Distribution, growth, and performances of the microfinance institutions in Africa, *Asia and Latin America: a recent inventory'*, *Savings and Development* 1(26):87-111.

Luoma, K., M. Jarvio, I. Suoniemi & R. Hjerppe (1996), 'Financial incentives and productive efficiency in Finnish health centres', *Health Economics* 5:435-445.

MINFI (2009), Loi de finances 2010: *Rapport sur la situation et les perspectives économiques, sociales et financières de la nation, Exercise 2009*, Yaoundé.

Morduch, J. (2000), 'The microfinance schism', *World Development* 28(4):617-629.

Navajas, S., M. Scheiner, L.R. Meyer, C. Gonzalez – Vega & J. Rochiquez – Meza J. (2000), 'Microfinance and the poorest of the poor: Theory and Evidence from Bolivia', *World Development* 28(2):333-346.

Otero, M. & D. Drake (1993), Cuando el dinero vale más: las ong como instituciones financier as, Action International, Cambridge (USA).

Schepers, D. H. & S. P. Sethi (2003), 'Machiavellianism, profit, and the dimensions of ethical judgments: A study of interactions'. *Journal of Business Ethics* 42:339-352.

Shephard, R. (1970), *Theory of Cost and Production Functions*, Princeton, N.J.: Princeton University Press.

Stiglitz, E. J. & A. Weiss (1981), 'Credit Rationing in Markets with Imperfect Information', *The American Economic Review* 71(3):393-410.

Tulchin, D. (2003a), *Microfinance & Social Measurement*; Vrote summary paper, SEEP.

Tulchin, D. (2003b), *Microfinance & the double bottom line*, Posted on United Nations' website; published in IMP-ACT CD on Social Impact.

Woller, G., C. Dunford & W. Woodworth (1999), 'Where to microfinance', *International Journal of Economic Development* 1(1):29-64.

Yaron, J. (1998), 'Asset Pricing and the Liquidity Effect: A Theoretical and Empirical Investigation', GSIA Working Papers 27, Carnegie Mellon University, Tepper School of Business.

# CHAPITRE 10

## EFFICACITÉ DES UNITÉS DE MICROASSURANCE AU CAMEROUN

**Gérard Tchouassi, Ousmanou Djikam & Lydie Bamou**

*Faculté des Sciences Economiques et de Gestion, Université de Yaoundé II, Soa, Cameroun (tchouassigerard@yahoo.fr)*

## RÉSUMÉ

En utilisant la méthode DEA (Data Envelopment Analysis) et un échantillon de vingt unités de microassurance au cours de la période 2005-2007, cette étude a un double objectif: d'abord, évaluer les indices de productivité de Malmquist des unités de micro- assurance; ensuite, décomposer les indices de productivité ainsi estimés en composantes efficacité technique et progrès technique. Les résultats montrent qu'en 2005, 35 % des unités de microassurance connaissent une amélioration de leur performance productive alors qu'en 2007 seulement huit des vingt unités de microassurance sont performantes. Au cours de la période d'analyse, la productivité s'améliore dans quatre unités de microassurance et se détériore dans le reste. Les principales sources d'amélioration de cette productivité sont (i) l'efficacité technique et le progrès technique dans une seule unité de microassurance alors que dans les trois autres unités l'efficacité technique est la principale source de la productivité, et (ii) pour l'ensemble des unités de microassurance la protection des droits de propriété et le niveau d'éducation des propriétaires.

*Mots clés: microassurance, indices de productivité, efficacité technique*

## 1. Introduction

Dans les pays africains lorsque la question des risques et des incertitudes (Knight, 1921) auxquels les populations peuvent être exposées se pose, on se rend compte que celles-ci ont une idée assez précise de leur situation. Ces populations ne vivent pas seulement dans l'instant présent, elles réfléchissent à leur passé et à leur avenir. Elles savent, en effet, que le choc et la crise font partie de leur quotidien et que les populations doivent intégrer ces éventualités dans leurs calculs. Aussi, les populations sont-elles à la fois dans une gestion extrêmement serrée du quotidien et dans la nécessaire anticipation d'un choc éventuel, d'une probable crise, voire d'un aléa ou d'une incertitude. Cependant la date de survenance de ces évènements reste très souvent méconnue. Les populations ont le sentiment de vivre dans un environnement vulnérable et cette vulnérabilité est à la fois un produit de leur vécu antérieur.

La vulnérabilité est la probabilité de voir sa situation ou ses conditions de vie se dégrader ou s'enfoncer, quel que soit son niveau de richesse, face aux fluctuations de la vie. Pour analyser la vulnérabilité, il est important d'identifier non seulement la menace, c'est-à-dire le risque global encouru par chaque ménage ou individu, mais aussi la capacité de réaction, c'est-à-dire l'ensemble des « capabilités » (Sen, 1985) possédé par l'individu ou le ménage, qui permet de tirer profit des possibilités qui s'offrent de résister aux effets négatifs du changement. En effet, les origines de la vulnérabilité sont nombreuses et celle-ci se décline sous de nombreuses formes. L'un des aspects de la vulnérabilité est lié aux aléas de la vie humaine: naissance, maladie, handicap, mort, incapacité de travailler. Un autre aspect est lié à l'environnement économique et politique: perte dans leur propriété ou leur patrimoine (vol, incendie), chute de l'activité et donc des revenus (variation pluviométrique, catastrophe naturelle, épizootie, ou maladie du principal travailleur), décision politique ayant une forte incidence sur l'activité.

Il existe des événements tellement exceptionnels qu'ils ne sont pas sérieusement pensables et envisageables (guerre civile ravageant un pays ou une région, épidémie catastrophique, désastre naturel). Cette vulnérabilité est variable selon le milieu social, la nature de l'activité économique et comporte une part d'aléa, mais il est certain qu'une partie de la population à bas revenus souffrent de plus de vulnérabilité que les autres. On peut observer que la capacité de définir la diversité des formes de vulnérabilité signifie que l'individu est susceptible de distinguer les grands et les petits chocs , les chocs prévisibles et les chocs imprévisibles. Aussi les populations tentent-elles de se prémunir d'une manière ou d'une autre des risques et incertitudes qu'elles perçoivent. Or cette connaissance par les populations de leur vulnérabilité en général et des déclinaisons de cette vulnérabilité, fait que ce n'est pas seulement aujourd'hui que les populations, et au-delà d'elle, la société dans laquelle elles vivent, ont pris l'habitude de la gérer. Cette gestion des risques et des incertitudes s'est souvent effectuée de façon personnelle et dans des groupes informels de microassurance parfois méconnus de la réglementation.

Lorsqu'on a commencé à parler de microassurance, le sujet a d'abord concerné l'assurance personnelle dans des pays sous-bancarisés où prédominaient les institutions financières informelles et les mécanismes de prévoyance, de protection sociale et d'entraide informels. Tous les pays, même les plus industrialisés, ont connu, il y a plusieurs siècles ou quelques générations (Lelart, 2002), des pratiques traditionnelles d'épargne, de crédit et de microassurance comme celles que l'on observe de nos jours dans les pays d'Afrique. La finance informelle a préexisté partout (U Tun Waï, 1957). Cependant, il y a plus de vingt ans que l'on a pris conscience de l'intérêt et de l'importance de ce phénomène (tontines, prêteurs informels, banquiers ambulants, auto-assurance santé, avec des pratiques usuraires) en Afrique. Une large littérature (Miracle et Cohen, 1980; Vogel, 1984; Nzemen, 1988; Henry *et al.*, 1991; Lelart, 1990; Von Pisckhe, 1991; Kamdem, 1995; Bekolo, 1997; De Bock et Gelade, 2012; McCord *et al.*, 2013 entre autres), s'est dès lors intéressée à cette question.

C'est ainsi que pour la première fois en 1970, le célèbre rapport sur l'emploi au Kenya publié par le Bureau International du Travail parle du « secteur informel ». L'analyse de ces pratiques informelles ne survient qu'avec l'enquête menée au Niger par l'Agence de coopération américaine et l'Université d'État de l'Ohio en 1986, avec le rapport sur le développement de la Banque Mondiale qui consacre en 1989 un chapitre au système financier informel (Banque Mondiale, 1989). Puis suivra la série d'études effectuées par le centre de développement de l'Organisation de Coopération et de Développement Économique, qui publie une synthèse en 1991 (Germidis *et al.*, 1991) et le lancement d'un programme de recherche sur les circuits parallèles de financement (Lelart, 2002) au sein du Réseau entrepreneuriat de l'Agence Universitaire de la Francophonie rassemblant les chercheurs venus du monde francophone.

Les événements ordinaires du cycle de vie (Modigliani, 1986), tels que l'incapacité de travailler, la maladie, la perte dans la propriété et le patrimoine sont relativement prévisibles, au contraire de ceux résultant d'accidents, de catastrophes, d'instabilités et de crises. Pour la plupart des événements affectant la vie (naissance d'un enfant, maladie) les dépenses peuvent être déterminées à l'avance (et donc intégrées dans le calcul), mais il y a des événements exceptionnels, tels que les épidémies, la guerre, ou des catastrophes naturelles qui sont d'un coût beaucoup plus élevé que les événements ordinaires de la vie et qui mettent en jeu des dépenses beaucoup plus importantes. De ce fait, les coûts ou pertes en provenance de chacune de ces sources de vulnérabilité peuvent varier considérablement. Quand l'événement attendu (naissance) ou redouté (décès, incendie, vol) frappe, il convient de prendre des décisions pour en compenser les effets. Or, faire face à un choc peut exiger des dépenses qui dépassent les capacités financières de la plupart des ménages et notamment des plus pauvres.

Cette étude a un double objectif: d'abord, évaluer les indices de productivité de Malmquist des unités de microassurance; ensuite, décomposer les indices de productivité ainsi estimés en composantes efficacité technique et progrès technique. Nous utilisons pour l'atteindre la méthode DEA (Data Envelopment Analysis) et un échantillon de vingt unités de microassurance au cours de la période 2005-2007. Le reste de l'étude est structuré comme suit. La section 2 présente la revue de la littérature. La section 3 présente la méthodologie d'estimation des indices de Malmquist (1953) et leur décomposition en composantes efficacité technique et progrès technique. La section 4 présente la source et les définitions des données utilisées dans l'analyse. La section 5 présente et analyse les résultats empiriques et la section 6 conclut.

## 2. Revue de la littérature

Comme moyen de lutte contre la pauvreté qui intéressait la Banque Mondiale en 1996 à partir des travaux de Hulme et Mosley (1996) et les banques régionales de développement, un Sommet mondial de microcrédit fut organisé à Washington en février 1997. Par la suite l'année 2005 a été baptisée « Année de la microfinance » par les Nations Unies. Or, dans le monde, 80 % de la population n'a pas accès aux services financiers formels et la communauté internationale est unanime sur le rôle de la microfinance dans les stratégies de lutte contre la pauvreté. Dans les pays du Sud, le secteur de la microfinance ou la banque des pauvres qui forme les « banquiers aux pieds nus » (Servet, 2006) est en pleine expansion.

Un des premiers succès reconnus de la banque des pauvres est la Grameen Bank qui avec son fondateur, Muhammad Yunus, a reçu le Prix Nobel de la Paix en 2006 pour leur action pionnière de lutte contre la pauvreté grâce aux microcrédits. Aujourd'hui pour beaucoup de personnes, la microfinance se confond avec le microcrédit. Elle désigne les dispositifs permettant d'offrir de très petits crédits à des familles très pauvres pour les aider à conduire des activités productives ou génératrices de revenus et ainsi développer leurs très petites entreprises. Avec le temps et le développement de ce secteur particulier partout dans le monde, y compris dans les pays développés, la microfinance s'est élargie pour inclure désormais une gamme de services plus large (microcrédit, micro-épargne, microassurance, transfert d'argent, etc.) et une clientèle plus étendue également. Dans ce sens, la microfinance ne se limite plus aujourd'hui à l'octroi de microcrédit aux pauvres mais bien à la fourniture d'un ensemble de produits financiers à tous ceux qui sont exclus du système financier classique ou formel. Une série de travaux (Townsend, 1990; Bouman, 1995; Conning, 1997; Tchamanbé Djiné, 2000; Bertelet, 2005) se sont intéressés à la contribution des circuits financiers informels en matière de gestion des risques et des incertitudes futurs. On retient que ces circuits contribuent de manière non négligeable et pluridimensionnelle à la couverture des risques et aléas divers auxquels sont exposés les membres des tontines. Ce qui leur confère le qualificatif d'« assurance ».

Rietsch (2009) part du fait que l'idée de se couvrir des risques perçus de façon intuitive est prégnante dans pratiquement toutes les sociétés. En effet, cela commence par la réduction du risque agricole au moyen d'une série de techniques qui seront plus tard transposées dans les activités non agricoles et dans l'espace urbain. Cela passe aussi par des pratiques sociales destinées à répartir la charge d'un événement dont l'occurrence est incertaine mais probable, à une date inconnue, sur une communauté plus large, tissant dans le même temps des liens de réciprocité. L'ensemble de ces pratiques constitue autant de formes d'auto-assurance qui limitent le marché de l'assurance formelle et celui de la microassurance à créer. Aussi, passer de l'auto-assurance à une assurance formelle n'est pas une évidence; elle prend beaucoup de temps. De plus, lorsqu'on cherche à implémenter l'activité d'assurance, ceci ne peut se faire dans n'importe quel domaine et dans n'importe quelles conditions: par exemple, il faut un risque de fraude limité, une probabilité d'occurrence connue et stable. Ce qui réduit encore l'espoir d'une large et/ou rapide diffusion de la microassurance.

La littérature spécialisée sur les mesures empiriques de l'efficacité économique (N'gbo, 1984; Emrouznejad *et al.*, 2004; Coelli, 1996; Herroro *et al.*, 2002; Amara *et al.*, 2000; Ambapour, 2001; Grigoriou *et al.*, 2005) fait remonter la conceptualisation et la mesure de l'efficacité économique aux travaux pionniers de Debreu (1951), Charnes *et al.* (1978), Banker *et al.* (1984) et surtout à Farrell (1957) qui a proposé une approche pour l'estimation des frontières d'efficacité. En effet, la méthode (Farrell, 1957; Banker *et al.*, 1984) consiste à estimer une fonction de production ou de coûts à partir des données empiriques relatives aux inputs et outputs d'un certain nombre d'entreprises. Une fois que la frontière efficace est estimée, en référence à celle-ci, la performance relative de chaque entreprise particulière peut-être mesurée.

L'approche frontière de production (Farrell, 1957) permet de distinguer l'efficacité technique (produire le maximum d'output avec une quantité donnée d'inputs) de l'efficacité allocative (choisir la meilleure combinaison productive d'inputs compte tenu de leurs prix). Dans cette contribution, l'établissement de Microfinance de référence est la société coopérative d'épargne et de crédit (loi n° 92 sur les Coop/Gic au Cameroun). Dans sa forme pure (Pichette, 1972; Albert-Angers, 1976), cette institution a pour fonction, de collecter l'épargne auprès de ses membres et de recycler en partie cette épargne sous forme de crédit à ses membres, de fournir les services de microassurance et d'effectuer des transferts d'argent. Ensuite, il faut rappeler que la coopérative d'épargne et de crédit est une entreprise qui n'a pas pour objectif premier la maximisation du profit mais qui a pour objectif de produire et de fournir au mieux, le volume de crédit, d'épargne de transferts d'argent et de services de microassurance le plus important que possible pour atteindre le maximum de populations pauvres. Elle doit être autonome, pérenne, économiquement et financièrement viable. La définition des outputs ne peut pas être faite sans tenir compte de ces « contraintes » de départ.

C'est ainsi que dans la littérature trois considérations fondamentales sont à la base du choix des outputs et des inputs: D'abord, les établissements de microfinance (EMF) ont pour fonction principale de « produire » de l'épargne (output A) et du crédit (output B); de fournir des services de transferts d'argents (output

C) et de microassurance (output D). Ensuite, en relation avec la perspective de l'efficacité, en d'autres termes de la réduction de la pauvreté, ces institutions ont besoin d'être pérennes, financièrement et d'être économiquement viables. Pour ce faire, elles doivent produire du résultat, pas seulement en termes de volume de crédit et d'épargne, mais également en termes de produit financier (output E) et de résultat d'exploitation (output F) pour être à même de couvrir leurs charges. Nous pouvons donc pour notre analyse retenir 6 outputs: volume d'épargne, volume de crédit, volume de transferts d'argent, volume de services de microassurance, produit financier et résultat d'exploitation, sachant que les deux derniers outputs peuvent être corrélés entre eux et qu'il peut également y avoir une corrélation entre eux et les quatre premiers. Enfin, les six inputs et leur association dans le processus de production est techniquement déterminée et constitue une contrainte.

Que faut-il à un EMF pour « produire » de l'épargne, du crédit, des transferts d'argent, des services de microassurance, du produit financier et un résultat d'exploitation (positif ou négatif) ? Il lui faut, comme pour toute institution ou unité de production de biens et de services, du capital physique tels les équipements et les bâtiments (input 1), du facteur travail (input 2), des consommations intermédiaires (input 3), des dépôts (input 4), des contributions/primes (input 5) des membres, et des fonds prêtables dont la collecte fait supporter des charges financières (input 6). Cette revue de la littérature est aussi l'occasion de dresser une situation de l'offre et de la demande des unités de microassurance au Cameroun.

Au Cameroun comme dans plusieurs pays en développement (Aliber, 2002; Aliber et Ido, 2002; BIT, 2004; Churchill *et al.*, 2004; Cohen et Sebstad, 2003; Cohen et McCord, 2003; Cohen et Sebstad, 2005; Cohen *et al.*, 2005; Debaig, 2006), en dépit des efforts accomplis dans le processus de développement des EMF les circuits financiers informels, et précisément les tontines, continuent de jouer un rôle toujours important dans la couverture des besoins et des risques financiers, et des incertitudes socio-économiques des populations pauvres rurales et urbaines. Cette importance des tontines a suggéré une analyse exploratoire d'une de ses composantes, à savoir la microassurance, qui a été longtemps oubliée et négligée dans les recherches sur le domaine (Bertelet, 2005) et qui est aujourd'hui en passe de devenir un outil de protection sociale de toutes les couches de la population. Or, les principaux intervenants doivent pouvoir analyser et limiter les principaux risques qu'ils assument: risque de fraude, risque moral et anti sélection.

En outre, les services de microassurance sont fournis par le biais de différents promoteurs ou intervenants utilisant des modèles divers et variés, avec et/ou sans la participation d'assureurs commerciaux. D'abord, le modèle du partenariat où les assureurs disposant de produits d'assurance, collaborent avec des EMF et d'autres partenaires actifs sur le marché des populations à faible revenu pour fournir de la microassurance. Ensuite, le modèle basé sur les communautés locales où les groupes formés financent et gèrent un pool de risques pour leurs membres, et le modèle du fournisseur de services hospitaliers. En effet, les hôpitaux et les cliniques proposent dans leurs infrastructures une couverture prépayée ou basée sur un pool de risques. En plus, le modèle « service complet » ayant des produits que les assureurs réglementés adaptent au marché des populations à faible revenu.

Certains assureurs proposent un produit d'épargne à long terme couplé à une assurance-vie dont la prime est abordable pour les populations pauvres. Certains EMF jouent-ils même le rôle de micro-assureur ? Dans la plupart des cas, ils ne proposent qu'une microassurance « solde restant dû » pour protéger leur portefeuille de crédits.

Enfin le modèle de protection sociale intégrant les gouvernements nationaux qui proposent souvent une couverture contre certains risques par le biais de programmes d'assurance sociale, notamment en matière de soins de santé, d'assurance-récolte, ou d'assurance contre la mortalité du bétail et contre le risque covariant. Ces modèles se différencient par le partenaire qui assume le risque: les villageois, un établissement de microfinance, un centre médical ou une compagnie d'assurance réglementée. La clé du succès est la capacité que possède ou non l'entité à gérer les incertitudes et les risques d'assurance.

Cependant, dans les pays pauvres très endettés dont le Cameroun, la plupart des Documents de stratégies de réduction de la pauvreté (DSRP) inclut la microfinance comme moyen de réduction de la pauvreté en raison, notamment, de son accessibilité, de la simplicité de ses procédures, des solidarités mobilisées, de la prise en compte des valeurs culturelles, coutumières et de pratiques locales. Les actions impliquant la microfinance et particulièrement ciblées visent particulièrement à augmenter la demande des services financiers, en particulier la microassurance, et contribuer à stimuler la croissance pro-pauvre.

Qui offre des produits de microassurance ? Ces produits peuvent être proposés par de nombreux acteurs, de statut et d'activités variées: des assureurs formels (compagnies d'assurance), des EMF, des prestataires de services santé, des coopératives agricoles et de santé, des sociétés traditionnelles (les sociétés funéraires par exemple) et bien d'autres catégories d'institutions. Les EMF occupent peut-être une position unique dans le monde de la microassurance, parce qu'elles reposent sur d'amples réseaux et fournissent déjà des services financiers à des clients à faibles revenus.

Les activités de microassurance sont au Cameroun le fait d'une vingtaine de promoteurs ayant des produits financiers divers et variés. Nous y reviendrons dans la partie réservée à l'analyse des données.

Qui sont les demandeurs, les clients de la micro assurance aujourd'hui ? Les assurés de la microassurance sont des individus, des ménages, des collectivités. Ils appartiennent au monde rural, urbain ou périurbain. Nombre des micros assurés travaillent dans le secteur économique « informel » et/ou dans l'économie populaire. Les EMF impliqués dans la microassurance s'adressent naturellement à leur clientèle disposant déjà d'un crédit ou d'un compte d'épargne. Les mutuelles de santé vont s'adresser à leurs membres en exclusivité. Les assureurs privés ou publics ciblent particulièrement: les clients des EMF ou les EMF eux-mêmes, les associations de femmes, les syndicats, organisations sociales et populaires, les fonds funéraires informels, les clients des points de vente au détail. La microassurance couvre donc une clientèle variée et large. Son spectre peut aller de la couverture des populations en dessous de la ligne d'extrême pauvreté jusqu'aux classes moyennes basses ou émergentes, qui restent particulièrement vulnérables en l'absence de couverture assurancielle et/ou de protection sociale.

En outre, l'efficacité d'un programme, quel qu'il soit, se mesure en fonction des objectifs fixés au départ. Si l'on cherche à promouvoir l'entrepreneuriat, l'efficacité se mesure en termes de survie et de longévité de l'activité entrepreneuriale, éventuellement de croissance du chiffre d'affaires, des bénéfices et d'embauche du personnel salarié. Si l'on cherche à réduire la pauvreté, l'efficacité se mesure en termes d'amélioration des conditions de vie, de protection sociale et de stabilisation des revenus ainsi que l'autonomie financière. Si l'on cherche à améliorer la dignité des personnes, l'efficacité se mesure en termes d'épanouissement personnel, de confiance, d'estime de soi ou de renforcement de son réseau relationnel. Ainsi présentée, cette littérature sert de base pour la construction de notre méthodologie.

### 3. Méthodologie

Nous utilisons l'approche non paramétrique qui consiste d'abord à construire une frontière de production totale basée sur les données de toutes les unités de microassurance étudiées. Ensuite, chaque unité de microassurance est comparée à celle qui se situe à la frontière. En suivant l'approche de Färe *et al.* (1994) nous appliquons l'approche orientée vers la production de l'analyse en enveloppe des données (Data Envelopment Analysis -DEA). L'on suppose qu'à chaque point de temps (t = 1 ... T), il existe une technologie de production qui transforme les facteurs de production (x) en produit (y). Le problème d'optimisation linéaire d'une unité de microassurance i observée à la période t avec la fonction frontière à la période t+1 s'exprime comme suit,

$$\max_{\phi\lambda}\phi \text{ s.t. } \phi_i y_i^t - \sum_{i=1}^{n}\lambda_i y_i^{t+1}\leq 0 \text{ ; } \sum_{i=1}^{n}\lambda_i x_{ji}^{t+1}\leq x_{jh} \text{ et } \lambda_1,...,\lambda_n\geq 0 \quad (1)$$

L'efficacité des unités de microassurance est évaluée en calculant les indices d'efficacité productive de Malmquist. Pour cela, nous définissons des fonctions de distance par rapport à deux points différents. La fonction de production distance de l'unité i est définie par la relation suivante: $D_i^{t+1}(x_t, y_t) = \phi_i^{-1}$. Le facteur d'augmentation proportionnelle $\emptyset_i$ mesure le pourcentage de changement de tous les produits mesuré à la période t et nécessaire pour atteindre un point sur la frontière de production à la période t+1 sur la base des niveaux constants des facteurs de production. Pour $\emptyset_i = 1$, l'unité de microassurance i se situe au point de la meilleure pratique; $\emptyset_i > 1$ indique à quel niveau les produits de l'unité de microassurance i doivent être augmentés afin que celle-ci devienne efficace. Les $\lambda$-*valeurs* servent à identifier le point virtuel de production sur la frontière avec lequel le point de production de l'unité de microassurance i est comparé.

Les indices de Malmquist permettent (i) de quantifier le changement observé dans l'efficacité d'une unité de microassurance spécifique, et (ii) de décomposer ces indices en mesure d'efficacité technique (ET) et de progrès technique (PT). Enfin d'éviter le choix arbitraire du point de référence, l'indice de Malmquist est défini comme une moyenne géométrique de deux indices d'efficacité. La variation de l'efficacité $M_i^{t+1}$ de l'unité de microassurance i entre deux points de temps t (période de référence) et t+1 est donnée par la relation suivante,

$$M_i^{t+1}(x_t, y_t, x_{t+1}, y_{t+1}) = \left[ \frac{D_i^t(x_{t+1}, y_{t+1})}{D_i^t(x_t, y_t)} * \frac{D_i^{t+1}(x_{t+1}, y_{t+1})}{D_i^{t+1}(x_t, y_t)} \right]^{1/2} \qquad (2)$$

où $D_i^{t+1}(x_{t+1}, y_{t+1})$ représente la distance de l'unité de microassurance à la période t par rapport à la technologie à la période t+1. Une valeur de $M_i^{t+1}$ supérieure à l'unité indique une croissance positive de l'efficacité de la période t à la période t+1 alors qu'une valeur de $M_i^{t+1}$ inférieure à l'unité indique une baisse de l'efficacité de l'unité de microassurance. Une manière équivalente d'écrire la relation (2) est la suivante,

$$M_i^{t+1}(x_t, y_t, x_{t+1}, y_{t+1}) = \frac{D_i^t(x_{t+1}, y_{t+1})}{D_i^t(x_t, y_t)} * \left[ \frac{D_i^t(x_{t+1}, y_{t+1})}{D_i^t(x_t, y_t)} * \frac{D_i^{t+1}(x_{t+1}, y_{t+1})}{D_i^t(x_t, y_t)} \right]^{1/2} \qquad (3)$$

où le ratio en dehors des guillemets mesure la variation relative de l'efficacité entre les années t et t+1. La moyenne géométrique des deux rapports entre les guillemets prend en compte le changement technologique entre deux périodes évalué à xt et $x^{t+1}$. Ainsi, une mesure de l'efficacité est spécifiée au travers d'une moyenne géométrique du changement intertemporel de la fonction frontière. Il est calculé en utilisant la distance du point de production à la période t et t+1 par rapport à la fonction de production frontière aux périodes t+1 et t, respectivement.

Ainsi, l'équation (3) peut être décomposée en deux composantes: la variation en efficacité technique c'est-à-dire

$$\frac{D_i^{t+1}(x_{t+1}, y_{t+1})}{D_i^t(x_t, y_t)}$$ et le changement de progrès technique c'est-à-dire

$$\left[\frac{D_i^t(x_{t+1}, y_{t+1})}{D_i^t(x_t, y_t)} * \frac{D_i^{t+1}(x_{t+1}, y_{t+1})}{D_i^{t+1}(x_t, y_t)}\right]^{1/2}$$. Des améliorations dans l'efficacité se traduisent

par des indices de Malmquist supérieurs à l'unité alors qu'une détérioration de l'efficacité se traduit par des indices de Malmquist inférieurs à l'unité.

Afin de calculer l'efficacité de l'unité de microassurance i entre les périodes t et t+1, nous devons résoudre quatre problèmes de programmation linéaire c'est-à-dire $D_i^t(x_t, y_t)$, $D_i^{t+1}(x_{t+1}, y_{t+1})$, $D_i(x_{t+1}, y_{t+1})$ est $D_i^{t+1}(x_t, y_t)$. Ces quatre programmes linéaires sont spécifiés comme suit,

$$\left[D_i^t(x_t, y_t)\right]^{-1} = \max_{\phi, \lambda} \phi \ s.t. -\phi y_{it} + y_t \lambda \geq 0, x_{it} - x_t \lambda \geq 0, and \ \lambda \geq 0 \tag{4}$$

$$\left[D_i^{t+1}(x_{t+1}, y_{t+1})\right]^{-1} = \max_{\phi, \lambda} \phi \ s.t. -\phi y_{it+1} + y_{t+1} \lambda \geq 0, x_{it+1} - x_{t+1} \lambda \geq 0, and \ \lambda \geq 0 \tag{5}$$

$$\left[D_i^t(x_{t+1}, y_{t+1})\right]^{-1} = \max_{\phi, \lambda} \phi \ s.t. -\phi y_{it+1} + y_t \lambda \geq 0, x_{it+1} - x_t \lambda \geq 0, and \ \lambda \geq 0 \tag{6}$$

$$\left[D_i^{t+1}(x_t, y_t)\right]^{-1} = \max_{\phi, \lambda} \phi \ s.t. -\phi y_{it} + y_{t+1} \lambda \geq 0, x_{it} - x_{t+1} \lambda \geq 0, and \ \lambda \geq 0 \tag{7}$$

Enfin, nous évaluons les déterminants de l'efficience productive des différentes unités de microassurance c'est-à-dire nous analysons le rôle des variables telles que les institutions qui affectent l'entreprenariat en abaissant les coûts de transaction et en permettant à la population de consacrer plus de temps aux activités productrices au lieu de le consacrer à la protection leurs intérêts de la rapacité des autres. Parmi les institutions, la protection des droits de propriété est peut-être la plus importante. Son rôle est exploré dans la présente étude en incluant dans l'analyse de régression un indice comparatif de protection des droits de propriété calculé par Johnson et Sheehy (2000). Cet indice, qui prend en compte la mesure dans laquelle le législatif et la judiciaire garantissent et protégent les droits de propriété, existe pour le Cameroun depuis l'année 1995. Nous estimons l'équation suivante qui comporte les indices de Malmquist de toutes les unités de microassurance,

$$\ln \widehat{PGF_{it}} = \beta_0 + \beta_i \sum_{j=1}^{n} Z_{jt} + \varepsilon_{it}$$

(8)

où $\ln \widehat{PGF_{it}}$ est le logarithme de l'indice de Malmquist spécifique à chaque unité de microassurance i à la période t. $\ln Z_{jt}$ est le logarithme des déterminants de l'efficience productive des unités de microassurance, tels que (i) le niveau d'éducation du directeur de l'unité de microassurance, (ii) l'âge de l'unité de microassurance, et (iii) l'institution. $\varepsilon_{it}$ est le terme d'erreur supposé identiquement et indépendamment distribué-iid. Cette présentation du modèle d'efficacité suscite une analyse des sources et une définition des données.

## 4. Sources et définition des données

Cette contribution utilise les données primaires et secondaires. En effet, les données d'enquêtes nationales sur les conditions de vie des ménages ECAM 2 (2001) sont utilisées et complétées par celles d'une enquête de terrain effectuée en 2009 par le Centre d'études et de recherche en économie et en gestion (CEREG). Des questionnaires distincts sont élaborés: enquêtes auprès des établissements de microfinance, auprès des ménages (bénéficiaires et non bénéficiaires des produits de microassurance), auprès des micros et petites entreprises (bénéficiaires et non bénéficiaires des produits de microassurance), auprès des employés des EMF (bénéficiaires et non bénéficiaires des produits de microassurance).

Au vue des objectifs poursuivis par les unités de microassurance, on peut retenir sept outputs: (i) assurance des marchandises détaillées; (ii) assurances funéraires (frais relatifs aux obsèques et funérailles); (iii) assurance des groupes (société civiles) telles que les mutuelles de santé, association à but non lucratif, etc.; (iv) assurance-crédit; (v) assurance vie (microassurance-vie), (vi) assurance santé/maladie, et (vii) assurance risque (incendie, catastrophe, etc.). Concernant les facteurs de production (inputs) et leur association dans le processus de production, nous avons estimé qu'il faut comme pour toute unité de production des biens et services, du capital physique tel que les équipements et bâtiments ou immobilisation (input 1), du facteur travail (input 2), des consommations intermédiaires (input 3) et des fonds disponibles (input 4). De manière spécifique, le capital physique est mesuré par l'essentiel des immobilisations incorporelles, des machines et équipements. Le facteur travail est mesuré par le nombre de travailleurs. Il aurait été préférable d'utiliser le facteur travail avec segmentation c'est-à-dire selon le niveau de qualification. Mais, l'absence de données fait défaut. Les consommations intermédiaires sont mesurées par l'achat des services tels que l'eau et l'électricité, la location, les entretiens et réparations, les charges relatives au transport, les primes d'assurance, etc. Enfin, les fonds disponibles sont évalués par les souscriptions financières des différents adhérents. Cet input constitue le plus important.

Par ailleurs, notre analyse porte sur les unités de microassurance suivantes: (1) Association des amoureux du livre – ASSOAL; (2) Ministère de la santé publique, (3) Ministère de la prévoyance sociale; (4) CNPS (Caisse Nationale de Prévoyance Sociale); (5) Les EMF; (6) Mutuelle de santé sans frontière – promotion de la mutualité Camerounaise – MSF-PMC; (7) La Citoyenne assurance; (8) Mutuelle communautaire de santé de Melong; (9) Appropriate Development for Africa Foundation-ADAF (Afriland); (10) Micro Insurance and Local Development Academy; (11) Caisse Nationale de la Prévoyance Sociale; (12) Deutsche Gesellschaft für Technische Zusammenarbeit (GTZ) (voir projets santé allemands); (13) Mutuelle communautaire de croissance-MC2; et (14) huit compagnies d'assurance, à savoir, Axa, GMC, Chanas, Samaritan, Assurances Réunies, Camerounaise d'assurance, Mutuelle d'assurance du Cameroun, et Association Prévoyance Sociale. La collecte des données portant sur trois années, à savoir 2005, 2006 et 2007, nous permet d'analyser les résultats empiriques.

## 5. Analyse des résultats empiriques

D'abord, nous calculons les indices de productivité de Malmquist (1953), les niveaux d'efficacité technique et de progrès technique de chaque unité de microassurance dans notre échantillon. Il est important de rappeler que des améliorations dans la productivité se traduisent par des indices de Malmquist supérieurs à l'unité alors que des détériorations de l'efficacité productive se traduisent par des indices de Malmquist inférieurs à l'unité. De même, toute valeur inférieure à l'unité d'une composante de l'indice de Malmquist dénote une régression ou détérioration dans la performance alors que des valeurs supérieures à l'unité traduisent des améliorations dans la performance productive. En outre, il est également important de noter que ces mesures capturent la performance relative par rapport à la meilleure pratique dans l'échantillon. Les résultats sont présentés dans le Tableau 10.1. Nous concentrons l'analyse sur les changements observés entre le début et la fin de notre période d'analyse.

En observant le bas du Tableau 10.1, l'on remarque qu'en moyenne la productivité des microassurances se détériore au cours de la période 2005-2007. En moyenne, cette détérioration de la performance productive est due à l'inefficacité et à l'absence de progrès technique des microassurances. La situation change cependant considérablement lorsqu'on observe les performances productives individuelles des microassurances. En effet, et au cours de l'année 2005, les indices de productivité de Malmquist sont supérieurs à l'unité dans sept

**Tableau 10.1: Productivité, efficacité technique, et progrès technique des unités de microassurance camerounaises, 2005-2007**

| Micro assurance | Indice de productivité de Malmquist | | | Efficacité technique | | | Progrès technique | | |
|---|---|---|---|---|---|---|---|---|---|
| | '05 | '07 | % chan | '05 | '07 | % chan | '05 | '07 | % chan |
| AAL | 0,91 | 0,93 | 1,87 | 0,50 | 0,41 | -17,80 | 0,28 | 0,406 | 43,97 |
| MSP | 0,97 | 1,00 | 2,46 | 0,56 | 0,66 | 17,81 | 0,25 | 0,31 | 26,83 |
| MPS | 0,96 | 0,96 | -0,31 | 0,41 | 0,45 | 9,95 | 0,68 | 0,70 | 2,64 |
| CNPS | 0,92 | 0,93 | 1,20 | 0,39 | 0,37 | -5,91 | 0,79 | 0,73 | -7,59 |
| EMF | 0,99 | 1,01 | 1,11 | 0,51 | 0,73 | 43,44 | 0,41 | 0,32 | -22,22 |
| MSF-PMC | 1,08 | 1,08 | 0,19 | 1,01 | 1,02 | 0,69 | 0,25 | 0,38 | 55,10 |
| La CA | 0,88 | 0,89 | 0,68 | 0,59 | 0,68 | 20,64 | 0,37 | 0,49 | 31,44 |
| MCSM | 0,94 | 0,95 | 0,75 | 0,55 | 0,60 | 9,09 | 0,29 | 0,28 | -3,81 |
| ADAF | 1,04 | 1,04 | 0,10 | 1,00 | 1,01 | 0,80 | 0,46 | 0,5 | 9,23 |
| MLDA | 1,08 | 1,00 | -0,08 | 1,01 | 1,00 | -1,18 | 0,54 | 0,6 | 8,27 |
| APS | 1,00 | 0,99 | -0,99 | 0,96 | 1,00 | 4,60 | 0,4 | 0,34 | -15,79 |
| GTZ-PSA | 1,05 | 1,05 | -0,29 | 1,01 | 1,00 | -0,30 | 0,44 | 0,44 | -6,8 |
| MCC | 0,93 | 0,97 | 4,32 | 0,60 | 0,74 | 24,00 | 0,23 | 0,36 | 57,27 |
| Axa | 1,00 | 1,02 | 1,60 | 1,06 | 1,09 | 1,87 | 0,28 | 0,31 | 9,57 |
| GMC | 0,96 | 1,00 | 4,17 | 0,66 | 0,48 | -27,69 | 0,72 | 0,72 | -0,55 |
| Chanas | 0,93 | 0,95 | 1,94 | 0,56 | 0,52 | -6,93 | 0,78 | 0,65 | -17,73 |
| Samaritan | 1,01 | 1,02 | 1,69 | 1,00 | 1,02 | 1,90 | 1,00 | 1,00 | 0,06 |
| AR | 0,89 | 0,90 | 1,24 | 0,26 | 0,29 | 10,23 | 0,50 | 0,68 | 36,06 |
| CA | 0,95 | 0,95 | 0,74 | 0,43 | 0,61 | 41,44 | 0,792 | 0,635 | -19,82 |
| MAC | 0,99 | 1,01 | 1,51 | 0,68 | 0,78 | 15,70 | 0,776 | | 0,52 |
| Moyenne | 0,97 | 0,98 | 0,72 | 0,54 | 0,59 | 9,88 | 0,493 | 0,503 | 1,96 |

*Source: Calculs des auteurs (chan = changement).*

*Sigles: AAL = Association des Amoureux du livre; MSP = Ministère de la Santé Publique; MPS = Ministère de la Prévoyance Sociale; CNPS = Caisse Nationale de la Prévoyance Sociale; La CA= La Citoyenne Assurance; MCSM =Mutuelle Communautaire de Santé de Melong; MLDA= Microinsurance and Local Development Academy; APS =Association Prévoyance Sociale; MCC = Mutuelle Communautaire de Croissance; AR = Assurances Réunies; CA = Camerounaise d'Assurance; MAC = Mutuelle d'Assurance du Cameroun.*

des vingt microassurances analysées. Les quatre premières microassurances en termes de productivité sont (i) Micro Insurance and Local Development Academy qui possède la plus grande productivité globale des facteurs. Elle est suivie par la

Mutuelle de Santé sans Frontière – Promotion de la Mutualité Camerounaise - MSF-PMC. En troisième position, l'on retrouve la microassurance GTZ (Projet Santé Allemand), et enfin la microassurance Appropriate Development for Africa Foundation - ADAF (Afriland). Concernant les trois dernières microassurances qui connaissent une amélioration de leur productivité au cours de la période 2005-2007, leur performance productive se situe dans l'intervalle 1,001-1,007.

Par rapport à l'évolution au cours du temps, les résultats reportés dans le Tableau 10. 2 montrent que l'indice de productivité de Malmquist chute de presque 0,3 % et 0,08 % dans les micros assurance GTZ (Projet Santé Allemand) et Micro Insurance and Local Development Academy. *A contrario*, la productivité s'améliore au cours de la période 2004-2007 de 1,7 % (microassurance Samaritan), 1,6 % (assurance Axa), 0,2 % (microassurance Mutuelle de santé sans frontière – promotion de la mutualité Camerounaise - MSF-PMC), et de 0,1 % (Appropriate Development for Africa Foundation - ADAF (Afriland)).

Les résultats de la décomposition des facteurs qui affectent la croissance de la productivité reportés également dans le Tableau 10.2 indiquent que la croissance de la productivité de la microassurance Samaritan est due principalement à deux facteurs, à savoir l'efficacité technique qui s'améliore de presque 1,9 % au cours de la période analysée et l'innovation ou le changement technologique qui explique environ 0,7 % de l'amélioration de la productivité. Dans les microassurances - MSF-PMC, Appropriate Development for Africa Foundation - ADAF (Afriland), et Axa, l'amélioration de la productivité est principalement due à l'efficacité technique, laquelle explique environ 1,9 % de la productivité dans la microassurance Axa, 0,8 % dans la microassurance Appropriate Development for Africa Foundation - ADAF (Afriland), et 0,7 % de l'indice de productivité de Malmquist dans la microassurance - MSF-PMC.

Les coefficients estimés de la relation (8) sont reportés dans le Tableau 10.2. Le test de Hausman montre que l'approche d'estimation à effets fixes est plus appropriée que l'approche à effets aléatoires. Le coefficient de détermination ajusté pour le degré de liberté indique que les variables explicatives retenues expliquent environ 53 % de la variation de la variable dépendante (les indices de productivité de Malmquist). Venant aux coefficients estimés, les résultats reportés dans le Tableau 10.2 montrent que la protection des droits de propriété joue un rôle important dans l'explication des niveaux de productivité des unités de microassurance. En effet, le coefficient associé à cette variable est positif et hautement significatif.

L'évidence empirique dans le cadre de cette étude montre donc l'existence d'une relation positive et significative entre la performance productive des unités de microassurance et la protection des droits de propriété. Comme attendu, le coefficient associé au niveau d'éducation des directeurs des unités de microassurance est positif et significatif au niveau de 5 %, confirmant ainsi l'importance du capital humain dans la performance productive des micros assurance. La variable âge des unités de microassurance qui prend en compte le niveau d'expérience possède également un coefficient positif mais non significatif. La variable âge exprimée sous la forme quadratique (âge au carré) a un coefficient négatif et non significatif. Le signe positif de la variable âge et négatif de la variable âge au carré montrent que le niveau de performance productive des unités de microassurance croît avec l'âge de l'unité de microassurance, atteint un maximum et décroît par la suite.

**Tableau 10.2: Estimation à effets fixes des déterminants de l'efficience productive des unités de microassurance du Cameroun**

| Déterminant | Coefficient | Ecart-type | t-Student | p-valeur |
|---|---|---|---|---|
| Constant | / | / | / | / |
| Institution (protection droits de propriété) | 0,1416 | 0,041 | 3,45 | 0,001 |
| Niveau d'éducation | 0,0844 | 0,037 | 2,28 | 0,046 |
| Age de l'unité de microassurance | 0,0311 | 0,026 | 1,20 | 0,133 |
| Age au carré de l'unité de microassurance | -0,0475 | 0,058 | 0,819 | 0,559 |
| Test de Hausman | 24,78 | / | / | 0,004 |
| R2 (ajusté) | 0,5334 | / | / | / |
| Nombre observations | 60 | / | / | / |

*Source: Calculs des auteurs.*

## 6. Conclusion

Cette étude avait un double objectif: d'abord, évaluer les indices de productivité de Malmquist des unités de microassurance au Cameroun; puis identifier les facteurs qui affectent la productivité de ces unités de production. L'application de la technique d'estimation (méthode DEA- Data Envelopment Analysis) a permis l'évaluation des niveaux des indices de productivité de Malmquist et leur décomposition en composantes efficacité technique et progrès technique. L'analyse a porté sur un échantillon de 20 unités de microassurance camerounaises au cours de la période 2005-2007.

L'analyse a permis d'isoler les unités de microassurance les plus productives. En effet, les résultats indiquent qu'en 2005, sept unités de microassurance sur 20, soit 35 % de l'effectif total de l'échantillon enregistrent une amélioration de leur performance productive. En 2007, les résultats montrent que seulement 8 unités de microassurances sur 20 analysées, soit 40 % de l'effectif total de l'échantillon connaissent une amélioration de leur productivité.

L'analyse de l'évolution de la productivité au cours du temps montre qu'au cours de la période 2005-2007 et concernant les unités de microassurance ayant initialement des indices de productivité supérieurs à l'unité, la productivité s'améliore dans quatre unités de microassurance et se détériore dans deux unités de microassurance. Le reste des micros assurances ont des niveaux d'indice de productivité de Malmquist inférieurs à l'unité, traduisant une détérioration de l'efficacité productive.

Par rapport à l'analyse des facteurs qui influencent la productivité des unités de microassurance, les résultats montrent qu'une seule unité de microassurance (Samaritan) sur la vingtaine analysée connait une amélioration de la productivité due à la fois à l'efficacité technique et à l'innovation (donc le changement technologique), avec une plus grande contribution de l'efficacité technique. Dans trois autres unités de microassurances, l'amélioration de la productivité s'explique essentiellement par l'efficacité technique (meilleure gestion, meilleures ressources humaines, meilleurs équipements, etc.). Les résultats montrent pour l'ensemble des unités de microassurance que les principaux déterminants de leur performance productive sont la qualité de l'institution mesurée par la protection des droits de propriété et le niveau d'éducation des dirigeants des différentes unités de microassurance.

Au vu des résultats précédents, la principale recommandation de politique économique est que l'amélioration de l'efficacité productive des unités de microassurance passe par un renforcement de la protection des droits de propriété, une amélioration de l'efficacité technique, la formation, une amélioration des méthodes de gestion, et l'encouragement ou mieux le soutien à l'innovation.

### *Références Bibligraphiques*

Albert-Angers, F. (1976), *La coopération, de la réalité à la théorie économique.* Tomes 1 et 2, Editions FIDES, Montréal, Québec, Canada.

Aliber, M. (2002), 'South African Microinsurance Case Study', Working Paper, 31, Geneva, ILO, www.ilo.org/socialfinance.

Aliber, M. & A. Ido (2002), 'Microinsurance Case Study for Burkina Faso'.Working Paper, 29, Geneva, ILO, ww.ilo.org/ socialfinance.

Amara, N. & R. Romain (2002), *Mesure de l'efficacité technique: une Revue de la littérature* ? SR.007, Centre de Recherches en Economie Agroalimentaire (CREA), Faculté des sciences de l'agriculture et de l'alimentation, Université Laval, 32 pp.

Ambapour, S. (2001), Estimation des frontières de production et mesures de l'efficacité technique, Bureau d'Application des Méthodes Statistiques et Informatiques (BAMSI), Document de Travail, DT 02/2001, 27p.

Banker, R. D., A. Charnes & W. W. Cooper (1984), 'Some Models for Estimating Technical and Scale Inefficiencies in Data Envelopment Analysis', *Management Science* 30(9):1078-1092.

Banque Mondiale (1989), Rapport sur le développement dans le monde 1989. Systèmes financiers et développement. Indicateurs du développement dans le monde, Banque Mondiale, Washington D.C. 281 p.

Bekolo Ebe, B. (1997), *L'état actuel de l'analyse de l'intermédiation financière informelle, un essai de synthèse*, Douala, LAF 201, 18p.

Bertelet, N. S. (2005), 'A propos d'une composante négligée et oubliée: la microassurance dans l'ouest du Cameroun', Techniques Financières et Développement 78:116-127.

BIT (2004), *Extension de la couverture de la sécurité sociale en Afrique*, Document produit par une équipe coordonnée par C. Bailey, Politiques de la sécurité sociale (SOC/POL), Genève, Bureau international du Travail, 24p.

Bouman, F. J. A. (1995), 'Rotating and Accumulating Saving and Credit Associations: A Development Perspective', *World Development* 23(3):371-384.

Charnes, A., W.W. Cooper & E. Rhodes (1978), 'Measuring the efficiency of decision-making units', *European Journal of Operational Research* 2(6):429-444.

Churchill, C. F., D. Liber, M. J. McCord & J. Roth (2004), L'assurance et les institutions de microfinance, Guide technique pour le développement et la prestation de services de microassurance, Genève, BIT, 236 p.

Coelli, T. J. (1996), 'A guide to DEAP Version 2.1: A Data Envelopment Analysis (Computer Program)', *CEPA Working Papers*, N° 8/96, Department of Econometrics, University of New England, Australia, 50p.

Cohen, M. & J. Sebstad (2003), 'Faire de la micro assurance une solution efficace pour les clients', MicroInsurance Centre, *Note d'Information* no. 3, 2p.

Cohen, M. & M. J. McCord (2003), 'Outils de gestion des risques financiers pour les populations pauvres', MicroInsurance Centre, *Note d'Information* no. 6, 3p.

Cohen, M. & J. Sebstad (2005), 'Reducing Vulnerability: The Demand for Micro insurance', *Journal of International Development* 17(3):319-325.

Cohen, M., M. J. McCord & J. Sebstad (2005), 'Reducing Vulnerability: Demand for and Supply of Micro insurance in East Africa', *Journal of International Development* 17(3):383-396.

Conning, J. (1997), 'Prêt de groupe, aléa moral et création d'une garantie sociale', *Revue Economique du Développement* 5(2):65-101.

Debaig, G. (2006), 'La micro assurance santé dans les pays d'Afrique subsaharienne', *Working Paper* 4, Institut Thomas More, Actes du colloque: Assurance, réassurance: une autre contribution au développement, pp. 41-44.

De Bock, O. & Gelade, W. (2012), 'The Demand for Microinsurance: A Literature Review', *ILO Research Paper* No. 26. ILO: Geneva.

Debreu, G. (1951), 'The coefficient of resource utilization', *Econometrics* 19:273-292.

Emrouznejad, A. & V. Podinovski (2004), *Data Envelopment Analysis and Performance Management*, 4th International Symposium of DEA, 5th – 6th September 2004, Aston Business School, Aston University, UK.

ECAM 2 (2001), Enquête camerounaise auprès des ménages, Yaoundé, Cameroun.

Färe, R., S. Grosskopf, M. Norris & K. Zhang (1994), 'Productivity growth, technical progress, and efficiency change in industrialized countries', *American Economic Review* 84(1):66-83.

Farrell, M. J. (1957), 'The Measurement of Productive Efficiency', *The Journal of The Royal Statistical Society, Part III*, 120:253-290.

Germidis, D., D. Kessler & R. Meghir (1991), *Financial Systems: What Role for the Formal and Informal Financial Sectors?*, OCDE Centre d'études de développement, Paris.

Gregoriou, G., J. Messier & K. Sedzro (2005), 'Assessing the Relative Efficiency of Credit Union branches Using data Envelopment analysis', *Infor* 42(4):281-297.

Henry, A., Tchente G. H. & Guillerme P. (1991), *Tontines et banques au Cameroun: le principe de la société des amis*, Paris, Karthala, 166p.

Herroro, I. & S. Pascoe (2002), 'Estimation of technical efficiency: a review of some of the stochastic frontier and DEA software', Computers in *Higher Education Economics Review (CHEER)*, the Higher Education Academy, Economics Network, Volume 15, Question 1, 2002.

Hulme, D. & P. Mosley (1995), *Finance against Poverty*, Routledge, Londres.

Johnson, B. & T. Sheely (eds) (2000). 2000 Index of Economic Freedom, Washington: The Heritage Foundation.

Kamdem Bukam, E. (1995), *Tontines ou schwa banque des pauvres*, Abidjan, Edilis, 132p.

Knight, F. (1921), *Risk, Uncertainty and Profit*, New York: Harper.

Lelart, M. (2002), *L'évolution de la finance informelle et ses conséquences sur l'évolution des systèmes financiers*, Document de recherche, Laboratoire d'Economie d'Orléans, 26, 22p.

Lelart, M. (1990), *La tontine, pratique informelle d'épargne et de crédit dans les pays en voie de développement*, AUPELF-UREF / John Libbey.

Malmquist, S. (1953), 'Index numbers and indifference surfaces', *Trabajos de Estatistica* 4:209-42.

McCord, M.J., R. Steinmann, C. Tatin-Jaleran, M. Ingram and M. Mateo (2013), 'The Landscape of Micro-insurance in Africa 2012'. Working Paper. GIZ/Making Finance work for Africa/ Munich Re Foundation/African Development Bank (AfDB)/ Micro-Insurance Network/ Impact Insurance.

Modigliani, F. (1986), 'Life Cycle, Individual Thrift and the Wealth of Nations', (Nobel Conference), *American Economic Review* 76(3):297-313.

N'gbo Ake, G.-M. (1984), *L'efficacité productive des SCOP françaises: estimation et simulation à partir d'une frontière de production stochastique*, CORE, Université Catholique de Louvain, Louvain-La-Neuve, Belgique.

Nzemen, M. (1998), *Théorie de la pratique de la tontine au Cameroun*, Yaoundé, SOPECAM, 163pp.

Pichette, C. (1972), *Analyse microéconomique de la coopérative*, Cahiers du CEDEC, Université de Sherbrooke, Canada, 235 pp.

Rietsch, C. (2009), 'Le marché réduit de micro assurance', Communication au colloque du Réseau Entrepreneuriat de l'AUF, Trois-Rivières, Canada.

Sen, A. (1985), *Commodities and Capabilities*, Amsterdam, North-Holland.

Servet, J.-M. (2006), Banquiers aux pieds nus, Paris, Odile Jacob, 511 pp.

Tchamanbé Djiné, L. (2000), 'Finance informelle et prévoyance sociale au Cameroun', in M. Lelart (éd.), Finance informelle et financement du développement, Paris-Beyrouth, FMA, AUPEL-UREF p. 83-99.

Townsend, R. (1995), 'An evaluation of risk-bearing systems in low-income economies', *Journal of Economic Perspectives* 9(3):83-102.

Tun, Waï (1957), *Interest rate outside the organised money markets in underdeveloped countries*, IMF Staff Papers, 6.

Vogel, C. R. (1984), 'Savings mobilisation: the forgotten half of rural finance'. In D. W. Adams,, H. D. Graham and J. D. Von Pisckhe (eds), *Undermining Rural Development With Cheap Credit*, Boulder, CO: Westview Press.

Von Pischke, J. D (1991), *Finance and Frontier: Debt Capacity and the Role of Credit in the Private Economy*, EDI Development Studies, The World Bank, Washington, D.C.

# CHAPITRE 11

## MICROCRÉDIT ET PAUVRETÉ AU CONGO: UNE ANALYSE DU COMPORTEMENT DES PETITS ENTREPRISES PAR LA THÉORIE DES JEUX

**Jean-Christophe Boungou-Bazika & Christian Balongana**

*Centre d'Etudes et de Recherche sur les Analyses et Politiques Economiques, Brazzaville, Congo (cerape_congo@yahoo.fr)*

## RÉSUMÉ

Les petits entrepreneurs représentent la majorité des acteurs impliqués dans les activités entrepreneuriales au Congo. Dans les pays développés comme dans ceux en voie de développement, les entreprises de petite taille sont celles qui emploient le plus de personnes. Cela signifie qu'aucun programme d'éradication de la pauvreté ne peut réussir si la question du financement de ces petites entreprises n'est pas résolue en appliquant des réformes micro-économiques et des mesures de libéralisation financière. La théorie des jeux appliquée à l'analyse des choix des petits entrepreneurs pauvres qui sont bénéficiaires de microcrédits au Congo a permis de voir que le choix dominant de ces derniers est le commerce. Une enquête a été faite auprès de 199 micro-entrepreneurs pauvres à Brazzaville ayant bénéficié de microcrédit et 75 bénéficiaires dans la zone semi-rurale. Elle montre la même tendance à orienter les microcrédits vers le commerce. Les bénéficiaires des microcrédits sont marqués par une forte inégalité. Cette inégalité apparaît plus forte en zone urbaine qu'en zone semi-rurale, dans le commerce que dans les autres secteurs d'activité, chez les femmes que les hommes, chez les bénéficiaires de crédit individuel que de crédit solidaire. Pour combattre la pauvreté et réduire les inégalités, il importe d'améliorer les infrastructures afin d'attirer les petits entrepreneurs dans l'agriculture, développer le microcrédit solidaire et adopter une approche combinant l'octroi des services financiers et non financiers. Par ailleurs, cette étude a, entre autres, abouti à des recommandations aux institutions de microfinance dont la politique d'octroi de crédits semble peu favorable aux pauvres.

*Mots clés: microcrédit, entrepreneurs, pauvreté, théorie des jeux, commerce, agriculture, artisanat*

## 1. Introduction

Au Congo, les banques qui collectent la plus grande partie de l'épargne offrent leurs services à un petit nombre d'usagers pouvant leur garantir le remboursement de leurs prêts. Les pauvres sont donc exclus du système bancaire. Les réticences des banques s'expliquent par la non-rentabilité des prêts de faible montant au regard des coûts de transaction élevés et par le risque de défaut induit par l'asymétrie d'information.

Ainsi, l'avènement de la microfinance constituée en parallèle aux banques classiques apparaît comme une alternative financière susceptible de mieux répondre aux attentes des ménages pauvres et de petites unités de production exclues du système bancaire. La microfinance au Congo fit timidement ses débuts dans les années 80 avec le phénomène des Coopératives d'épargne et de crédit (COOPEC)[54], une expérience qui malheureusement a connu une existence éphémère. Malgré les difficultés que ce secteur a connues, celui-ci ne cesse de s'amplifier (surtout en zone urbaine) au courant de la décennie 1990. C'est la conséquence de la libéralisation économique, des limites du secteur bancaire et de la forte demande des services financiers de proximité. En 2005, on comptait 75 institutions de microfinance dont 23 ont collecté 50 milliards de FCFA de micro-épargne et accordé 7 milliards de FCFA de crédits (Ministère des Finances, 2006). Les petits entrepreneurs représentent la majorité des acteurs impliqués dans les activités entrepreneuriales au Congo.

Dans les pays développés comme dans ceux en voie de développement, les entreprises de petite taille sont celles qui emploient le plus de personnes. Cela signifie qu'aucun programme d'éradication de la pauvreté ne peut réussir si la question du financement de ces petites entreprises n'est pas résolue en appliquant des réformes micro-économiques et des mesures de libéralisation financière. C'est ainsi que les institutions de microcrédits peuvent constituer une alternative intéressante au financement des PME et des microentreprises dans les pays en voie de développement et donc jouer un rôle important dans les stratégies de réduction de la pauvreté. Or, de nombreuses études sont arrivées à la conclusion que les petits et les micro-entrepreneurs dans les zones urbaines et rurales subissent le rationnement du crédit de la part des banques classiques.

Au Congo, plusieurs établissements de microfinance (EMF) octroient des microcrédits aux PME et aux microentreprises. Ce sont la MUCODEC, la Caisse de participation à la promotion des entreprises pour le développement (CAPPED), le Fonds actions mutuelles (FAM), la Caisse féminine de crédit mutuel (CFCM), etc.

---

[54] Il s'agit de l'ex-coopérative d'épargne et de crédit, actuel MUCODEC et de la coopérative populaire d'épargne et de crédit, structure ayant fait faillite.

Ce sont les entrepreneurs pauvres bénéficiaires de microcrédit de ces institutions en zone urbaine et semi-rurale qui ont fait l'objet de notre recherche.

L'intérêt d'une telle étude réside dans le fait qu'elle a permis de voir comment les petits et les micro-entrepreneurs utilisent les microcrédits dans des investissements productifs et vers quel type de projet en fonction du type de crédit, les bénéficiaires tendent à s'orienter pour générer des revenus et contribuer à la réduction de la pauvreté. Ainsi, il est possible de voir l'incidence de la politique de crédit sur le comportement des petits entrepreneurs ainsi que les éventuelles recommandations pour assouplir cette politique.

### Relation entre la théorie, les données et l'application du jeu

Dans le contexte de notre recherche, la théorie des jeux a aidé à comprendre la nature du choix de l'entrepreneur pauvre. Le jeu a permis de mettre en situation le client bénéficiaire et d'avoir un aperçu de son choix de projet et de risque. Les tendances des choix du jeu ont été confrontées avec celles des choix opérés dans la réalité; les données et les informations découlant de l'enquête ont permis de connaître la nature des projets déjà réalisés par les clients pauvres ayant bénéficié des microcrédits. La correspondance entre le jeu et la réalité est une composante importante de la recherche. Elle a permis de rendre plus robustes les résultats. Certains auteurs ont entrepris cette correspondance, c'est le cas par exemple de Karlan (2005) qui en appliquant la théorie des jeux aux bénéficiaires de microcrédits de la Foundation for International Community Assistance (FINCA) au Pérou a réalisé un an après une enquête sur ces bénéficiaires en collectant des données auprès des institutions leur ayant accordé des crédits. Les résultats de cette enquête ont corroboré ceux prédits par le jeu. Dans la littérature sur la microfinance et la pauvreté, plusieurs auteurs ont déjà utilisé la théorie des jeux pour analyser le comportement des pauvres bénéficiant de microcrédits. On peut citer les recherches récentes de Giné *et al.* (2006) appliquées à la situation du Pérou, économistes qui viennent d'ailleurs de recevoir le prix Nobel d'économie 2007 sur la base de l'application de la théorie des jeux à la microfinance.

Les objectifs de la présente recherche sont les suivants (1) déterminer comment s'opère le choix du pauvre entre les différents types d'investissements et de risques; (2) analyser comment varie ce choix en fonction du type et du montant du microcrédit; et (3) examiner les facteurs qui déterminent le choix du risque.

Pour atteindre ces objectifs, les questions suivantes ont été posées: (1) quels sont les choix qu'opèrent les entrepreneurs pauvres bénéficiant d'un microcrédit ? (2) quels sont les facteurs et variables qui déterminent ces choix ? (3) Dans quelles conditions les choix opérés par les petits entrepreneurs peuvent-ils les aider à sortir de la pauvreté ?

L'étude comprend quatre sections: les institutions de microfinance et le microcrédit au Congo (section 1), la revue de la littérature (section 2), l'approche méthodologique (section 3), les résultats et leur interprétation (section 4), les principales recommandations et la conclusion.

## 2. Institutions de microfinance et microcrédit au Congo

Plusieurs institutions parmi les EMF octroient des microcrédits aux PME et aux microentreprises.

### *La MUCODEC*

La Mutuelle Congolaise d'épargne et de crédit (MUCODEC) est l'institution de microfinance la plus ancienne. Elle a été constituée en 1986. C'est aussi la plus importante institution en nombre de sociétaires, en volume de dépôts et de crédits. En 2006, elle a mobilisé 51,4 milliards de FCFA de dépôts et octroyé 18,1 milliards de FCFA de crédits. On observe que 60,86 % des crédits sont orientés vers l'aide sociale (Makosso, 2007). Le reste du volume des crédits est destiné aux petites et moyennes et entreprises dans le secteur du commerce, de l'agriculture et des services. La politique de crédit de la MUCODEC se base sur deux types de crédits accordés aux petites et moyennes entreprises (PME): les crédits de trésorerie et les crédits d'investissement.

### *La CAPPED*

La Caisse de participation à la promotion des entreprises pour le développement (CAPPED) est une institution de microfinance créée depuis 1991 au sein du Forum des Jeunes Entreprises du Congo (FJEC), une ONG spécialisée dans l'appui à l'entrepreneuriat. Elle est devenue autonome depuis décembre 2003. Elle octroie des crédits seulement aux petits et aux micro-entrepreneurs pour la réalisation de projets à caractère économique. En 2004, la CAPPED comptait 11 287 membres et un volume de dépôts s'élevant à 1,2 milliard de FCFA. Elle occupe la deuxième position en matière de collecte de l'épargne. Les conditions d'accès sont des garanties de trois types: garanties financières (20 % d'épargne bloquée), garantie matérielle (nantissement du matériel acquis par le bénéficiaire grâce à l'octroi du crédit), garantie morale se rattachant à la caution du groupe solidaire composé au minimum de trois personnes.

### *Le FAM*

Le Fonds d'actions mutuelles (FAM) a été créé en 1998 par l'Association pour les oeuvres sociales et educatives pour le développement du Congo (ASSOSEDECO) avec l'appui des membres de l'Association Mutuelle Paris de France. Le FAM est un EMF de première catégorie. Il a pour population cible les personnes aux revenus modestes qui sont exclues du système bancaire classique ayant ou en quête d'une activité génératrice de revenu. Actuellement, sa population cible demeure essentiellement urbaine et périurbaine. Avec un capital de départ s'élevant autour de 532 000 FCFA, le FAM dispose en 2007 de fonds propres d'un montant de 88 157 594 FCFA. La politique de crédit du FAM auprès des petits entrepreneurs se fonde sur deux produits: le crédit d'investissement et le crédit d'urgence: ils sont accordés aux opérateurs économiques membres du FAM sollicitant une intervention d'urgence. Le taux d'intérêt est de 10 % par mois.

### La CFCM

La Caisse Féminine d'Épargne et de Crédit Mutuel (CFCM), première caisse féminine au Congo, fut créée en 1991 à l'initiative conjointe de SOS Apostolique et d'un groupe de 30 femmes de l'Association « Anciennes de Ngouédi » dans le but de répondre au besoin d'épargne et de crédit des femmes micro-entrepreneurs du secteur informel en zones urbaines, périurbaines et rurales. Aujourd'hui, elle compte 1 900 membres. Elle a ouvert ses services auprès de la clientèle masculine tout en concentrant la gestion de la caisse entre les mains des femmes. La caisse féminine propose deux types de crédits à savoir, les prêts en espèces et les prêts en nature (semences, équipement, engrais, etc.).

### 3. Revue de la littérature

La première approche dans la littérature défend l'idée selon laquelle la microfinance contribue à la réduction de la pauvreté. L'argument qui appuie cette thèse repose sur les effets induits par la microfinance sur la transformation des structures économiques et sociales (Morduch, 1999). En effet, par le biais de l'offre de ses services financiers, la microfinance permet aux pauvres d'améliorer leurs moyens d'existence, de réduire leur vulnérabilité et de stimuler leur autonomie sociale et économique (Khandker et Shahidur, 1998).

Pour Robinson (2001), l'efficacité de la microfinance dans la lutte contre la pauvreté repose sur une approche intégrée de celle-ci. Cela signifie que la microfinance doit non seulement offrir des services d'intermédiation financière , mais aussi encadrer les bénéficiaires de microcrédits, les former et les accompagner dans leurs activités entrepreneuriales.

Montgomery et Weiss (2004) légitiment le rôle de la microfinance par le fait que les crédits offerts aux pauvres peuvent leur permettre de financer une activité productive qui contribue à accroître son revenu. Selon le CGAP (2003), pour que les IMF parviennent à un impact positif sur la réduction de la pauvreté, l'accès aux services financiers qu'elles offrent doit se traduire par un rendement social suffisant dans une optique d'amélioration des conditions d'existence de leurs bénéficiaires. Par ailleurs, les services financiers offerts à faible coût par la microfinance permettent de renforcer la capacité des pauvres à briser le cycle de la pauvreté de façon durable. Grâce à l'épargne, le microcrédit, la microassurance ou le transfert de fonds, les pauvres peuvent épargner plus d'argent et faire face aux problèmes d'instabilité de revenu et de chocs imprévus (Simanowitz, 2004).

La seconde approche estime que la microfinance n'a pas d'effet positif dans la lutte contre la pauvreté. A ce propos, Acclassato (2008) montre que les exigences de pérennité des IMF qui justifient un taux d'intérêt élevé pouvant garantir leur viabilité s'opposent à la faible rentabilité des projets financés, limitant ainsi l'impact des IMF sur la réduction de la pauvreté. De même, la microfinance ne parvient pas à tirer les très pauvres de la pauvreté à cause du niveau élevé des taux d'intérêt (World Bank, 2000). Ainsi, le microcrédit tel qu'il est pratiqué aujourd'hui par la microfinance ne peut qu'aggraver la situation d'endettement et de pauvreté des très pauvres (ADA, 2006). Un autre problème est celui de l'efficacité des IMF. En effet, la question de l'efficacité des IMF est discutée souvent sous l'angle d'un agent micro-économique qui cherche la maximisation de son profit et qui peut, pour arriver à ses fins, exclure le pauvre du crédit ou lui donner un crédit plus cher. Berger et Humphrey (1997) faisant une synthèse de 130 études sur l'efficacité des institutions de microcrédit dans 21 pays, ont montré que la capacité à atteindre les pauvres est insuffisamment considérée. D'autres auteurs (Shaw, 2004; Mosley, 2001) sont ainsi tombés d'accord sur le fait que la microfinance peut améliorer les revenus des ménages, mais que son impact sur les clients pauvres demeure mitigé. A cela, il faut ajouter l'absence de mécanismes mis en œuvre par les EMF permettant de réduire la pauvreté (Pitamber, 2003).

### *Littérature sur l'application de la théorie des jeux*

Dans la littérature sur l'analyse du comportement des bénéficiaires de crédits, plusieurs auteurs ont fait usage de la théorie des jeux en se basant sur deux types de joueurs (prêteur et emprunteur). Ces auteurs, sur la base d'analyses théoriques, ont fait des prédictions relatives au choix d'investissement des bénéficiaires entre « projet risqué » (projet dont les retours sur investissements sont élevés car le projet peut être un succès ou un échec) et le « projet non risqué » (projet dont les retours sur investissements sont certains mais faibles) (Van Tassel, 2004; Giné *et al.*, 2006) ainsi que sur le comportement lié aux risques de défaut (Karlan, 2005; Brown et Zehnder, 2005).

### La littérature sur la microfinance au Congo

En ce qui concerne le Congo, les microcrédits accordés par les IMF ont permis aux entrepreneurs pauvres qui ne sont pas en mesure d'exploiter par eux-mêmes les opportunités économiques par manque de moyens financiers, de s'engager dans une activité génératrice de revenu. Ces microcrédits ont aussi permis aux pauvres d'assurer des dépenses à caractère social. A titre d'illustration, en 2001, la CAPPED a accordé 76 % de ses crédits au commerce et 2 % à l'artisanat (FJEC 2001). En 2004, la MUCODEC qui représente 87 % des dépôts et 88 % des crédits du secteur, a accordé environ 16 % de ses crédits aux micro-entrepreneurs. Par ailleurs, les études sur la microfinance en liaison avec la pauvreté sont quasiment inexistantes au Congo (CERAPE, 2007). L'étude menée par Diata, Boungou-Bazika et Mouko (2004) a porté sur la contribution de la microfinance au développement au travers des dépôts et des crédits. Mais elle ne fait pas ressortir le lien direct avec la réduction de la pauvreté. De même, l'étude de Makosso (2007) qui propose une analyse de la contribution de la microfinance au développement de l'entrepreneuriat et de l'innovation ne soulève pas non plus les questions sur la pauvreté.

### 4. Approche méthodologique

La méthodologie appliquée dans notre étude repose sur une application d'un modèle simplifié de la théorie des jeux pour comprendre comment le microcrédit contribue à réduire la pauvreté à partir des comportements stratégiques des bénéficiaires. L'application de la théorie des jeux est inspirée par l'étude de Giné *et al.* (2006).

### Indications protocolaires du jeu

Le protocole du jeu consistait à tester l'hypothèse selon laquelle, le petit entrepreneur adopte un comportement moins risqué en portant sa préférence sur le commerce. Ainsi, pour valider cette hypothèse, nous avons eu recours à la théorie des jeux en simulant le comportement entrepreneurial en fonction des montants fictifs représentant différents types de prêts obtenus de la microfinance. Pour expérimenter cette approche, au début de chaque jeu et round, chaque joueur a reçu une somme théorique de 50 000 FCFA qui correspond à un microcrédit. Les gains obtenus dans les jeux ou rounds précédents n'ont pas servi à couvrir les pertes du jeu ou round en cours. L'hypothèse en matière de risque est que l'agriculture est le secteur le plus risqué à cause des aléas climatiques, du mauvais état des infrastructures routières et du caractère périssable des produits. En seconde position, vient l'artisanat qui lui aussi dépend beaucoup de l'état des infrastructures, des services publics mais qui ne connaît pas le caractère périssable des produits. En dernière position, vient le commerce qui consiste à acheter et à revendre les biens sans activité de transformation et enregistre de ce fait le niveau de risque le moins élevé. D'ailleurs, les études empiriques montrent qu'au Congo, les ressources provenant de la microfinance sont davantage orientées vers les activités commerciales (Diata *et al.*, 2004; Makosso, 2007). Il importe de préciser que les joueurs ont bénéficié de montants différents de microcrédit afin de voir comment varie leur comportement lorsque le montant du microcrédit augmente. Ainsi, chaque jeu comprenait 6 rounds avec des montants différents de microcrédit à savoir 50 000, 100 000, 300 000, 500 000,

800 000 et 1 000 000 FCFA (Tableau 11.1). L'hypothèse ayant servi à la détermination des gains est le niveau du risque: si un projet est moins risqué, le gain qu'il rapporte est moins élevé et vice-versa.

**Tableau 11.1: Gains en cas de succès selon le choix et le montant du microcrédit (en milliers FCFA)**

| Round | Montant | Gains brut | Gains nets | Gains brut | Gains nets | Gains brut | Gains nets |
|-------|---------|------------|------------|------------|------------|------------|------------|
|       |         | Agriculture | | Artisanat | | Commerce | |
| 1     | 50      | 80         | 30         | 70         | 20         | 60         | 10         |
| 2     | 100     | 160        | 60         | 140        | 40         | 120        | 20         |
| 3     | 300     | 480        | 180        | 420        | 120        | 360        | 60         |
| 4     | 500     | 800        | 300        | 700        | 200        | 600        | 100        |
| 5     | 800     | 1280       | 480        | 1120       | 320        | 960        | 160        |
| 6     | 1000    | 1600       | 600        | 1400       | 400        | 1200       | 200        |

Dans le jeu dynamique, l'échec a entraîné une perte équivalente de ces gains. La détermination de l'échec et de la réussite d'un projet plus risqué (agriculture ou artisanat) a été estimée de façon aléatoire par la méthode de pile ou face. Dans le modèle de Stiglitz tout comme dans beaucoup de travaux théoriques sur la microfinance, les projets les plus sûrs sont supposés avoir une plus grande rentabilité en termes de retour sur investissement que les projets les plus risqués (Giné *et al.*, 2006). Cependant, l'hypothèse qui soutient que les retours sur investissements dans les projets plus risqués sont beaucoup plus importants que ceux des projets moins risqués est plus réaliste (Mezza et Webb, 1990 cité par Giné *et al.*, 2006).

### Approche économétrique

Dans la recherche menée par Van Tassel (2004), Karlan (2005), Giné *et al.* (2006), les auteurs ont utilisé la méthode des moindres carrés ordinaires (MCO) pour cerner les déterminants du choix des bénéficiaires de microcrédits entre un projet risqué et non risqué. Dans le cas de notre étude, nous avons utilisé le modèle relatif au Logit multinomial parce que le choix de l'entrepreneur concerne trois secteurs d'activité. Le petit entrepreneur a le choix entre le commerce, l'agriculture ou l'artisanat. Sur la base cette approche, nous avons pu déterminer les variables qui sont susceptibles d'influencer la prise de décision des bénéficiaires de microcrédits. Dans ce cas de figure, l'approche économétrique vient en appoint à l'application de la théorie des jeux car, elle a permis non seulement d'atteindre l'objectif spécifique n° 2 à savoir, quels sont les variables qui déterminent le choix des projets des bénéficiaires de microcrédits, mais aussi d'avoir une compréhension approfondie du comportement des emprunteurs. Par ailleurs, il importe de noter que pour identifier les facteurs expliquant le comportement des emprunteurs via l'analyse économétrique, d'autres variables non prises en compte dans l'application de la théorie des jeux ont été incorporées au modèle de régression. Ces variables proviennent de l'enquête préalable faite sur les clients.

Dans le modèle logistique multinomial avec k modalités, la probabilité d'occurrence de la modalité j s'écrit de la manière suivante:

$$P(Y = J / X) = \frac{e^{(x\beta^{(i/0)})}}{\sum_{j=0}^{j=k} e^{(x\beta^{(i/0)})}} \tag{1}$$

Par convention 0 est la modalité de base. Notre modèle peut être présenté comme suit:

$$\text{Utilcred} = f\,(\text{CSD, montcred, durcred nacred, sucpro, echpro}) \tag{2}$$

Avec Utilcred: nature du choix dans l'utilisation du microcrédit (variable polytomique: projet dans l'agriculture = 1; projet dans l'artisanat = 2; projet dans le commerce = 3); CSD: caractéristiques socio-démographiques (âge, sexe, statut marital, taille du ménage, niveau d'instruction, réligion); Montcred: montant du crédit; Dcr: durée optimale du crédit; Nacred: nature du crédit (crédit individuel ou solidaire); Sucp: succès du projet; Ecproj: échec du projet. Le logiciel STATA 10 a été utilisé pour estimer les régressions.

### Approche de l'inégalité

La réduction de la pauvreté implique d'avoir un aperçu sur l'inégalité au sein des petits entrepreneurs. Plusieurs études montrent que la redistribution des ressources visant à atténuer la pauvreté peut aboutir à l'échec si la population ciblée est fortement inégalitaire (Sahn et Younger 2000; Boungou Bazika *et al.* 2006).

C'est pourquoi, pour réduire de façon efficace la pauvreté, il faut parallèlement réduire les inégalités. Pour déterminer l'inégalité, nous avons utilisé l'approche par quantile d'une part et les courbes de Lorenz d'autre part (voir Figures 11.2 - 11.5).

### Délimitation du champ d'investigation et source des données

Notre étude a couvert un champ géographique comprenant la zone urbaine et semi-rurale. Dans la zone urbaine, il a été interrogé 199 micro-entrepreneurs à Brazzaville ayant bénéficié de microcrédit et dans la zone semi-rurale 75 bénéficiaires. Après épuration des données, 232 répondants ont été retenus. Quatre institutions ont été impliquées: MUCODEC, CAPPED, FAM et CFCM. Les enquêtés ont été sélectionnés sur la base du fichier établi par les institutions auprès desquelles ont été retenus les petits entrepreneurs ayant bénéficié d'un microcrédit d'un montant inférieur à 2 millions de FCFA. Ont été exclus ceux ayant eu un microcrédit supérieur à ce montant en partant de l'hypothèse que ceux-là n'étaient pas des petits entrepreneurs pauvres.

### Taille de l'échantillon et méthodologie de sélection des individus

La sélection des joueurs s'est faite de manière aléatoire. Sur les 232 individus enquêtés, 10 individus ont été retenus pour participer au jeu. Afin de respecter l'approche genre, le groupe des joueurs comprenait six femmes et quatre hommes. Il importe de souligner que dans l'enquête, il y a eu plus de femmes que d'hommes. Pour distinguer les pauvres et les non-pauvres, nous avons opté pour une approche monétaire de la pauvreté en nous basant sur le seuil de pauvreté au Congo qui est de 839 FCFA par individu et par jour (Ministère du Plan, 2006).

### Questionnaire et formulaire du jeu

L'enquête est basée sur un questionnaire qui a servi d'instrument de collecte des données sociodémographiques, du niveau des dépenses alimentaires, du montant et des conditions d'octroi et de l'utilisation du microcrédit.

### 5. Résultats, interprétation et recommandations

### Comparaison des tendances du jeu et de la réalité

#### Tendances principales

Les données provenant de l'enquête montrent que l'utilisation des microcrédits dans le secteur du commerce domine largement comparativement à l'agriculture et à l'artisanat (Figure 11.1). Les résultats découlant de l'application du jeu montrent clairement que le choix opéré par les petits entrepreneurs vers le commerce est dominant (69,44 % dans le jeu statique et 80,70 % dans le jeu dynamique). Lorsque l'on affine les résultats en termes de choix de projets, dans le jeu statique, la vente d'aliments est dominante avec 53,33 % de choix, suivie de la culture du manioc avec 16,11 % de choix. En troisième position viennent la vente de charbon et l'élevage avec 9,44 % de choix.

**Figure 11.1: Schéma des résultats du choix des petits entrepreneurs dans le jeu**

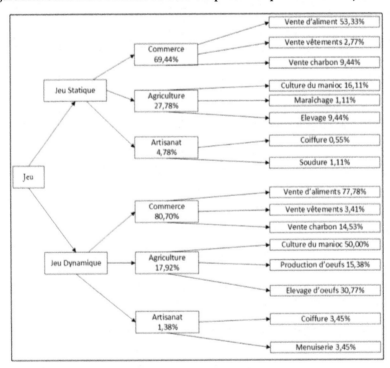

Dans le jeu dynamique, la vente d'aliments occupe largement la première place avec 77,78 % de choix, suivie de la culture de manioc avec 50 % et l'élevage avec 30,77 %.

Dans les deux types de jeu, le choix des petits entrepreneurs dans l'utilisation de leurs microcrédits dans l'artisanat est très marginal (4,78 % et 1,38 %). Le jeu individuel appliqué aux différents montants de microcrédit a permis de mieux comprendre la propension à la prise de risque des joueurs. De même, le contexte de contrôle et de communication dans le jeu a permis de déterminer l'influence du partenariat dans la prise de décision d'investissement. Comparativement à la réalité, l'application du jeu corrobore l'aversion des joueurs au risque que ce soit pour le jeu statique que pour le jeu dynamique. En effet, dans les trois contextes du jeu (individuel, avec contrôle, avec communication), la préférence au commerce est dominante. Par ailleurs, nous avons aussi observé en particulier le fait que les participants qui avaient une propension à prendre des risques dans le jeu individuel ont eu à réduire leur prise de risque quand ils avaient un partenaire.

En somme, nous pouvons dire de façon générale que le comportement des micro-entrepreneurs bénéficiant de microcrédit se fonde beaucoup plus sur la sécurité de l'investissement que sur la rentabilité optimale de ce dernier. Lorsque l'on confronte les résultats de l'enquête à ceux du jeu, on retrouve des points communs. Les grandes tendances montrent que le choix porté sur le commerce domine, suivi de l'agriculture et en dernière position se trouve l'artisanat (Tableau 11.2, Tableau 11.3). Le fait que le commerce soit le secteur d'activité le moins risqué et ayant un retour sur investissement plus rapide tout en utilisant un faible capital de départ explique le choix dominant porté sur le commerce par les entrepreneurs pauvres. Ces résultats sont aussi confirmés par Aggarwal *et al.* (2013).

**Tableau 11.2: Répartition des bénéficiaires selon la réalité**

|             | Nombre | Pourcentage |
|-------------|--------|-------------|
| Commerce    | 172    | 91,49       |
| Agriculture | 15     | 7,98        |
| Artisanat   | 1      | 0,53        |
| Total       | 188    | 100,00      |

*Source: Enquête 2009.*

**Tableau 11.3: Répartition des bénéficiaires selon le jeu**

|             | Nombre | Pourcentage |
|-------------|--------|-------------|
| Commerce    | 39     | 65,00       |
| Agriculture | 16     | 26,67       |
| Artisanat   | 5      | 8,33        |
| Total       | 60     | 100,00      |

*Source: Jeu 2009.*

### Tendances spécifiques

*Tendances en fonction du montant du microcrédit*

Les tendances selon le montant du microcrédit montrent aussi des convergences entre le choix fait dans le réel et le jeu. Lorsque le montant du microcrédit est égal ou inférieur à 50 000 FCFA, la totalité des petits entrepreneurs orientent leurs investissements dans le commerce. Quand le montant du microcrédit augmente, certains petits entrepreneurs pauvres ont tendance à investir dans le secteur de l'agriculture. Le secteur de l'artisanat par contre est peu attractif pour les petits entrepreneurs pauvres.

*Tendances générées par l'utilisation du microcrédit*

Il est pertinent d'analyser la perte ou le gain occasionné par l'investissement du microcrédit par l'entrepreneur pauvre. Les données de l'enquête montrent que la plupart des entrepreneurs ayant bénéficié de microcrédits ont mis en œuvre des projets qui ont connu un succès, soit 89,20 % (Tableau 11.4).

**Tableau 11.4: Répartition des micro-entrepreneurs selon le résultat du projet**

|  | Succès | | Echec | |
|---|---|---|---|---|
|  | Nombre | % | Nombre | % |
| Commerce | 142 | 80,68 | 17 | 9,66 |
| Agriculture | 14 | 7,95 | 2 | 1,14 |
| Artisanat | 1 | 0,57 | 0 | 0,00 |
| Total | 157 | 89,20 | 19 | 10,80 |

*Source: Enquête 2009.*

Le jeu dynamique a permis de déterminer les gains et les pertes des petits entrepreneurs comme le montre le tableau 11.5 suivant.

**Tableau 11.5: Répartition des projets des micro-entrepreneurs selon le gain du jeu**

|  | Gain | | Perte | |
|---|---|---|---|---|
|  | Nombre | % | Nombre | % |
| Commerce | 39 | 69,64 | 0 | 0,00 |
| Agriculture | 6 | 10,71 | 9 | 16,07 |
| Artisanat | 0 | 0,00 | 2 | 3,57 |
| Total | 45 | 80,36 | 11 | 19,64 |

*Source: Jeu 2009.*

### *Inégalité des petits entrepreneurs pauvres face au microcrédit*

Une autre caractéristique importante de l'offre de microcrédit est son caractère profondément inégalitaire, ce qui est une contrainte dans la stratégie de réduction de la pauvreté. En effet, 20 % des bénéficiaires les plus pauvres ne perçoivent que 3,76 % du montant total des microcrédits alors que les 20 % des petits entrepreneurs les moins pauvres perçoivent 47,42 % (Tableau 11.6).

**Tableau 11.6: Répartition des entrepreneurs en fonction des quantiles**

| Groupe | Quantile | % de median | Part, % | L(p), % | GL(p) |
|---|---|---|---|---|---|
| 1 | 40000,00 | 32,00 | 1,01 | 1,01 | 3265,67 |
| 2 | 50000,00 | 40,00 | 2,75 | 3,76 | 12104,42 |
| 4 | 87500,00 | 70,00 | 2,04 | 5,80 | 18667,51 |
| 5 | 125000,00 | 100,00 | 3,78 | 9,58 | 30836,31 |
| 6 | 200000,00 | 160,00 | 5,43 | 15,01 | 48307,82 |
| 7 | 300000,00 | 240,00 | 7,54 | 22,55 | 72574,91 |
| 8 | 500000,00 | 400,00 | 16,66 | 39,21 | 126210,96 |
| 9 | 750000,00 | 600,00 | 13,37 | 52,58 | 169230,91 |
| 10 | | | 47,42 | 100,00 | 321851,97 |

*Part = La part de groupe quantile du montant de crédit, L(p)= La part cumulative du group;*
*GL(p)=L(p)\*mean (mont_cred)*

Cette forte inégalité montre que la microfinance comporte des limites dans la stratégie de réduction de la pauvreté. Il est souvent admis qu'une forte inégalité est un sérieux handicap dans la redistribution des ressources. Elle limite les possibilités pour les plus démunis de bénéficier des ressources suffisantes pour sortir de la pauvreté à cause de la concentration des revenus entre les mains du groupe les moins démunis. Les graphiques de courbe de Lorenz qui suivent montrent l'inégalité selon la localité (Figure 11.2), le genre (Figure 11.3), l'utilisation (Figure 11.4) et la nature du crédit (Figure 11.5).

**Figure 11.2: Montant du microcrédit par localité**

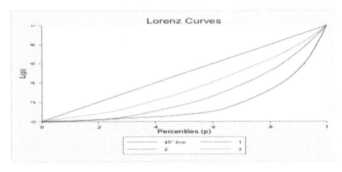

*NB: 1=Brazzaville; 2=Gamboma; 3= Oyo*

L'inégalité selon la localité montre que Brazzaville est la localité marquée par la plus forte inégalité comparée à la localité semi rurale de Gamboma. L'indice de Gini est respectivement de 0,644, 0,455 et 0,277 à Brazzaville, Gamboma et Oyo. La localité d'Oyo est celle où l'inégalité au sein des micros entrepreneurs pauvres est la moins élevée.

**Figure 11.3: Montant du microcrédit selon le genre**

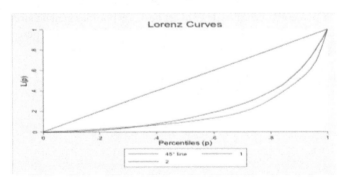

*NB: 1= hommes; 2= femmes*

L'analyse de l'inégalité selon le genre révèle que l'inégalité est plus forte chez les entrepreneurs pauvres de genre féminin que de genre masculin à partir du 4e percentile. L'indice de Gini est 0,567 pour les hommes et 0,638 pour les femmes. Du 1er au 4e percentile, l'inégalité est légèrement plus élevée chez les hommes que chez les femmes.

**Figure 11. 4: Montant du microcrédit selon son utilisation**

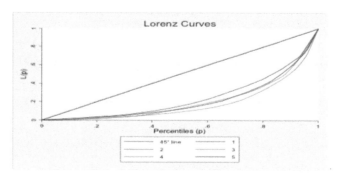

*NB: 1= agriculture; 2=artisanat; 3= commerce; 4= services; 5= autres*

Lorsque l'on observe le secteur d'activité dans lequel l'entrepreneur pauvre a investi le microcrédit octroyé par la microfinance, l'inégalité est plus forte dans le secteur du commerce. A l'inverse, c'est dans le secteur de l'agriculture où l'inégalité est la plus faible. L'indice de Gini est de 0,636 alors qu'il est de 0,507 dans l'agriculture.

L'analyse de l'inégalité en fonction de la nature du crédit montre que le crédit individuel se caractérise par une plus forte inégalité que le crédit solidaire jusqu'au 8e percentile. L'indice de Gini est de 0,559 pour les bénéficiaires du crédit individuel et de 0,538 pour ceux du crédit solidaire. Du 8e au 10e percentile, c'est l'inverse qui se présente.

**Figure 11. 5: Montant du microcrédit selon la nature du crédit**

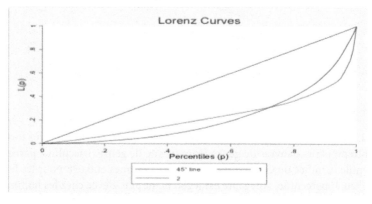

*NB: 1= crédit individuel; 2= crédit solidaire.*

L'inégalité devient plus forte au sein des bénéficiaires du crédit solidaire en comparaison des bénéficiaires du crédit individuel. Ainsi, la dominance stochastique de premier ordre se modifie et passe du crédit individuel au crédit solidaire.

### Les variables explicatives du comportement du petit entrepreneur

Le modèle Logit multinomial utilisé sur les données de l'enquête de terrain a permis de déterminer les variables qui expliquent le comportement du petit entrepreneur (Tableau 11.7).

*L'agriculture*

Les résultats de la modélisation montrent que relativement au commerce, l'investissement du microcrédit dans l'agriculture croît avec la localité, l'âge du promoteur, la taille du ménage et la religion. Ces quatre variables incitent le petit entrepreneur à orienter les ressources de son microcrédit dans le secteur agricole. S'agissant de la localité, cela signifie que plus le projet dans le secteur agricole est localisé en zone urbaine, plus il a des chances de se réaliser. L'explication de cette tendance est à trouver dans l'enclavement des zones rurales et semi-rurales dû à l'insuffisance des voies de communication et des moyens de transport. Plus le promoteur est âgé et possède une grande famille, plus il investit le microcrédit dans le secteur agricole. L'investissement dans l'agriculture favorise l'autosubsistance des familles de grande taille dans un contexte de cherté des denrées alimentaires. L'influence de la variable religion peut s'expliquer par le fait que les petits entrepreneurs bénéficiant des microcrédits sont membres d'IMF ayant été créées par des confessions religieuses.

**Tableau 11.7: Régression logistique multinomiale**

| | Coéfficient | Ecart-type | z | P>\|z\| | 95 % Confidence Interval | |
|---|---|---|---|---|---|---|
| Utilis_Credit (1) | | | | | | |
| Localité | 0,2674 | 0,4091 | 0,65 | 0,513 | -0,5345 | 1,0693 |
| Genre | -2,1279 | 0,6677 | -3,19 | 0,001 | -3,4365 | -0,8193 |
| Age | 0,0479 | 0,0345 | 1,39 | 0,165 | -0,0198 | 0,1156 |
| Stat_Matri | -0,3418 | 0,2912 | -1,17 | 0,241 | -0,9126 | 0,2291 |
| Taille | 0,1265 | 0,0989 | 1,28 | 0,201 | -0,0675 | 0,3204 |
| Niv-Educ | -0,0582 | 0,3286 | -0,18 | 0,859 | -0,7023 | 0,5859 |
| Religion | 0,2423 | 0,2524 | 0,96 | 0,337 | -0,2524 | 0,7371 |

| | | | | | | |
|---|---|---|---|---|---|---|
| Mont_Cred | 0,0000 | 0,0000 | 1,3 | 0,194 | 0,0000 | 0,0000 |
| Nb_Cred | -0,2445 | 0,2869 | -0,85 | 0,394 | -0,8068 | 0,3178 |
| Réinvest | -0,3002 | 0,8736 | -0,34 | 0,731 | -2,0125 | 1,4121 |
| Delai_Rem | -0,1258 | 0,3637 | -0,35 | 0,729 | -0,8387 | 0,5871 |
| Cons | -1,0079 | 2,4407 | -0,41 | 0,68 | -5,7916 | 3,7758 |
| **Utilis Credit (2)** | | | | | | |
| Localité | 16,7409 | 9,06E+07 | 0 | 1 | -1,77E+08 | 1,77E+08 |
| Genre | -61,9165 | 1,43E+08 | 0 | 1 | -2,81E+08 | 2,81E+08 |
| Age | -0,1473 | 3196719 | 0 | 1 | -6265454 | 6265454 |
| Stat_Matri | -0,8948 | 1,97E+07 | 0 | 1 | -3,86E+07 | 3,86E+07 |
| Taille | 7,6102 | 6844241 | 0 | 1 | -1,34E+07 | 1,34E+07 |
| Niv_Educ | -12,0053 | 4,36E+07 | 0 | 1 | -8,54E+07 | 8,54E+07 |
| Religion | -17,7806 | 4,04E+07 | 0 | 1 | -7,93E+07 | 7,93E+07 |
| Mont_Cred | -0,0007 | 451,1591 | 0 | 1 | -884,256 | 884,255 |
| Nb_Cred | 0,8439 | 4044906 | 0 | 1 | -7927869 | 7927871 |
| Réinvest | 70,9377 | 1,80E+08 | 0 | 1 | -3,52E+08 | 3,52E+08 |
| Delai_Rem | -11,5673 | 7,73E+07 | 0 | 1 | -1,52E+08 | 1,52E+08 |
| Cons | 4,7855 | 3,86E+08 | 0 | 1 | -7,56E+08 | 7,56E+08 |
| **Utilis_Credit (4)** | | | | | | |
| Localité | 0,4207 | 0,3484 | 1,21 | 0,227 | -0,2622 | 1,1036 |
| Genre | -0,5024 | 0,5121 | -0,98 | 0,327 | -1,5061 | 0,5013 |
| Age | -0,0679 | 0,0344 | -1,98 | 0,048 | -0,1354 | -0,0005 |
| Stat_Matri | 0,0401 | 0,1900 | 0,21 | 0,833 | -0,3323 | 0,4126 |
| Taille | -0,0278 | 0,1095 | -0,25 | 0,800 | -0,2425 | 0,1869 |
| Niv_Educ | 0,2864 | 0,2868 | 1,00 | 0,318 | -0,2756 | 0,8484 |
| Religion | 0,3199 | 0,2021 | 1,58 | 0,113 | -0,0761 | 0,7160 |
| Mont_Cred | 0,0000 | 0,0000 | 2,18 | 0,030 | 0,0000 | 0,0000 |
| Nb_Cred | -0,0048 | 0,0787 | -0,06 | 0,951 | -0,1591 | 0,1494 |
| Réinvest | 2,2998 | 1,1560 | 1,99 | 0,047 | 0,0340 | 4,5656 |
| Delai_Rem | 0,1553 | 0,2751 | 0,56 | 0,572 | -0,3839 | 0,6945 |
| Cons | -3,1244 | 2,2667 | -1,38 | 0,168 | -7,5671 | 1,3183 |
| **Utilis_Credit (5)** | | | | | | |
| Localité | 0,1319 | 0,3921 | 0,3400 | 07360 | -0,6365 | 0,9004 |
| Genre | -2,4034 | 0,5977 | -4,0200 | 0,0000 | -3,5750 | -1,2319 |
| Age | 0,0280 | 0,0318 | 0,8800 | 0,3790 | -0,0343 | 0,0904 |
| Stat_Matri | -0,1383 | 0,1947 | -0,7100 | 0,4770 | -0,5200 | 0,2433 |
| Taille | -0,0209 | 0,1004 | -0,2100 | 0,8350 | -0,2178 | 0,1759 |

| Niv_Educ | 0,2668 | 0,2765 | 0,9600 | 0,3350 | -0,2752 | 0,8089 |
| Religion | 0,0091 | 0,2236 | 0,0400 | 0,9680 | -0,4293 | 0,4474 |
| Mont_Cred | 0,0000 | 0,0000 | 0,4000 | 0,6860 | 0,0000 | 0,0000 |
| Nb_Cred | -0,7412 | 0,3493 | -2,1200 | 0,0340 | -1,4258 | -0,0566 |
| Réinvest | -0,2501 | 0,6985 | -0,3600 | 0,7200 | -1,6192 | 1,1189 |
| Delai_Rem | -0,4326 | 0,3212 | -1,3500 | 0,1780 | -1,0621 | 0,1969 |
| Cons | 1,8525 | 2,0646 | 0,9000 | 0,3700 | -2,1941 | 5,8991 |

*Note: Nombre des observations = 23; LR chi2(44) = 88.8; Prob > chi2 = 0.0001;*
*Log likelihood = -159.23378; Pseudo R2 = 0.2182; (utilis cred = 3 est le résultat de base)*

### L'artisanat

Relativement au commerce, l'investissement du microcrédit dans l'artisanat croît avec la localité, la taille du ménage, le nombre de crédits obtenus, le réinvestissement du bénéfice de l'entreprise. Les trois dernières variables significatives ont retenu notre attention. Le secteur de l'artisanat n'attire les petits entrepreneurs qu'à deux conditions: si le projet a une forte rentabilité et si le capital investi dans le projet est important. Les trois variables traduisent les deux conditions évoquées. Plus le microcrédit est élevé, plus il est investi dans l'artisanat. Or, le nombre de crédits contribue à accroître l'investissement. C'est pourquoi, l'entrepreneur doit bénéficier de plus d'un crédit, ce qui lui permet d'étaler dans le temps son investissement et d'assurer l'amélioration de son activité. Le réinvestissement du bénéfice est conditionné par la rentabilité du projet. Il permet de garantir la pérennité du projet.

### Recommandations

De l'analyse qui précède, nous avons dégagé plusieurs recommandations en vue de favoriser l'utilisation du microcrédit dans la stratégie de réduction de la pauvreté des petits entrepreneurs.

Premièrement: le microcrédit peut être un instrument de lutte contre la pauvreté des petits entrepreneurs à condition de lutter contre la forte inégalité qu'il engendre au sein des bénéficiaires. Pour lutter contre l'inégalité dans la distribution du crédit, l'État pourrait subventionner certains types de crédit pour augmenter le portefeuille de crédits accordés aux pauvres ainsi que le montant individuel qui pourrait leur être alloué. Par exemple, l'État pourrait subventionner les crédits destinés aux femmes sous la forme d'un fonds de soutien géré par les IMF.

Deuxièmement: L'agriculture et l'élevage semblent attirer les petits entrepreneurs pauvres comme l'ont montré les résultats du jeu, mais le risque élevé limite les investissements dans ce secteur. Afin de réduire le risque, l'État doit améliorer les infrastructures routières et apporter des appuis ciblés aux coopératives de production. Si ces mesures sont mises en œuvre, le pourcentage de microcrédit en faveur du secteur agricole devrait connaître une nette augmentation. Les marges bénéficiaires étant élevées, les petits entrepreneurs pourraient accroître leurs revenus, ce qui contribuerait à les sortir de la situation de pauvreté. Ainsi, l'agriculture pourrait attirer bon nombre d'entrepreneurs pauvres exerçant actuellement dans le commerce et en quête de revenus plus élevés. Le Fonds de Soutien Agricole mis en place récemment par le Gouvernement devait accorder la priorité aux petits exploitants agricoles.

Troisièmement: l'artisanat est aussi un important secteur de l'économie nationale dans lequel interviennent les petits entrepreneurs pauvres. L'artisanat dans un pays constitue la base du développement industriel. C'est pourquoi, il mérite une attention particulière. Les possibilités de développer l'artisanat dans les zones urbaines existent (capital humain, eau et électricité, infrastructures routières et de transport, marché, etc.). Ainsi, la mise en place des centres de formation des métiers est indispensable pour attirer les petits entrepreneurs dans l'artisanat. De même, la création de produits financiers spécifiques par les IMF pour aider à l'installation et au développement des ateliers artisanaux s'avère nécessaire.

Quatrièmement: le crédit solidaire apparaît comme un instrument moins inégalitaire que le crédit individuel. Ce type de crédit est donc plus performant dans la lutte contre la pauvreté et l'inégalité. Cela signifie que les IMF doivent développer ce produit spécifique pour contribuer à l'exécution de la stratégie de réduction de la pauvreté adoptée par les pouvoirs publics et ainsi réaliser leur mission sociale, celle de lutter contre l'exclusion de certaines couches sociales du système bancaire.

Cinquièmement: les IMF pour limiter les risques de défaut doivent avoir une approche plus globale de leurs clients. Celle-ci doit être rationnelle par la création d'un partenariat avec des ONG et/ou institutions étatiques qui devraient assurer l'intermédiation sociale (formation, suivi, encadrement des bénéficiaires de crédit, etc.) afin d'éviter les problèmes liés à l'imputation des centres de coûts distincts de leurs services financiers (CGAP, 1998). En effet, l'intermédiation financière réussit souvent lorsqu'elle s'accompagne d'une intermédiation sociale (Ledgerwood, 1999).

### 6. Conclusion

L'objectif de la présente étude était d'examiner le comportement du petit entrepreneur pauvre dans l'utilisation du microcrédit dont il est bénéficiaire. Les données de l'enquête ont montré que la grande majorité des entrepreneurs s'orientent vers le commerce. Cette tendance est plus forte chez les entrepreneurs femmes comparativement aux entrepreneurs hommes. Lorsque le montant du microcrédit augmente, le choix tout en restant majoritaire pour le commerce connaît une orientation vers d'autres secteurs qui sont l'agriculture et les services. S'agissant de l'artisanat, les données montrent qu'une infime minorité seulement investit les fonds provenant du microcrédit dans ce secteur. La nécessité d'un capital humain approprié pourrait expliquer cette faible tendance.

Sur le plan théorique, l'étude a contribué à affiner la relation entre trois variables: micro-entrepreneur, microcrédit et investissement. Cette relation est déterminée par le niveau du risque. Sur le plan empirique, il a permis de voir comment les institutions de microfinance peuvent mieux adapter leur politique de crédit aux micro-entrepreneurs pauvres en prenant en compte le comportement stratégique des bénéficiaires et ainsi contribuer à la réduction de la pauvreté. Nous sommes partis de l'hypothèse selon laquelle en prenant le risque, le bénéficiaire du microcrédit peut améliorer, sous certaines conditions, sa situation sociale. En effet, l'investissement dans une activité génératrice de revenu procure aux ménages pauvres des moyens leur permettant de réduire leur vulnérabilité si et seulement si cette activité perdure, comporte une certaine rentabilité et n'engendre pas de fortes inégalités au sein des bénéficiaires. Toutefois, il sied de noter que l'inégalité, lorsqu'elle est forte constitue un obstacle dans la lutte contre la pauvreté (Ravallion, 2001; Bourguignon, 2003). En effet, les économistes conviennent que la détérioration de la distribution du revenu tend à augmenter la pauvreté (Deininger et Squire, 1996; Dollar et Kraay, 2002; Ravallion, 2003; Bourguignon, 2004). La distribution du microcrédit par les institutions de microfinance révèle que l'inégalité est plus accentuée en zone urbaine que semi-rurale, chez les femmes que les hommes, dans le commerce que dans les autres secteurs d'activité, au niveau du crédit individuel que du crédit solidaire. Pour réduire la pauvreté, il importe de réduire les inégalités dans la distribution de microcrédit. De plus, nous recommandons que les conditions de production soient améliorées notamment dans les zones semi-rurales par la création des infrastructures, que les entrepreneurs féminins soient appuyées grâce à la création de fonds spéciaux dans les institutions de microfinance, que le Fonds de Soutien Agricole mettent l'accent sur les petits exploitants pauvres organisés dans les coopératives et que le crédit solidaire soit davantage développé.

### Références Bibliographiques

Acclassato, D. H. (2008), 'Taux d'Intérêt Effectif, Viabilité Financière et Financement des Petits Opérateurs Economiques par les Institutions de Microfinance au Benin', *Annals of Public and Cooperative Economics* 79(1):161–195.
ADA (2006), La microfinance: outil de lutte contre a pauvreté, Luxembourg.

Aggarwal, S., L. Klapper & D. Singer (2012), 'Financing Businesses in Africa: The Role of Microfinance', World Bank Policy Research Working Paper 5975, The World Bank, Washington, D.C.

Berger, A. N. & D. B. Humphrey (1997), 'Efficiency of Financial Institutions: International Survey and Directions for Future Research', *European Journal of Operational Research* 98:175-212. Elsevier Science B.V.

Bourguignon, F. (2004), 'La croissance et son impact sur la pauvreté et les inégalités', Afrique contemporaine-Automne, Dossier.

Bourguignon, F. (2003), 'The Growth Elasticity of Poverty Reduction: Explaining Heterogeneity across Countries and Time Periods', In Eicher, T. et S. Turnovsky (eds), *Inequality and Growth. Theory and Policy Implications*. Cambridge, MA: The MIT Press.

Boungou Bazika, J-C, B. Makosso, J. Pihi & T. Dzaka Kikouta (2006), 'La pauvreté en République du Congo et l'impact des politiques publiques', Rapport final révisé, AERC, Nairobi.

Brown, M. & Zehnder (2005), 'Credit registries, Relationship Banking and Loan Repayment', IEW - Working paper N° 240, Institute for Empirical Research in Economics, University of Zurich.

CERAPE (2007), 'Mondialisation, croissance et pauvreté', étude nationale, Programme de recherche, CRDI.

CGAP (2003), 'L'impact de la microfinance', *Note sur la microfinance* N°13, Banque mondiale, Washington, D.C.

CGAP (1998), 'Imputation des coûts pour les institutions de micro financements Multiservices', *Etudes Spéciale* N°2, octobre, édition CGAP.

Deininger, K. & L. Squire (1996), 'A New Data Set Measuring Income Inequality', *World Bank Economic Review* 10(3):565-91.

Diata, H., J.-C. Boungou Bazika & F. Mouko (2004), Microfinance et développement au Congo, Rapport de recherche final, Dakar: CODESRIA/IRD.

Dollar, D. & A. Kraay (2002), 'Growth Is Good for the Poor', *Journal of Economic Growth* 7(3):195-225.

FJEC (2001), Pour un développement intégré durable en République du Congo, Rapport d'activités.

Giné, X., P. Jakiela, D. Karlan & J. Murdoch (2006), 'Microfinance games', World Bank Policy Research Working Paper 3959. The World Bank, Washington, D.C.

Karlan, D. (2005), 'Using experimental economics to measure social capital and predict financial decisions', *American Economic Review* 95(5):1688-1699.

Khandker, Shahidur R. (1998), Fighting Poverty with Microcredit: Experience in Bangladesh, Oxford University Press, Inc. New York.

Ledgerwood, J. (1999), Manuel de microfinance, édition Banque Mondiale, Washington, D.C.

Makosso, B. (2007), 'Microfinance, Entrepreneuriat et Innovation au Congo', In Boungou Bazika (ed), *L'entrepreneuriat et l'innovation au Congo Brazzaville,* chapitre 8, Editions l'Harmattan, Paris.

Meza, D. & D. Webb (1990). 'Risk, Adverse Selection and Capital Market Failure', *Economic Journal* 100(399):206-214.

Ministère des Finances (2006), Tableaux statistiques des EMF. (Service de la microfinance de la Direction Générale de la Monnaie et du Crédit), rapport, Brazzaville.

Ministère du Plan, (2006), 'Profil de la pauvreté au Congo en 2005', Rapport d'analyse, avril 2006, Brazzaville.

Montgomery, H. and J. Weiss (2005), 'Great Expectations: Microfinance and Poverty Redaction in Asia and Latin America', ADB Institute, Research Series, No.63, February.

Morduch, J., (1999), 'The microfinance Promise', *Journal of Economic Literature* 37:1569-1614.

Mosley, P. (2001), 'Microfinance and poverty in Bolivia case study', *Journal of Development Studies* 37(4):11-32.

Pitamber, S. (2003), 'Factors impeding the poverty reduction capacity of micro-credit: Some field observations from Malawi and Ethiopia', African Development Bank, *Economic Research Papers* no 74.

Ravallion, M. (2003), 'The Debate on Globalization, Poverty and Inequality: Why Measurement Matters', Working Paper No. 3038, The World Bank, Washington, D.C.

Ravallion, M. (2001), 'Growth, Inequality, and Poverty: Looking Beyond Averages', Working Paper No. 2558, The World Bank, Washington, D.C.

Robinson, M. (2001), The Microfinance Revolution: Sustainable Finance for Poor, The World Bank, Washington, D.C.

Sahn, D. E. & S. Younger (2000), 'Expenditure incidence in Africa: Microeconomic evidence', *Fiscal Studies* 21(3):329-347.

Shaw, J. (2004), 'Microfinance Occupation and Poverty Reduction in Microfinance Program: Evidence from Sri Lanka', *World Development* 7:1247-1264.

Simanowitz, A. (2004), 'Realising Potential of Microfinance', in Insights development research N° 51, Published by id21 (www.id21.org).

Van Tassel, E. (2004), 'Household Bargaining and microfinance', *Journal of Development Economics* 74:449-468.

World Bank (2000), World Development Report 2000/2001: Attacking poverty, The World Bank, Washington, D.C.

# CHAPITRE 12

## MICROFINANCE ACCESS AND POVERTY REDUCTION IN CAMEROON

Fondo Sikod & Mendjo Baye

*Department of Economics and Management, University of Yaoundé II, Soa, Cameroun (fsikod2002@yahoo.com; bayemenjo@yahoo.com)*

## ABSTRACT

This paper explores correlates of credit access, effects of credit on economic wellbeing, and potential disparity in responses by sources of wellbeing, location and gender, while controlling for other correlates. We used the 2001 Cameroun household consumption survey and a range of survey-based econometric methods that purge parameter estimates of potential intra-cluster correlation, endogeneity and sample selection bias. Access to credit is strongly associated with household economic wellbeing irrespective of source of wellbeing. Credit correlates significantly with economic wellbeing in rural areas, but not in urban areas; whereas education associates strongly with economic wellbeing in urban areas, but not in rural areas. The implication is that rural wellbeing is more contingent on credit access than being educated, while urban wellbeing derives more from being educated than having credit access. Both credit access and education are significantly associated with wellbeing in male headed households, whereas only education correlates significantly with household wellbeing in female headed households. The implication is that while male headed households rely on both credit access and education to boost wellbeing, their female counterparts appear to relie more on being educated than having credit access. The impact of credit can be enhanced by accompanying measures such as availability of sufficient funds, quality services by lenders, physical infrastructure, healthcare and training.

*Keywords: Credit Access, Literacy, Household Wellbeing, Cameroun*

## 1. Introduction

Many studies show that by providing low-income households with access to financial services, the service providers help to improve their productivity and management skills, create jobs, smooth income and consumption flows, enlarge and diversify their businesses, and increase their income and other benefits, such as healthcare and education (Morduch, 1995; Gulli, 1998; Khandker, 1998; Pitt and

Khandker, 1998; Zeller, 2000; ADB, 2000; Parker and Nagarajan, 2001; Robinson, 2001; Khandker, 2001; Khandker and Faruque, 2001; Coleman, 2002; Morduch and Haley, 2002; Khandker, 2003).

Participants in microfinance institutions are, therefore, expected to accumulate more assets and to enjoy increased household incomes, better nutrition and health, the opportunity to achieve higher levels of training, a decrease in vulnerability to economic shocks, greater empowerment, and in some cases, the opportunity to completely lift themselves and families out of poverty. In this regard, microfinance has been the focus of development and poverty reduction activities for some time now (Khandker, 2005), yet because of the conflicting evidence from empirical studies policy analysts and political entrepreneurs still know relatively little about the extent of poverty reduction possible through microfinance institutions. Paramount among the limitations of the existing studies is the absence of a coherent econometric methodology that would make empirical findings more robust and valid for policy purposes. Differences in research methodology and data quality seem to account for differences in research findings. In particular, endogeneity, sample selection and intra-cluster correlation concerns are generally not accounted for in econometric studies that attempt to assess the impact of credit on the poverty status of households. This lack of empirical rigour reduces the relevance of findings for policy purposes.

Empirical studies to guide on the actual impact of micro-credit using Cameroonian data are simply unavailable. To fill this gap, our effort is geared at examining the demand/supply of credit and assessing whether access to micro-credit has any impact on poverty reduction and, if so, evaluate the magnitudes using a range of econometric approaches. To narrow this knowledge gap, we examine whether individual, household and/or community level characteristics influence a household's demand for credit and evaluate the impact of microfinance on household economic wellbeing and hence poverty. In particular, this paper seeks to address the following questions: (1) what impact does microfinance have on household economic wellbeing? (2) how do households manifest their demand for microfinance services? (3) does microfinance have differential impacts on household economic wellbeing by sources of wellbeing, location and gender of household head?

The main objective of this study is to evaluate the extent to which microfinance contributes in the process of poverty alleviation in Cameroun. The specific objectives are: (1) to evaluate the impact of microfinance on household economic wellbeing in Cameroun; (2) to determine factors influencing household access to microfinance loans; and (3) to disaggregate these effects by sources of wellbeing, residence and gender. The claim in this paper is that access to micro-credit and education engenders household economic wellbeing.

## 2. Background: The microfinance sector in Cameroun

Microfinance in Cameroun in its traditional form dates for over one century. It was formalized in 1963 by the Dutch Missionaries, who started what eventually became the Cameroun Cooperative Credit Union League (CAMCCUL) network, now represented in all the 10 regions of the country. Cameroun's microfinance sector has grown very rapidly since the onset of the economic crisis in 1986, because of problems in the traditional financial sector and the consequent expansion of informal economic activities. More than 80% of the MFIs in Cameroun are registered or function under the cooperative savings and credit associations regime, and are thus under the tutelage of the 1990 liberties law No. 90/053 and the 1992 law on cooperatives and common initiative groups. Other MFIs are informal or projects. MFIs are in three categories: the first category, cooperatives, deals only with members; the second category regroups MFIs that offer financial services to third parties; and the third type/group offers only credit and are not authorized to collect savings; these are mostly NGOs.

Cameroun has been described as a country of striking diversity, unfulfilled promise and tantalizing potential, with regions that abound in variety – geography, climate, people, education and economic structure (World Bank, 1994). In spite of all these endowments, Cameroun has been steep in poverty for more than the past two decades. The economic collapse led to the country not being able to pay its foreign debts, and to the poverty level mounting dramatically. A 1996 household survey (ECAM I, 1996) found that over 53.3% of Cameroonians were living below the income poverty line, which is approximately one US dollar per day. A second comparable household survey in 2001 (ECAM II, 2001) showed an improvement to 40.2%, which is still very high. Preliminary results from a third comparable household survey (ECAM III, 2007), shows that poverty in 2007 stagnated at 39.9%. The banking sector was particularly hit by the crisis. In the late 1980s this sector collapsed with the rest of the economy. The restructuring of this sector led to the liquidation of many banks, the closure of almost all bank branches in the rural areas and small towns, and the retrenchment of many bank workers. This led to a great reduction in the financial coverage or penetration that was already quite limited.

The microfinance sector was bound to grow because financial intermediation is shallow all over the country, with a ratio of money supply to GDP at 19.5 in 2002 (International Monetary Fund, 2003). This reflects a very low rate of bank penetration. Nevertheless, the microfinance sector has grown rapidly in the past two decades. In 2000, a "Commission bancaire de l'Afrique centrale" (COBAC) study found there were 652 MFIs in Cameroun, with 300.000 customers, about 7% of the potential market. Savings mobilized stood at CFA35.9 billion francs, about 6% of the total savings in the banking sector. In the same year, more than CFA25.4 billion francs were given out as loans, representing some 4.3% of all loans given by the banking sector (COBAC, 2000). Recently, Fotabong (2012) noted that the microfinance market will grow even further during the next decade.

Some former bank workers created savings and loan cooperatives, which have been functioning as semi-banks. This sector has however, expanded without an appropriate regulatory framework for many years. This shortcoming resulted in a lack of protection for depositors and in operations that fail to meet prudential standards. This led the government to establish operating modalities for savings and loan cooperatives. In particular, the government has taken measures to protect depositors. In addition to revising the 1992 law on cooperatives, it placed COOPEC under COBAC's control. Moreover, in the quest for solutions to the country's growth challenges and poverty alleviation, microfinance is becoming one of the most popular options as credit has been identified in Cameroun's poverty reduction strategy paper (PRSP) as a barrier constraining the growth of small and medium size informal enterprises.

### 3. Literature review

Providing access to finance to the poor has been considered a tool for economic development and poverty reduction (ADB, 2000; Morduch and Haley, 2002; Khandker, 2003). Market imperfections (such as asymmetric information and transaction costs) and the lack of collateral explain, at least in part, why the poor lack access to finance (Meyer and Nagarajan, 2000; Stiglitz and Weiss, 1981; Binswanger and McIntire, 1987). However, innovative lending technologies such as joint-liability lending (Ghatak, 1999, 2000), prior savings lending and co-making lending may serve as the solutions to asymmetric information problems and the lack of collateral.

The problem of asymmetric information in the financial markets for the poor and low income households is considered more serious because of the extremely high cost of screening and monitoring resulting in adverse selection (Yaron *et al.*, 1998; Beck, Demirguc-Kunt and Levine, 2004). In addition, most of the poor lack education or are poorly educated and cannot provide standard collateral as required by the financial institutions (Binswanger and McIntire, 1987). As a result, they are excluded from the financial sector and in most cases do rely only on the informal sector, which lends at extremely high rates of interest (Meyer and Nagarajan, 1992, 2000).

Given the absence of financial markets for the poor, policymakers are confronted with the debate to subsidize or not to subsidize financial institutions in providing financial services to the poor (Rhyne, 1998; Robinson, 2001; Gonzalez, 2003). This debate has been articulated mainly between the two major strands in the conceptualisation of microfinance: the poverty reduction approach and the financial systems approach. The poverty reduction approach aims at providing cheap financial services to the poor, especially the very poor, through governmental subsidies with the main expectation that financial services would contribute to poverty reduction. The financial systems approach on the other hand aims at applying commercial finance principles and building a financial intermediation system for the poor without subsidisation.

Irrespective of the approach to microfinance, millions of poor and low-income households need financial services for various reasons: their demand for livelihood activities such as food, healthcare and education; and for small business opportunities, which generate jobs and income. However, lack of quality work for the poor appears to be one among the major concerns. If the poor and low income households have opportunities to access credit, it is believed that they may increase their living standard from returns on their investments. It is well documented that the primary concern is to deal with excessive demand for credit and the view that credit is essential for economic activity, for both poor households and micro-enterprises (ADB, 2000).

Generally, the commercial banks are reluctant to lend to the poor because of the high costs of processing the small loan amounts poor people usually demand and also because of market imperfections. As a result, the low-income households with business prospects have to resort: (i) to borrow from informal sources especially from moneylenders, who charge very high interest rates; or (ii) to give up their business plans because of lack of money. Besides credit, there is also the demand for savings and financial assets and other services such as insurance. The low-income households need safe and convenient savings services. Contrary to some preconceptions, there is some evidence that the poor have the capacity and willingness to save (Rutherford, 1998; CGAP, 2004). They need to save for emergencies, future investment, consumption, social obligations, the education of their children, and many other purposes (ADB, 2000).

The demand for financial services by the poor and low income households can be seen from the gap between the number of low income households and the number of households having access to financial services (Gibbons and Meehan, 2002; Navajas *et al.*, 2003; Wenner, 1995; Zeller, 2003). Gibbons and Meehan (2002) show that of about 234.9 million poor households around the world, there are only around 19.6 million households having access to financial services, for only 8.3% coverage ratio. The situation in Africa and especially Cameroun is worse. The low rates of coverage suggest that much needs to be done to improve household access to financial services.

Some literature shows that access to credit has ambiguous impact on poverty reduction (Gonzalez, 2003). However, many recent empirical studies show that access to credit has a positive impact on household economic welfare (Khandker, 1998; Panjaitan *et al.*, 1999; Remenyi and Benjamin, 2000; Wright, 2000; Khandker, 2001; Khandker and Faraque, 2001; Coleman, 2002; Pitt and Khandker, 2002; Khandker, 2003). The literature also shows that most microfinance programs do not serve the poorest, but when they do, the poorest can benefit through increased income and reduced vulnerability (Morduch and Haley, 2002). There is also some evidence that the degree of poverty may affect the response. Better-off poor households have a larger positive response than the very poor (Remenyi and Benjamin, 2000; Coleman, 2002).

A study by Hao (2005) using Vietnamese data found that household credit contributes positively and significantly to the economic welfare of households in terms of per capita expenditure, per capita food expenditure and per capita non-food expenditure. The study also found that credit has a greater positive effect on the economic welfare of poorer households and that the age of the household head, the household size, land ownership; savings and the availability of credit at village level are key factors that affect household borrowing.

Many researchers have postulated that the provision of financial services to the poor through microfinance is a powerful means of providing low income households with the chance to escape from poverty and to transform their lives. It is also evident that there is a strong demand for small-scale commercial financial services – both credit and savings – from low income households (Robinson, 2001). The strong demand for financial services by low income households, together with the evidence that access to credit reduces household poverty, provides clear incentives for policymakers to promote a framework for providing financial services to low-income households.

### 4. Methodology

To access how much household borrowing contributes to household economic wellbeing and poverty and determinants of household borrowing in Cameroun, we consider a framework in which two sets of actors - households and lenders, interact in the credit market. However, credit access or the amount of credit supplied to a household that a researcher can observe, is the result of the interaction between demand and supply. The difficulty is that the factors which are likely to affect household demand for credit, are also likely to affect supply of credit. For example, ownership of farmland may positively affect household demand for credit, while it may also positively affect the supply of credit if lenders consider it as collateral in the credit market. This implies that credit supply and demand curves cannot be easily identified. Thus, we consider household borrowing, rather than separately considering demand and supply.

In order to assess the impact of credit on household economic wellbeing, we employ a production function in which credit is introduced as a separate explanatory variable. Household wellbeing is typically reflected in indicators of income and expenditure. At the household level, the economic wellbeing is also likely to be affected by household characteristics such as the age of household head, the education of household head, total farming area, etc. At community and regional levels, household wellbeing is possibly affected by community and regional characteristics. For example, the prices of selected goods and services in the community and region and cluster specific characteristics may affect household expenditure or income. These characteristics may be recognised as local market characteristics. Household economic wellbeing is also affected by household and local market characteristics that we cannot observe or measure. For instance, households exerting more effort may generate higher income. Control variables may therefore include household characteristics, local market characteristics and unobservable characteristics. In this analysis, it is likely that both credit access and education (literacy status) of household head may be endogenous in the wellbeing generating function, thus the need to present them as separate from the vector of potential exogenous variables. The household income generating function may take the structural form:

$$Y = w_1 \delta_y + \sum_{k=1}^{2} \eta_k B_k + \varepsilon_1 \tag{1}$$

where, Y and $B_k$, are household economic wellbeing function and endogenous determinants of wellbeing such as access to credit/borrowing and education of household heads; $w_1$ is a vector of exogenous covariates such as individual, household, community and regional characteristics, etc.; $\delta_y$ is a vector of parameters including the constant term and those of exogenous explanatory variables that correlate with the income generating function to be estimated; $\eta_k$ are parameters of the potential endogenous explanatory variables (borrowing and education) in the economic wellbeing function; and $\varepsilon_1$ is the error term that captures both the random effects and unobservable household and local market characteristics such as household special effort and dedication at work, as well as natural comparative advantage of the local credit and knowledge market effects on the economic wellbeing of households.

The estimation of the parameters $\eta_k$ would show the effects of borrowing and education on household economic wellbeing. Notice that we consider neither the demand nor the supply of household credit, but the function of household borrowing or access to credit for a representative household. The understanding and interpretation of determinants of household borrowing should therefore reflect both the demand and the supply side. Since borrowing is contingent on making loan applications and educational status is a decision variable, then it is possible that these variables are jointly determined with the economic well being generating function. The reduced form function of household access to borrowing/ education therefore takes the form:

$$B_k = w\delta_{bk} + \varepsilon_{2k}$$

(2)

where, $B_k$ is access to borrowing/education by the household head; w is a vector of exogenous variables, comprising of $w_1$ covariates that belong to the economic wellbeing production function (outcome equation) and a vector of instrumental variables, $w_2$, that affect each of the endogenous inputs $B_k$ (k=1, 2), but have no direct influence on household economic wellbeing generating function, Y; $\delta_{bk}$ are vectors of parameters of exogenous explanatory variables in the reduced form borrowing/education equation to be estimated and $\varepsilon_{2k}$ are error terms that capture both the random and unobservable effects.

Even if the problem of endogeneity of credit access is resolved, our next concern is about the selection of the estimation sample. In theory, the demand and supply of credit would determine the price and amount of credit granted to a representative household (Hao, 2005). However, the credit market is special. The existence of asymmetric information may lead lenders into problems of adverse selection and moral hazard (Akerlof, 1970). One solution to these problems is for the lenders to tailor their loan contract agreements, which may act as a screening device to differentiate borrowers (Bester, 1985; Bester, 1987). Another solution is for the lenders to ration credit (Stiglitz, 1981). For these reasons, the function of household borrowing may result not only from pure demand and supply functions but also from variables controlling for asymmetric information problems, such as collateral, interest rates, availability of funds and competition amongst borrowers (Khandker, 2001, 2003).

From a household survey, we can observe that there are a number of households who borrowed and other households who did not. For a number of reasons, including credit rationing by the lenders, a subset of the non-borrowing households cannot get loans even if they wish to do so. The allocation of credit is therefore not a random process because lenders may screen households using their characteristics. If we select only households who borrowed and estimate the effect of credit on household economic wellbeing, the estimation may be biased because the estimated parameters are not applicable to all households who applied for credit, except rejection of application files is random. Since borrowing is contingent on loan applications and rationing by way of exclusion of some households by lenders is common, there is a real possibility that the allocation of credit is likely not to be a random process. For example, lenders typically select households because they are more creditworthy, but credit-worthy households may also be those who achieve higher welfare outcomes. Hence, the effect of credit on household welfare is not consistent.

To control for sample selection bias, the whole sample, which includes both borrowing and non-borrowing households, should be used. This includes those who applied and were granted credit, those who applied and were refused credit, and those who did not apply for credit. For the definition of the sample selection indicator, we dwell on households who self-selected themselves out of the credit market or excluded by lenders. To construct the selection indicator, therefore, for those who applied and were refused credit or did not apply for credit, it takes the value 1 and zero otherwise. To handle this selection problem, we introduce Equation 3.

$$G = 1(x\delta_g + \varepsilon_3 > 0) \quad \Leftrightarrow \quad \textit{When excluded } G = 1 \textit{ and otherwise } G = 0 \tag{3}$$

where, G is an indicator function for selection of observations out of the sample, that is, it indicates the propensity of inclusion; x is a vector of exogenous variables, comprising of $w_1$ covariates that belong to the economic wellbeing production function (outcome equation) and a vector of instrumental variables identifying observations excluded from the estimation; $\delta_g$ is a vector of parameters of all exogenous explanatory variables of the sample exclusion equation to be estimated, and $\varepsilon_3$ is the error term that captures both the random effects and unobservable characteristics of exclusion. Exclusion = 1 is lack of access to credit self-imposed or imposed by lenders and exclusion = 0 relate to households included in the credit market by lenders.

Equation 1 is the structural equation of interest, that is, the household economic wellbeing function whose parameters are to be estimated. Equation 2 is a linear projection of each of the potential endogenous variables, $B_k$ (k=1, 2), on all the exogenous variables w, that is, reduced form models of the endogenous variables. The endogenous determinants of the income generating function are borrowing by households and education of household heads. To tackle the potential endogeneity problems, we can use the IV approach in two-steps or in one-step. The two-step procedure involves: (1) estimating parameters of the reduced form equation of each of the endogenous variables using the sample of households who borrowed and those who chose by themselves not to borrow, and compute predicted values of each of the endogenous variables or their residuals for each household, and (2) in the second step we can replace the actual values of these endogenous variables by their predicted values or their fitted residuals can be included as additional regressors in the structural equation including their actual values in Equation 1 and estimate by weighted least squares. The one-step procedure can be implemented by jointly estimating Equations 1 and 2.

Equation 3 is the Probit for sample selection. It is the probability of a household being excluded from the estimation sample. Since households without borrowing potentials as perceived by lenders are excluded from Equation 1, Equation 3 helps correct for sample selection bias in the estimated parameters. The correction factor derived from Equation 3 is the inverse of the Mills ratio introduced in equation 4 below. In particular, since in Equation 1 we only observe the wellbeing of households who borrow or fail to borrow by choice, and not those who applied and were refused credit, it is likely that the unobserved terms $\varepsilon_1$ and $\varepsilon_3$ are correlated. For instance, households with lower wellbeing given x (comprises of $w_1$ covariates + instruments for sample selection) are more likely to apply for loans, while these poor households are likely to be the ones that lenders will want to ration-out of the credit market by rejecting their loan application files. If so, the sample captured in Equation 1 will not accurately represent the underlying population. Thus bias selection of the sample of study generally produces inconsistent estimates of the parameters in the wellbeing generating function.[55]

Adjusting parameters of the structural equation for non-randomness of sample selection can be accomplished in one step (application of maximum likelihood procedure on Equations 1 and 3) or in two steps: (1) Probit estimation of the selection equation (Equation 3) to obtain the inverse of the Mills ratio, and (2) least squares estimation of the income generating function, with the inverse of the Mills ratio included as an additional explanatory variable. In this paper, use is made of the two-step procedure.

To take care of potential endogeneity and sample selection bias, Equation 1 is augmented by including residuals of endogenous variables plus the computed inverse of the Mills ratio as in Equation 4.

$$Y = w_1\delta_y + \sum_{k=1}^{2} \eta_k B_k + \sum_{k=1}^{2} \alpha_k \hat{\varepsilon}_{2k} + \lambda HR + u \tag{4}$$

where, $\hat{\varepsilon}_{2k}$ is fitted residual of an endogenous input (observed value of $B_k$ minus its fitted value), derived from Equation 2; HR is the computed sample selection variable or hazard ratio, what Heckman (1979) calls the inverse of the

---

[55] Due to the potential sample selection problem, the regression of the structural equation of interest on the selected sample depends on x>$w_1$ exogenous variables. Omitting the conditional mean of $\varepsilon_1$ given $\varepsilon_3$ biases estimates of $\delta_1$ in Equation 1 if estimated by least squares unless $\varepsilon_1$ and $\varepsilon_3$ are uncorrelated. Selection bias can thus be regarded as a standard problem of omitted variable bias. The solution is to find an empirical representation of the conditional mean of $\varepsilon_1$ and include this as an additional variable in the wellbeing function. The coefficient of the resulting inverse of the Mills ratio is the product of the correlation coefficient between $\varepsilon_1$ and $\varepsilon_3$, and the standard deviation of $\varepsilon_1$.

Mills ratio obtained from the sample selection Equation 3; $u$ is a composite error term comprising $\varepsilon_1$ and the unpredicted part of $\varepsilon_2$, and $\delta$, $\eta$, $\alpha$ and $\gamma$ are parameters to be estimated.

The exclusion restrictions are imposed on Equation 4 because the vector of instruments, $w_2$ (for the endogenous regressors), is absent from the equation. The predicted residual, $\hat{\varepsilon}_{2k}$, serves as the control for unobservable variables that correlate with $B_k$, thus allowing these endogenous inputs to be treated as if they were exogenous covariates during estimation.

We use a range of econometric procedures that correct for sample selection and endogeneity in a step-wise manner and simultaneously. In order to control for sample design used in the data generating process, we use survey-based regression models in STATA 9.1. Survey regressions take care of three important sample characteristics: analytical sampling weights, clustering, and stratification. Failure to include sampling weights gives estimates that are not representative of the parent population and affect standard errors of the estimates. Further, because of the sampling design, observations in a cluster are strictly not independent and using the standard regression methods without correcting for intra-cluster correlation will give small standard errors which make hypothesis testing somewhat fallacious. Accounting for clustering is therefore necessary to adjust the standard error for both design effects and cluster level effects.

## 5. Data sources and construction of variables

The main source of data for the analysis of microfinance outcomes in this paper is based on the 2001 Cameroun Household Consumption Survey (ECAM II, 2001), collected by the National Institute of Statistics. The ECAM II survey covered all 10 provinces of Cameroun, and was conducted in both urban and rural areas using a sample of 12,000 households, of which 10,992 were actually visited. In all, data were collected for 22 strata – 10 rural and 12 urban. In particular, while Yaoundé and Douala were considered as separate strata, each of the ten regions was divided into two strata – one rural and one urban.

These data are also organised into six strata (Yaoundé, Douala, Other Towns, Rural Forests, Rural Highland Plateaus, and Rural Savannah). The data contain variables on credit, per capita household expenditures, variables related to social wealth and durables, as well as individual-, household- and regional-level characteristics.

Table 12.1 attempts to construct variables related to household credit status. What is observed in the household survey is the number of households with at least one person obtaining credit – 525 households of the 10,992. But those who were awarded credit do not inform us about the demand for credit. To approximate the demand for credit we added up households whose members were refused credit (932) to those whose members obtained credit (525). Since we observed that 113 households had both recipients of credit and those who were refused credit, households with demand for credit were estimated at 1344 (=932+525-113).

**Table 12.1: Construction of variables related to household credit status**

| Modalities | Credit | | Credit refusal | | Demand for credit | | Borrowing | |
|---|---|---|---|---|---|---|---|---|
| | Yes | No | Yes | No | Yes | No | Yes | No |
| Rural | 294 | 5,723 | 455 | 5,562 | 691 | 5,326 | 294 | 5,326 |
| Urban | 231 | 4,744 | 477 | 4,498 | 653 | 4,322 | 231 | 4,322 |
| Total | 525 | 10,467 | 932 | 10,060 | 1,344 | 9,648 | 525 | 9,648 |
| Female | 115 | 2,566 | 147 | 2,534 | 245 | 2,436 | 115 | 2,436 |
| Male | 410 | 7,901 | 785 | 7,526 | 1,099 | 7,212 | 410 | 7,212 |
| Total | 525 | 10,467 | 932 | 10,060 | 1,344 | 9,648 | 525 | 9,648 |

*Source: Compiled by authors from the 2001 Cameroun Household Survey (ECAM II).*

Households with members who received credit are also the borrowing households (525), but non-borrowing households should be net of those who were refused credit and only include those households who self-selected themselves out of the credit market. Thus there are 9,648 (=10,992-1344) non-borrowing households and the researchers can deduce the borrowing status of 10,173 (=525+9,648) households. However, using 10,173 households as the estimation sample is latent on those who were effectively refused credit (10,992-10,173=819). This suggests the need to test for sample selection bias during estimation.

## 6. Empirical Analysis

### Results of descriptive statistics

Table 12.2 shows the weighted descriptive statistics of variables used in the empirical analysis. Employing the analytical weights to extrapolate the sampled households, the indication is that the population of Cameroun was a little over 15.5 million inhabitants in 2001. Net of those excluded from the credit market by the lenders, only about 7% of households were borrowing households in 2001. While about 7% of male heads had access to credit, only about 4% of female heads had. Whereas 6% of urban dwellers had access to credit, about 7% had in rural areas. Literacy status is configured as the ability to read and write and about 65% of households were literate in Cameroun in 2001. About 67% of male heads were literate against 54% of female heads. By the same token, 84% of urban households were literate against 53% in rural areas.

## Table 12.2: Weighted descriptive statistics

| Variables | Obs. | Population | Mean | Std. Dev. |
|---|---|---|---|---|
| *Outcome Variables(Y)* | | | | |
| Total Expenditure per adult (Log) | 10,992 | 1.55E+07 | 12.86 | 0.76 |
| Non-Food Expenditure per adult (Log) | 10,991 | 1.55E+07 | 12.12 | 0.72 |
| Food Expenditure per adult (Log) | 10,992 | 1.55E+07 | 11.97 | 0.94 |
| Potential Endogenous Variables (Bk) | | | | |
| Borrowing status of household (Borrow=1) | 10,173 | 1.42E+07 | 0.07 | 0.25 |
| Literacy status (Literate=1) | 10,985 | 1.55E+07 | 0.65 | 0.48 |
| *Exogenous Included Variables (w1)* | | | | |
| Age of household head in years | 10,992 | 1.55E+07 | 45.69 | 14.12 |
| Age squared | 10,992 | 1.55E+07 | 2286.94 | 1404.86 |
| Household Size | 10,992 | 1.55E+07 | 7.29 | 4.19 |
| Household size squared | 10,992 | 1.55E+07 | 70.64 | 92.93 |
| Formal sector employment status (Formal=1) | 10,992 | 1.55E+07 | 0.22 | 0.42 |
| Yaoundé (Yaoundé=1) | 10,992 | 1.55E+07 | 0.09 | 0.28 |
| Rural Forest (Rural Forest=1) | 10,992 | 1.55E+07 | 0.14 | 0.35 |
| Rural Highlands (Rural Highlands=1) | 10,992 | 1.55E+07 | 0.26 | 0.44 |
| Rural Savannah (Rural Savannah=1) | 10,992 | 1.55E+07 | 0.24 | 0.43 |
| Potable water access (Potable Water=1) | 10,992 | 1.55E+07 | 0.16 | 0.37 |
| Electricity access (Electricity=1) | 10,992 | 1.55E+07 | 0.52 | 0.50 |
| Sick previous two weeks (Sick=1) | 10,992 | 1.55E+07 | 0.22 | 0.11 |
| Dependency ratio (Children over adults) | 10,992 | 1.55E+07 | 1.36 | 1.25 |
| **Instruments of Endogenous inputs (w2 or x-w1)** | | | | |
| Savings status of household (Savings=1) | 10,992 | 1.55E+07 | 0.38 | 0.49 |
| Financial assets status of household (Assets=1) | 10,992 | 1.55E+07 | 0.01 | 0.11 |
| Household refused Credit (Credit refusal=1) | 10,992 | 1.55E+07 | 0.09 | 0.29 |
| Farmland ownership(Farmland=1) | 10,992 | 1.55E+07 | 0.64 | 0.48 |
| Average age of household heads (Cluster level) | 10,992 | 1.55E+07 | 44.03 | 5.84 |
| Regional consumer price indices | 10,992 | 1.55E+07 | 87.41 | 8.88 |
| Monogamous households (Divisional totals) | 10,992 | 1.55E+07 | 221.71 | 194.41 |
| Polygamous households (Divisional totals) | 10,992 | 1.55E+07 | 21.02 | 17.76 |
| Number of cars (Divisional level totals) | 10,992 | 1.55E+07 | 29.17 | 41.92 |
| **Derived Variables** | | | | |
| Predicted Borrowing Residual | 10,173 | 1.42E+07 | 1.56E-10 | 0.22 |
| Predicted Literacy Residual | 10,985 | 1.55E+07 | -2.45E-10 | 0.36 |

| | | | | |
|---|---|---|---|---|
| Inverse of the mills ratio | 10,992 | 1.55E+07 | 0.11 | 0.07 |
| *Other Variables* | | | | |
| Urban (Urban=1) | 10,992 | 1.55E+07 | 0.35 | 0.48 |
| Rural (Rural=1) | 10,992 | 1.55E+07 | 0.65 | 0.48 |
| Gender of household head (Male=1) | 10,992 | 1.55E+07 | 0.82 | 0.39 |
| Gender of household head (Female=1) | 10,992 | 1.55E+07 | 0.18 | 0.39 |
| Credit status of household (Credit=1) | 10,992 | 1.55E+07 | 0.06 | 0.24 |
| Household with demand for credit (Demand=1) | 10,992 | 1.55E+07 | 0.14 | 0.35 |
| Sample selection indicator | 10,992 | 1.55E+07 | 0.94 | 0.24 |
| Poverty Status of included household | 10,173 | 1.42E+07 | 0.41 | 0.29 |
| Male heads with credit access | 7,622 | 1.15E+07 | 0.07 | 0.26 |
| Male heads who are literate | 8,306 | 1.26E+07 | 0.67 | 0.47 |
| Female heads with credit access | 2,551 | 2.68E+06 | 0.04 | 0.19 |
| Female heads who are literate | 2,679 | 2.84E+06 | 0.54 | 0.50 |
| Urban dwellers with credit access | 4,553 | 4.83E+06 | 0.06 | 0.23 |
| Urban dwellers who are literate | 4,970 | 5.38E+06 | 0.85 | 0.36 |
| Rural dwellers with credit access | 5,620 | 9.37E+06 | 0.07 | 0.26 |
| Rural dwellers who are literate | 6,015 | 1.01E+07 | 0.54 | 0.50 |

The average age of household heads is about 46 years and a typical household is made up of about 8 persons. Of the 612 clusters, 362 are urban and 250 rural. About 22% of household heads had formal sector employment, while up to 78% performed informal sector activities. Only about 16% of households had access to potable water and up to 52% to electricity. About 22% of household heads suffered from poor health within the two weeks prior to data collection.

In a typical household, the number of children to the number of adults was 136%. About 38% of households have savings and only about 1% had other financial assets. About 41% of included households were classified as poor. About 64% of households own farmland and while 65% of households dwell in rural areas, 35% dwell in urban centres. Men make up about 82% of the sample and women 18%. In relation to credit needs, about 14% of households demanded credit, whereas only about 6% were granted credit.

### Reduced-form estimates and sample selection results

*Instrumental Variables versus borrowing*

Column 1 of Table 12.3 presents survey-based Probit regression estimates of the reduce-form model of borrowing. Since the demand and supply decisions are inseparable the estimates could be viewed from the point of the lender (supply) or borrowing households (demand).

Savings, financial assets and farmland are positively and significantly associated with credit attribution. The indication is that holders of these assets are seen to be more creditworthy by lenders. Credit refusal which reflects rationing by exclusion is positively correlated with the supply of loanable funds to more credit worthy households. Cluster level mean age is negatively significantly related to borrowing. This implies that communities with younger persons attract lenders more than those with older persons. Regional price indices relate negatively with borrowing. This is indication that lenders may be restricting lending in regions with higher rates of inflation.

**Table 12.3: Survey-based Probit Regressions of Reduced-form Borrowing Equation and Sample Selection Equation**

| Explanatory variables | Dependent variables | |
|---|---|---|
| | Borrowing (=1 if household applied and got credit, = 0 if household did not apply and missing if application was rejected) | CREDIT Exclusion reported (=1 if excluded from sample and =0 if included in sample) |
| | (1) | (2) |
| ***Variables excluded from structural equation*** | | |
| Savings status of household (SVG=1) | 0.3270*** | -0.3149*** |
| Fin. assets status of h'hold (Assets=1) | (4.29) | (-4.32) |
| | 0.9974*** | -0.8826*** |
| Farmland ownership (Farmland=1) | (4.83) | (-4.42) |
| | 0.2559*** | -0.2314*** |
| Ave. age of household heads (Cluster level) | (3.24) | (-3.05) |
| | -0.0286** | 0.0287** |
| Regional consumer price indices | (-2.39) | (2.40) |
| | -0.0292*** | 0.0280*** |
| Monogamous households (Divisional totals) | (-2.72) | (2.63) |
| | -0. 0025* | 0.0023* |
| Polygamous households (Divisional totals) | (-1.93) | (1.77) |
| | 0.0191*** | -0.0181*** |
| Number of cars (Divisional level totals) | (3.08) | (-2.98) |
| | 0.0153** | -0.0136** |

|  | (2.00) | (-1.82) |
|---|---|---|
| **Variables included in Outcome equation** |  |  |
| Age of household head in years | 0.0245 | -0.0234 |
|  | (1.61) | (-1.59) |
| Age squared | -0.0004** | 0.0003** |
|  | (-2.27) | (2.20) |
| Household Size | 0.0731*** | -0.0689*** |
|  | (3.19) | (-3.10) |
| Household size squared | -0.0030** | 0.0028** |
|  | (-2.36) | (2.35) |
| Formal sector emp. status (Formal=1) | 0.0484 | -0.0470 |
|  | (0.52) | (-0.52) |
| Yaoundé (Yaoundé=1) | -0.2839 | 0.2362 |
|  | (-1.06) | (0.89) |
| Rural Forest (Rural Forest=1) | -0.0825 | 0.0478 |
|  | (-0.38) | (0.22) |
| Rural Highlands (Rural Highlands=1) | 0.0536 | -0.0602 |
|  | (0.38) | (-0.43) |
| Rural Savannah (Rural Savannah=1) | -0.1375 | 0.0756 |
|  | (-0.84) | (0.47) |
| Potable water access (Potable Water=1) | -0.0858 | 0.0926 |
|  | (-0.93) | (1.04) |
| Electricity access (Electricity=1) | -0.0811 | 0.0863 |
|  | (-0.66) | (0.71) |
| Sick previous two weeks (Sick=1) | 0.1551 | -0.1310 |
|  | (0.26) | (-0.22) |
| Dependency ratio (Children over adults) | -0.0687** | 0.0664** |
|  | (-2.21) | (2.19) |
| Constant | 1.1315 | -1.0095 |
|  | (0.94) | (-0.83) |
| *Pseudo-$R^2$* | *0.0737* | *0.0669* |
| *Log pseudo likelihood* | *-1914* | *-1967.9* |
| *Chi$^2$ [p-value] test for Ho: coefficients on instruments = 0* | *190.17 [0.000]* | *180.92 [0.000]* |
| *Fitted value of Probit index [standard deviation]* |  | *1.70 [0.37]* |

| | | |
|---|---|---|
| Probability density of Probit index | | 0.10 [0.06] |
| Cumulative density of Probit index | | 0.95 [0.04] |
| Observations | 10166 | 10992 |

*Source: Authors using the 2001 Cameroun Household Survey (ECAM II) and Stata 9.1.*
*Notes: \*\*\*, \*\* and \* indicate 1 %, 5 % and 10 % levels of significance, respectively. Robust linearised t-statistics in parentheses, except otherwise specified*

Column 1 also shows that monogamous households are less likely to be awarded credit than polygamous households. Number of cars at the divisional level is positively related to the award of credit by lenders. The number of cars in a division is indication of affluence and the degree of credit worthiness - an important variable to orientate the decisions of microfinance institutions to attribute more credit.

### Included variables versus borrowing

Prominent variables included in the outcome equation that are positively associated with borrowing are household size and dependency ratio. Household size is positively associated with borrowing, but household size squared is negatively associated. The significance of the squared household size indicates that as household size increases the likelihood of borrowing also increases but there is a critical household size above which the likelihood of borrowing diminishes as lenders become reticent. Borrowing status is therefore a nonlinear function of household size.

### Sample selection

The same factors that affect endogenous inputs into the household income generating function also influence the selection of households into or out of the estimation sample. As noted earlier, households that are rationed out of the credit market by refusing them credit are not captured in the outcome equation of interest. Households that borrowed or were awarded credit are the ones actually identifiable. Those considered as non-recipients of credit in the outcome equation could have self-selected themselves out of the credit market or were well-off and needed no credit to finance their economic activities. Those excluded by the lenders were left out from the outcome equation of interest (Equation 1). To clarify this issue further, we constructed a sample selection indicator which takes the value zero for those included in the estimation sample and one for those excluded from the credit market by the lenders.

Table 12.3 (column 2) presents the estimation results of a survey-based Probit model of credit-exclusion status reporting generated from the household survey. Savings, financial asset and farmland holdings are negatively correlated with credit-exclusion status reporting, whereas cluster level age, regional consumer prices and monogamous status are positively associated with credit-exclusion status reporting. This is indication that lenders could be using savings, financial assets and farmland ownership as criteria to offer credit, while regions with higher levels of inflation are likely to make lenders weary in evaluating loan application files. These variables influence the propensity to exclude households from the estimation sample.

With regard to variables included in the outcome equation, household age squared and dependency ratio correlate positively with credit-exclusion status reporting. Household size strongly negatively correlates with credit-exclusion status reporting. The coefficient of household size decreases, before increasing. The implication is that larger families have a higher chance of being excluded from the estimation sample than smaller ones. In like manner, the coefficient on age falls, before increasing. The indication is that older households have a higher probability to be excluded from the estimation sample than younger ones.

Column 2 of Table 12.3 also presents the Probit index (which is the sum of each estimated coefficient multiplied by its respective covariate), the probability density, and the cumulative density of the Probit index at their mean values. It is worth noting that the cumulative probability of the Probit index (0.95) is precisely the conditional probability of reporting the credit status of a household excluded from the sample. This is the predicted probability of exclusion from the estimation sample. The inverse of the Mills ratio [the variable we use in the income generation function (Equation 4) to control for unobservables that are correlated with selection of households] is equal to the probability density of the Probit index divided by the cumulative density of the Probit index (Wooldridge, 2002; Mwabu, 2009). The inverse of the Mills ratio for credit-exclusion status reporting is 0.11 (see, Table 12.2 and Column 2 of Table 12.3).

### Relevance, strength and exogeneity of instruments

The first-stage F statistic and the partial $R^2$ convey vital information as to the validity and relevance of instruments in the case of a single endogenous variable (Shea, 1997). The first-stage F statistic on excluded instruments are 11.23 and 775.94 for borrowing and literacy status, respectively (p-value = 0.000) (Table not reported), while the Chi2 statistic for the selection (Probit) equation is 180.92 (p-value = 0.000) (Table 12.3). This is preliminary evidence that the excluded instruments are relevant and may not be weak. However, in the case of multiple endogenous variables, the Cragg–Donald statistic is needed to assess the validity of instruments (Stock and Yogo, 2004) (see Table 12.4). According to the weak identification tests in the lower panel of Table 12.4, the Cragg-Donald statistics of 46.56 is much greater than Stock-Yogo weak ID test critical values: 5% maximal IV relative bias of 18.3 (Column 3 of Table 12.4). This is indication that we should reject the hypothesis of weak identification.

Since we have two endogenous regressors and 9 identifying instruments, there is a need to check whether over-identification restrictions hold (Table 12. 4). That is, it is necessary to test the assumption that the extra instruments are uncorrelated with the structural error term (the disturbance term of the wellbeing equation). Diagnostic tests in the bottom of Table 12.4 indicate that the inputs into the income generating function are indeed endogenous (Durbin–Wu–Hausman Chi-square Statistic =35.56, p-value = 0.000), which indicates that the ordinary survey-based linear regression estimates are not reliable for inference. This finding is confirmed by the significance of the predicted residuals of the two potential endogenous variables (Columns 4 of Table 12.4).

### Correlates of Economic Wellbeing under Alternative Assumptions

Impact of borrowing and education on economic wellbeing: Full Sample

Our main objective here is to evaluate the impact of borrowing and education on economic wellbeing, while controlling for other correlates. Table 12.4 displays estimates of structural forms of wellbeing production function of the entire sample under different assumptions. In particular, Column (1) hosts the survey-based OLS estimates of the structural parameters of Equation 1. These estimates are corrected for intra-cluster correlation, but could be afflicted by potential endogeneity and sample selection bias. Column (2) gives the structural parameters correcting for potential sample selection bias, but the estimates could still be troubled by endogeneity bias. In Table 12.4 (Column 3), consistent survey-based 2SLS estimates of household economic wellbeing parameters are presented. Underlying these estimates are two key assumptions: (a) the unobservable variables are uncorrelated with excluded instruments or that the correlation is linear and (b) credit allocation is a random process. Column 4 of Table 12.4 is survey-based linear regression estimates correcting for both potential endogeneity and sample selection bias. Since all the controls for unobservables are statistically significant, column 4 gives the preferred result.

**Table 12.4: Wellbeing Production Function: Dependent variable is Log of total Expenditures per adult**

| Variables | Method of estimation: Survey-based Regression Models | | | |
|---|---|---|---|---|
| | Linear Regression | Heckman | 2SLS | Linear Regression |
| | (1) | (2) | (3) | (4) |
| *Potential Endogenous Variables (Bk)* | | | | |
| Borrowing status of household | 0.2029*** | 0.1618*** | 0.4552*** | 0.3503*** |
| Literacy Status of household head | (4.97) | (4.36) | (5.18) | (4.26) |
| | 0.1342*** | 0.1345*** | 0.6100*** | 0.6226*** |
| | (5.52) | (5.57) | (2.97) | (3.21) |
| *Exogenous Included Variables (w1)* | | | | |
| Age of household head in years | 0.0224*** | 0.0215*** | 0.0239*** | 0.0227*** |
| | (6.59) | (6.33) | (6.16) | (6.51) |
| Age squared | -0.0002*** | -0.0002*** | -0.0002*** | -0.0001*** |
| | (-6.32) | (-5.44) | (-4.35) | (-4.07) |
| Household Size | -0.1006*** | -0.1104*** | -0.1107*** | -0.1181*** |
| | (-12.39) | (-12.33) | (-12.99) | (-13.07) |
| Household size squared | 0.0024*** | 0.0028*** | 0.0028*** | 0.0031*** |
| | (6.03) | (6.28) | (7.44) | (7.10) |
| Formal Sector Employment status (Formal=1) | 0.2989*** | 0.2947*** | 0.2302*** | 0.2304*** |
| | (9.35) | (9.33) | (5.66) | (6.06) |
| Yaoundé (Yaoundé=1) | 0.1226*** | 0.1354*** | 0.0924*** | 0.1015*** |
| | (3.63) | (3.98) | (2.46) | (2.74) |
| Rural Forest (Rural Forest=1) | -0.1759*** | -0.1203*** | -0.2070*** | -0.1664*** |
| | (-4.06) | (-2.72) | (-4.07) | (-3.41) |
| Rural Highlands (R. Highlands=1) | -0.4006*** | -0.4265*** | -0.3971*** | -0.4191*** |
| | (-7.93) | (-8.49) | (-7.54) | (-8.17) |
| Rural Savannah (Rural Savannah=1) | -0.2274*** | -0.2797*** | -0.0593 | -0.0883 |
| | (-3.97) | (-4.50) | (-0.53) | (-0.80) |
| Potable Water Access (Potable Water=1) | 0.3650*** | 0.3729*** | 0.3320*** | 0.3340*** |
| | (12.31) | (12.62) | (10.26) | (10.30) |
| Electricity Access (Electricity=1) | -0.3103*** | -0.2827*** | -0.2356*** | -0.2187*** |
| | (-9.29) | (-8.46) | (-4.70) | (-4.96) |
| Sick Previous Two Weeks (Sick=1) | -0.2580 | -0.3209** | -0.3629** | -0.4002** |

|  | (-1.60) | (-1.99) | (-1.95) | (-2.35) |
|---|---|---|---|---|
| Dependency Ratio (Children as a proportion of Adults) | 0.2989*** | 0.2993*** | 0.2979*** | 0.2988*** |
|  | (32.25) | (32.28) | (30.64) | (32.07) |
| ***Controls for Unobservable Variables*** | | | | |
| Predicted Borrowing Residual | | | | -0.2250*** |
|  | | | | (-2.62) |
| Predicted Educational level residual | | | | -0.5087*** |
|  | | | | (-2.62) |
| Inverse of the mills ratio | | 0.9822*** | | 0.8046*** |
|  | | (3.79) | | (3.05) |
| Constant | 12.6287*** | 12.5465*** | 12.1617*** | 12.0962*** |
|  | (142.26) | (136.51) | (55.57) | (60.01) |
| | | | | |
| $R^2$/pseudo-$R^2$ | 0.5398 | 0.5436 | 0.4803 | 0.5464 |
| F-Stat [df; p-val] | 161.15 [15, 592; 0.000] | 150.92 [16, 591; 0.000] | 153.11 [15, 592; 0.000] | 137.24 [18, 589; 0.000] |
| *Weak identification test: Cragg-Donald F-Stat [5 % maximal IV relative bias]* | | | 46.562 [18.30] | |
| *Durbin–Wu–Hausman Chi2 test for exogeneity of the potential endogenous variables [df; p-value]* | | | 35.563 [2; 0.000] | |
| *Number of observations* | 10166 | 10166 | 10166 | 10166 |
| *Number of clusters* | 612 | 612 | 612 | 612 |

*Source: Computed by authors using the 2001 Cameroun Household Survey (ECAM II) and Stata 9.1.*
*Notes: \*\*\*, \*\* and \* indicate 1 %, 5 % and 10 % levels of significance, respectively. Robust linearised t-statistics in parentheses, except otherwise specified.*
***Equations**: Equation 2 correcting only for sample selection bias; Equation (3) correcting only for endogeneity; and Equation (4) correcting for endogeneity and sample selection.*

The results in Table 12.4 show that borrowing is positively and significantly associated with household economic wellbeing. Correcting for both endogeneity and sample selection, the estimate on borrowing settles at 0.350 (Column 4), which is about 1.7 times the OLS estimate (Column 1) and about 77% of the 2SLS estimate of 0.4552 (Column 3). Table 12.4 also indicates that literacy is positively and significantly related to household economic wellbeing. When both potential endogeneity and non-randomness in credit allocation are corrected, the estimate climbs to 0.623 (Column 4), which is 4.6 times the OLS estimate of 0.134 (Column 1) and about 102% of the 2SLS estimate of 0.6100 (Column 3).

As expected, the Durbin–Wu–Hausman chi-square test rejects exogeneity of both wellbeing inputs (borrowing and literacy), indicating that OLS is not a valid estimation method here. The coefficients on predicted residuals of borrowing and literacy (Column 4 of Table 12.4) are statistically significant, confirming that these inputs into household economic wellbeing are indeed endogenous, so that inclusion of these residual terms in the income generating equation, as is done here, is required for consistent estimation of structural parameters. Since the coefficient on the inverse of the Mills ratio is also statistically significant in Columns 4 of Table 12.4, the IV approach correcting for sample selection is the correct estimation strategy using the 2001 Cameroun household survey compared to the OLS.

*Impact of borrowing/education on economic wellbeing: Sub-Samples*

Since the survey-based linear regression correcting for both endogeneity and sample selection biases was the preferred estimation procedure, in disaggregating the analysis, we follow this same strategy. As indicated earlier, household wellbeing may be reflected in income and expenditure indicators such as per capita total, food and non-food expenditures. As shown in Table 12. 5, at the 1% level of significance, we find that household borrowing is positively related to wellbeing, in terms of log of per capita total expenditures, per capita food expenditures and per capita non-food expenditures. The effect of borrowing on food expenditure is found to be slightly bigger than on non-food and total expenditures per capita (Table 12.5).

**Table 12.5: Wellbeing Production Function by Expenditure sources**

| Variables | Method of estimation: Survey Linear Regression Models | | |
|---|---|---|---|
| | Dependent variables | | |
| | Log total expenditure per adult | Log food expenditure per adult | Log non-food expenditure per adult |
| *Potential Endogenous Variables (Bk)* | | | |
| Borrowing Status of household | 0.3503*** | 0.3706*** | 0.3459*** |
| | (4.26) | (3.96) | (4.18) |
| Literacy Status of household head | 0.6226*** | 0.0735 | 1.0787*** |
| | (3.21) | (0.32) | (5.56) |
| *Exogenous Included Variables (w1)* | | | |
| Age of household head in years | 0.0227*** | 0.0187*** | 0.0253*** |

|  | (6.51) | (4.70) | (6.65) |
|---|---|---|---|
| Age squared | -0.0001*** | -0.0002*** | -0.0001*** |
|  | (-4.07) | (-4.11) | (-3.42) |
| Household Size | -0.1181*** | -0.1077*** | -0.1187*** |
|  | (-13.07) | (-11.73) | (-11.87) |
| Household size squared | 0.0031*** | 0.0029*** | 0.0029*** |
|  | (7.10) | (6.85) | (5.62) |
| Formal Sector Employment status (Formal=1) | 0.2304*** | 0.2251*** | 0.2411*** |
|  | (6.06) | (5.47) | (5.68) |
| Yaoundé (Yaoundé=1) | 0.1015*** | 0.1005*** | 0.0827** |
|  | (2.74) | (2.69) | (2.00) |
| Rural Forest (Rural Forest=1) | -0.1664*** | 0.0528 | -0.3627*** |
|  | (-3.41) | (0.87) | (-7.16) |
| Rural Highlands (Rural Highlands=1) | -0.4191*** | -0.2820*** | -0.5168*** |
|  | (-8.17) | (-4.87) | (-9.69) |
| Rural Savannah (Rural Savannah=1) | -0.0883 | -0.0186 | -0.1910* |
|  | (-0.80) | (-0.14) | (-1.80) |
| Potable Water Access (Potable Water=1) | 0.3340*** | 0.2020*** | 0.4036*** |
|  | (10.30) | (5.92) | (11.29) |
| Electricity Access (Electricity=1) | -0.2187*** | -0.1375** | -0.3367*** |
|  | (-4.96) | (-2.50) | (-7.85) |
| Sick Previous Two Weeks (Sick=1) | -0.4002** | -0.2049 | -0.5766*** |
|  | (-2.35) | (-0.99) | (-3.42) |
| Dependency Ratio(Children as a proportion of Adults) | 0.2988*** | 0.3092*** | 0.2903*** |
|  | (32.07) | (27.11) | (31.89) |
| ***Controls for Unobservable Variables*** |  |  |  |
| Predicted Borrowing Residual | -0.2250*** | -0.2864*** | -0.2084** |
|  | (-2.62) | (-2.95) | (-2.27) |
| Predicted Literacy residual | -0.5087*** | -0.0331 | -0.8829*** |
|  | (-2.62) | (-0.14) | (-4.53) |
| Inverse of the mills ratio | 0.8046*** | 0.7458** | 0.7309*** |
|  | (3.05) | (2.47) | (2.67) |
| Constant | 12.0962*** | 11.7263*** | 10.9739*** |
|  | (60.01) | (49.37) | (53.74) |
| $R^2$ | 0.5464 | 0.3536 | 0.6277 |

| | | | |
|---|---|---|---|
| F-Stat [df; p-val] | 137.24 [18, 589; 0.000] | 63.95 [18,589; 0.000] | 216.28 [18, 589; 0.000] |
| Number of observations | 10166 | 10165 | 10166 |
| Number of clusters | 612 | 612 | 612 |

*Source: Computed by authors using the 2001 Cameroun Household Survey (ECAM II) and STATA 9.1.*
*Notes: ***,** and * indicate 1%, 5% and 10% levels of significance, respectively. (Robust linearised t-statistics in parentheses, except otherwise specified)*

The effect of borrowing is positively and highly significantly correlated with economic wellbeing among rural households, but not among urban households. (Table 12.6 Columns 1 and 2). We find that credit has a greater positive and more significant effect on the economic wellbeing of rural than urban households. In like manner, credit positively and more significantly impacts on household economic wellbeing among male headed households than female headed households (Table 12.6 Columns 3 and 4).

Table 12.5 shows that the effect of literacy is positive and more significant on non-food expenditure than on food and total expenditures per capita. In like manner, education is highly positively and more significantly correlated with economic wellbeing in urban than rural areas (Table 12.6 Columns 1 and 2). In Columns 3 and 4 of Table 12.6, we also find that education relates positively and significantly with economic wellbeing in both male and female headed households, and the effect on female headed households is larger.

These findings reveal, as in the full sample, that both borrowing and education have a positive impact on household welfare only in male headed households. These results support the view that improving access to credit and education would increase economic wellbeing and reduce poverty. The particular advantage of male headed households is that the effect of borrowing and education on wellbeing could be the effect of synergy as they usually work with their spouses when seeking for wellbeing enhancement, whereas their female counterparts typically work single-handedly. It could equally be the case that male heads contract more consistent amounts of loans than their female counterparts who generally lack the requisite collateral. However, further discussion and the correct policy assessment of the impact of credit and education on wellbeing need to take into account cost-benefit analysis, as well as accompanying measures on the quality and quantity of credit disbursed by lenders, quality of education and infrastructural constraints faced by households are also important aspects in determining the effectiveness of inputs into household economic wellbeing production.

**Table 12.6: Wellbeing Production Function by zone and gender: Dependent variable is Log of total Expenditure per adult**

| Variables | Method of estimation: Survey Linear Regression Models | | | |
|---|---|---|---|---|
| | Urban | Rural | Male | Female |
| ***Potential Endogenous Variables (Bk)*** | | | | |
| Borrowing status of household | 0.1509 | 0.5317*** | 0.3579*** | 0.2114 |
| | (1.50) | (4.91) | (4.15) | (0.77) |
| Literacy status of household head | 0.9391*** | 0.0501 | 0.6118*** | 0.7447*** |
| | (4.21) | (0.39) | (3.05) | (2.66) |
| ***Exogenous Included Variables (y)*** | | | | |
| Age of household head in years | 0.0301*** | 0.0167*** | 0.0265*** | 0.0175*** |
| | (5.07) | (3.99) | (6.30) | (2.82) |
| Age squared x10-3 | -0.0002** | -0.0002*** | -0.0002*** | -0.0001* |
| | (-2.57) | (-3.98) | (-4.07) | (-1.79) |
| Household Size | -0.1205*** | -0.1036*** | -0.1176*** | -0.1634*** |
| | (-10.51) | (-12.73) | (-12.00) | (-10.49) |
| Household size squared | 0.0028*** | 0.0030*** | 0.0030*** | 0.0050*** |
| | (5.63) | (7.91) | (6.72) | (5.47) |
| Formal Sector Employment status (Formal=1) | 0.1907*** | 0.3391*** | 0.2314*** | 0.1576*** |
| | (5.62) | (4.79) | (5.60) | (2.9) |
| Yaoundé (Yaoundé=1) | | | 0.1047** | 0.0851 |
| | | | (2.53) | (1.46) |
| Rural Forest (Rural Forest=1) | | | -0.1351*** | -0.2513*** |
| | | | (-2.59) | (-3.46) |
| Rural Highlands (Rural Highlands =1) | | | -0.3942*** | -0.4692*** |
| | | | (-7.13) | (-6.90) |
| Rural Savannah (Rural Savannah=1) | | | -0.0780 | -0.1757 |
| | | | (-0.70) | (-1.08) |
| Potable Water Access (Potable Water=1) | 0.3844*** | 0.1467*** | 0.3472*** | 0.2862*** |
| | (11.55) | 2.74 | (10.29) | (5.38) |
| Electricty Access (Electricity=1) | -0.1508*** | -0.3194*** | -0.2105*** | -0.2592*** |
| | (-2.77) | -5.83 | (-4.58) | (-3.69) |
| Sick Previous Two Weeks (Sick=1) | -0.9651*** | -0.0783 | -0.3762** | -0.6346** |
| | (-3.80 | -0.38 | (-2.06) | (-2.49) |

| | | | | |
|---|---|---|---|---|
| Dependency Ratio (Children as a proportion of Adults) | 0.2928*** | 0.2974*** | 0.3001*** | 0.2917*** |
| | (27.38) | 22.35 | (25.74) | (21.68) |
| *Controls for Unobservable Variables* | | | | |
| Predicted Borrowing Residual | -0.0580 | -0.3907*** | -0.2075** | -0.2631 |
| | (-0.51) | (-3.59) | (-2.24) | (-1.07) |
| Predicted Literacy residual | -0.8473*** | 0.0584 | -0.5290*** | -0.6620** |
| | (-3.70) | (0.44) | (-2.60) | (-2.39) |
| Inverse of the mills ratio | 0.7416** | -0.2253 | 0.7692*** | 0.7968 |
| | (2.34) | (-0.68) | (2.85) | (1.57) |
| Constant | 11.6998*** | 12.5365*** | 11.9898*** | 12.4554*** |
| | (44.93) | (75.18) | (56.43) | (41.95) |
| $R^2$ | 0.4646 | 0.4002 | 0.5236 | 0.6443 |
| F-Stat [df; p-val] | 111.86 [14, 346; 0.000] | 67.34 [14, 234; 0.000] | 95.93 [18, 589; 0.000] | 88.66 [18, 564; 0.00] |
| Number of observations | 4548 | 5618 | 7617 | 2549 |
| Number of clusters | 362 | 250 | 612 | 587 |

Source: Computed by authors using the 2001 Cameroun Household Survey (ECAM II) and STATA 9.1.
Notes: ***,** and * indicate 1%, 5% and 10% levels of significance, respectively. Robust linearised t-statistics in parentheses, except otherwise specified

The conclusion that household borrowing/education is positively and significantly related to household wellbeing is consistent only in the full and male sub-samples. These findings show that access to credit and education has differential impacts on household economic wellbeing by location and gender. Credit access is more wellbeing enhancing in rural than urban areas, whereas being educated in more wellbeing augmenting in urban than rural areas. Although access to education is wellbeing augmenting in both male and female headed households, it is more so in female headed households. The implication is that excelling in rural livelihood activities is more contingent on having access to credit than being literate. By the same token, being literate is more potent among female heads in improving household wellbeing than having access to credit.

### Other correlates of Household Economic Wellbeing

As in the full sample (Table 12.4), all the sub-samples reveal (Tables 12.5 and 12.6) similar tendencies relating other variables to household economic wellbeing. In all samples, age correlates positively with household economic wellbeing, whereas age squared is related negatively with wellbeing. This is evidence of an inverted U-shaped relationship. This is indication that as age increases, household production also increases, but that there is a critical age above which production is affected negatively. This critical age could be corresponding with age at retirement. On the other hand, household size is inversely related to economic wellbeing, but there appears to be a critical size above which household size is positively related to economic wellbeing. This is reflected in the positive and significance of the household size squared, although the magnitude is small. Formal sector employment associates positively and significantly with household economic wellbeing (Table 12.4).

With the exception of rural savannah residency, rural residencies negatively and significantly correlate with economic wellbeing. Access to potable water is wellbeing enhancing, whereas access to electricity correlates inversely with economic wellbeing. This is attributable to the high cost of electricity and/or the frequent outages that tend to increase the rate of spoilage of frozen foods having a deleterious effect on consumers, small food industries and vendors. Poor health status of households negatively affected wellbeing - mainly because the need to provide cure and support to patients not only drains household resources, but also affects household time allocation. The dependency ratio relates positively with household economic wellbeing in all specifications (Tables 12.5 and 12.6). This could be reflecting the importance of child labour in Cameroun.

## 7. Concluding remarks and policy implications

We have evaluated the determinants of borrowing, effects of borrowing and education on economic wellbeing, as well as diversity in responses by sources of wellbeing, location and gender, while controlling for other correlates. The estimation strategies used were survey-based regression models that purged parameter estimates of intra-cluster correlation, potential sample selection and endogeneity biases in a step-wise manner and simultaneously. Our findings confirmed that access to credit contributed positively and significantly to household economic wellbeing captured in terms of per capita total expenditure, per capita food expenditure and per capita non-food expenditure. Credit access and education were found to exhibit dissimilar effects on wellbeing by location and gender. These findings suggested specific policy orientations for each group. While improving access to both credit and education was wellbeing enhancing among male heads, access to education was more potent than access to credit in causing wellbeing among female heads. Rural credit access was more effective in augmenting wellbeing than urban credit access.

Since the impact of borrowing/education on wellbeing and hence poverty reduction turns out to be large, there is a case for more attention to credit access and outreach, and access to educational programmes especially for poor households. However, the estimated gain in overall wellbeing in this case cannot be attributed entirely to benefits emanating from borrowing/education because the gain comes from household responses to accompanying measures as well. Accompanying measures would include the availability of sufficient funds and the quality of services delivered by lenders. To be effective, however, a wide range of supporting services such as improvements in physical infrastructure, healthcare, and training are necessary to complement access to credit and education. These findings are particularly useful in the context of economic rebound and poverty reduction under shallow financial intermediation and penetration. These findings would help refocus on-going debates on the role of financial sector development on poverty alleviation.

These results have important implications for poverty reduction and regional development targets. The results show that the potential for enhancing household economic wellbeing through microfinance credit provision and access, and education, is immense, as parameter estimates of these variables were significantly large and positively related to household wellbeing, measured in terms of per capita total and non-food expenditures. Some of the socioeconomic and demographic factors that have an impact on household economic wellbeing can be affected by public policy measures. Among the factors found to contribute positively towards improving household wellbeing are access to credit and education. The poor health status of households negatively affected wellbeing - mainly because the need to provide cure and support to patients not only drains household resources, but also affects household time allocation. These results, therefore, suggest that: (1) if more resources were invested on education, especially vocational and adult education to improve household literacy and numeracy; (2) if availability and access to credit were improved; and (3) if government could promote the provision of better health care facilities and services, household economic wellbeing would improve significantly and many households would be lifted out of poverty.

### References

ADB (2000), Finance for the Poor: Microfinance Development Strategy. Manila: Asian Development Bank.

Akerlof, G. (1970), 'The market for lemons: Quality uncertainty and the market mechanism." *Quarterly Journal of Economics* 84(3): 488-500.

Beck, T., A. Demirguc-Kunt & R. Levine (2004), 'Finance, Inequality and Poverty: Cross-Country Evidence', *World Bank Economic Working Paper*, No. 3338.

Bester, H. (1985), 'Screening vs. rationing in credit markets with imperfect information.' *American Economic Review* 75(4):850-855.

Bester, H. (1987), The role of collateral in credit markets with imperfect information', *European Economic Review* 31(4):887-899.

Binswanger, H. P. & J. McIntire (1987), 'Behavioural and Material Determinants of Production Relations in Land-abundant Tropical Agriculture', *Economic Development and Cultural Change* 36(1):73-99.

CGAP (2004), 'Financial Institutions with a 'Double Bottom Line': Implications for the Future of Microfinance', Occasional Paper, Consultative Group to Assist the Poorest.

COBAC (2000), Financial Sector Study, Yaoundé.

Coleman, B. E. (2002), 'Microfinance in Northeast Thailand: Who benefits and How much?' Asian Development Bank - Economics and Research Department Working Paper 9.

ECAM I (1996), *Data Base of ECAM 1996*. Government of Cameroun, Yaoundé.

ECAM II (2001), *Data Base of ECAM 2001*. Government of Cameroun, Yaoundé

ECAM III (2007), *Data Base of ECAM 2007*. Government of Cameroun, Yaoundé

El-Solh, C. F. (1999), Feasibility and Operationalization of Microcredit Finance Facilities Targeting Poor Women in Urban and Rural Areas in Selected Arab Countries: Theoretical Perspectives and Practical Considerations, Economic and Social Commission for Western Asia.

Fotabong, L. A. (2012), 'Microfinance Market in Cameroun: Analysing Trends and Current Developments'. Available at SSRN: http://ssrn.com/abstract =2007912.

Ghatak, M. (1999), 'Group Lending, Local Information and Peer Selection', *Journal of Development Economics* 60(1):27-50.

Ghatak, M. (2000), 'Screening by the Company you Keep: Joint Liability Lending and the Peer Selection Effect', *The Economic Journal* 110 (465):601-631.

Gibbons, D. S. & J. W. Meehan (2002), 'Financing microfinance for poverty reduction', Financing Microfinance for Poverty Reduction Workshop in Manila, the Philippines.

Gonzalez-Vega, C. (2003), 'Deepening Rural Financial Markets: Macroeconomic, Policy and Political Dimensions', a paper for: Paving the Way Forward: An International Conference on Best Practices in Rural Finance, Washington, D.C., 2-4 June 2003.

Gulli, H. (1998), Microfinance and Poverty: Questioning the Conventional Wisdom. Washington, D.C: Inter-American Development Bank.

Hao, Q. M. (2005), Access to Finance and Poverty Reduction an Application to Rural Vietnam, Unpublished Ph.D Thesis, Department of Accounting and Finance, Birmingham Business School, University of Birmingham, Birmingham.

Heckman, J. (1979). 'Sample Selection Bias as a Specification Error', *Econometrica* 47(1):153-161.

International Monetary Fund. (2003), Cameroun: PRSP, 2003 Implementation Report, IMF Country Report, No. 03/249. Washington, D.C.

Khandker, S. R. (1998), Fighting Poverty with Microcredit: Experience in Bangladesh, New York: Oxford University Press, Inc.

Khandker, S. R. (2001), Does Microfinance Really Benefit the Poor? Evidence from Bangladesh. Asia and Pacific Forum on Poverty: Reforming Policies and Institutions for Poverty Reduction, Asian Development Bank, Manila, Philippines.

Khandker, S. R. (2003), 'Microfinance and Poverty: Evidence Using Panel Data from Bangladesh', *World Bank Policy Research Working Paper* 2945.

Khandker, S. R. (2005), Microfinance and Poverty: Evidence Using Panel Data from Bangladesh, *World Bank Economic Review* 19(2):263-286.

Khandker, S. R. & R. R. Faruque (2001), 'The Impact of Farm Credit in Pakistan', Rural Development, Development Research Group, World Bank Paper.

Littlefield, E., J. Morduch & S. Hashemi (2003), Is Microfinance an Effective Strategy to Reach the Millennium Development Goals? CGAP Focus Note 24.

Meyer, R. & G. Nagarajan (1992), 'An assessment of the role of informal finance in the development process', Sustainable Agricultural Development: The Role of International Cooperation, edited by G.H Peters, and B.F Stanton. Brookfield: Dartmouth Press, pp. 644-654.

Meyer, R. & G. Nagarajan (2000), 'Rural Financial Markets in Asia: Policies, Paradigms, and Performance.' in *A study of rural Asia 3 by the Asian Development Bank.* New York: Oxford University Press, Inc.

Morduch, J. (1995), 'Income smoothing and consumption smoothing', *Journal of Economic Perspectives* 9(3):103–114.

Morduch, J. (2000), The Microfinance Schism. *World Development* 28(4):617-629.

Morduch, J. & B. Haley (2002), 'Analysis of the Effects of Microfinance on Poverty Reduction', NYU Wagner Working Paper No. 1014.

Mwabu, G. (2009), 'The Production of Child Health in Kenya: A Structural Model of Birth Weight', *Journal of African Economies* 18(2):212-260, Advance Access published July 22, 2008.

Navajas, S., J. Conning & C. Gonzalez-Vega (2003), 'Lending Technologies, Competition, and Consolidation in the Market for Microfinance in Bolivia', *Journal of International Development* 15:747-770.

Panjaitan - Drioadisuryo, D. M. R. & K. Cloud (1999), 'Gender, Self-Employment and Microcredit Programs: An Indonesian Case Study', *Quarterly Review of Economics & Finance* 39(5):769-779.

Parker, J. & G. Nagarajan (2001), 'Can Microfinance Meet the Poor's Needs in Times of Natural Disaster?', Microenterprise Best Practices, Development Alternatives, Inc.

Pitt, M. M. & S. R. Khandker (1998), 'The Impact of Group-Based Credit Programs on Poor Households in Bangladesh: Does the Gender of Participants Matter?' *Journal of Political Economy* 106(5):958–996.

Remenyi, J. & Q. Benjamin (2000), Microfinance and Poverty Alleviation: Case studies from Asia and the Pacific. pp. 131-134 and 253-263. London and New York: Pinter, Continuum Press.

Rhyne, E. (1998), 'The Yin and Yang of Microfinance: Reaching the Poor and Sustainability', The Microbanking Bulletin, No. 2:6-8.

Robinson, M.S. (2001), The microfinance revolution: Sustainable finance for the poor, The World Bank, Washington, D.C.

Rutherford, S. (1998), 'The Poor and Their Money: An Essay about Financial Services for Poor People.' Working Paper Series No. 3, Institute for Development Policy and Management, University of Manchester.

Shea, J. (1997), 'Instrument Relevance in Multivariate Linear Models: A Simple Measure', *Review of Economics and Statistics* 49(2):348-352.

Stiglitz, J. E. & A. Weiss (1981), 'Credit rationing in markets with imperfect information' *American Economic Review* 71(3):393-410.

Stock, J. H. & M. Yogo (2004), 'Testing for Weak Instruments in Linear IV Regression', Mimeo, Department of Economics, Harvard University.

Wenner, M. D. (1995), 'Credit group: a means to improve information transfer and loan repayment performance', *Journal of Development Studies* 32:263-281.

Wooldridge, J. M. (1997), 'On Two Stage Least Squares Estimation of the Average Treatment Effect in a Random Coefficient Model,' Economics Letters 56:129-133.

Wooldridge, J. M. (2002), Econometric Analysis of Cross Section and Panel Data, Cambridge, MA: MIT Press.

World Bank (1994), Cameroun. Diversity, Growth, and Poverty Reduction. Draft Report. Washington, D.C.

Wright, G.A.N. (2000), Microfinance Systems: Designing Quality Financial Services for the Poor, Zed Books Ltd. London & New York, and The University Press Limited, Dhaka.

Yaron, J. (1992), Rural Finance in Developing Countries, Working Paper Series No. 875, Agriculture and Rural Development Department, The World Bank, Washington, D.C.

Yaron, J., B. McDonald & S. Charitonenko (1998), 'Promoting Efficient Rural Financial Intermediation', *The World Bank Research Observer* 13(2):147-170.

Zeller, M. (2000), 'Product Innovation for the Poor: The role of Microfinance', Policy Brief No. 3: Rural Financial Policies for Food Security of the Poor, International Food Policy Research Institute, Washington, D.C.

Zeller, M. (2003), 'Models of Rural Financial Institutions", a paper for Paving the Way Forward: an International Conference on Best Practices in Rural Finance, Washington, D.C., 2-4 June 2003.

# CHAPITRE 13

## MICROCRÉDIT ET RÉDUCTION DE LA PAUVRETÉ AU CAMEROUN

**Syrie Galex Soh, Serge Benjamin Noumo Foko & Urbain Thierry Yogo**

*Faculté des Sciences Economiques et de Gestion, Université de Yaoundé II, Soa, Cameroun (syriegalex@yahoo.com)*

## RÉSUMÉ

Avec le développement des établissements de microfinance (EMF) au Cameroun, l'on pourrait s'attendre à ce que l'offre de microcrédit permette aux bénéficiaires d'améliorer leur revenu et d'accroître leur capacité à satisfaire leurs besoins fondamentaux. Ce travail analyse la pauvreté sur les plans monétaire et non monétaire, afin de dégager les effets de l'usage du microcrédit sur son évolution. L'étude adopte le modèle de sélection en deux étapes de Heckman joint à un modèle Tobit de type 2. Il est démontré que les caractéristiques environnementales sont davantage pertinentes pour expliquer une variation positive du revenu après usage du crédit que celles individuelles. Les caractéristiques environnementales, sont également importantes dans l'explication de l'amélioration du bien-être des individus. Mais en général, les conditions de crédit et le mode de fonctionnement de la microfinance ont un impact négatif sur la rentabilité des projets financés par les EMF.

*Mots clés: microfinance, crédits, caractéristiques individuelles, caractéristiques environnementales, performances sociales, réduction de la pauvreté, variation du revenu*

## 1. Introduction

Les institutions et programmes de microfinance prennent une importance croissante dans les stratégies de développement. Cependant la maîtrise de leur impact demeure partielle et, à certains égards, contestée (Hulme, 2000).

Selon la Commission bancaire de l'Afrique centrale (COBAC), en 2000, l'Afrique centrale dénombrait à peu près 1 021 EMF dont plus de la moitié, soit 651 étaient domiciliés au Cameroun. Selon les chiffres les plus récents du ministère des Finances du Cameroun, en 2008 on dénombre 408 EMF au Cameroun. Cela constitue 64 % des établissements répertoriés en Afrique centrale, soit 67 % des dépôts et 86 % de l'encours de crédit. Par ailleurs, l'encours des dépôts était en

2003 de l'ordre de 41 milliards 600 millions de francs CFA, contre 29 milliards 700 millions pour l'encours de crédit, traduisant une nette augmentation par rapport aux chiffres de 2001 qui étaient de 35 milliards, 790 millions pour les dépôts et 25 milliards pour les crédits.[56] Cet état de chose témoigne à suffisance de la vitalité du secteur de la microfinance en Afrique centrale en général et au Cameroun en particulier. Cependant ces statistiques du secteur de la microfinance contrastent avec la dynamique des indicateurs de pauvreté qui attestent d'une quasi-stabilité du phénomène et même d'une dégradation en ce qui concerne la pauvreté en milieu rural. Comme le révèle l'enquête ECAM 3[57] au Cameroun, la pauvreté monétaire globale se situe à 39,9 % en 2007, contre 40,2 % observée en 2001. Par ailleurs la pauvreté en milieu rural s'est accentuée et se situe à 55 % contre 52 % en 2001. Dans le même temps, s'il est observé une amélioration des indicateurs de pauvreté non monétaire (accès à l'électricité, eau, habitat décent, téléphone) en milieu urbain et de manière globale, ces indicateurs se dégradent en zone rurale. Compte tenu de ce qui précède, il importe de mettre en question l'impact du microcrédit sur la pauvreté dans le contexte camerounais.

La présente étude évalue l'incidence des caractéristiques individuelles et environnementales des emprunteurs pauvres sur la performance[58] du microcrédit dans ce pays. L'article s'articule comme suit: la section 2 présente une brève revue de littérature sur la microfinance et la réduction de la pauvreté; la section 3 expose quelques faits stylisés sur la microfinance et la pauvreté au Cameroun; la section 4 est consacrée aux données et à la méthodologie. Les résultats sont présentés et discutés à la section 5. La conclusion suit à la section 6.

## 2. Revue de la littérature

La réduction de la pauvreté est le plus souvent associée à une croissance forte dans la littérature empirique récente (Lipton et Ravallion, 1995; Bhola, 2006; Donaldson, 2008). En général, il est admis que la croissance augmente l'étendue des opportunités offertes aux pauvres, notamment du point de vue des emplois productifs et décemment rémunérés, de l'amélioration de l'état éducatif, nutritionnel et sanitaire. Dans le même temps, l'unanimité se construit autour du fait que les politiques qui contribuent à la croissance, à travers l'amélioration de l'efficacité des allocations (réduction des distorsions des prix relatifs, des taux de changes), sont de nature à aider les pauvres (Bardhan et Udry, 1999). Cependant, les pauvres peuvent être exclus du processus de croissance, notamment lorsqu'on est

---

[56] Ces statistiques sont de la Banque de France: Rapport zone franc, 2003.
[57] Enquête camerounaise auprès des ménages, 3e édition.
[58] Cette performance est évaluée par la réduction de la pauvreté monétaire et de la pauvreté non monétaire.

en présence de sévères imperfections du marché de crédit. En effet, les problèmes d'aléa moral et de sélection adverse auxquels se grève le caractère répressif du système financier, font que les pauvres sont très souvent marginalisés dans le processus d'octroi de crédit. Ainsi, étendre les opportunités de crédit des pauvres devient indispensable dans l'optique d'une réduction substantielle de la pauvreté. Il convient alors de constater que l'octroi de crédits aux pauvres leur permet d'investir dans l'éducation et la santé, afin d'améliorer leurs capacités productives. Par ailleurs, il peut permettre de relever l'échelle de production, et générer des externalités positives sur le reste de la société.

C'est dans l'optique de souscrire à cet impératif d'allocation des crédits aux plus pauvres qu'ont émergé les structures de microfinance, qui s'affirment de plus en plus de par le monde comme l'instrument privilégié de réduction de la pauvreté. Le monde en développement a donc vu se généraliser, depuis la décennie 1970, la mise sur pieds des structures de microfinance, inspirées par le succès de la Grameen Bank au Bangladesh. Toutefois, la pertinence de la microfinance comme instrument puissant de réduction de la pauvreté est encore partiellement établi à défaut d'être contesté.

Le concept de pauvreté recouvre des réalités très différenciées. En effet, la pauvreté est une notion multidimensionnelle qui peut s'analyser sous plusieurs approches. On distingue de la sorte la pauvreté monétaire et la pauvreté non monétaire. La mesure de la pauvreté monétaire est très usitée par les institutions internationales à l'instar de la Banque Mondiale ou du Fonds Monétaire International. Elle porte sur la définition d'un seuil minimal de revenu ou de dépenses de consommation que l'individu devrait atteindre pour satisfaire ses besoins afin de parvenir au bien-être économique. Les pauvres constituent le groupe de personnes qui se situent en dessous de ce seuil minimal. De nombreux travaux ont proposé des tests de comparaison de ce bien-être afin d'apporter une justification théorique robuste à l'utilisation d'un seuil de pauvreté, suivant qu'est utilisé le revenu ou les dépenses de consommation (Davidson et Duclos, 2000; Barrett et Donald, 2003). Cependant l'usage de la pauvreté monétaire comporte de nombreuses limites, d'où le recours à la pauvreté non monétaire.

Deux principales approches permettent de saisir la pauvreté non-monétaire. Il s'agit de l'approche par les besoins de base et l'approche par les capabilités. Ces deux approches, contrairement à la pauvreté monétaire, sont multidimensionnelles. L'approche par les besoins de base porte sur la définition des besoins essentiels des individus. Elle est également qualifiée de pauvreté des conditions de vie ou d'existence. Elle a été développée par le Bureau International du Travail (BIT) au cours de la décennie 1970. Cette institution identifie les besoins qui sont jugés essentiels pour tout individu. Ils concernent la santé, l'alimentation, le logement, l'éducation ou encore l'habillement (Koloma, 2008).

L'approche par les capabilités est développée entre les décennies 1980 et 1990 par Sen et focalise sur les besoins fondamentaux des individus (Sen, 1983; Sen, 1992). Il s'agit selon l'auteur de mesurer le bien-être en observant les facultés des individus et des ménages, principalement leur capacité à se construire une vie plus ou moins décente. L'homme devient de la sorte l'acteur de son propre épanouissement. L'approche conçoit alors un cadre d'évaluation fondé sur les capabilités et les fonctionnements (Bertin, 2007). Elle considère également deux espaces, celui des fonctionnements (fonctionnements potentiels ou capabilités) et celui des réalisations (fonctionnements accomplis).

Au plan empirique, la construction d'un indicateur multidimensionnel de la pauvreté suit deux approches: une approche axiomatique et une approche non axiomatique. L'approche non axiomatique consiste à l'usage d'un ensemble d'indicateurs individuels pour construire un indicateur composite. Dans ce cas sont utilisées comme procédure d'agrégation la moyenne, l'analyse en composante principale ou multiple. L'approche axiomatique consiste à construire un indicateur qui respecte un ensemble de propriétés. C'est le cas de l'extension de l'indicateur de Foster, Greer et Thorbecke (1984) au cas multidimensionnel par Bourguignon et Chakravarty (1999). A ces diverses approches s'associe la construction d'un indicateur sur la base de la théorie des sous-ensembles flous. Cette dernière approche permet de se défaire de la logique de seuil de manière à considérer la pauvreté comme un continuum de privation.

Selon Hulme (2000), les travaux sur la microfinance et la réduction de la pauvreté se classifient en trois groupes: les travaux optimistes, les travaux pessimistes et enfin, les travaux nuancés.

Les analyses dites optimistes sont celles qui concluent en un effet positif de la microfinance sur la réduction de la pauvreté. Dans cette lignée, on relève, sans exhaustivité, les travaux de Holcombe (1995), Khandker (1998), Mosley et Hulme (1998), Zeller et Sharma (2000), Khandker (2003), Rosenberg (2010), Khandker et Samad (2013). Les analyses de Holcombe et Khandker s'intéressent principalement au cas du Bangladesh. Ces auteurs soutiennent au regard de l'expérience des Grameen Bank que la microfinance est un moyen efficace de réduction de la pauvreté. Dans un cadre plus général, Mosley et Hulme (1998) constatent, en étudiant treize structures de microfinance dans les pays en développement que le revenu des ménages tend à croître, mais à taux décroissant. Par ailleurs, Zeller et Sharma (1998) observent que la microfinance peut aider les entreprises familiales à s'établir et à prospérer. De manière un peu plus nuancée, Khandker (2003) fournit l'évidence d'un effet positif de la microfinance sur la réduction de la pauvreté. Il note cependant que ces effets se confinent au niveau des pauvres ayant accès aux services de la microfinance. Rosenberg (2010) arrive à la même conclusion que Khandker (2003). Dans une étude récente de Khandker et Samad(2013), les auteurs trouvent des effets positifs du microcrédit sur les revenues et la consommation.

La seconde vague de travaux, à défaut de fournir l'évidence d'un effet négatif de la microfinance sur la réduction de la pauvreté, doute de l'existence d'un effet positif. C'est le cas notamment des travaux de Burger (1989) qui montrent que la microfinance tend à stabiliser, plutôt qu'à accroître les revenus et tend à préserver, plutôt qu'à créer des emplois. Dans le même temps, Buckley (1997), constate, à la suite d'une étude faite respectivement au Ghana, au Kenya et au Malawi, que l'accès au microcrédit n'exerce pas d'effet significatif sur la réduction de la pauvreté. Coleman (1999) quant à lui, effectue une étude sur 445 ménages en Thaïlande et constate que la microfinance ne permet pas de réduire la pauvreté, mais maintient au contraire les bénéficiaires dans un cycle d'endettement. Par ailleurs, Diagne et Zeller (2001) dans le cadre d'une étude faite au Malawi relèvent que l'accès au crédit a un effet positif sur la pauvreté, cependant cet effet est statistiquement non significatif. Enfin, l'étude menée par Okurut et Bategeka (2005) en Ouganda conclut au même résultat.

Le dernier groupe d'analyses se trouve à cheval entre les deux précédentes vagues de travaux en ce sens que l'effet de la microfinance sur la réduction de la pauvreté est nuancé et conditionné par un ensemble de préalables. De manière spécifique ces analyses conditionnent les effets respectivement à la soutenabilité et à la profondeur de l'offre des services de microfinance. La soutenabilité renvoie à la capacité des institutions de microfinance à observer un rendement net des subventions reçues qui est à même d'égaliser ou d'excéder les coûts engrangés par la structure (coûts d'octroi de crédits, coûts administratifs). Selon des travaux de Navajas *et al.* (2000), des taux d'intérêt sur prêts positifs, à même de couvrir les frais administratifs et maintenir la valeur de l'équité en terme réel sont importants pour la soutenabilité. La profondeur quant à elle réfère à la capacité des services offerts à atteindre une frange de plus en plus large de la population des pauvres. Ainsi, la valeur et l'étendue des crédits et de l'épargne, le type de services financiers offerts, ainsi que le taux de croissance annuel des bénéficiaires sont autant d'indicateurs dont la valorisation accroît la profondeur.

Selon les travaux de Rhyne et Otero (1992), la combinaison de la profondeur et de la soutenabilité des services offerts améliore l'impact de la microfinance sur la réduction de la pauvreté. En effet, comme le remarquent Yaron *et al.* (1997), lorsqu'une entreprise de microfinance satisfait aux exigences de soutenabilité et de profondeur, cela veut dire qu'elle élargit le marché financier de manière soutenable. De manière spécifique, elle permet aux pauvres d'avoir accès à moindre coût à un éventail plus large de services d'épargne et de crédit. Parallèlement, des auteurs à l'instar de Hicksson (1999), montrent qu'il est difficile d'atteindre les plus pauvres, sans compromettre l'objectif de soutenabilité. Cette contrainte, associée à l'auto exclusion des plus pauvres, fait que, comme le relèvent Simanowitz et Walter

(2002), en moyenne, moins de 50 % des clients de structures de microfinance sont pauvres. Cette réalité est encore plus frappante lorsqu'on se réfère à la pauvreté non monétaire. Cette constatation est partiellement reprise par Shaw (2004) dans le cas du Sri Lanka. Elle relève ainsi que les gains des micro-entrepreneurs suite à un octroi de microcrédit sont fortement liés à leur revenu initial. En effet, les clients les plus pauvres font face à des contraintes géographiques, financières et socio culturelles qui les empêchent de s'insérer dans les activités de microentreprises les plus prometteuses. Ils s'orientent alors vers des activités à faible valeur ajoutée et aux perspectives de croissance faible.

Sur un plan plus local, en Afrique centrale et au Cameroun en particulier, les études ne foisonnent pas. Par ailleurs celles qui existent sont le plus souvent un exposé synthétique de la situation du secteur de la microfinance. Cependant, ce terrain de recherche relativement vierge a, quoique partiellement, été foulé par quelques auteurs.

La microfinance y existe bien avant les indépendances sous sa forme traditionnelle appelée tontine. Toutefois, elle ne s'est réellement développée et diversifiée qu'au début des années 90, après les lois sur la liberté d'association. L'étude menée par Akpaca et Caugant (1992) dresse le bilan du financement rural dans ce pays, et analyse les conditions d'intervention des différents acteurs, à partir d'entretiens réalisés sur un échantillon d'agriculteurs. Elle fait partie d'une série d'études de cas réalisées par l'AFRACA et donne quelques pistes quant au financement des activités des pauvres du secteur agricole rural. Ce financement est également au cœur de l'étude menée par Guérin (1996), dont les résultats montrent que les projets d'épargne-crédit dans la région de l'Ouest Cameroun sont loin d'être à la hauteur des besoins. A partir d'une approche sociologique, ce travail montre l'intérêt d'une construction de systèmes d'épargne-crédit sur la base d'une mutualisation qui remet en cause le marché, en valorisant le rôle de la confiance et des réseaux sociaux. Les travaux de Foko (1997) vont dans le même sens et analysent le mode de financement des activités agricoles par le biais des systèmes financiers qui permettent de lever les contraintes des agriculteurs: coopératives pour les prêts à court et moyen termes, intervention de l'Etat pour satisfaire les besoins de prêts à long terme.

La quasi-totalité des analyses précédemment citées se sont inscrites dans un cadre temporel et spatial réduit. Tout récemment, des études instantanées et de court et moyen terme ont cédé place à des réflexions qui portent sur le long terme. Ainsi, l'analyse de Tchouassi, (2001), se propose d'identifier les principaux services offerts par les services de microfinance, ainsi que la nature des comptes clients qui y sont ouverts. Dans une toute autre mesure, Kamewé, (2001) s'intéresse à l'épargne postale et cherche à identifier les canaux de transmission de l'épargne à la croissance économique. Il conclut que ceux-ci demandent à être réhabilités afin d'observer un effet plus vigoureux sur la croissance. Les travaux de Tchouassi et Tékam, (2003) sont beaucoup plus descriptifs. Il s'agit en effet d'étudier quelques structures de microfinance pour y déceler quelques pratiques innovantes dans la perspective d'une réduction de la pauvreté.

En définitive, la revue qui précède montre que très peu d'analyses ont été faites en Afrique centrale de manière générale et au Cameroun en particulier sur la microfinance et la réduction de la pauvreté. Par ailleurs les travaux existant sont au mieux descriptifs. Aucun lien de causalité n'est mis en évidence, à défaut d'être tout au plus postulé. On note cependant que la profusion de travaux effectués en Amérique Latine et les quelques travaux évoqués ci-dessus et qui ont pour cadre spatial l'Afrique anglophone peut constituer un cadre de départ pour l'analyse de la relation entre la microfinance et la réduction de la pauvreté au Cameroun. Il importe cependant de souligner quelques préalables méthodologiques d'usage.

Selon Hulme (2000), le cadre conceptuel d'analyse de l'impact des services de microfinance sur la réduction de la pauvreté comporte trois éléments de base. Tout d'abord il est question de préciser la chaîne d'impact que l'étude se propose d'examiner. Ensuite, il est nécessaire de spécifier l'unité et le niveau d'analyse. Enfin il s'agit de préciser la nature ou le type d'impact que l'on souhaite évaluer. La précision de la chaîne d'impact consiste à déterminer les éléments de médiation à travers lesquels la politique mise en œuvre atteint ses objectifs. A ce niveau, deux écoles s'affrontent: celle dite des bénéfices attendus (au niveau des ménages ou de l'individu) qui se propose d'identifier les canaux de transmission de la microfinance à la réduction de la pauvreté d'une part. D'autre part, il y a l'école des « intermédiaires » qui focalise sur le début de la chaîne et principalement sur la profondeur et la soutenabilité institutionnelle.

La spécification de l'unité d'analyse vise essentiellement à choisir de manière appropriée le niveau d'analyse. En effet les résultats n'y sont pas neutres. Le choix de l'unité individuelle a pour avantage une plus grande facilité et précision dans la définition et la mesure des variables. Cependant, elle a comme inconvénient de négliger les externalités dans la mesure où la plupart des effets vont au-delà de l'individu.

Enfin, la définition précise du type d'indicateur assure que la variable qui est mesurée capte effectivement le phénomène analysé. La mise en perspective, par rapport à ce cadre méthodologique, des études effectuées au Cameroun montre que les outils utilisés ont été pour la plupart du temps de la statistique descriptive. On n'aura pas observé une réelle définition de la chaîne d'impact, alors même que le niveau d'analyse a souvent été clairement précisé. Ainsi l'étude de Tchouassi (2001), propose comme niveau d'analyse l'établissement de microfinance. Il en est de même de celle de Tékam et Tchouassi (2003). Il n'y a cependant pas de définition claire du type d'impact puisque l'objectif clairement défini par les auteurs n'est pas de mener une étude d'impact. Le constat ainsi fait peut être généralisé à la quasi-totalité des études faites sur le sujet au Cameroun.

Il importe de noter qu'au cœur de cette controverse, peu de cas est fait des caractéristiques individuelles du pauvre et de son environnement social. En effet, tout se passe comme si le simple fait d'allouer un crédit au pauvre traduit de fait une augmentation des actifs possédés et une réduction de son niveau de pauvreté. Nombreux sont les auteurs qui remettent en cause l'effectivité d'une telle linéarité. Buckley (1997) souligne ainsi que l'octroi d'un capital sous la forme de crédit ne suffit pas à observer un effet positif sur la réduction de la pauvreté. Selon lui, il faut aller voir dans les conditions socioéconomiques et la psychologie du bénéficiaire du crédit. La qualité du réseau social, la forme de l'organisation, la disponibilité des infrastructures et des droits de propriété, la nature du facteur travail, entre autres éléments, sont de nature à affecter la rentabilité du capital investi et de fait limiter les performances sociales des services de microfinance (Zeller *et al.*, 2003; Yaron, 1992).

La présente étude vise donc à enrichir la littérature par une analyse d'impact qui va se focaliser non pas sur les éléments finaux de la chaîne, mais sur les caractéristiques même de ces éléments. En effet, beaucoup de structures de microfinance ignorent le profil de leurs clients et sont donc dans l'impossibilité d'offrir des services adéquats.

### 3. Quelques faits stylisés sur la microfinance et la réduction de la pauvreté au Cameroun

L'objet de cette section est de présenter quelques statistiques et faits relatifs à la microfinance et à la pauvreté au Cameroun.

### *Vision chiffrée de l'état de la microfinance*

Selon l'article 1 des dispositions générales portant réglementation de l'activité de microfinance en zone CEMAC (2002): La microfinance est une activité exercée par des entités agréées n'ayant pas le statut de banque et qui pratiquent habituellement des opérations de crédit et de collecte de l'épargne et offrent des services financiers spécifiques au profit des populations évoluant pour l'essentiel en marge du circuit bancaire traditionnel. Selon l'article 5 de ces dispositions, on distingue trois catégories d'EMF:

- Les établissements qui emploient l'épargne collectée chez leurs membres à des activités de crédit exclusivement destinés à ceux-ci;
- Les établissements qui collectent l'épargne et octroient des crédits aux tiers;

- Les établissements qui octroient des crédits sans avoir aucune activité d'épargne.

Aucun capital minimum n'est requis pour la première catégorie, tandis que les deux dernières doivent avoir un capital de départ respectivement de 25 et 50 millions de FCFA. Par ailleurs, les activités des EMF sont circonscrites à l'intérieur du pays d'exercice. Pour toute activité avec l'extérieur le recours à une banque est exigé. Les EMF sont autorisés à exercer leur activité de manière indépendante ou à l'intérieur d'un réseau. Le réseau s'entend ici comme un ensemble d'établissements agréés, animés par le même objectif et qui ont volontairement décidé de se regrouper afin d'adopter une organisation et des règles de fonctionnement communes. Ce réseau peut être local ou national. Pour assurer un fonctionnement prudent des structures de microfinance, la COBAC définit et contrôle le respect des règles relatives à l'équilibre financier des établissements. Par ailleurs les EMF sont contraints par la réglementation de se doter d'auditeurs internes. Le non-respect des règles prudentielles définies par la COBAC expose l'EMF à des sanctions allant jusqu'au retrait d'agrément.

L'activité de microfinance n'a pris son essor, dans les États de la Communauté économique et monétaire de l'Afrique centrale (CEMAC), qu'au cours des années 90. Cependant, cette activité est très ancienne au Cameroun et remonte à 1963, avec la création du réseau microfinance de la Cameroun Cooperative Credit Union League (CAMCCUL). Au Cameroun, on distingue quatre principales structures de microfinance qui détiennent à elles seules 80 % des clients et 62 % de l'épargne collectée. Ce sont (1) des institutions développées de manière endogène comme les MC² (Mutuelle communautaire de croissance); (2) des Caisses villageoises d'épargne et de crédit autogérées; (3) des Coopératives d'épargne et de crédit (COOPEC) exclusivement pour femmes; et (4) des institutions n'offrant que du crédit.

Par ailleurs le réseau CAMCCUL qui est le plus ancien des réseaux de coopératives détient plus de 64 % des clients et 55 % de l'encours des dépôts (COBAC, 2000). En outre 52 % des institutions de microfinance sont implantées en zone urbaine contre 48 % en zone rurale (Tableau 13.1).

**Tableau 13.1: Répartition spatiale des EMF au Cameroun en 2008**

| Région | AD | CE | ES | EN | LT | NO | NW | OU | SU | SW | Total |
|---|---|---|---|---|---|---|---|---|---|---|---|
| Individuel | 3 | 62 | 3 | 1 | 65 | 2 | 7 | 33 | 5 | 10 | 191 |
| CAMCCUL | 1 | 6 | 0 | 4 | 16 | 21 | 66 | 16 | 4 | 44 | 178 |
| UCCGN | 0 | 0 | 0 | 0 | 0 | 8 | 0 | 0 | 0 | 0 | 8 |
| ACCC | 0 | 31 | 0 | 0 | 0 | 0 | 0 | 0 | 0 | 0 | 31 |

| | AD | CE | ES | EN | LT | NO | NW | OU | SU | SW | Total |
|---|---|---|---|---|---|---|---|---|---|---|---|
| 1ère Catégorie | 4 | 87 | 3 | 4 | 66 | 31 | 71 | 48 | 8 | 53 | 375 |
| 2nde Catégorie | 0 | 12 | 0 | 1 | 15 | 0 | 2 | 1 | 1 | 1 | 33 |
| Total | 4 | 99 | 3 | 5 | 81 | 31 | 73 | 49 | 9 | 54 | 408 |

Source: _Cameroun-Tribune du 17 juillet 2008._
Notes: AD= Adamawa; CE = Centre; ES = Est; EN = Extreme Nord; LT = Littoral; NO = Nord; NW = North West; OU = Ouest; SU = Sud; SW = South West.

### Vision chiffrée de la pauvreté

Le continent africain a le taux de pauvreté le plus élevé de toutes les régions du monde (Les économies de l'Afrique centrale, 2006). La proportion de personne vivant avec moins d'un dollar américain par jour se situe à 46 % et dépasse de 17 points celle de l'Asie du sud qui est la seconde région la plus pauvre du monde. Par ailleurs, alors même que la plupart des régions du monde ont fait des progrès dans la réduction de la pauvreté, une analyse de la dynamique tendancielle de la pauvreté montre qu'elle n'a pas décliné depuis 1980 (CEA, 2005). Cette situation est encore plus préoccupante en Afrique centrale où l'insuffisance de données statistiques empêche de prendre la pleine mesure du phénomène et de définir des politiques appropriées. Le Cameroun a cependant conçu un document stratégique de réduction de la pauvreté (DSRP) qui atteste à suffisance de la gravité de la pauvreté et de l'urgence d'y mettre fin.

Sur la base des informations relatives aux statistiques du Cameroun et du Tchad, le taux de pauvreté en Afrique Centrale est estimé à 47,6 % en termes absolus. Par ailleurs, une analyse spatiale de la pauvreté nous montre que le phénomène est avant tout rural. Ce taux est de 50 %. Il représente plus du double de l'incidence de la pauvreté observée en zone urbaine (22 % en 2001). Dans le même temps, la zone de forêt avec une incidence de 55,4 % est la plus touchée devant les hauts plateaux et la savane respectivement 50 % et 45 %. On observe également que l'incidence de la pauvreté est plus élevée dans les ménages dirigés par les hommes, soit 42 % en milieu urbain et 60 % en milieu rural. La dynamique de réduction de la pauvreté enregistrée à la fin des années 90 avec une baisse de 13 points du taux de pauvreté monétaire de 53,3 % en 1996 à 40,2 % en 2001 ne s'est pas poursuivie en 2007. Les données issues de l'enquête ECAM 3 présentent une stabilité de ce taux à 39,9 %, au-dessus des 37 % visés par le DSRP. On note une quasi-stabilité de la pauvreté entre 2001 et 2007. Avec un taux de croissance démographique d'une moyenne annuelle de 2,7 % et une stabilité du taux de pauvreté monétaire, le nombre de personnes vivant en dessous du seuil de pauvreté (269,443 FCFA en équivalent adulte par an) est en nette augmentation. L'analyse des tendances géographiques laisse apparaître un net recul de la pauvreté en milieu urbain, avec un taux de 12,2 % en 2007 par rapport au taux de 17,9 % de 2001. La pauvreté en milieu rural s'aggrave cependant et se situe à 55 % en 2007 contre 52 % en 2001. Sur le plan des inégalités, on observe une réelle stabilité. De 0.404 en 2001, elle se situe à 0.39 en 2007. Les indicateurs non monétaires ont également connu une nette amélioration tel que traduit par le Tableau 13.2.

**Tableau 13.2: Evolution de la pauvreté non monétaire au Cameroun**

| Année | 2001 | | | 2007 | | |
|---|---|---|---|---|---|---|
| | Urbain | Rural | Total | Urbain | Rural | Total |
| Prestations sociales | | | % | | | |
| Accès à l'eau potable | 61,5 | 29,3 | 40,6 | 75,1 | 27,7 | 45.3 |
| Eclairage électrique | 88,2 | 24,6 | 46,8 | 90,4 | 23,4 | 48.2 |
| Toilettes décentes | 75,2 | 25,4 | 42,8 | 66,4 | 14,2 | 33.6 |
| Ramassage des ordures | 46,1 | 1,3 | 17,0 | 52,1 | 2,0 | 20.6 |
| Murs en matériaux définitifs | 69,8 | 63,2 | 65,5 | 79,1 | 68,6 | 72.5 |
| Sols en matériaux définitifs | 88,4 | 28,2 | 49,2 | 88,3 | 28,5 | 50.6 |
| Toit en matériau définitif | 99,5 | 66,3 | 77,9 | 99,3 | 64,6 | 77.5 |
| Possession d'un téléphone Mobile | 19,9 | 1,0 | 7,6 | 81,4 | 23,4 | 44.9 |

*Source: Enquêtes ECAM 2 et ECAM 3 par l'Institut National de la Statistique.*

Le profil de la pauvreté présente un taux de pauvreté monétaire de 39,9 %. La profondeur de la pauvreté, c'est-à-dire l'écart moyen entre la dépense moyenne de consommation par équivalent adulte des ménages pauvres et le seuil de pauvreté est de 12,3 %. Ce qui signifie que pour éradiquer la pauvreté au Cameroun en 2007, il faudrait un volume de transfert en direction des plus pauvres de 433 milliards de FCFA. La sévérité de la pauvreté qui traduit l'inégalité entre les pauvres est estimée à 5 %.

Au regard de cet état des lieux, il peut se déduire que la situation de la microfinance contraste étrangement avec la situation de la pauvreté au Cameroun. En effet, si les institutions de microfinance se développent de manière exponentielle, la réduction de la pauvreté stagne. On peut même affirmer en ce qui concerne le milieu rural que la situation se dégrade. Les faits susmentionnés semblent plaider encore plus fortement pour un questionnement de l'impact de l'offre de crédit des EMF en relation avec les caractéristiques individuelles et environnementales des bénéficiaires, en l'occurrence les plus pauvres.

## 4. Probleme, données et méthodologie

### *Le problème à résoudre*

Dans le cadre de cette analyse, pour l'évaluation empirique, il est considéré d'une part une situation de pauvreté monétaire, et d'autre part une situation de pauvreté multidimensionnelle non monétaire. Dans ces deux cadres, il est question de tester l'hypothèse selon laquelle la réduction de la pauvreté monétaire et non monétaire par le biais du microcrédit est tributaire des caractéristiques individuelles du pauvre et de celles de son environnement du point de vue de la réduction de la pauvreté. La particularité de l'approche est qu'elle suppose que la pauvreté se réduit du fait de l'accroissement du rendement des crédits reçus des EMF et investis dans des activités génératrices de revenu. Le pauvre va alors s'en tirer avec une plus-value qui accroît le volume des actifs en sa possession. Fort de ce raisonnement, le problème pratique consiste à expliquer la variation du revenu du pauvre suite à l'usage du crédit obtenu comme fonction des caractéristiques individuelles de ce dernier et des caractéristiques de son environnement d'une part. D'autre part, il est question d'évaluer l'influence de ces caractéristiques sur un indicateur multidimensionnel de pauvreté non monétaire.

### *Le modèle d'analyse*

#### *Analyse de la pauvreté monétaire*

En ce qui concerne la pauvreté monétaire, à la suite des travaux de Zaman (2001), il est proposé la spécification suivante, dans l'esprit de Heckman (1979). Ce modèle permet de tenir compte du biais de sélection qui survient lorsque le processus de sélection des bénéficiaires des services de microfinance n'est pas régi par des règles de sélection aléatoire. On considère l'équation principale suivante:

$$\Delta R_i = \alpha + \sum_{j=1}^{n} \beta_j C I_{ij} + \sum_{k=1}^{l} \delta_k C E_{ik} + \varepsilon_i \tag{1}$$

où $\Delta R_i$ = variation du revenu de l'individu i après usage du crédit, le revenu étant pris ici comme le produit des activités (principale et secondaires) menées par l'individu; $CI_{ij}$ = jième caractéristique individuelle de l'individu i; $CE_{ik}$ = kième caractéristique environnementale de l'individu i; et $\alpha$, $\beta$, $\delta$ = paramètres à estimer et $\varepsilon$ = terme aléatoire. Les caractéristiques individuelles sont: âge, sexe, éducation, régime matrimonial, statut professionnel et lieu de résidence; les caractéristiques environnementales consistent de: type d'activité, lieu d'exercice de l'activité, distance par rapport au lieu d'approvisionnement et la structure de marché. La variable structure de marché est captée par le rapport entre le nombre de personnes exerçant une activité j dans une région et l'effectif des enquêtés dans cette région. Un indicateur de densité des activités est de fait construit. L'idée sous-jacente est qu'il existe une relation positive entre la densité d'un secteur et le degré de concurrence qui y prévaut. De ce fait, il peut être postulé que le revenu tiré de l'emploi du crédit dans un tel contexte sera faible.

Cette modélisation est particulière en ce sens que la variable dépendante n'est pas observée sur la quasi-totalité de l'échantillon des pauvres. En effet, la variable dépendante n'est observée que si l'individu participe effectivement à un programme de microfinance. Dans ce cas précis la variable est dite censurée et participe du cadre général des modèles Tobit de type 2 selon l'expression d'Amemiya (1985). L'estimation d'un tel modèle par les moindres carrés ordinaires (MCO) donne des estimateurs non consistants des paramètres. Par ailleurs, la difficulté d'obtention d'un sous-échantillon aléatoire souligne l'existence d'un biais de sélection qu'il convient de traiter de manière appropriée. Selon Wooldridge (2005), un tel modèle peut être estimé directement en recourant au maximum de vraisemblance, sous certaines conditions. Cependant, la définition directe de la fonction de vraisemblance exige l'usage de logiciels d'optimisation sophistiqués. Une méthode de résolution plus simple du problème a été proposée par Heckman (1979).

Soit la spécification suivante:

$$\Delta R_i = \beta X_i + \varepsilon_i \tag{2}$$

$$MF_i = \max (0, x\delta + v_i) \tag{3}$$

L'équation (2) est l'équation principale tandis que l'équation (3), encore appelée équation de sélection, précise la règle de décision. Dans ce cas précis, elle est de type Probit. $X$ et $x$ sont respectivement des vecteurs de variables explicatives supposées exogènes et observées sur tout l'échantillon. $MF_i$ représente la variable dépendante de l'équation de participation. Elle prend la valeur 1 si le ménage participe à un programme de microfinance et 0 sinon.

Selon l'approche de Heckman, l'estimation se déroule en trois étapes. La première consiste en l'estimation de la règle de décision (équation (3)). Il en résulte un estimateur $\hat{\delta}$ de $\delta$. La deuxième consiste en la construction du ratio de Mills ou terme de sélectivité $(\lambda(x_i, \hat{\delta}))$ pour chaque $x_i$ observation. Finalement, on estime l'équation principale en y ajoutant le terme de sélectivité par les moindres carrés ordinaires (MCO).

Les estimateurs obtenus sont alors asymptotiquement convergents. L'équation principale devient alors:

$$\Delta R_i = \beta X_i + \alpha \hat{\lambda}(x_i, \hat{\delta}) + u_i \tag{4}$$

*Analyse de la pauvreté non-monétaire*

Dans le cadre de cette analyse, la méthode de construction de l'indicateur multidimensionnel de la pauvreté non monétaire emprunte à la théorie des sous-ensembles flous (Cerioli et Zani, 1990; Dagum *et al.*, 1991; Dagum et Costa, 2004), mais utilise comme méthode d'agrégation l'analyse des correspondances multiples.

Soit l'ensemble A $=\{a_1, a_2, \ldots a_i, \ldots a_n\}$ des ménages défini dans un espace économique et B $=\{X_1, X_2, \ldots X_j, \ldots X_m\}$ l'ensemble des attributs. A partir de cet ensemble d'attributs, nous allons définir un sous-ensemble des privations qui à chaque ménage ou groupe de ménages associe des attributs qui manquent. Dans le cas précis de cette étude, on considère cinq attributs à savoir la santé, l'éducation, le logement, l'eau et l'électricité. Ainsi, chaque fois qu'un ménage ou groupe de ménages ne possède pas un attribut, la fonction d'appartenance est définie en correspondance à l'unité. Dans le cas contraire cette fonction est définie en correspondance à zéro. Soulignons ici qu'il n'est pas précisé de valeur intermédiaire. Cette approche est soutenable dans la mesure où les variables relatives aux attributs sont exclusivement qualitatives. Par ailleurs, il n'est pas précisé de seuil de pauvreté. La spécificité de la présente approche tient de ce qu'au lieu d'utiliser la pondération de Ceroli et Ziani (1990), la méthode d'agrégation utilisée est l'analyse en correspondance multiple (ACM). Ainsi, la pondération des attributs est exogène et non arbitraire. L'indice de pauvreté non monétaire qui en résulte présente un taux de pauvreté de 53 %. En d'autres termes, en 2009, 53 % des ménages camerounais sont structurellement pauvres. Par ailleurs l'analyse des contributions des différents domaines de privation montre que l'incapacité de se soigner vient en tête comme l'attribut qui explique le plus la pauvreté (0,70). Ensuite suivent l'incapacité de scolariser les proches (0,58), le manque d'eau potable (0,50), la non-possession d'une maison en dur (0,19) et l'absence du réseau électrique (0,04).

Soit la spécification suivante:

$$PNM_i = \alpha + \sum_{j=1}^{n} \beta_j CI_{ij} + \sum_{k=1}^{l} \delta_k CE_{ik} + \varepsilon_i \tag{5}$$

Elle se présente comme une version amendée de l'équation (1). La différence provenant du membre de droite qui représente la pauvreté non monétaire. Cette variable est traitée de deux manières. Dans un premier temps, on la rend dichotomique en associant la valeur 1 à tous les individus dont le taux de pauvreté non monétaire est supérieur ou égal à 0,50 et 0 sinon. Dans un second temps, on l'utilise comme telle, c'est-à-dire comme variable continue. Il en résulte deux modèles économétriques. Le premier est un modèle Probit simple avec variable instrumentale et prise en compte du biais de sélection. Le second est un modèle de sélection de Heckman en deux étapes, identique à celui utilisé dans le cas de la pauvreté monétaire. La prise en compte du biais de sélection dans l'estimation du modèle Probit rend nécessaire l'estimation initiale d'un modèle Probit des déterminants de la probabilité d'être client d'un EMF. De cette estimation on construit l'inverse du ratio de Mills qui sera introduit dans l'estimation Probit de la pauvreté non monétaire. Dans cette dernière spécification, on introduit la variable prédite comme instrument du fait d'être client d'un EMF.

### Source des données et mécanismes de collecte

Les données qui sont utilisées dans le cadre de cette analyse sont issues de l'enquête conduite au courant de la première moitié du mois de juillet 2009 par le CEREG de l'Université de Yaoundé II - Cameroun. Cette enquête a été menée auprès de 400 ménages bénéficiaires des services de microfinance et auprès de 100 institutions pourvoyeuses desdits services. La collecte des données a été effectuée aussi bien en milieu rural qu'en milieu urbain. Dans le cadre de cette étude, seules les données de l'enquête ménage sont utilisées. Les caractéristiques statistiques et la description des principales variables utilisées sont présentées en annexe (Tableau 13A.1 – Tableau 13A.6).

### 5. Résultats et discussions

Les investigations empiriques menées dans le cadre de cette recherche ont visé à tester l'hypothèse selon laquelle le microcrédit peut générer une réduction de la pauvreté monétaire (variation positive du revenu post-crédit) et une réduction de la pauvreté non monétaire chez les bénéficiaires de ces services. Elles sont fondées sur un modèle de troncature intervenant à deux niveaux. La première censure intervient au plan de l'appartenance de l'enquêté à la sphère de la microfinance. La seconde prend en considération la sollicitation et l'obtention du crédit de la microfinance par le client. En effet, sur un échantillon définitif de 358 ménages sur 400 initialement enquêtés, on observe 218 clients d'établissements de microfinance. Sur ce dernier effectif, 156 clients ont sollicité un emprunt, tandis que 149 l'ont obtenu. Aussi, il a été procédé tout d'abord à l'estimation standard du modèle de sélection selon la procédure de Heckman (colonne 1 Tableau 13.3) en deux étapes.[59]

De même, pour caractériser la sélection au niveau de la sollicitation et de l'obtention du crédit, un modèle a été estimé avec comme variable dépendante

**Tableau 13.3: Résultats du modèle de sélection de Heckman**

| Variation du revenu | Heck (1) | OLS (2) | OLS (3) | Heck (4) | Heck (5) | Heck (6) | Heck (7) |
|---|---|---|---|---|---|---|---|
| Age | | | | | 0,02 | | |
| | | | | | (0,01) | | |
| Superieur2 | 2,25** | | | | 1,92** | | |
| | (1,03) | | | | (0,88) | | |
| Zone (Fako) | | | | | | | 0,57*** |
| | | | | | | | (0,32) |
| Type d'activité (ouvrier) | -1,34** | -1,40** | -1,38* | -1,91* | -1,57* | -1,51** | -1,80 |
| | (0,57) | (0,58) | (0,50) | (0,54) | (0,48) | (0,59) | (0,52) |
| Lieu de travail (entreprise non familiale) | 0,58 | 1,18* | 1,29* | 0,77** | 1,03* | 0,90** | 0,73 |
| | (0,40) | (0,33) | (0,29) | (0,39) | (0,35) | (0,39) | (0,38) |
| Distance du lieu d'approvisionnement | -0,60* | -0,54* | -0,88* | -0,33 | -0,72** | -0,38 | -0,49 |
| | (0,32) | (0,27) | (0,22) | (0,32) | (0,28) | (0,32) | (0,32) |
| Montant emprunté ajusté (après Heckman) | | -0,08 | | | | | |
| | | (0,12) | | | | | |
| Constante | 2,93*** | 3,37* | 3,07* | 3,09* | 2,22* | 3,02* | 3,12* |
| | (0,85) | (0,91) | (0,15) | (0,89) | (0,97) | (0,87) | (0,86) |
| $R^2$ ajusté | | 0,37 | 0,41 | | | | |
| *Client EMF* | | | | | | | |
| Sexe | 0,30 | | 0,24 | | 0,33 | 0,24 | 0,24 |
| | (0,26) | | (0,26) | | (0,27) | (0,26) | (0,26) |
| Sait lire et écrire | 0,75* | | 0,77** | | 0,71 | 0,70*** | 0,77*** |
| | (0,44) | | (0,44) | | (0,45) | (0,44) | (0,44) |
| Distance -EMF | -0,55** | | 0,56** | | -0,51*** | 0,56** | -0,56*** |
| | (0,27) | | (0,27) | | (0,27) | (0,27) | (0,27) |
| Ratio de Mills | 0,14 | | -0,07 | | 0,05 | 0,03 | -0,25 |
| Prob > Chi² | 0,0004 | | | 0,0008 | 0,000 | 0,000 | 0,0003 |
| Observations | 121 | 40 | 56 | 122 | 119 | 122 | 122 |

---

[59] Il importe de noter que l'estimation directe par le maximum de vraisemblance ne converge pas pour toutes les spécifications à cause de la non concavité de la fonction de vraisemblance. Les résultats sont disponibles sur demande.

| | | | | |
|---|---|---|---|---|
| Censurées | 81 | 81 | 81 | 81 | 81 |
| Non-censurées | 40 | 41 | 38 | 41 | 41 |

*Source: Auteurs.*
*Note: Les écarts types, (* ), (**) (***) sont respectivement la significativité aux seuils de 1, 5 et 10 %.*

le logarithme du montant de l'emprunt auprès de l'EMF[60]. La valeur prédite de la variable dépendante a été extraite et introduite dans l'équation d'estimation par les MCO de la variation du revenu. Les résultats y relatifs sont observés dans les colonnes (2) et (3) du Tableau 13.3.

La régression par les MCO participe d'une analyse de la robustesse des estimations non seulement à la spécification retenue, mais également à la procédure d'estimation utilisée. Ainsi la régression par les moindres carrés ordinaires a permis d'analyser la conformité des résidus standardisés et de la distance de Cook (voir Figures 13.1 et 13.2). Ces représentations concourent à l'analyse de la pertinence statistique des résultats. Principalement, elles permettent d'identifier et d'exclure les points aberrants de l'estimation. Ceci a été le cas pour la variable « supérieur2 », identifiée comme point aberrant, pourtant significative dans l'explication de la variation du revenu postcrédit. La colonne (4) du Tableau 13.3 présente les résultats de l'estimation du modèle de sélection une fois exclue la variable « supérieur2 ». Les résultats indiquent que les principales variables qui ont un effet significatif sur la variation du revenu postcrédit sont le type d'activité exercé, la distance du lieu d'approvisionnement et l'éducation (second cycle de l'enseignement supérieur). Pour ce qui est du type d'activité, les résultats indiquent que la variation du revenu est d'autant plus faible que le bénéficiaire du crédit est « ouvrier ». Pour toutes les autres modalités[61], l'effet est non significatif, bien qu'il soit positif pour « hommes d'affaires et fonctionnaires ». En général, les personnes enquêtées, exerçant des petits métiers (ouvriers, commerçants, artisans), bénéficient de faibles montants de crédit. Ces crédits sont utilisés d'une part, à des dépenses ponctuelles qui n'affectent pas de façon conséquente la structure ou la taille de leur entreprise. D'autre part, ils sont alloués à des besoins immédiats de consommation (santé, éducation). Pour les hommes d'affaires, la situation est inverse. Ils bénéficient de montants importants de crédit, étalés sur une échéance plus importante. Les fonds sont affectés à des activités peu risquées qui peuvent générer d'importants bénéfices (marchés publics, commerce à l'international, fournitures aux revendeurs ultimes, etc.). Les fonctionnaires quant à eux prennent des crédits en général pour des

---

[60] Les résultats de cette estimation ne sont pas présentés car sortant du champ de notre analyse. Ils ont juste été effectués pour tester la robustesse des estimations.
[61] Comme modalité: ouvrier, artisan, commerçant/transporteur, homme d'affaire, fonctionnaire/employé de bureau, groupement féminin.

activités secondaires, qui peuvent être des activités génératrices de revenus, venant en complément du salaire. Ces atouts peuvent donc expliquer que le crédit ait chez eux un effet positif, bien que non significatif.

Ces résultats corroborent ceux de Shaw (2004), qui souligne qu'il existe des contraintes géographiques, socioculturelles et financières qui font que les bénéficiaires de crédit s'orientent vers des activités à faible rendement, avec des perspectives de croissance faibles. L'effet de la microfinance peut donc dépendre du type d'activité exercé. Okurut et Bategeka (2005) trouvent que la microfinance n'a pas un impact significatif sur la pauvreté en Ouganda. Cependant, leurs travaux montrent qu'il peut y avoir une transition hors de la sphère de la pauvreté si le bénéficiaire des services des EMF est engagé dans le secteur des transports ou celui de la communication. La seconde variable significative est la distance du lieu d'approvisionnement. Elle fait appel aux coûts de transaction. En effet, la distance du lieu d'approvisionnement a un impact sur les coûts totaux, qui s'élèvent en rapport direct avec la distance. Pour réduire les coûts de transaction dans leurs activités, les bénéficiaires de crédit ont alors intérêt à s'approvisionner sur les marchés les plus proches. L'étude fait ressortir un lien important entre le niveau de scolarisation et la rentabilisation des crédits obtenus. Ce sont les personnes ayant un niveau du second cycle de l'enseignement supérieur qui parviennent le mieux à réaliser un revenu postcrédit positif.

Ce résultat contraste avec celui de Walingo (2006) qui trouve que le niveau d'éducation, sauf dans le cas d'une formation spécifique, ne peut présager d'une réalisation des objectifs de projets. Dans le cas de la présente étude, il est à noter que les personnes qui sont à ce niveau d'éducation, « supérieur2 », constituent le gros de l'effectif des fonctionnaires dans l'échantillon considéré. Leurs spécificités qui ont été présentées dans un paragraphe précédent permettent de justifier ce résultat. Cependant, cette variable « supérieur2 » présente de nombreux points aberrants après vérification. Ce qui a entraîné son extraction du modèle. Le modèle de sélection en deux étapes de Heckman permet en outre de caractériser les clients des EMF. Les résultats montrent que le fait de savoir lire et écrire, de même que la distance entre le lieu d'habitation et l'EMF déterminent le fait d'en être client. De manière spécifique, le fait d'être alphabète augmente la probabilité d'être client d'un EMF, alors que cette probabilité est d'autant plus faible que la distance entre le lieu d'habitation et l'EMF est grande. L'observation des tableaux statistiques montre cependant que les hommes sont plus souvent clients d'EMF que les femmes (Tableau 13.4). La colonne (3) du Tableau 13.3 présente les résultats de l'estimation par les MCO, une fois respectées les conditions du résidu standardisé et de la distance de Cook[62]. Cette estimation exclut automatiquement la variable « supérieur2 » comme relevé plus haut. Ici, outre les variables significatives précédemment mises en évidence, le lieu de travail est significatif au seuil de confiance de 1 %. De la sorte, la variation du revenu postcrédit est d'autant plus élevée que le lieu de travail est une entreprise non familiale.[63] A ce niveau également, il importe de souligner que les autres modalités se sont révélées non significatives.

Ce résultat fait intervenir les divers usages de crédit. Dans une entreprise non familiale, les crédits contractés sont affectés à des besoins précis dans le fonctionnement de l'entreprise. Dans les entreprises et exploitations familiales par contre, les fonds reçus peuvent être affectés aussi bien à l'activité qu'à d'autres besoins, notamment les besoins familiaux. La gestion des entreprises et exploitations familiales s'avère alors moins rigoureuse que celle des entreprises non familiales. Dans la colonne 2, est introduite la valeur prédite de la variable dépendante « montant du revenu emprunté » issue de l'estimation du modèle de Heckman. L'introduction de cette variable améliore la qualité d'ajustement du modèle (de 0,37 à 0,41). Cette variable n'est toutefois pas significative. Mais comme cela peut être observé, les résultats sont robustes à la modification de la méthode d'estimation. La colonne 4 présente les résultats de l'estimation selon la méthode de Heckman, sans prise en compte des observations aberrantes. On observe ainsi que si le niveau de signification et la magnitude des coefficients sont modifiés, le signe reste le même que dans les approches d'estimation précédentes. En effet, les niveaux de signification et les valeurs des coefficients s'améliorent pour les variables « type d'activité et le lieu de travail », alors que la variable « distance du lieu d'approvisionnement » devient non significative et voit la valeur de son coefficient est presque divisée par 2. Par ailleurs, les déterminants de la probabilité d'être client d'un EMF restent identiques. Relativement au cadre de vie, seul le département du Fako (milieu urbain) est significatif dans l'explication de la variation positive du revenu. Ce résultat est présenté dans la colonne 7 du Tableau 13.3. Ceci laisse présager d'une plus grande efficacité des services de la microfinance en zone urbaine, alors que la zone rurale est celle dans laquelle la pauvreté sévit de façon plus aiguë. Les résultats obtenus sont globalement robustes au choix de la spécification et à la méthode d'estimation.

---

[62] Résidu <= 2 et Cook <= 0.001. La distance de Cook d'une observation mesure l'influence de cette observation sur l'ensemble des prédictions du modèle.

[63] Les modalités sont: exploitation familiale, entreprise familiale, exploitation non familiale, entreprise non familiale.

**Tableau 13.4: Répartition des clients des EMF selon le sexe**

| Client EMF | Sexe | | Total |
|---|---|---|---|
| | Masculin | Féminin | |
| Non | 80 | 53 | 133 |
| Oui | 161 | 57 | 218 |
| Total | 110 | 241 | 351 |

*Source: Auteurs.*

De manière générale, il ressort de l'étude que les caractéristiques individuelles ont un impact presque nul sur le résultat de l'usage du crédit. En dehors du niveau d'éducation, toutes les autres caractéristiques individuelles (âge, sexe, statut matrimonial) se sont avérées non significatives dans l'explication de la variation du revenu postcrédit. Les caractéristiques les plus pertinentes restent donc celles qui sont de nature environnementales (type d'activité, lieu de travail, distance par rapport au lieu d'approvisionnement et milieu de vie). Les faibles marges réalisées par les tranches vulnérables de populations (ouvriers, artisans, commerçants et transporteurs), peuvent trouver une explication dans les conditions même des crédits obtenus. En moyenne annuelle, le taux d'intérêt pratiqué par les EMF est supérieur au taux des banques, des fournisseurs, des parents et des tontines. A près de 36 % annuel, ce taux entame la rentabilité des projets pour lesquels les crédits ont été contractés. Au Malawi, Diagne et Zeller (2001) mettent de la sorte en évidence un effet négatif de l'accès au crédit sur la réduction de la pauvreté. En outre, en imitant le comportement des banques, les EMF abandonnent souvent le volet social de leur activité. Ce qui explique que leur action en milieu rural ait un effet non significatif.

En ce qui concerne la pauvreté non monétaire, les résultats de l'estimation sont contenus dans le Tableau 13.5. Comme cela aura déjà été observé dans le cas de la pauvreté monétaire, les caractéristiques environnementales sont celles qui expliquent le mieux la pauvreté non monétaire. Ainsi, la probabilité d'être pauvre est d'autant plus faible que le niveau d'éducation est élevé, que la distance entre le lieu d'exercice de l'activité et le lieu d'approvisionnement est de moins d'un kilomètre. De manière précise, le fait d'avoir un niveau d'éducation second cycle du secondaire réduit la probabilité d'être pauvre de 0,23 %, tandis que cette probabilité baisse de 0,26 % lorsque la distance entre le lieu d'activité et le lieu d'exercice de la profession est de moins d'un kilomètre. Cependant, le fait de contracter simultanément d'autres emprunts est un facteur aggravant de la pauvreté. La probabilité d'être pauvre augmente alors de 0,20 %.

**Tableau 13.5: Effet du microcrédit sur la pauvreté non monétaire**

|  | Probit avec VI | Heckman en deux étapes |
|---|---|---|
| Log (Dettes) | -0.06*** (0.03) | 0.01 (0.01) |
| Client-EMF | 6.32 (4.93) | |
| Autre-emprunt | 0.20** (0.09) | 0.08***(0.04) |
| Secondaire 2 cycle | -0.23*** (0.14) | -0.11** (0.05) |
| Entreprise-familiale | 0.24** (0.07) | 0.004 (0.04) |
| Achat de matériel | -0.11 (0.11) | -0.10** (0.04) |
| Distance-Aprov | -0.26** (0.10) | -0.09** (0.04) |
| Constante | | 0.54* (0.08) |
| Mills | 3.60** (1.79) | 0.027 (0.10) |
| Log likelihood | -50.06 | |
| Pseudo R$^2$ | 0.20 | |
| Wald chi$^2$ (8-7) | 22.63 | 21.89 |
| Echantillon | 100 | 110 |
| Censurées | | 16 |
| Non censurées | | 94 |

Notes: * significatif à 1 %. ** significatif à 5 %. *** significatif à 10 %. Les écarts-types sont entre les parenthèses. L'écart-type de la variable « client-EMF » a été corrigé par la technique de rééchantillonage bootstrap.

L'estimation du modèle en deux étapes de Heckman confirme ces résultats même si la magnitude des coefficients est en général plus faible. Plus encore il montre que la pauvreté est d'autant plus réduite que le crédit obtenu est utilisé à des fins d'achat de matériel nécessaire à la production. Au total, les résultats obtenus sont robustes à la spécification et au mode d'estimation choisis. Les résultats des effets marginaux sont présentés dans l'annexe (Tableau 13A.7).

## 6. Conclusion

Cette étude avait pour objectif de mesurer la capacité du microcrédit à réduire la pauvreté au Cameroun. Il a procédé par l'analyse de l'impact des caractéristiques individuelles et environnementales respectivement sur la pauvreté monétaire (variation du revenu postcrédit) et sur la pauvreté non monétaire dans une perspective multidimensionnelle. L'usage respectif des modèles Probit et des modèles de sélection de Heckman débouche sur des résultats contrastés. En ce qui concerne la pauvreté monétaire, il est noté que la variation du revenu postcrédit est positivement influencée par le lieu de travail et le niveau de scolarisation. De même, en considérant le type d'activité, il est ici démontré que le fait d'être ouvrier affecte négativement la variation post-crédit du revenu, tout comme la distance du lieu d'approvisionnement. Pour ce qui est de la pauvreté non-monétaire, il a été mis en évidence une relation inverse entre la pauvreté et le niveau d'éducation. La même relation est démontrée pour la pauvreté et la distance entre le lieu d'exercice de l'activité et le lieu d'approvisionnement. Cependant, d'autres emprunts sollicités de façon concomitante au microcrédit constituent un facteur aggravant de la pauvreté.

Au vu de ces résultats, les autorités compétentes sont interpellées au plan de l'encadrement éducatif des couches vulnérables de la population. Tant au plan monétaire qu'à celui multidimensionnel de la pauvreté, il appert qu'une meilleure éducation (niveau second cycle du secondaire au moins) permettrait aux bénéficiaires de microcrédit, de mieux rentabiliser leurs investissements. Par ailleurs, le contrôle des taux débiteurs des EMF est nécessaire pour réduire les charges des emprunteurs, qui sont déjà importantes au niveau de la production, sur le plan de l'approvisionnement. Compte tenu du niveau d'éducation des clients des EMF, l'activité de monitoring par les EMF doit être systématique afin de permettre une meilleure rentabilisation des crédits obtenus et éviter dans le même temps le risque de défaut des clients et le piège du cycle d'endettement. Comme le souligne Buckley (1997), le problème de l'efficacité de la microfinance en Afrique est plus profond et ne peut être résolu uniquement par l'injection des capitaux. Il requiert des changements structurels fondamentaux des conditions socioéconomiques qui définissent le secteur d'activité et une pleine compréhension de la psychologie des entrepreneurs du secteur informel.

### *Références Bibliographiques*

Akpaca, M. & G. Caugant (1992), *Les systèmes de financement rural au Cameroun.* Paris, CCCE, 62p.

Amemiya, T. (1985), *Advanced Econometrics.* Cambridge, MA: Harvard University Press.

Banque de France (2003), Rapport Annuel de la Zone Franc.

Bardhan, P. & C. Udry (1999), *Development Microeconomics.* Oxford: Oxford University Press.

Bhola, H. (2006), 'Adult and Lifelong Education for Poverty Reduction: A Critical Analysis of Contexts and Conditions'. *Review of Education* 52:231-246.

Buckley, G. (1997), 'Microfinance in Africa: Is it Either the Problem or the Solution?' *World Development* 25(7):1081-1093.

Burger, M. (1989), 'Giving Women Credit: The Strengths and Limitations of Credit as a Tool for Alleviating Poverty'. *World Development* 17(7):1017-1032.

CEA (2005), 'Les Economies de l'Afrique Centrale'.*Rapport Annuel de la Comission Economique des Nations Unies pour L'Afrique*, Bureau de l'Afrique centrale.

Cerioli, A. & S. Zani (1990), 'A Fuzzy Approach to the Measurement of Poverty', In Dagum C. and M. Zenga (eds.), *Income and Wealth Distribution, Inequality and Poverty*, Springer Verlag, Berlin: 272-284.

COBAC (2000), *Situation des Institutions de Microfinance du Cameroun*. Yaoundé.

COBAC (2002), *Recueil des Textes Relatifs à l'Exercice des Activités de Microfinance*. Secrétariat de la Commission Bancaire de l'Afrique Centrale, Département Microfinance.

Coleman, B.E. (1999), 'The Impact of Group Lending in Northeast Thailand', *Journal of Development Economics* 60:105-141.

Commission Economique d'Afrique, (2007), *Les Economies de l'Afrique Centrale*, 2006. Maisonneuve & Larose, 6e édition.

Dagum, C. & M. Costa (2004), 'Analysis and Measurement of Poverty. Univariate and Multivariate Approaches and their Policy Implications. A case of Study: Italy', In Dagum C. and Ferrari G. (eds.); *Household Behaviour, Equivalence Scales, Welfare and Poverty*, Springer Verlag, Germany: 221-271.

Dagum, C., R. Gambassi & A. Lemmi (1991), 'Poverty Mesurement for Economies in Transition en Eastern European Countries', Intenational Scientific Conference, *Polish Statistical Association Central Statistical Office*, 201-225, Warsaw, 7-9 October.

Diagne, A. & M. Zeller (2001), 'Access to Credit and Welfare in Malawi.' *IFPRI Research Report* N° 116.

Donaldson, J. (2008), 'Growth is Good for Whom, When, How? Economic Growth and Poverty Reduction in Exceptional Cases', *World Development* 36(11):2127-2143.

ECAM (2001), Enquête Camerounaise auprès des Ménages, réalisée par l'Institut National de la Statistique (INS) du Cameroun.

ECAM (2007), Enquête Camerounaise auprès des Ménages, réalisée par l'Institut National de la Statistique (INS) du Cameroun.

Foko, E. (1997), « Association Tribales, Pratiques et Lutte contre l'Exclusion, Le Cas des Bamiléké de l'Ouest du Cameroun ». In P. Bernoux et J.-M. Servet (1997), *La Construction Sociale de la Confiance*. Association d'Economie Financière, Paris.

Guérin, I. (1996), *Epargne Crédit en Milieu Rural: Méthodologie d'Intervention, l'Exemple de l'Ouest-Cameroun*. Mémoire de DEA, Faculté de Sciences Economiques, Université Lyon 2, 288p.

308                                                                      *Soh, Foko & Yogo*

Heckman, J. (1979), "Sample Selection Bias as a Specification Error." *Econometrica* 47:153-161.

Hickson, R. (1999), 'Reaching Extreme Poverty: Financial Services for Very Poor People'. *Office of Development Studies* UN, 1999.

Hulme, D. (2000), 'Impact Assessment Methodologies for Microfinance: Theory, Experience and Better Practice', *World Development* 28(1):79-98.

Khandker, R. (2003), 'Microfinance and Poverty: Evidence Using Panel Data from Bangladesh'. *Policy Research Working Paper* N° 2945, The World Bank.

Khandker, S.R. & H.A. Samad (2013), 'Microfinance Growth and Poverty Reduction in Bangladesh: What does the Longitudinal Data Say?' Working Paper No. 16, Institute of Microfinance, Dhaka, Bangladesh.

Lipton, M. & M. Ravallion (1995), 'Poverty and Policy'. In Behrman and T.N. Srinivasan (Eds), *Handbook of Development Economics*, Amsterdam: Elsevier.

Navajas, S., M. Schreiner, R. Meyer, C. Gonzalez-Vega & J. Rodriguez-Meza (2000), 'Microfinance and the Poorest of the Poor: Theory and Evidence from Bolivia'. *World Development* 28(2):333-346.

Okurut, F. & L. Bategeka (2005), 'The Impact of Microfinance on the Welfare of Poor in Uganda'. AERC.

Rosenberg, R. (2010) 'Does Microcredit Really Help Poor People?' *CGAP Focus Note* No. 59. CGAP: Washington, D.C.

Rhyne, E. & M. Otero (1992), 'Financial Services for Micro enterprises: Principles and Institutions'. *World Development* 20(11):1561-1571.

Shaw, J. (2004), «Microfinance Occupation and Poverty Reduction in Microfinance Program: Evidence from Sri Lanka». *World Development* 7:1247-1264.

Simanowitz, A. & A. Walter (2002), 'Ensuring Impact: Reaching the Poorest while Building Financially Self-Sufficient Institutions, and Showing Improvements in the Lives of the Poorest Women and their Families'. *Pathways out of Poverty: Innovations in Microfinance for the Poorest Families*. S. Daley-Harris. Bloomfield, Kumarian Press: 1-73.

Tchouassi, G. (2001), 'Les Produits Financiers et les Comptes Clients dans les Caisses Coopératives d'Épargne et de Crédit du Cameroun', In *Rapport Exclusion et liens financiers*, (sd) J.-M. Servet et D. Vallat, Economica, Paris.

Tchouassi, G. & O. Tekam (2003), 'Microfinance et Réduction de la Pauvreté, le Cas du Crédit du Sahel au Cameroun'. In *RECMA – Revue Internationale de l'Economie Sociale* 288:80-88.

Walingo, M. (2006), 'The Role of Education in Agricultural Projects for Food Security and Poverty Reduction in Kenya'. *Review of Education* 52:287-304

Wooldridge, J. (2005), *Econometric Analysis of Cross Section and Panel Data*. The MIT Press, Cambridge, Massachusetts.

Yaron, J. (1992), 'Assessing Development Finance Institutions: A Public Interest

Analysis'. *World Bank Discussion Paper* 174, Washington, D.C.

Yaron, J., B. McDonald & G. Piprek (1997), *'Rural Finance: Issues, Design and Best Practices'.* Washington, D.C.: Agriculture and Natural Resources Department, The World Bank.

Zaman, H. (2001), *Assessing the Poverty and Vulnerability Impact of Micro-credit in Bangladesh: A Case Study of BRAC.* The World Bank.

Zeller, M. & Sharma, M. (1998), 'Rural Finance and Poverty Alleviation'. Washington, D.C.: International Food Policy Research Institute (IFPRI).

**Annexe 13A.1: Statistiques descriptives des principales données utilisées (pauvreté monétaire)**

| Variables | Obs | Moyenne | Ecart type | Min. | Max. |
|---|---|---|---|---|---|
| Variation du revenu après crédit | 75 | 2,96 | 1,54 | 0 | 8,77 |
| Logarithme du revenu annuel | 277 | 6,77 | 1,20 | 3,21 | 11,47 |
| Logarithme du montant emprunté auprès des EMF | 94 | 6,22 | 1,38 | 3,40 | 11.0 |
| Motif de la demande de crédit « achat de matériel » | 243 | 0,52 | 0,50 | 0 | 1 |
| Existence d'un projet en cours | 344 | 0,62 | 0,48 | 0 | 1 |
| Distance par rapport à l'EMF | 257 | 0,29 | 0,45 | 0 | 1 |
| Lire et écrire | 357 | 0,94 | 0,21 | 0 | 1 |
| Sexe | 358 | 0,68 | 0,46 | 0 | 1 |
| Age | 344 | 40,51 | 10,65 | 20 | 78 |
| Age au carré | 344 | 1754,85 | 951,00 | 400 | 6084 |
| Transferts reçus | 192 | 5,39 | 14,08 | 0 | 100 |
| Client EMF | 351 | 0,62 | 0,48 | 0 | 1 |
| Primaire | 325 | 0,27 | 0,44 | 0 | 1 |
| Supérieur Troisième Cycle | 325 | 0,030 | 0,17 | 0 | 1 |

*Source: Auteurs.*

**Annexe 13A.2: Statistiques descriptives des principales données utilisées (pauvreté non monétaire)**

| Variables | Obs | Moyenne | Ecartype | Min. | Max. |
|---|---|---|---|---|---|
| Difficulté de scolarisation | 321 | 0,48 | 0,50 | 0 | 1 |
| Difficulté de soins de santé | 349 | 0,60 | 0,48 | 0 | 1 |
| Possession d'une maison en dur | 357 | 0,64 | 0,47 | 0 | 1 |
| Motif de la demande de crédit « achat de matériel » | 243 | 0,52 | 0,50 | 0 | 1 |
| Abonnement au réseau électrique | 351 | 0,92 | 0,26 | 0 | 1 |
| Distance par rapport à l'EMF | 257 | 0,29 | 0,45 | 0 | 1 |
| Secondaire second cycle | 325 | 0,23 | 0,42 | 0 | 1 |
| Sexe | 358 | 0,68 | 0,46 | 0 | 1 |
| Marié | 358 | 0,65 | 0,47 | 0 | 1 |
| Abonnement au réseau d'eau | 316 | 0,61 | 0,48 | 0 | 1 |
| Logarithme des dettes | 242 | 5,38 | 1,62 | 1,0 | 10,89 |
| Client EMF | 351 | 0,62 | 0,48 | 0 | 1 |
| Lieu de travail entrepris familiale | 323 | 0,25 | 0,43 | 0 | 1 |
| Supérieur Troisième Cycle | 325 | 0,030 | 0,17 | 0 | 1 |
| Pauvreté non monétaire | 285 | 0,53 | 0,25 | 0 | 0,91 |
| Existence d'autres emprunts | 214 | 0,29 | 0,45 | 0 | 1 |
| Taille du ménage | 352 | 6,06 | 3,69 | 0 | 27 |

*Source: Auteurs.*

**Annexe 13A.3: Description des variables**

| Variables | Description des variables |
|---|---|
| Variation du revenu après crédit | Logarithme de la variation du revenu après obtention du crédit |
| Logarithme du revenu annuel | Logarithme du revenu issu de toutes les activités principales et secondaires |
| Logarithme du montant emprunté auprès des EMF | Logarithme du montant emprunté auprès des établissements de microfinance |
| Motif de la demande de crédit « achat de matériel » | Motif de la demande de crédit: achat de matériel, besoin de consommation, construction, soins médicaux, charge scolaire, aider le conjoint |
| Existence d'un projet en cours | Existence d'un projet en cours au moment de l'enquête ou au cours de la période la précédant |
| Distance par rapport à l'EMF | Distance entre le lieu de résidence et l'établissement de microfinance le plus proche: |

| | |
|---|---|
| Savoir lire et écrire | Le nombre de personnes sachant lire et écrire parmi les personnes enquêtées |
| Sexe | Sexe: 1*masculin, 0* féminin |
| Age | Age de l'enquêté |
| Age au carré | Age de l'enquêté au carré |
| Transferts reçus | Logarithme des transferts reçus |
| Client EMF | Client d'un établissement de microfinance: 1*oui 0*non |
| Supérieur Troisième Cycle | La personne enquêtée a le niveau du deuxième ou troisième cycle de l'enseignement supérieur |

*Source: Auteurs*

## Annexe 13A.4: Variation du revenu (en milliers de francs) après obtention de crédit selon l'appartenance ou non à un établissement de microfinance

| Variation du revenu | Client d'un EMF | | Total |
|---|---|---|---|
| | Oui | Non | |
| [0 10] | 158 | 105 | 263 |
| [10 100] | 19 | 8 | 27 |
| [100 6500] | 25 | 13 | 38 |
| Total | 202 | 126 | 328 |

*Source: Auteurs.*

## Annexe 13A.5: Sollicitation et obtention du crédit

| Client EMF | Crédit | | Total |
|---|---|---|---|
| | Sollicité crédit | Obtenu crédit | |
| Non | 83 | 67 | 150 |
| Oui | 156 | 149 | 305 |
| Total | 239 | 216 | 455 |

*Source: Auteurs.*

312

*Soh, Foko & Yogo*

## Annexe 13A.6: Répartition des clients des EMF par âge

| Client EMF | Age | | | Total |
|---|---|---|---|---|
| Classes | [20 35] | [35 50] | [50 78] | |
| Non | 49 | 54 | 30 | 133 |
| Oui | 86 | 89 | 43 | 218 |
| Total | 135 | 143 | 135 | 351 |

*Source: Auteurs.*

## Annexe 13A.7: Effets marginaux de la Probabilité d'être client d'un EMF

| | Effets marginaux | T-Statistic |
|---|---|---|
| Sexe | -0,07 | 4,69 |
| Marié | 0,13*** | 1,81 |
| Distance-EMF | -0,15* | -2,10 |
| Taille Ménage | -0,03** | -3,29 |
| Chrétien | 0,45* | 1,71 |
| Supérieur 2e cycle | -0,44* | -1,93 |
| Log Likelihood | -177,57 | |
| Pseudo R² | 0,08 | |
| Wald Chi²(6) | 19,43 | |
| Sample size | 207 | |

*Notes: * significatif à 1 %. ** significatif à 5 %. *** significatif à 10 %.*

# CHAPITRE 14

## IMPACTS DES SERVICES DE MICROFINANCE SUR LA PRODUCTIVITÉ DES MICRO-AGRICULTEURS AU CAMEROUN

**Sandra Kendo, Saidou Yaya & Mireille Ntsama**

*Université de Lorraine, France et Université de Yaoundé II, Cameroun (sandra2172003@yahoo.fr)*

### RÉSUMÉ

L'objectif principal de cette étude est d'analyser l'impact des services de microfinance sur la productivité des micro-agriculteurs. La démarche consiste à évaluer l'effet produit par le microcrédit sur la productivité des petits agriculteurs à partir de l'estimation d'un modèle de productivité inspiré de celui de Berry et Cline (1979). L'estimation des paramètres du modèle a été effectuée à l'aide des moindres carrés généralisés (MCG). Les données utilisées sont issues essentiellement de l'enquête réalisée par le CEREG dans le cadre du projet microfinance dans la zone CEMAC en 2009. L'analyse empirique a révélé qu'il existe une relation positive entre l'accès aux crédits des microfinances et la productivité agricole des petits exploitants. Ainsi, si une personne supplémentaire a accès aux crédits, cela contribuerait à augmenter la productivité des micro-agriculteurs de 28,6 %. Comme autres variables ayant une influence positive, nous avons l'utilisation des fertilisants et la taille de l'exploitation agricole.

*Mots clés: microfinance; productivité; micro-agriculteurs*

## 1. Introduction

L'agriculture constitue une ressource importante dans la plupart des pays en voie de développement et représente un moteur important de l'activité économique. Le financement du secteur agricole, jusqu'au début des années 80, est marqué par une forte intervention de l'État. Les stratégies employées durant ces périodes pour financer l'agriculture sont diverses et multiples. Des plans quinquennaux sont élaborés avec pour principale composante la mise sur pied de grands projets de développement. L'agriculture bénéficie des fonds alloués aux grands projets de développement. Ces fonds distribués par les institutions publiques, sous forme de crédits à court terme aux coopératives, servent à assainir le secteur agricole afin qu'il puisse satisfaire la préoccupation principale de l'heure qui est d'atteindre l'autosuffisance alimentaire.

Ces institutions publiques à l'instar de la Société de développement du coton (Sodecoton) ou de la Société de développement du Cacao (Sodecao) font face à certaines difficultés qui sont, entre autres, des taux d'intérêt bonifiés; de faibles taux de remboursement et des détournements de fonds (mauvaise gouvernance). A l'issue de ces problèmes, on assiste à l'émergence des banques spécifiques au monde agricole, mais qui sont marquées toujours par une forte empreinte de l'État. Malgré cela, dans les années 80, la plupart de ces banques agricoles connaissent aussi des échecs qui aboutissent à des faillites collectives et multiples (Adams, 1994). Les causes sont, entre autres, la faiblesse des taux d'intérêt qui ne permet pas d'assurer les services financiers tels que l'épargne et le crédit (le coût du crédit n'est pas couvert par les taux de remboursement). On note aussi l'insuffisance des garanties requises, une distribution du crédit selon le schéma « top-down » qui s'avère insuffisamment incitatif pour stimuler l'emprunteur ou encore l'utilisation de « l'argent froid » qui ne stimule pas le remboursement et renforce le risque (Houedanou, 1999).

Pourtant, la réussite d'une bonne production est la combinaison optimale du facteur capital (financier et physique) avec le facteur travail (main-d'œuvre, expérience et compétence). Comme le souligne Lapenu (1997), l'accès au capital financier est un problème auquel font face de nombreux micro-entrepreneurs en zone rurale dans la plupart des pays en voie de développement. La main-d'œuvre étant abondante, la définition des mécanismes efficients de transfert de fonds est nécessaire. Face à l'incapacité de l'État de mener à bien le financement du secteur agricole, combinée avec un endettement croissant découlant de la crise des matières premières, il est préconisé comme solution un désengagement de l'État dans la majorité des activités économiques. Le Fonds Monétaire International préconise une stratégie ayant trois principaux axes qui sont: une politique d'austérité, la privatisation et la libéralisation.

Le secteur agricole se trouve ainsi délaissé et lutte seul pour se voir octroyer du crédit. Ce qui n'est d'autant pas facile dans un contexte de libéralisation où les taux d'intérêt sont fixés suivant le principe de marché et s'avère inaccessibles pour les agriculteurs. Les banques commerciales selon leur politique d'octroi du crédit limitent l'accès à leurs services. On fait face dans les zones rurales à une situation de sous-bancarisation prédominante. Cette situation est amplifiée par une situation d'asymétrie informationnelle qui suscite deux problèmes majeurs à savoir: l'aléa moral et la sélection adverse. En effet, dans les pays en voie de développement, il est difficile pour ces banques commerciales dites aussi banques modernes de bien connaître leurs emprunteurs et surtout le milieu dans lequel ils vivent (Fry, 1995). Il leur est également difficile de bien assimiler la rentabilité des projets élaborés et les divers risques encourus.

Ces banques sont également moins flexibles dans leurs actions à cause des réglementations bancaires et des obligations auxquelles ils doivent faire face auprès de la Banque Centrale. Pour résoudre ces difficultés, les populations utilisent en grande partie, et comme principal palliatif, les tontines et autres moyens de financement informels ayant pour principale pratique des taux usuriers. Il est à noter que leur mode de financement ne respecte pas les normes d'un marché concurrentiel classique (Hoff et Stiglitz, 1995). Entre le système formel et le système informel vont émerger les systèmes financiers décentralisés (Wampfler, 1999) dits aussi systèmes semi-formels. Le système financier décentralisé représenté par les établissements de microfinance (EMF) développe une relation de proximité avec ses clients. Au vu de ces trois acteurs financiers (informel, semi-formel et formel) qui œuvrent au Cameroun, le système financier peut être appréhendé comme un continuum allant de simples prêts consentis par des parents amis ou associations, en passant par des microfinances jusqu'aux banques strictement réglementées par une banque centrale.

Ainsi, la microfinance peut être définie ici comme étant l'octroi des services financiers tels les microcrédits, les micro-épargnes et les microassurances en faveur d'une catégorie de bénéficiaires dont certains se trouvent souvent dans une situation très précaire. La microfinance ne doit pas seulement être considérée comme un simple schéma de développement mais aussi comme faisant partie intégrante du secteur financier des économies en développement. Car, l'offre des services de microfinance ayant pour but d'œuvrer efficacement dans le processus de réduction de la pauvreté se doit de promouvoir un environnement où la création des richesses est mise en valeur au travers des investissements productifs et rentables. Dans le contexte camerounais, en particulier en milieu rural où se trouve la majorité des personnes pauvres, et où l'agriculture représente l'activité la plus répandue; il serait intéressant d'analyser le mécanisme de financement des micro-agriculteurs assuré par les EMF.

Par ailleurs, malgré une action relativement plus large des EMF par rapport aux banques commerciales, un premier constat révèle un faible taux de pénétration. Le taux de bancarisation des EMF est de 200 000 clients contre 100 000 clients pour les banques commerciales en milieu rural (Gouvernement du Cameroun, 2005). Ce taux de bancarisation des EMF est de l'ordre de 4 % et reste relativement faible par rapport aux différents besoins de financement en milieu rural. Ces EMF collectent environ 2,5 % de l'épargne et elles accordent à peu près 3 % des crédits à l'économie (Gouvernement du Cameroun, 2005). Hormis ce problème de taux de pénétration des EMF, celui de la lourdeur de la chaîne de crédit pratiquée y est criard. D'où le développement du secteur financier informel. La principale caractéristique du système de financement informel dans la plupart des pays en voie de développement en milieu rural est la pratique des taux usuriers. Mais il faut noter ici que certaines banques commerciales interviennent aussi dans le secteur de la microfinance. Pour les banques commerciales qui y interviennent, on a le schéma suivant (Figure 14.1).

**Figure 14.1: Circuits des interventions des banques commerciales**

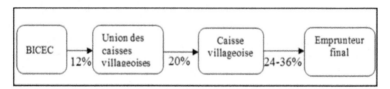

La Banque internationale Camerounaise d'épargne et de crédit (BICEC), dans le cadre du projet du crédit rural décentralisé[64], prête des fonds à l'Union des Caisses Villageoises qui à leur tour offrent des crédits à leurs sociétaires. Le taux d'intérêt mis en place par l'Agence Française de Développement (AFD) est de 3,5 %. La BICEC prête à 12 % (taxes comprises), l'Union prête aux caisses villageoises à 20 % et l'emprunteur final reçoit son crédit à un taux variant entre 24 % et 36 % par an[65]. Ce taux est assez élevé comparativement au taux pratiqué par les banques commerciales hors du système de microfinance qui est en moyenne de l'ordre de 18,5 %[66]. Cette chaîne s'avère lourde, peu efficace et favorise le renchérissement considérable du coût du crédit.

Il est noté ici qu'en général, les principaux services de microfinance sont l'épargne et le crédit, et dans une moindre mesure l'assurance. Or, les EMF censés atteindre les pauvres, en général et les micro-agriculteurs en particulier, ne le font que de manière très faible. Les prêts à moyen et long terme, dont ont besoin les agriculteurs, ne sont pas développés. De ce fait, L'objectif principal de cette étude est d'analyser l'impact des services de microfinance sur la productivité des micro-agriculteurs.

---

[64] Le projet est mis en œuvre par une ONG locale Microfinance et Développement (MIFED) avec l'assistance technique du Centre International de Développement (CIDR). Ce projet a un double objectif: d'une part, créer un ensemble d'institutions de microfinance régionales autonomes et viables ayant pour principales clientèles les familles et les petits entrepreneurs ruraux; d'autre part, faire émerger un dispositif camerounais ayant la compétence et le savoir faire pour assurer la diffusion des Caisse Villageoise d'Epargne et de Crédit Autogérée (CVECA) sur tout le territoire et ayant vocation à devenir une structure spécialisée en système financier décentralisé.

[65] Cette étude a été menée par le groupe ERNST et YOUNG Cameroun en novembre 2001.

[66] Source: World Bank Africa indicators 2005.

## 2. Cadre théorique

En agriculture, la productivité résulte de deux types de considérations: le rendement et l'efficience. Bernard et Colli (1996) relèvent qu'en français le terme *productivité* se substitue plus tard à celui de *rendement*[67] qui était utilisé dès le milieu du 19ème siècle, d'abord à propos de l'agriculture (rendement à l'hectare), puis pour apprécier les résultats du travail humain (rendement d'un agriculteur, d'un mineur). La productivité donne une indication quant à l'efficience du système productif. Dans la plupart des pays du Sud, l'agriculture familiale est peu consommatrice en capital, c'est la productivité de la terre et celle du travail qui sont les plus utilisées. Plusieurs économistes se sont intéressés à la mesure de la productivité, dont Tinbergen (1942) et Stigler (1947). Plusieurs indicateurs peuvent être développés afin de rendre compte de l'évolution de la productivité.

Ils sont habituellement regroupés en deux grandes catégories, les mesures unifactorielles et multifactorielles (Gamache, 2005). La première met en relation la production avec un seul intrant (le travail ou le capital), alors que la deuxième combine simultanément les effets de plusieurs intrants. Théoriquement, il y a autant de mesures unifactorielles qu'il y a de facteurs de production dans l'économie. Dans la pratique, cependant, la productivité du travail est celle qui est la plus fréquemment utilisée. Elle s'avère plus facilement mesurable et présente un grand intérêt pour ceux qui s'intéressent spécifiquement au potentiel de l'économie à hausser le niveau de vie de la population. Les concepts de productivité diffèrent selon le mode du facteur retenu au dénominateur. Pour ce qui est des mesures multifactorielles, la *productivité globale des facteurs*[68] est définie comme le rapport entre le volume de production et le volume de facteurs mobilisés au cours de la période considérée.

Les facteurs de hausse de la productivité agricole sont: les progrès technologiques; la recherche et le développement; l'accroissement de la production; de meilleures infrastructures (irrigation, routes, etc.); les réformes institutionnelles et un niveau d'instruction plus élevé (Fan, Zhang et Zhang, 2004; Mead, 2003). Les imperfections du marché du travail augmentent la productivité des petites exploitations tandis que les imperfections des marchés du capital et du crédit ont le résultat inverse (Piette, 2006). L'imperfection du marché du crédit et du capital en milieu rural dans les pays sous-développés est due à la présence du risque et de l'asymétrie d'information dans l'agriculture. Les institutions de crédit

---

[67] Par exemple: le rendement d'un travailleur est le ratio quantités produites par nombre d'heures de travail; le « rendement » d'un champ de maïs est le ratio quantités de maïs produites par la superficie du champ.

[68] La productivité multifactorielle permet de juger l'efficience de l'ensemble des facteurs entrant dans le processus de production. Elle mesure l'incidence des différentes allocations possibles des facteurs de production sur le processus de production.

formelles rationnent le crédit disponible pour le secteur agricole, ce qui mène à une contrainte de crédit (Heltberg, 1998). Dans la littérature, il existe trois types d'approche qui permettent de déterminer si une personne est contrainte dans l'accès aux crédits ou pas. Ces approches sont les suivantes: une approche indirecte qui capte la contrainte de crédit à partir du revenu permanent qui est étudié; une approche semi-directe qui identifie les contraintes sur la base de l'accès au marché du crédit; et une approche directe qui utilise la logique du crédit obtenu et désiré.

Suivant l'approche directe, l'on a comme indicateur le revenu permanent. Suivant la théorie du revenu permanent de Friedman, en l'absence des contraintes de liquidité, les variations de la consommation sont corrélées avec les variations significatives du revenu passé et futur, mais ne sont pas corrélées avec les chocs transitoires (Hall, 1978; Deaton, 1991). Cette hypothèse ainsi énoncée est la base de plusieurs études menées dont l'une d'elles est celle menée par Zeldes (1989) et présentée par Godquin (2006). Tout ménage contraint est celui qui dispose moins de deux mois de son revenu en actif. Pour mener à bien le test, Godquin (2006) propose le ratio des actifs de revenu afin d'évaluer la contrainte. L'hypothèse de revenu permanent est vérifiée lorsque le ratio d'actif de revenu est élevé; elle est rejetée si le ratio est faible. Ceci se traduit dans le premier cas par une faible présence ou tout simplement une absence des contraintes de crédit. Zeldes (1989) introduit dans son analyse le revenu transitoire qu'il considère comme pouvant avoir une influence sur la consommation des ménages disposant de peu d'actifs.

Dans l'approche semi-directe, l'on observe les échanges qui sont réalisés sur le marché du crédit. Godquin (2006) met ainsi en exergue le type de relation qui existe entre le prêteur et l'emprunteur. En effet, l'on peut avoir d'une part des ménages qui disposent de crédits mais ne peuvent accéder à des emprunts supplémentaires à cause du faible nombre de prêteurs. D'autre part, certains ménages peuvent avoir une forte aversion pour le risque et ne voulant pas ainsi le crédit. L'hypothèse qui est testée dans cette analyse est la suivante: les ménages préfèrent emprunter auprès du secteur formel au lieu du secteur informel, à cause des taux d'intérêt élevés que ce dernier pratique. En vue d'évaluer l'action du secteur formel ou informel. Kochar (1991, 1997) propose d'estimer leur taux marginal respectif. Une des limites de son analyse est celle de ne pouvoir distinguer parmi les ménages n'ayant pas de crédit, ceux qui sont contraints et ceux qui délibérément n'effectuent pas une demande de crédit. Swain (2002) poursuivra l'analyse de Kochar (1991, 1997) en approfondissant les analyses des demandes de crédit rejetées.

L'approche indirecte quant à elle s'appuie sur le fait que: soit le crédit demandé a été refusé; soit le crédit octroyé connaît des restrictions de montant. Ainsi, Japelli (1990) et Zeller (1994) considèrent qu'un ménage subit des contraintes de crédit s'il a effectué des demandes de crédits qui lui ont été refusés ou qui lui ont été donnés, mais dont la somme disponible est inférieure à la somme demandée. Les ménages dans ce cas, qui anticipant le rejet de leur demande et n'ayant pas effectué des demandes de crédit, sont considérés comme contraints sur le marché. Diagne, Zeller et Sharma (2000) évaluent plutôt la limite du crédit à l'aide du montant maximum qu'un membre adulte du ménage peut acquérir. Selon lui, un ménage est dit contraint s'il a atteint cette limite de crédit ainsi définie et dont le besoin de crédit reste insatisfait. Par contre, l'approche de Feder, Lau et Luo (1990) n'implique aucune hypothèse. Ils font une distinction entre l'utilisation du crédit institutionnel et du crédit informel. Les crédits institutionnels sont alloués aux activités de production alors que les crédits informels sont alloués aux dépenses sociales ou à la construction. Ainsi, la contrainte de crédit se focalise beaucoup sur les disponibilités et les possibilités pour un ménage d'obtenir un crédit institutionnel qui contribue à l'amélioration de la production. D'où les ménages considérés comme contraints sont ceux dont la demande d'emprunt supplémentaire de crédit a été rejetée et ceux n'ayant tout simplement pas emprunté parce qu'ils n'ont pas pu obtenir de crédit (Barham, Baucher et Cater, 1996).

En somme, à l'issue des études empiriques menées par Japelli (1990) sur les ménages américains et Feder *et al.* (1990) sur les ménages chinois nous avons les résultats suivants: l'épargne, le revenu et la richesse agissent négativement sur les contraintes de crédit alors que la taille du ménage augmente significativement les contraintes de crédit. Suivant l'étude de Japelli (1990), les variables qui influencent sont: l'âge, le fait d'être marié ou non, la race, l'éducation, le sexe, le chômage. Suivant l'étude de Feder et al (1990), les variables déterminantes sont: la terre, le capital, l'éducation, le nombre de ménages dépendants, la valeur des actifs liquides, le niveau de dette auprès d'institutions financières non réglées et l'expérience en matière de production agricole. En plus de ces variables identifiées, Godquin (2006) y ajoute la distinction entre la production agricole et non agricole et prend aussi en compte la distance par rapport aux banques.

De manière générale, l'on recense un nombre de facteurs qui limitent l'accès aux services financiers. On distingue entre autres: (1) l'identité (caractéristiques personnelles et normes culturelles), (2) la situation géographique, (3) le niveau d'éducation, (4) la manière de gagner sa vie qui inclut le type d'activité menée, le niveau de revenu ou encore (5) le niveau d'attractivité des différents produits proposés par les EMF (Nations Unies, 2006). La mise sur pied d'un système financier rural, quant à lui, fait face à un certain nombre de problèmes qui constituent alors un obstacle au mécanisme de transmission du crédit. La division des études et projets agricoles du MINAGRI en août 2005 a fait ressortir cinq problèmes principaux:

*L'accessibilité des services financiers pour les ruraux*

La proximité des structures pouvant offrir ces services financiers peut permettre de mesurer l'accessibilité des services financiers pour les ruraux. Le système financier notamment les banques ont tout d'abord une catégorie de clients très sélectifs (Projet d'Appui au Programme National de Microfinance, 2000), et à cela s'ajoute le problème d'asymétrie informationnelle.

*La nature des garanties exigées*

La sécurité du prêteur peut être recherchée par la prise de garanties matérielles, ou par d'autres moyens. Les garanties exigées par les banques sont des obstacles majeurs à l'accès des populations pauvres aux crédits qu'elles offrent. Ces garanties sont pour la plupart l'hypothèque d'un titre foncier ou d'un immeuble. Ce type de dispositions est beaucoup plus perçu en milieu urbain. Ainsi, le financement des populations rurales assuré par ces banques s'avère très limité. L'efficacité du financement des populations rurales sera basée sur des formes de garanties compatibles avec l'environnement socio-économique des ruraux afin d'assurer un accès facile aux crédits. Suivant cette logique, des actions entreprises par les EMF telles que les principes de caution solidaire et de caution morale sont davantage encouragées.

*La nature des crédits accordés*

Les politiques d'octroi de crédit en milieu rural ne sont pas en parfaite coordination avec les objectifs de production. Les crédits accordés sont des crédits de court terme, de faible montant avec des taux d'intérêt élevés. Il n'existe pas une harmonisation dans la politique de prêts exercée par les différentes structures. Les fonds constitués par les épargnants limitent les investissements à long terme et ne permettent pas de construire la solidité financière de la structure. La faiblesse des montants quant à elle est non seulement liée à la capacité financière insuffisante des structures, mais aussi au niveau de risque encouru. La crainte de multiples risques[69] dans le milieu rural implique un taux d'intérêt élevé.

*La mauvaise maîtrise des coûts de fonctionnement des structures*

Les coûts de fonctionnement doivent être maintenus à un niveau minimum. Afin d'assurer un système efficace de financement, la structure des EMF doit être

---

[69] Les risques spécifiques au milieu rural sont dus à: la dispersion de la clientèle cible, les difficultés d'accès à cette clientèle à cause de l'enclavement, l'état des pistes rurales et des moyens de communication.

légère. Il importe également, autant que possible, de contractualiser avec des structures existantes. Le problème des coûts de fonctionnement ne pourra trouver une réponse que si ces structures s'associent aux banques pour le refinancement et/ou bénéficient des subventions de l'État et des fonds de garantie pour couvrir les risques.

*La mal gouvernance ou la mauvaise gestion des structures*

Une gestion efficiente doit être assurée par des professionnels afin de garantir la bonne gouvernance du système. Cette gestion doit être basée sur: la définition claire des critères d'accès aux crédits, la spécification claire des résultats attendus en termes d'objectifs de production, l'élaboration explicite d'un système suivi-évaluation et enfin un système transparent de recrutement, de motivation et de sanction du personnel.

### 3. Revue de la littérature

Pour Yurdakul et Akdemir (1991)[70] les risques principaux que rencontrent les agriculteurs peuvent être groupés comme suit: aléas climatiques, prix et marché, intrants, emplois, crédit. L'accès au financement est ainsi indispensable pour permettre des investissements dans les activités agricoles. Cela aura pour conséquence de générer un accroissement de la production agricole.

La microfinance est présentée comme un atout exceptionnel pour aider les agriculteurs à financer leurs activités. Parmi les atouts de la microfinance figure: la proximité et la finalité sociale.

Au Cameroun, le secteur agricole a deux sources de crédit: une source informelle et une source formelle. Le système formel camerounais est constitué de dix banques commerciales. Il existe dans une moindre mesure une limitation de l'intermédiation financière privée. Ceci est dû à la situation d'information imparfaite relative aux emprunteurs et aux projets (cas des Philippines), aux manques de garanties adéquates et à la covariance de risques de rendements ou de prix entre autres. Les activités des banques commerciales (secteur formel) qui s'articulent autour d'un modèle de rentabilité ne profitant pas aux petits fermiers et artisans, ont continué à exploiter les populations rurales dans le cercle vicieux de la pauvreté. Pour Nowak (1986), le cercle vicieux « bas revenus- absence ou faiblesse d'épargne- impossibilité d'investir- bas revenus » peut être rompu par le crédit, suivant un autre type d'enchaînement « bas revenu- crédit- investissement-

---

[70] Options Méditerranéennes, série A 1 no 21, 1991 Choix technologiques, risques et sécurité dans les agricultures méditerranéennes.

nouvel accroissement des revenus ». Pour faire face aux problèmes de financement dû à l'exclusion des banques, les populations rurales se sont tournées vers le secteur informel et le secteur semi-formel. Ces secteurs, en principe, octroient aux pauvres des services financiers (crédit et/ou épargne) de faibles montants.

Le système financier informel est constitué des commerçants, des banquiers ambulants, des tontines, des organisations d'autopromotion, des usuriers, des parents/amis/voisins, associations ou encore associations. Notons par ailleurs que l'acteur le plus important de ce système informel est la tontine. Le mot « tontine » est tiré par suffixation en 1653 de Lorenzo Tonti Napolitain qui inventa ce genre d'opération. Selon le dictionnaire « petit Robert », une tontine est une association de personnes qui mettent leur capital en commun pour jouir d'une rente viagère. Pour Henry, Tchenté et Guiller (1991), les tontines sont d'origine relativement obscure et existent sur tous les continents. Elles apparaissent partout sous une Figure commune. Leurs adhérents s'y associent pour mettre en commun leurs cotisations et chacun y reçoit à tour de rôle le capital rassemblé. Au cours de chaque séance, l'épargne collectée est aussi redonnée à l'un des participants. En Afrique, la tontine prend une ampleur pratique, sociale et théorique. Ce sont des associations de personnes souvent liées par un point commun (membre d'une même famille, d'un même quartier ou encore d'une même ethnie) qui effectuent des versements réguliers en nature ou en argent et dont le total est distribué à tour de rôle aux membres de l'association. Son rôle est très subtil et global dans la plupart de nos sociétés africaines.

Les tontines sont à la fois un moyen d'épargne et de financement des projets afin de pallier aux insuffisances des banques. On lui attribue également d'autres particularités telles que la création des liens sociaux et de solidarité. Le mécanisme de tontine est à l'extérieur de toute réglementation régissant le fonctionnement des institutions financières. Mais, il a l'avantage d'être proche et accessible à bon nombre de personnes en zone rurale. Bomda (1998) constate qu'actuellement, ce système offre l'essentiel des services financiers aux ruraux. On distingue deux types de tontines (Adams et Fitchett, 1994). La première forme de tontine est basée sur le crédit dont le montant est collecté auprès des membres (voisins, amis, micro entrepreneurs). Le mécanisme est le suivant: Chaque membre est supposé cotiser un même montant qui est par la suite collecté dans sa totalité et remis à l'un des membres suivant une logique (c'est à dire par tirage au sort, par décision des membres ou encore par enchère). La seconde forme de tontine est basée sur la collecte de l'épargne de ses membres d'où le nom de fond commun d'épargne (FCE). Chaque membre cotise à hauteur de ses possibilités et la somme totale est placée afin de produire une marge bénéficiaire qui sera reversée à la fin du processus selon la quote-part de tout un chacun à l'épargne initiale.

Les limites attribuées à ce système sont: l'étroitesse et l'isolement de son champ d'action qui limitent leur marge de manœuvre pour faire face aux chocs. De plus, les banques commerciales traitent généralement avec les grandes exploitations familiales agricoles  et ignorent les petits producteurs. Car, ils présentent non seulement un niveau de risque très élevé mais aussi des coûts de gestion des petits prêts qui sont importants. Face à cette situation, on a noté une émergence des institutions de microfinance dans la plupart des pays en voie de développement (Yaron, 1992). Selon une étude statistique menée sur les institutions de microfinance au Cameroun par la COBAC de mars à juillet 2000, il a été recensé 652 structures en activité parmi lesquelles se trouvent 190 coopératives d'épargne et de crédit (COOPEC) indépendantes; 295 caisses du réseau CAMCCUL (Cameroun Cooperative Credit Union League); 90 caisses villageoises d'épargne et de crédit autogérée (CVECA) du projet de crédit rural décentralisé (PCRD); 32 caisses du réseau de mutuelle communautaire de croissance (MC$^2$); 44 caisses du réseau caisse de base (Caba); 1 structure créée par le projet de création d'une institution financière spécialisée dans le financement des très petites entreprises (TPE).

Selon la réglementation de la COBAC, les institutions de microfinance sont appelées « Etablissements de crédit à caractère spécial » (ECCS) ce qui les distingue des banques et des établissements financiers. Selon ce projet de réglementation, les ECCS sont classés en trois grandes catégories: les deux premières catégories concernent les structures exerçant une activité d'épargne et de crédit. La première catégorie regroupe les ECCS qui s'intéressent exclusivement à leurs membres (statuts associatif, coopératif ou mutualiste). La deuxième catégorie regroupe les institutions de microfinance faisant appel à l'épargne du public et ayant le statut de société commerciale. La troisième catégorie concerne les structures ayant exclusivement une activité de crédit sans collecte de l'épargne (établissements de microcrédits, projets, société de caution mutuelle).

Deux caractères sont assimilés aux EMF: le caractère solidaire et le caractère mutualiste. L'approche solidaire des EMF a été mise en exergue par le prix Nobel de 2006 Mohammad Yunus. Il basa son étude sur les paysans démunis de terre ayant besoin de financement. A l'issue de l'avancement du projet de microfinance au Bangladesh il s'est avéré que les principaux bénéficiaires ont été les femmes en milieu rural. L'approche mutualiste quant à elle a été mise en exergue par Herman Schulze et Friedrich Willelm Raiffersen. Sa stratégie est basée sur la mobilisation de l'épargne en milieu populaire pour des raisons beaucoup plus de sécurité et de liquidité que de rémunération. La mobilisation de l'épargne par les institutions financières rurales permet donc d'accroître le réservoir de fonds prêtables et profite directement aux ménages ruraux. Vogel, en 1984, a résumé quelques autres avantages à savoir: une meilleure redistribution des revenus en direction des populations rurales pauvres; une allocation des ressources dans le sens du détournement des investissements improductifs pour des dépôts qui rapportent des taux d'intérêt réel positifs. De ce fait, la viabilité des institutions financières rurales se renforce tandis que la mobilisation de l'épargne engendre des incitations, non seulement pour les marchés et les institutions financières rurales, mais aussi pour les pouvoirs publics et les donateurs internationaux. Meyer (2013) résume les succès que le microcrédit a apporté à l'agriculture.

D'après le profil de pauvreté établi en milieu rural en 2001, il est souligné que les activités des organisations non gouvernementales et des organisations paysannes en faveur du crédit se font par le biais de la collecte de l'épargne locale (INS, 2002). Près d'un ménage sur trois dispose d'une épargne en milieu rural. L'on constate que les ménages pauvres épargnent plus que les ménages non pauvres. L'épargne saisie concerne surtout les cotisations dans les associations d'entraide, les tontines et les autres cercles familiaux ou professionnels. L'intérêt de cette étude peut également concerner la mise sur pied des mécanismes stimulants permettant aux populations d'épargner auprès des EMF agréés qui représentent actuellement la principale source d'octroi de crédit.

### 4. Méthodologie

La présente étude visant à analyser l'influence de l'accès au microcrédit sur la productivité des agriculteurs, sa méthodologie est basée sur la définition d'une mesure de productivité et la spécification d'un modèle économétrique déterminant la productivité. La mesure de la productivité que nous retenons ici est le rendement agricole qui est évalué à partir de la valeur monétaire de la production totale par unité de terre. Cependant, il est important de souligner que l'utilisation de la production totale par unité de terre comme mesure soulève un certain nombre de critiques. Certains auteurs préfèrent une évaluation de la productivité globale des facteurs basée sur l'utilisation du modèle Data Envelopment Analysis (DEA) pour capter l'efficacité de la production (Helfand et Levine, 2004).

L'utilisation de cette dernière méthode est rendue complexe par le fait que les petites exploitations et les grandes exploitations n'utilisent pas nécessairement les mêmes facteurs de production. La seule façon de remédier à ce problème serait d'effectuer une transformation permettant d'évaluer les facteurs de production dans la même unité. En vue d'analyser l'impact de l'accessibilité aux services de microfinance sur la productivité des micro-agriculteurs, nous allons nous inspirer du modèle de base de Berry et Cline (1979). Ce modèle a été principalement développé pour vérifier empiriquement la relation entre la taille d'une exploitation et sa productivité en utilisant les données de six pays d'Asie (Brésil, Colombie, Philippines, Inde, Pakistan et Malaisie). Les auteurs aboutissent à une relation négative entre les deux variables et concluent que, la productivité est plus élevée dans les petites exploitations que dans les grandes exploitations. Wadud (2013) a examiné l'impact de la microfinance sur la performance de l'agriculture au Bangladesh. Les résultats de l'étude montrent que les agriculteurs utilisant le microcrédit sont beaucoup plus efficaces et améliorent leurs revenus en comparaison avec ceux qui n'utilisent pas le microcrédit.

Soulignons que, le modèle utilisé par ces deux auteurs est beaucoup critiquée du fait notamment qu'il ne prend pas en compte les imperfections sur le marché de la terre et des imperfections sur le marché du crédit. Pourtant une relation négative existe entre la qualité du sol et la taille d'une exploitation (Sen, 1975). Ainsi, dans notre modèle, nous prenons en compte les deux types d'imperfection: l'imperfection sur le marché de crédit qui jauge l'accès au crédit et la qualité du sol qui met en exergue l'utilisation des fertilisants. Le modèle de productivité ainsi estimé est donné par[71]:

$$\log y = \beta_0 + \beta_1 tail\,exp\,l + \beta_2 tail\,exp\,l^2 + \beta_3 Cred + \beta_4 Subven + \beta_5 Ferti$$
$$+ \gamma_1 R\acute{e}g_1 + \gamma_2 R\acute{e}g_2 + \gamma_4 R\acute{e}g_4 + \gamma_5 R\acute{e}g_5 + \varepsilon$$

Où:
y: la production agricole annuelle par unité de terre (en milliers de FCFA);
tailexpl: la taille en hectare de l'exploitation agricole considérée;
tailexpl$^2$: le carré de la taille en hectare de l'exploitation agricole considérée;
Rég$_i$: La variable régionale binaire, prenant 1 lorsque l'exploitation est de la région i et 0 sinon[72];
Créd: Indique si l'exploitation de l'individu bénéficie ou non du crédit. Elle prend la valeur 1 si l'exploitation bénéficie du crédit et 0 sinon.
Subven: indique si l'exploitation reçoit ou non des subventions et des transferts de fonds. Elle prend la valeur 1 si l'exploitation reçoit des subventions et 0 sinon;
Ferti: montant annuel des dépenses en fertilisants (en milliers de FCFA).

Les coefficients $\gamma_j$ évaluent l'impact régional sur la valeur de la production par hectare avec pour région 3 qui est celle de l'Ouest comme référentiel. L'introduction de ces variables régionales binaires permet de capter l'hétérogénéité entre les régions. La nomenclature des variables, la statistique descriptive de ces dernières et la matrice de corrélation entre les variables indépendantes du modèle sont données dans le Tableau 14.1. L'estimation des paramètres de notre modèle est faite par les moindres carrés généralisés (MCG). L'analyse théorique de ce dernier

---

[71]Le choix de la spécification « log » est basé sur des hypothèses de nature théoriques.
[72]R$_1$: région centre; R$_2$: région littoral; R$_3$: région ouest; R$_4$: région nord ouest et R$_5$: région sud ouest.

porte à croire que la variance du terme d'erreur conditionnellement à la variable « taille de la exploitation » n'est probablement pas constante.

**Tableau 14.1: Nomenclature et statistique descriptive des variables**

| Variables | Définition | Obs (N) | Moyen | Ecart-Type | Min | Max |
|-----------|-----------|---------|-------|-----------|-----|-----|
| y | Production annuelle par unité de terre (en milliers FCFA) | 145 | 2 968 | 4 277 | 1 | 9999 |
| Tailexp[1] | Taille de l'exploitation (en hectare) | 223 | 24,07 | 37,87 | 0 | 99 |
| Tailexpl[2] | Taille de l'exploitation carrée (en hectare) | 223 | 2 006,9 | 3 876,91 | 0 | 9801 |
| Ferti | Montant annuel de fertilisants utilisé (en milliers FCFA) | 223 | 625,46 | 470,91 | 0 | 2000 |
| Subven | Variable binaire détermine si oui ou non l'exploitation en question bénéfice d'une subvention | 223 | 0,161 | 0,369 | 0 | 1 |
| Créd | Variable binaire déterminant accès au crédit ou non | 223 | 0,619 | 0,487 | 0 | 1 |
| Rég1 | Région centre | 223 | 0,354 | 0,479 | 0 | 1 |
| Rég2 | Région littorale | 223 | 0,287 | 0,453 | 0 | 1 |
| Rég3 | Région ouest | 223 | 0,117 | 0,322 | 0 | 1 |
| Rég4 | Région nord-ouest | 223 | 0,121 | 0,327 | 0 | 1 |
| Rég5 | Région sud-ouest | 223 | 0,121 | 0,327 | 0 | 1 |

Les données utilisées sont essentiellement issues de l'enquête réalisée par le CEREG dans le cadre du projet microfinance dans la zone CEMAC en 2009. La taille de l'échantillon est de 223 ménages ruraux repartis en cinq régions: le Centre, le Littoral, le Nord-Ouest, le Sud-Ouest et l'Ouest. Le questionnaire de cette enquête riche et varié, passe en revue une multitude d'informations regroupées en sections. Ces informations sont nécessaires aux analyses décrites ci-dessus, telles que les données sur la production totale des exploitations, leur taille, l'accès au crédit des agriculteurs, l'assistance gouvernementale (subventions) ou bien encore l'utilisation des fertilisants.

## 5. Résultats et discussions

Suivant les résultats de nos estimations reportés dans le Tableau 14.2, l'on constate que l'accès aux crédits des EMF par les micro-agriculteurs a une influence positive au seuil de 5 %. Ainsi, si une personne supplémentaire a accès aux crédits, cela contribuerait à augmenter la productivité des micro-agriculteurs de 28,6 %. Le type de relation qui s'en dégage est une relation positive existante entre l'accès aux crédits de microfinance et la productivité des micro-agriculteurs. Dans son étude au Bangladesh, Wadud (2013) a trouvé que le microcrédit contribuerait à augmenter les revenus des micro-agriculteurs par 9,46 %. Comme autre variable ayant une influence positive, nous avons: la taille de l'exploitation. Il existe une relation non linéaire entre la taille de l'exploitation et la productivité des micro-agriculteurs. Les résultats de nos estimations montrent que, le coefficient lié à la taille de l'exploitation est dans un premier temps négatif et significatif au seuil de 1 %. Ce résultat est conforme à l'analyse de Berry et Cline (1979).

Cependant, il existe un effet seuil à partir duquel on observe un retournement de tendance. La taille optimale de l'exploitation qui permet de dégager un effet positif sur la productivité est évaluée à (58,89) hectares. Or, en moyenne on a une valeur de (24,071) hectares ce qui est de loin inférieur à la taille optimale. On note également que l'utilisation de fertilisants augmente la productivité des exploitations. Les imperfections sur le marché de crédit peuvent réduire l'accès des petites exploitations aux intrants agricoles indispensables pour leur productivité.

**Tableau 14.2: Estimation de l'impact des crédits de la microfinance sur la productivité des micro-agriculteurs**

| Variables | Coefficients | t | P>|t| |
|---|---|---|---|
| Tailexpl | -0,106*** | -7,50 | 0,000 |
| Tailexpl$^2$ | 0,9x10-3*** | 6,68 | 0,000 |
| Créd | 0,286** | 2,05 | 0,041 |
| Subven | 0,1580 | 0,83 | 0,408 |
| Ferti | 0,005** | 3,03 | 0,003 |
| Rég1 | 0,735** | 3,12 | 0,002 |
| Rég2 | -0,1560 | -0,65 | 0,519 |
| Rég4 | 0,1700 | 0,60 | 0,546 |
| Rég5 | 0,474* | 1,70 | 0,090 |
| Constante | 2,465*** | 11,27 | 0,000 |

*Source: Auteurs, Enquête du CEREG, 2009.*
*Variable dépendante = log y (Production annuelle par unité de terre (en milliers FCFA) $R^2$=0,3983).*
*Note: les estimations ont été faites en utilisant des écarts types robustes à l'hétéroscédasticité; * significatif à 10 %, ** significatif à 5 % et *** significatif à 1 %.*

Les coefficients de corrélation dans le Tableau 14.3 entre la taille d'une exploitation et respectivement l'accès au crédit (0,1930) et l'utilisation des fertilisants (0,2986) laissent croire que les petites exploitations agricoles sont marginalisées dans l'accès à ces deux biens. Par contre, le fait de recevoir ou non une subvention n'est pas significative dans la détermination de la productivité d'une exploitation agricole.

**Tableau 14.3: Corrélations partielles entre les variables explicatives**

|          | Ferti   | Subven  | Cred    | Tailexpl | Tailexpl² |
|----------|---------|---------|---------|----------|-----------|
| Ferti    | 1,0000  |         |         |          |           |
| Subven   | 0,0072  | 1,0000  |         |          |           |
| Créd     | 0,0207  | 0,0916  | 1,0000  |          |           |
| Tailexpl | 0,2986  | 0,0330  | 0,1930  | 1,0000   |           |
| Tailexpl²| 0,2691  | 0,0523  | 0,1894  | 0,9903   | 1,0000    |

Mais, l'accès à une subvention ne semble pas discriminatoire. Car le coefficient de corrélation entre cette dernière variable et la taille d'une exploitation agricole est faible soit (0,0330). Enfin, il est aussi important de souligner que les variables régionales hormis les région1(le centre) et région5 (Sud-Ouest) ne sont pas significatives. On ne peut donc pas parler d'hétérogénéité régionale. Le fait d'appartenir à une région par rapport à la région de l'Ouest n'a pas un impact significatif sur la valeur de la production par hectare sauf pour les régions du Sud-Ouest (région5) où il est significatif à 10 % et celle du Centre (région1) où il est significatif à 1 %. Pour cette dernière région, l'impact est positif et suggère que le fait d'appartenir à la région du Centre par rapport à celle de l'Ouest pour un agriculteur améliore sa production par hectare.

Comme nous l'avons constaté dans notre analyse théorique, les micro-agriculteurs restent en marge du secteur de la microfinance. Pourtant l'accès aux crédits offerts par les EMF a un impact positif sur leur productivité. Des efforts doivent donc être entrepris afin de permettre à la majorité des personnes pauvres pratiquant cette activité de pouvoir avoir accès aux services de microfinance. De ce fait les EMF peuvent développer des personnes pauvres pratiquant cette activité de pouvoir avoir accès aux services de microfinance. De ce fait les EMF peuvent développer des microcrédits adaptés aux besoins des micro-agriculteurs. Par exemple, bien que les crédits intrants et les crédits équipements soient vantés dans de nombreuses études, ces produits ne sont pas suffisamment développés auprès des agriculteurs. Cela peut se faire d'une part, en partenariat avec les sociétés livrant les intrants aux micro-agriculteurs et d'autre part, avec le soutien public.

Les EMF à eux seuls ne peuvent améliorer efficacement le niveau de vie des micro-agriculteurs. Bien qu'ils y contribuent positivement, l'intervention des pouvoirs publics reste d'une importance capitale. De plus, un système de régulation du secteur de la microfinance défini localement et dans la sous-région de l'Afrique centrale doit être mise en place. Car l'on constate que les taux d'intérêt actuellement pratiqués au Cameroun dans le secteur de la microfinance demeure très élevés et très instables. La stabilisation de ces taux d'intérêt des EMF passerait par un encadrement de leur valeur par les autorités bancaires. Cela favoriserait la stabilité non seulement de l'accès aux crédits, mais aussi des rendements des EMF et la productivité des micro-agriculteurs.

Il est à noter également qu'à l'ère de la mondialisation et avec le développement de nouvelles techniques et technologies, les micro-agriculteurs doivent être de plus en plus éduqués en vue de facilement les changements nécessaires et d'être compétitifs. Ceci nécessite une éducation à l'utilisation des nouveaux intrants directement liés aux différentes innovations agricoles. Au préalable, il est observé que l'utilisation des fertilisants a un impact positif au seuil de 5 % dans cette étude. Ainsi la vulgarisation des nouvelles machines agricoles, ou encore de nouvelles techniques agricoles peut produire des effets positifs sur la productivité des micro-agriculteurs. Les matériaux agricoles pourraient être loués aux agriculteurs et dont l'amortissement sera remboursé au fur et à mesure par le prix de la location que ces EMF auraient appliqué avec l'appui gouvernemental. Parallèlement, des programmes de soutien, des ateliers de formation et des sessions techniques doivent être relancés et valorisés auprès des agriculteurs. De pareilles pratiques qui jadis existaient avant la libéralisation du secteur de l'économie ont quasiment disparues.

### 6. Conclusion

Cette étude, a évalué l'impact que les services de microfinance (les microcrédits en particulier) pouvaient avoir sur la productivité des micro-agriculteurs. L'analyse empirique a révélé qu'il existe une relation positive entre l'accès aux crédits des microfinances et la productivité agricole des petits exploitants. Néanmoins, le taux de pénétration en ce qui concerne les populations pauvres restant très faible, en général estimé à 4 %, un effort considérable reste à faire dans le secteur de la microfinance. La relation entre la taille d'une exploitation et sa production par unité de terre est négative dans un premier temps, mais connaît un retournement de tendance et produit un effet positif. Economiquement, il existe un certain intervalle de taille dans lequel, les petites exploitations sont plus proches de leur frontière de production que les grandes exploitations.

De plus, l'utilisation des fertilisants influe positivement et significativement sur la production par unité de terre d'une exploitation donnée. En revanche, les résultats montrent que l'hétérogénéité entre les régions ainsi que l'accès ou non à la subvention gouvernementale ne sont pas significatifs. En termes d'implication de politique économique, il est important que la politique gouvernementale soutienne davantage la promotion du secteur de la microfinance pour les petits exploitants agricoles en leur facilitant l'accès au capital financier. Ainsi, de nombreuses axes de promotion du secteur de la microfinance doivent être explorés avec minutie à savoir: la régulation du secteur de la microfinance; l'adaptation des produits de microfinance offerts et la valorisation de l'expérience et des capacités des micro-agriculteurs demandeurs et bénéficiaires des produits de microfinances.

### *Références Bibliographiques*

Adams, D. W & D. A. Fitchett (1994), *Informal finance in low-income countries*, Boulder, CO: Westview Press.

Adams, R. (1994), 'Non-farm income and inequality in rural Pakistan: a decomposition analysis', *Journal of Development Studies* 31(1):110-133.

Barham, B., L. B. Boucher & M. R. Carter (1996), 'Credit constraints, credit unions and small-scale producers in Guatemala', *World Development* 24(5):793-806.

Bernard, Y. & J-C. Colli (1996), *Dictionnaire économique et financier,* Seuil, Paris.

Berry, R. A. & W.R. Cline (1979), *Agrarian Structure and Productivity in Developing Countries*, Baltimore, MD: The Johns Hopkins University Press.

Bomda, J. (1998), 'Les déterminants de l'épargne et du crédit et leurs implications pour le développement du système financier rural au Cameroun', Peter land. Université de Hohenheim.

Deaton, A. S. (1991), 'Saving and liquidity constraints', *Econometrica* 59(5):1221-1248.

Diagne, A. , M. Zeller & M. Sharma (2000), 'Empirical measurement of household's access to credit and credit constraints in developing countries: Methodological issues and evidence', FCND Discussion Paper 90 IFPRI, Washington, D.C.

Fan, S., L. Zhang & X. Zhang (2004), 'Reforms, investment and poverty in rural China', *Economic Development and Cultural Change* 52(2):395-421.

Feder, G., L. Lau, J. Lin & X. Luo (1990), 'The Relationship between Credit and Productivity in Chinese Agriculture: An Application of a Microeconomic Model of Disequilibrium', *American Journal of Agricultural Economics* 72(5):1151-1157.

Fry, M. J. (1995) *Money Interest and Banking in Economic Development*, 2è éd, Baltimore, MD: The JohnsHopkins University Press, p. 346.

Gamache, R. (2005), 'La productivité: définition et enjeux', Document de travail, *Manufacturing Technologies*, Research Paper Series, 117, Statistique Canada.

Godquin, M. (2006), *Finance rurale au Bangladesh et aux Philippines*, Thèse de Doctorat en Economie, Université Paris I - Panthéon - Sorbonne, UFR Sciences Economiques.

Gouvernement du Cameroun (2005), *Financement du secteur rural: Besoins de financement, besoins en crédits des filières agricoles et propositions pour la mise en place d'un système de financement durable*, Ministère de l'Agriculture et du Développement Rural; Division des études et projets agricoles.

Hall, R. E. (1978), 'Stochastic implications of life cycle-permanent income hypothesis: theory and evidence', *Journal of Political Economy* 86(6):971-987.

Helfand, S. M. & E. S. Levine (2004), 'Farm Size and the Determinants of Productive Efficiency in the Brazilian Center-West', *Agricultural Economics* 31:241-249.

Heltberg, R. (1998), 'Rural Market Imperfections and the Farm Size – Productivity Relationship: Evidence from Pakistan', *World Development* 26(10):1807-1826.

Henry, A., G-H & Tchenté, P. Guillerme-Dieumegard (1991), *Tontines et banques au Cameroun*. Karthala, Paris.

Hoff, K. & J. E. Stiglitz (1995), 'Introduction: Imperfect information and rural credit markets- puzzles and policy perspectives', *The World Bank Economic Review* 4(3):235-250.

Houedanou, M. C. (1999), 'Des systèmes de financements décentralisés pour le monde rural: Défis et perspectives', In *Financer autrement le développement du monde rural en Afrique, dossier de développement AGRIPROMO*, Abidjan; INADES- Formation P 100.

INS (2002), Deuxième enquête camerounaise auprès des ménages: profil de pauvreté en milieu rural au Cameroun en 2001, République du Cameroun, Yaoundé.

Japelli, T. (1990), 'Who is credit constrained in the U.S economy?' *Quarterly Journal of Economics* 105(1):219-234.

Kochar, A. (1991), 'An empirical investigation of rationing constraints in rural credit markets in India', PhD Dissertation, University of Chicago.

Kochar, A. (1997), 'An empirical investigation of rationing constraints in rural credit markets in India', *Journal of Development Economics* 53:339-371.

Lapenu, C. (1997), 'Le microfinancement dans les pays en développement: Théories évolutions et pratiques', *Montpellier, CIRAD*.

Mead, R. W. (2003), 'A revisionist view of Chinese agricultural productivity', *Contemporary Economic Policy*, Oxford University Press, 21(1):117-131.

Meyer, R.L. (2013), 'Microcredit and Agriculture: Challenges, Successes and Prospects', In *Microfinance in Developing Countries: Issues, Policies and Performance Evaluation*, Gueyie, J-P., R. Manos and J. Yaron (eds). New York: Palgrave Macmillan: 199-222.

Nations Unies (2006), *Construire des secteurs Financiers accessibles à tous*, éd Département de l'information de l'ONU.

Nowak, M. (1986), 'Nouvelles approches en matière d'épargne et de crédit rural pour l'Afrique au sud du Sahara', Paris: notes et étude de la CCCE, N°5.

Piette, F. (2006), 'Les déterminants de la productivité agricole dans le nord-est du Brésil Une investigation sur la relation négative entre la productivité et la taille des fermes', Département d'économie, Université de Montréal.

Projet d'Appui au Programme de Microfinance (2000), *Rapport de préevaluation, Rapport principal et annexes;* Departement de Gestion des programmes du MINADER.

Sen., A. K. (1975), *Employment, Technology and Development,* ILO and Clarendon Press, Oxford.

Stigler, G. J. (1947), *Trends in Output and Employment,* New York: National Bureau of Economic Research.

Swain, B.R. (2002), 'Credit rationing in rural India', *Journal of Economic Development* 27(2):1-20.

Tinbergen, J. (1942), Zur Theorie der Langfirstigen Wirtschaftsentwicklung, *Weltwirtschaftliches Archiv,* vol. I.

Vogel, R.C. (1984), 'Savings mobilisation: The forgotten half of rural finance', dans D.WAdams, D.H Graham et J.D Von Pischke, *Undermining rural development with cheap credit,* West View Press, Boulder, pp.249-250.

Wadud, M. A. (2013) 'Impact of Microcredit on Agricultural Farm Performance and Food Security in Bangladesh', Institute of Microfinance Working Paper No. 14. Dhaka, Bangladesh.

Wampfler, B. (1999), *Stratégies, innovations et problèmes de l'intermédiation financière rurale à la fin des années 90: un éclairage à partir de l'exemple de l'Afrique de l'ouest.* Contribution au séminaire 'Stratégies for rural financial intermédiation in Central Africa' de l'association africaine du crédit rural et agricole (AFRACA) du 27 au 31 juillet 1999, Libreville. Montpellier: CIRAD / TERA, p. 29.

World Bank (2005), Africa Development Indicators, Washington, D.C.

Yaron, J. (1992), *Sucessful Rural Finance Institutions,* Document de travail Banque mondiale, N° 150, Banque mondiale, Washington, D.C.

Yurdakul, O. & S. Akdemir (1991), *Choix technologiques, risques et sécurité dans les agricultures méditerranéennes; Options Méditerranéennes,* série A 1 no 21.

Zeldes, S. P. (1989), 'Consumption and liquidity constraints: an empirical investigation', *Journal of Political Economy* 97(2):305-346.

Zeller, M. (1994), 'Determinants of Credit rationing: A study of informal lenders and formal groups in Madagascar', *World Development* 22(12):1895-1907.

# CHAPITRE 15

## L'IMPACT DE MICRO-TRANSFERT D'ARGENT SUR LES DÉPENSES DE SANTÉ DES PAUVRES AU CONGO

André Moulemvo & Bertrand Mafouta

*Centre d'Etude et de Recherche sur les Analyses et Politiques Economiques, Brazzaville (andremoule@yahoo.fr)*

## RÉSUMÉ

Le système sanitaire est inaccessible à une grande proportion de la population congolaise et l'analyse des motifs de non-consultation pour des soins de santé a montré que la contrainte financière reste un facteur déterminant. La lutte contre la pauvreté passe par un meilleur accès aux services financiers. Aussi, la microfinance aide-t-elle à réduire la pauvreté et ses conséquences, de façon aussi diverse que concrète. Notre étude vise à estimer l'influence des transferts d'argent, nouveau produit de la microfinance sur la consommation des soins de santé. La méthodologie se fonde sur une enquête de terrain menée en janvier-février 2009 dans deux localités, à savoir Brazzaville et Gamboma et sur l'application d'un modèle Tobit de type Heckman.

Selon les résultats obtenus, le bénéfice d'un transfert d'argent n'accroît ni le recours aux soins ni la dépense de santé effectuée par les ménages pauvres. L'impact limité des transferts est dû à une forte concentration de ces transferts dans les ménages non pauvres. La fréquence et le montant des transferts diffèrent selon le statut de pauvreté et selon la zone géographique.

*Mots clés: microfinance, micro-transfert, soins de santé, services financiers*

## 1. Introduction

La pauvreté est l'un des problèmes majeurs auxquels est confrontée l'humanité et sa réduction a été mise en avant avec l'adoption des objectifs du millénaire pour le développement. En Afrique subsaharienne, la proportion de personnes vivant avec moins de 1,25 dollar US par jour était de 50 % en 2005, soit le même taux qu'en 1981, après une hausse suivie d'une baisse (Chen et Ravallion, 2008). À ce rythme, le tiers de la population pauvre du monde se retrouvera en Afrique d'ici à 2015.

Le Congo est en deçà de ce niveau continental, selon les résultats de plusieurs études menées entre 1996 et 2005. L'une d'elles, l'enquête congolaise auprès des ménages pour l'évaluation de la pauvreté (ECOM, 2005), a établi que 50,7 %, soit la moitié de la population congolaise vit en dessous du seuil de pauvreté et que l'ampleur de la pauvreté est plus marquée en milieu semi-urbain

(67,4 %), qu'en milieu rural (64,8 %) ou dans les autres communes (58,4 %), alors qu'elle est moins élevée en zone urbaine, principalement à Brazzaville et à Pointe-Noire où elle atteint respectivement 42,3 % et 33,5 %.

Le Congo, comme la majorité d'autres pays africains surendettés, ne pouvant plus financer ses services de santé, a adopté la politique lancée par l'OMS en 1987 sous le nom d'Initiative de Bamako. Cette politique dite « de recouvrement de coûts », sur l'accès aux soins et l'utilisation des services de santé est aujourd'hui controversée. Les frais de santé affectent négativement l'équité et l'accessibilité des pauvres aux services (De Ferranti, 1987) dans un pays où la capacité de la population à recourir aux soins a été fortement ébranlée par les conséquences de la crise économique et de la dévaluation du FCFA en 1994.

Ainsi, le système sanitaire est inaccessible à une grande proportion de la population qui selon le PNUD (2003) atteint 20 %. Les motifs de non-consultation ont montré que la contrainte financière reste un facteur déterminant, justifiant ainsi la réticence pour 56 % des ménages (soit 62 % chez les pauvres contre 48 % chez les non pauvres). Le niveau élevé de privation se traduit par de hauts niveaux de morbidité et de mortalité: Selon l'Unicef[73], entre 1990 et 2005, le taux de mortalité des moins de 5 ans est passé de 104 à 127 décès pour 1000 naissances vivantes. Dans la même période, le taux de mortalité des enfants de moins d'un an est passé de 66,77 à 77,34 décès pour 1 000 naissances vivantes.

Au Congo, de nombreux jeunes migrent des zones rurales vers les centres urbains à plus fort potentiel d'emploi (Brazzaville, Pointe-Noire, Pokola, Dolisie, etc.) mais aussi des autres villes vers Pointe-Noire. Restant en contact avec le reste de la famille, ils subviennent aux besoins de celle-ci par des transferts d'argent tant par des voies informelles que par des voies formelles. Tout comme les transferts internationaux, ces transferts d'argent à l'intérieur du pays permettent aux personnes démunies de faire face à leurs dépenses de consommation, d'éducation, de santé et contribuent donc à la réduction de la pauvreté, ce qui illustre bien la mission de la microfinance en tant que structure de proximité appelée à jouer un rôle important dans l'accès des populations à faibles revenus aux services sociaux de base.

---

[73] http://www.unicef.org/french/infobycountry/congo_statistics.html.

Cependant, autant les transferts en provenance des pays développés font l'objet d'une abondante littérature, les transferts d'argent à l'échelle locale restent encore faiblement explorés. Dans le contexte actuel d'élaboration des stratégies de lutte contre la pauvreté, cerner les contours du phénomène des transferts d'argent et mettre en évidence son impact sur le niveau de vie des ménages est une question de grand intérêt. Aussi, la présente étude se fixe-t-elle comme objectif général d'estimer l'influence des transferts d'argent, nouveau produit de la microfinance, sur la consommation des soins de santé. De cet objectif se dégagent les objectifs spécifiques suivants (a) identifier les déterminants du comportement des personnes à faible revenu face aux dépenses de santé; (b) évaluer l'impact des transferts d'argent sur l'accessibilité des soins de santé et les dépenses de santé; (c) à partir d'une compréhension du rôle des micro-transferts sur l'utilisation des services de santé par les consommateurs à faible revenu, élaborer des pistes pouvant permettre un renforcement des EMF impliqués dans cette activité afin qu'elles deviennent de véritables outils de lutte contre la pauvreté.

Les questions de recherche qui ont guidé notre analyse sont les suivantes:

- Quels sont les facteurs qui influencent l'utilisation des services de santé par les consommateurs à faible revenu ?
- Dans quelle mesure les transferts d'argent effectués par le biais des EMF contribuent réellement à l'accroissement de l'accessibilité aux soins ?

L'étude tente de vérifier les hypothèses selon lesquelles:

- Les difficultés financières constituent pour la majorité des ménages l'une des barrières rencontrées dans l'utilisation des services de santé. Les micro-transferts d'argent permettent un meilleur accès aux services sociaux et contribuent donc à la réduction de la pauvreté.
- L'utilisation des services sociaux (santé et éducation) par les ménages est fonction de caractéristiques socio-économiques du ménage, qui de ce fait sont des facteurs d'amélioration de l'utilisation de ces services de santé.

La présente étude se subdivise en cinq sections. La première section fait le point sur l'évolution de la microfinance et notamment l'activité de transfert d'argent. La deuxième section fait un rapide survol des publications sur l'impact des transferts d'argent sur l'accès aux soins de santé. La troisième section présente la méthodologie économétrique utilisée tandis que la quatrième présente et discute les résultats de la modélisation. L'étude se termine par la section conclusions et recommandations.

*Microfinance et transfert d'argent au Congo*

Au cours des dernières décennies, la microfinance a fait montre de grandes réussites et d'étonnantes performances. Les besoins en services financiers des plus défavorisés, étant de mieux en mieux cernés, elle connaît une révolution de marché, engendrant le développement et l'offre d'une gamme de produits financiers spécifiques. C'est ainsi qu'à côté des activités traditionnelles de collecte, d'épargne et d'octroi de microcrédits, les EMF proposent le transfert de fonds et l'assurance, des services qui permettent aux familles pauvres d'assurer un certain niveau de dépenses.

Au Congo, c'est à partir du milieu des années 80 que l'on assiste à la structuration des établissements de microfinance (EMF) dont le plus grand, réseau, la Mutuelle congolaise d'épargne et de crédit (Mucodec) comptait en fin 2008, 207 954 membres et 85,168 milliards de FCFA de dépôts. Le pays compte actuellement 108 EMF dont 34 indépendants et 41 en réseau Mucodec. Les EMF sont fortement implantés à Brazzaville et à Pointe-Noire, qui abritent à elles seules 80 % du total des EMF en 2003. Le fossé va encore s'agrandir avec la construction actuelle de nombreuses agences à Brazzaville et à Pointe-Noire.

Un des aspects marquants de l'évolution de la microfinance congolaise est la multiplication des EMF spécialisés dans le transfert de fonds, rendue possible grâce à l'avènement des technologies de l'information et de la communication (TIC). A côté des multinationales (Western Union, MoneyGram…) qui dominent le marché des transferts internationaux, les EMF ont occupé le créneau des transferts nationaux. Ayant gagné la confiance de la clientèle, ils remplacent progressivement les réseaux de transferts informels. Longtemps demeurés dans les grandes villes, les EMF spécialisés dans le transfert d'argent ont implanté depuis lors des agences dans différentes localités situées en zone urbaine, semi-urbaine et rurale. Cet élargissement des activités s'est traduit par une augmentation considérable des sommes transférées.

## 2. Revue de la littérature

Les transferts d'argent sont la manifestation financière d'un réseau de relations qui sont établies entre les migrants, leurs familles et leurs communautés d'origine. Ils font l'objet d'une abondante littérature dont une bonne partie analyse leur impact sur la pauvreté et les inégalités. Goody *et al.* (2012) trouvent que le micro-transfert devient de plus en plus important en Afrique.

Pour bon nombre d'études, les transferts, notamment ceux des pays développés vers les pays en voie de développement, ont un impact considérable et statistiquement éprouvé sur la réduction de la pauvreté dans ces derniers. Les auteurs, Richard *et al.* (2005), soutiennent que «les fonds envoyés par les travailleurs migrants dans leur pays d'origine ont un impact profond sur le niveau de vie des personnes vivant dans des pays en voie de développement en Asie, en Afrique, en Amérique latine et au Moyen-Orient». L'argent reçu permet aux familles et aux proches restés au pays d'accéder aux services de base essentiels comme la santé, l'éducation, les services d'eau et d'assainissement, etc. En l'absence de services de protection et de sécurité sociale, ces transferts contribuent à la réduction de la pauvreté et au renforcement des capacités des populations à participer au processus de développement (Tchouassi, 2005). Mahamadou (2006) souligne à cet effet que les transferts des immigrés sont une contribution directe à l'élévation du niveau de vie et améliorent la répartition des revenus.

De nombreuses études empiriques utilisant différentes méthodes ont analysé l'impact des transferts sur la pauvreté et les inégalités. C'est ainsi que Gupta et Pattillo (2007) à partir de données de 233 enquêtes effectuées dans 76 pays en voie de développement dont 24 d'Afrique subsaharienne trouvent qu'une augmentation de 10 % de la part des transferts dans le PIB est associée à une baisse de plus de 1 % du pourcentage de la population vivant avec moins d'un dollar US par jour ainsi que du gap de pauvreté (qui mesure la distance qui sépare la ligne de pauvreté du revenu moyen des pauvres). De même, Acosta *et al.* (2007) affirment qu'une augmentation de 1 % de la proportion des transferts dans le PIB réduit de 3,7 % la pauvreté en Amérique latine. Pour Adams (2006), les transferts réduisent le niveau (incidence) et la profondeur (écart) de pauvreté. Ainsi, une augmentation des transferts de l'ordre de 10 % réduirait, de manière générale, la part de la population vivant en dessous du seuil de pauvreté de 3,5 %.

S'agissant notamment de la santé, des études fondées sur des données des ménages ont trouvé une relation forte entre les transferts et l'état de santé. Les enfants des ménages recevant des transferts ont tendance à présenter un état de santé meilleur que celui des enfants des ménages ne recevant pas de transferts (Acosta *et al.*, 2007; Amuedo-Dorantes *et al.*, 2007). Les montants de transferts plus élevés sont associés à des dépenses plus importantes. Une augmentation du montant des transferts de 10 dollars entraîne une augmentation des dépenses de santé de 25 % (Ponce *et al.*, 2008).

Analysant le cas des ménages mexicains au moyen d'un modèle Tobit, Valero-Gil (2008) a trouvé un effet statistiquement significatif des transferts sur la part des dépenses de santé des ménages. Cet effet est plus prononcé pour les ménages sans accès à l'assurance médicale. López *et al.* (2006) ont de leur part obtenu le résultat selon lequel l'augmentation des transferts réduit le taux de mortalité infantile de la ville de Mexico.

Par ailleurs, les transferts ont un effet multiplicateur. En augmentant le revenu des ménages, ils soutiennent la demande locale. Cet effet est d'autant plus profitable que la demande se porte sur des produits fabriqués dans le pays d'origine

(Tchouassi, 2005). Dans une étude menée au Niger, Aker *et al.* (2011) trouvent que les bénéficiaires des micro-transferts avaient connu une amélioration de leur bien-être.

A côté de cette approche optimiste, il existe une approche pessimiste. De nombreuses études soulignent en effet que ce sont moins les pauvres que les couches sociales moyennes et aisées qui bénéficient le plus des transferts en provenance de l'étranger (Soudi et Teto, 2004). Les plus pauvres ne sont pas les plus touchés par les transferts, puisque les projets migratoires demandent un minimum de capital financier et social dont ces derniers ne disposent pas. En plus, pour les migrants avec un niveau de formation relativement bas, il n'y a pas de lien entre le niveau de pauvreté des ménages d'origine et le volume des transferts reçus (Adams, 2009).

De nombreuses études ont obtenu un effet faible voire non significatif des transferts sur la pauvreté. Pacheco et de Guerrero (2007), cités par (Ponce *et al.*, 2008) ont trouvé, pour le premier, un effet non significatif des transferts sur les résultats scolaires des enfants des zones rurales et pour le second un effet non significatif des transferts sur les dépenses de santé. Selon Acosta *et al.* (2007), les transferts n'ont aidé que 5 % de la population de l'Equateur. Cet impact limité est dû à une forte concentration des transferts dans les ménages non pauvres.

Il est aussi considéré que les transferts ont tendance à accentuer les inégalités entre les ménages qui reçoivent des transferts et les autres. Cependant, certaines recherches menées au niveau de certains pays comme le Guatemala et le Ghana ont montré que les transferts ont un impact non significatif sur les inégalités, indiquant par là que l'impact positif sur la pauvreté ne se traduit pas nécessairement par des changements sensibles dans la répartition des revenus (Mohammed et Aomar, 2008).

Intéressons-nous maintenant aux transferts d'argent nationaux qui ont fait l'objet d'une moindre attention au cours des dernières années, au point qu'il n'y a pas d'estimation globale du montant total des transferts internes. Cependant, on sait que rien qu'en Chine, les migrants internes ont envoyé 45 milliards de dollars US par le canal des prestataires officiels de services de transfert en 2003 (Kynge, 2004). A ce sujet, il convient de relever que les migrants à l'intérieur des pays gagnent et envoient en général moins d'argent que les migrants internationaux au niveau de vie plus élevé. Ainsi, les montants des transactions intérieures sont-ils généralement plus réduits que ceux des transferts internationaux (Sander, 2004). Des études menées respectivement au Ghana (Richard et Adams, 2005) et au Maroc (Hass, 2006) ont trouvé que le montant moyen des transferts nationaux reçus par les ménages ne représente que 30 % de la valeur d'un transfert international. Par ailleurs, une étude sur le Vietnam a révélé que 7 transactions sur 8 correspondaient à des transferts domestiques, mais ne représentaient que 50 % de la valeur totale (Sander, 2004).

La recherche dans certains pays suggère que les transferts domestiques bénéficient davantage aux ménages et sont à ce titre tout aussi importants sinon plus que les transferts internationaux (Sander *et al.*, 2003). Dans de nombreux pays, les transferts nationaux semblent être destinés beaucoup plus aux ménages ruraux, car representant le produit d'une migration de la campagne vers la ville, alors que les transferts internationaux s'adressent beaucoup plus aux ménages urbains.

Au sujet de l'impact des transferts d'argent nationaux sur la pauvreté, il y a aussi deux approches. En Chine les ouvriers migrants envoient généralement une proportion relativement importante (35 à 40 pour cent) de leur revenu total et ces transferts sont cruciaux pour la famille restée à la maison. L'argent reçu constitue entre 40 et 80 pour cent du revenu de la famille (Cheng et Zhong, 2005). En revanche, examinant l'impact des transferts des migrants internes au moyen d'un modèle multivarié, Campbell (2008) a trouvé que dans le cas du Botswana, ces transferts ont un effet non significatif sur la pauvreté.

### 3. Matériel et méthode

*L'enquête*

En vue de recueillir des données pour cette étude, une enquête a été menée courant janvier-février 2009 dans deux localités, à savoir Brazzaville (centre urbain) et Gamboma (localité sémi-urbaine située au nord de Brazzaville). Dans le cadre de celle-ci, 348 individus ont été interrogés. Dans cette population, une première sélection à partir du seuil de la dépense alimentaire journalière a permis de classer les ménages des répondants par catégories sociales à savoir les pauvres et les non pauvres. Nous avons utilisé à cet effet le seuil de 839 F CFA établi par l'enquête congolaise auprès des ménages (Ministère de Plan, ECOM, 2005). Sur les 348 répondants, 259 (74,42 %) vivent en dessous du seuil de pauvreté et constituent l'échantillon de notre recherche. Ces données d'enquête révèlent par ailleurs que la prévalence de la pauvreté est plus importante à Gamboma qu'à Brazzaville. Sur les 201 répondants de Brazzaville, 119 vivent en dessous du seuil de pauvreté soit une prévalence de 59,2 % contre 95,24 % à Gamboma.

Le deuxième critère est le bénéfice ou non de transferts de fonds. Aussi, avons-nous effectué l'enquête dans et aux abords des agences des EMF spécialisés dans le transfert de fonds (Horty Service SA, Charden Farell, Capped, Crédit Loska et Sécu santé). 176 des 259 individus sélectionnés (67,95 %) ont bénéficié de transferts d'argent et 83 individus n'en ont pas bénéficié.

*Caractéristiques de l'échantillon*

L'enquête dont le but était de collecter des informations relatives aux caractéristiques socio-démographiques, culturelles, socio-économiques des ménages des répondants ainsi qu'à la survenue ou non des cas de maladie au cours des douze derniers mois a été menée sur un échantillon constitué à 61,1 % d'hommes (contre 38,9 % de femmes).

Selon les déclarations des enquêtés sur leur niveau scolaire, l'échantillon concernerait une population plutôt diplômée: 136 répondants (52, 5 %) ont atteint le lycée et le supérieur contre 123 (47,5 %) n'ayant pas dépassé le collège. 64,5 % des individus vivent dans des ménages dont la personne de référence a au plus un niveau de brevet d'études premier cycle (BEPC) et 35,5 % vivent dans des ménages dont la personne de référence a au moins le BEPC.

S'agissant de la catégorie socio-professionnelle, nos répondants sont pour la plupart (à 44 %) dans le secteur informel. Les employés du secteur formel représentent 31 %, suivis des étudiants (12 %), des sans-emploi (9 %) et les retraités avec 1 %; 3 % des individus n'ont pas donné de réponse à la question.

Les montants des transferts reçus sont pour la plupart compris entre 5 000 – 10 000 francs CFA (cf. Figure 15.2), ce qui dénote leur modicité. Les résultats de l'enquête montrent que l'argent reçu par les pauvres est affecté en premier lieu à la consommation (40,4 %), ensuite à la santé (26,8 %) et enfin à l'éducation (12,6 %). Ainsi, 20,2 % des bénéficiaires de transferts les affectent prioritairement aux activités telles que le commerce, la construction des bâtiments, etc. Pour 12,5 % des répondants de Gamboma la première destination est le paiement des émoluments pour des travaux champêtres. Ces résultats sont quelque peu similaires à ceux de l'étude réalisée par Balongana et Mafouta (2007), portant sur la seule EMF Maouéné.

De notre échantillon, 213 individus ont déclaré avoir eu un cas de maladie au cours de l'année 2007 et 175 (84,13 %) ont eu accès à des soins de santé. L'analyse des dépenses effectuées à cet effet montre que les dépenses les plus fréquentes (76 individus) sont comprises entre 10 000 et 30 000 francs FCA. Pour 70 individus (soit 23,3 %) la somme dépensée est de moins de 10 000 FCFA. Les montants les plus élevés (300 000 francs CFA et plus) ont généralement été relevés chez des individus ayant souffert de maladies telles que la paralysie ou ayant subi une intervention chirurgicale.

*Le Modèle Tobit*

Dans le cas analysé, chaque ménage décide simultanément (i) du fait qu'il va ou non consommer les services de santé (recourir à une structure sanitaire en cas de maladie) et (ii) du montant de revenu qu'il va affecter aux dépenses de santé. Nous sommes donc dans une situation où, les paramètres d'intérêt de la population sont estimés à partir d'un échantillon obtenu de la population par un procédé autre que le tirage aléatoire. Un tel échantillonnage conduit à une représentation empirique déformée de la population d'intérêt avec laquelle on doit estimer les paramètres (Heckman, 1990). Il se pose un problème de sélectivité qui peut conduire à des estimateurs non convergents. Le modèle traditionnellement utilisé pour mettre en évidence le problème de sélection des individus est le modèle Tobit, mis en œuvre dans de nombreuses études concernant les dépenses de santé (Raynaud, 2002; 2003) (Lengagne et Perronnin, 2005).

Le modèle Tobit généralisé peut s'écrire sous la forme suivante:

$$y_i^* = X_{1i}\,\alpha + u_i \qquad \text{(1) (Eqn. d'intérêt)}$$

$$\begin{cases} y_i = y_i^* \text{ si } S_i^* = 1 \\ y_i \text{ n'est pas observé si } S_i^* = 0 \end{cases}$$

$$S_i^* = X_{2i}\,\beta + \varepsilon_i \qquad \text{(2) (Eqn. de sélection)}$$

$$S_i = 0 \text{ si } S_i^* \le 0$$
$$S_i = 1 \text{ si } S_i^* > 0$$

Où:
- $y_i^*$: variable muette de l'équation d'intérêt
- $X_{1i}$: vecteur de variables explicatives i de l'équation d'intérêt
- $\beta$: vecteur de coefficients de l'équation d'intérêt
- $S_i^*$: variable latente, variable muette de l'équation de sélection
- $X_{2i}$: vecteur de variables explicatives de l'équation de sélection
- $\alpha$: vecteur de coefficients de l'équation de sélection
- $\varepsilon_i$ et $u_i$ sont deux perturbations issues d'une loi normale bivariée et

$$\varepsilon_i \to N(0,1) \text{ et } u_i \to N(0,\sigma_2^2)$$

Si nous ignorons le problème de sélection de l'échantillon et régressons $Y$ sur $X_1$ en n'utilisant que les valeurs observées de $Y$ (les observations vérifiant $Si > 0$), l'estimateur MCO de $\alpha$ sera biaisé. En effet, la fonction de régression de la population est donnée par

$E(Y_i / X_{1i}) = X_{1i}\,\alpha$ alors que la fonction de régression pour l'échantillon observé est donnée par

$E\ (Y_i/X_{1i},\ règle\ de\ sélection) = X_{1i}\ \alpha + E(u_{1i}/\ X_{1i}\ ,\ règle\ de\ sélection)$

$E\ (Y_i/X_{1i,}\ S > 0) = X_{1i}\ \alpha + E(\ u_{1i}/\ X_{1i}\ ,X2_i\ \beta + \varepsilon_{2i} > 0)$

$\alpha$ est non biaisé si E $(u_i/S_i \geq 0) = 0$, ce qui sous entend que la sélection est aléatoire ou encore $X_{2i}$ est indépendant de $X_{1i}$. Or en général, l'échantillon de régression sélectionné dépend de X1i et $X_{2i}$ d'où les estimateurs des MCO sont biaisés.

*Estimation par la Procédure en deux-pas de Heckman*

Pour estimer un modèle qui prend en compte le problème d'autosélection de l'échantillon, on peut utiliser la méthode du maximum de vraisemblance. Cependant, la procédure d'estimation en deux étapes proposée par Heckman (1979) est d'avantage utilisée.

En utilisant les résultats de Heckman, on a

$$E\ (Y_i/\ X_{1i},\ Si > 0\ ) = X_{11}\ \alpha + \frac{\sigma_{12}}{(\sigma_{22})^{1/2}}\ \lambda_i$$

où $\sigma_{12} = cov(\varepsilon_i\ u_i)$ et $\sigma_{22} = var(\varepsilon_i)$

$$\lambda_i = \frac{\phi(Z_i)}{1 - \Phi(Z_i)}\ \textit{Inverese\ du\ ratio\ de\ Mills}$$

où $\phi$ et $\Phi$ représentent respectivement la fonction de densité et la fonction de répartition de la loi normale N(0,1).

$$Z_i = \frac{X_{2i}\beta}{(\sigma_{22})^{1/2}} = -X_{2i}\beta*$$

$$\beta* = \frac{\beta}{(\sigma_{22})^{1/2}}$$

La méthode d'estimation d'Heckman permet de tenir compte de la variable $\lambda_i$. La première étape consiste à estimer en utilisant l'ensemble des N observations un modèle Probit où la variable expliquée est codée 1, ce qui indique que l'on observe $Y_{1i}$ ou 0 (on n'observe pas $Y_{1i}$). Cela permet d'obtenir une estimation de $\beta$ pour ensuite calculer $\lambda_i$. La deuxième étape consiste à estimer l'équation (2) en utilisant les observations pour lesquelles on observe $Y_1$ avec l'inverse du ratio de Mills comme une variable supplémentaire

$$y^*_{2i} = X_{1i}\alpha + \beta_\lambda\hat{\lambda} + u_i \qquad\qquad (2)$$

*Variables du modèle*

Le modèle que nous nous proposons de construire a comme variables explicatives les facteurs traditionnellement utilisés comme déterminants de l'accessibilité aux soins de santé auxquels s'ajoute une variable exprimant le bénéfice de micro transferts (Tableau 15.1).

**Tableau 15.1: Variables du modèle**

| Variables | Description des variables | Valeur | Signe attendu |
|---|---|---|---|
| Sexe * | Variable catégorielle représentant le genre du chef de ménage | 1= masculin; 0= féminin | + |
| Âge* | Âge du chef du ménage | En années | + |
| Instrchef*** | Variable catégorielle représentant le niveau d'instruction du chef de ménage | 1 au moins un niveau, 0 si non | + |
| Ltailmen*** | Taille du ménage (en logarithme) | le nombre d'individus dans le ménage | - |
| Transf* | Variable catégorielle représentant le fait d'avoir bénéficié ou non d'un transfert d'argent pour se faire soigner. | 1 si le ménage a bénéficié d'un transfert; 0 si non | + |
| Ldepalim*** | Dépense alimentaire par tête (en logarithme) | | + |
| Grav*** | Gravité de la maladie | 1 maladie grave; 0 si non | + |
| Mtransf** | Montant moyen des transferts reçus | Variable continue | + |

*\* variable explicative de la consommation des soins de santé, \*\* variable explicative de la dépense de santé*

Comme cadre conceptuel pour la sélection de ces variables indépendantes, nous utilisons le modèle comportemental d'Andersen (1995), pour lequel l'accès aux services de santé est la résultante de trois ordres de facteurs:

- facteurs prédisposant, que sont les caractéristiques socio-culturelles des individus antérieures à leur maladie: la structure sociale (éducation, occupation, appartenance ethnique, réseaux sociaux, interactions sociales, et culture), opinions et croyances des individus caractéristiques démographiques (âge et sexe, niveau d'instruction);
- facteurs favorisants (correspondant à la capacité des individus à se procurer des services de soins en fonction de leurs besoins: le niveau de revenu, le type de protection sociale, l'existence d'une source de soins habituelle, ampleur et qualité de rapports sociaux,...);
- facteurs déclenchants, la cause la plus immédiate de l'usage du service de santé, besoins face à la maladie exprimés par le niveau perçu de besoins, conséquences attendues de la maladie, symptômes, diagnostic effectué par l'individu, état général concomitant ou niveau de besoin évalué ou mesuré par un tiers, symptômes et diagnostic établi par les experts).

Tout comme l'accessibilité aux soins de santé, la dépense de santé est expliquée par des caractéristiques socio-économiques des ménages et des caractéristiques individuelles (Guzmán *et al.*, 2007). Ainsi, compte tenu des données disponibles, notre étude prend en compte les déterminants de la consommation des soins et de la dépense de santé cités ci-après

## 4. Résultats et discussion

*Présentation des résultats*

Les résultats de l'estimation du modèle à l'aide du logiciel stata sur 259 observations dont 84 ont été censurées sont présentés ci-après (Tableau 15.2).

Si nous nous intéressons à la significativité des coefficients, nous constatons que pour le modèle de sélection les variables age, grav (gravité de la maladie) depalim (dépense alimentaire du ménage) age au carré (agecar) sont significatives. Dans ce modèle, la variable transf a un coefficient positif non significatif.

**Tableau 15.2: Résultats de la modélisation**

|          | Coef.     | Std. Err. | Z     | P>(z) | (95 % conf.Interval) | |
|----------|-----------|-----------|-------|-------|-----------|-----------|
| **Depsant** | | | | | | |
| ldepalim | 82414,27  | 102868,9  | 0,8   | 0,423 | -119205,10 | 284033,6  |
| mtransf  | -3,603    | 2.054154  | -1,75 | 0,079 | -7,63      | 0,42      |
| ltailmen | -100561   | 107758,8  | -0,93 | 0,351 | -311764,30 | 110642,3  |
| _Igrav_1 | 124520,6  | 122979,5  | 1,01  | 0,311 | -116514,90 | 365556,0  |

| | | | | | | |
|---|---|---|---|---|---|---|
| instcchef | 215077,9 | 101624,8 | 2,12 | 0,034 | 15897,01 | 414258,9 |
| _cons | -446172,2 | 725013,6 | -0,62 | 0,538 | -1867173 | 974828,2 |
| **Consoins** | | | | | | |
| localc | -0,3136 | 0,2898 | -1,08 | 0,279 | -0,8816 | 0,2544 |
| _itransf_1 | 0,2011 | 0,1869 | 1,08 | 0,282 | -0,1652 | 0,5673 |
| _isexe_1 | 0,2465 | 0,1894 | -1,3 | 0,193 | -0,6176 | 0,1247 |
| age | 0,0793 | 0,0350 | 2,27 | 0,024 | 0,0107 | 0,1479 |
| Ltailmen | -0,1304 | 0,2515 | -0,52 | 0,604 | -0,6234 | 0,3625 |
| _linstchef_1 | -0,1236 | 0,2551 | -0,48 | 0,628 | -0,6237 | 0,3765 |
| _Igrav_1 | 1,1954 | 0,1850 | 6,46 | 0 | 0,8329 | 1,5580 |
| Ldepalim | 0,4697 | 0,2548 | 1,84 | 0,065 | -0,0297 | 0,9691 |
| agecar | -0,0009 | 0,0004 | -2,06 | 0,04 | -0,0018 | 0,0000 |

*Log likelihood = -2686.754 Wald chi²(5) = 9..81 Prob > chi² = 0.0809.*

Quant à l'équation substantielle, elle n'est influencée que par instchef (instruction du chef du ménage). Les autres variables y compris mtransf (montant du transfert) ont des coefficients non significatifs.

*Discussion*

Selon les résultats obtenus, plus qu'un chef de ménage avance en âge, plus la probabilité que son ménage consomme des soins de santé augmente. Toutefois, cette probabilité baisse à partir d'un certain âge, l'introduction de cette variable sous forme quadratique met en évidence une relation en cloche avec un retournement de la courbe, la variable agecar ayant un coefficient négatif significatif.

De même, plus les dépenses alimentaires d'un ménage sont importantes, ce qui signifie que le ménage est moins pauvre, plus élevée est la probabilité d'accès aux soins de santé du ménage. Cette probabilité est d'autant plus élevée que la maladie est jugée grave.

De l'équation de sélection, il ressort que le fait de recevoir des transferts d'argent n'influence pas la probabilité d'accéder aux soins de santé. Plus le chef de ménage est instruit plus élevées sont les dépenses de santé du ménage. Mais le montant du transfert n'a aucun effet sur les dépenses de santé du ménage. En définitive, les résultats obtenus suggèrent que le bénéfice d'un transfert d'argent n'accroît ni le recours aux soins ni la dépense de santé effectuée par les ménages pauvres.

Cette conclusion rejoint celle obtenue par Campbell (2008) qui a trouvé que dans le cas du Botswana, ces transferts ont un effet non significatif sur la pauvreté. Quelques facteurs peuvent expliquer ce résultat. Comme Acosta *et al.* (2007), nous estimons que l'impact limité des transferts est dû à une forte concentration de ces transferts dans les ménages non pauvres. C'est ce qui semble indiquer (Figure 15.1) le fait que près de 60 % des bénéficiaires ne perçoivent qu'autour de 15 % des sommes transférées.

**Figure 15.1: Concentration des montants des transferts d'argent**

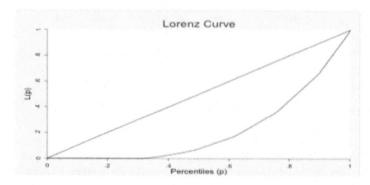

*Source: notre enquête Brazzaville et Gamboma, janvier-février 2009.*

De même, l'analyse du Tableau 15.3 montre que, 40 % des ménages les plus pauvres reçoivent des transferts d'un montant moyen de 7 500 FCFA et ne représente que 2,79 % de l'ensemble des transferts.

**Tableau 15.3: Inégalité des transferts**

| Group de Quantile | Quantile | % de median | Part ( %) | L(p), % | GL (p) |
|---|---|---|---|---|---|
| 1 | 0,00 | 0,00 | 0,00 | 0,00 | 0,00 |
| 4 | 7500,00 | 50,00 | 2,79 | 2,79 | 639,37 |
| 5 | 15000,00 | 100,00 | 8,50 | 11,29 | 2590,52 |
| 6 | 25000,00 | 166,67 | 14,80 | 26,09 | 5987,07 |
| 7 | 30000,00 | 200,00 | 1,50 | 27,60 | 6331,90 |
| 8 | 40000,00 | 266,67 | 23,04 | 50,64 | 11619,25 |
| 9 | 60000,00 | 400,00 | 36,83 | 87,48 | 20070,40 |
| 10 | | | 12,52 | 100,00 | 22943,96 |

Les plus pauvres d'entre les pauvres ne sont pas les plus aidés par leurs familles. Ainsi, la fréquence et le montant des transferts diffèrent selon le statut de pauvreté. Cette réalité a été confirmée par un test du khi deux dont les résultats suggèrent l'existence d'une dépendance entre le montant des transferts reçus et le statut de pauvreté du ménage. Elle se voit aussi par la répartition géographique des EMF: les zones rurales les plus affectées par la pauvreté ne sont que très faiblement couvertes par les EMF qui se concentrent surtout à Brazzaville et à Pointe Noire. Ainsi, les ménages socialement les plus défavorisés ont aussi moins de possibilités d'être aidés financièrement par leur famille. Le soutien familial rend donc peu probable une réduction des inégalités sociales (Paugam et Zoyem, 1997).

Le transfert d'argent par les EMF fait face à des contraintes institutionnelles et règlementaires. En effet, les EMF sont régis par le règlement n°2 COMAC/ UMAC/COBAC relatif aux conditions d'exercice et de contrôle de l'activité de la microfinance dans la Communauté économique et monétaire de l'Afrique centrale (CEMAC). Un des problèmes du cadre réglementaire et institutionnel est le vide juridique en ce qui concerne l'activité des institutions de microfinance spécialisées dans le transfert de fonds. En effet, au niveau de la réglementation, le transfert est considéré comme un simple moyen de paiement. Cependant il existe au Congo plusieurs EMF qui en font leur activité principale. La situation actuelle est source d'insécurité du fait de l'absence de ce dispositif juridique. De même, le vide relatif aux ratios prudentiels ne permet pas à la l'État d'effectuer un contrôle efficient des institutions spécialisées dans le transfert de fonds. Cette situation est l'une des causes de la faillite de ces institutions à l'exemple de Crédit Maouéné, première institution spécialisée dans le transfert d'argent.

Les transferts sont irréguliers et de montants relativement faibles, ce qui explique le fait que ces transferts constituent pour les ménages un soulagement temporaire plutôt qu'un facteur de sortie de la pauvreté (Figure 15.2).

L'argent reçu est prioritairement affecté à la consommation. A ce sujet, de nombreux travaux empiriques ont mis en évidence l'influence de variables socio-économiques des migrants sur la valeur ou le nombre de transferts. L'une des variables les plus étudiées est le revenu du migrant. Cette variable pour de nombreuses théories économiques à l'origine du projet migratoire, détermine en partie la valeur des transferts d'argent (Bounie, Diminescu et François, 2009).

**Figure 15.2: Montants des transferts reçus par l'ensemble des ménages**

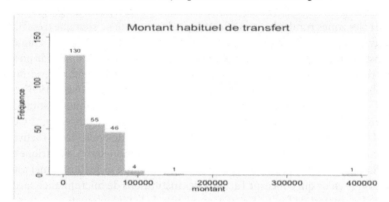

### 5. Conclusions et recommandations

La microfinance constitue un vecteur de développement économique et
social incontournable au Congo où la majorité de la population demeure exclue du
système bancaire classique. Le transfert d'argent, un des services de la microfinance
joue un rôle important dans la réduction de la pauvreté. Toutefois, son envergure
est aujourd'hui limitée. C'est notamment ce qui ressort des résultats obtenus qui
montrent que dans le cas du Congo ou tout au moins de notre échantillon, les micro-
transferts d'argent ont un effet non significatif sur l'accès aux soins de santé et sur
les dépenses de santé. Cela sous-entend qu'il est urgent de développer les services
financiers destinés aux pauvres sur une plus grande échelle. Ces conclusions nous
amènent à présenter les recommandations sur les politiques suivantes:

#### À l'endroit des institutions

Pour mieux servir les intérêts de l'objectif de réduction de la pauvreté, les
EMF devraient se rapprocher des pauvres en s'installant dans les quartiers pauvres
et surtout dans les zones rurales. Un cadre institutionnel incitatif est nécessaire à
cet effet.

#### À l'endroit des décideurs

Les réglementations et politiques gouvernementales, la mise en place d'un cadre
juridique sont également indispensables pour créer des conditions de croissance du
secteur de la microfinance. En effet l'activité transfert d'argent de la microfinance a
besoin de se reconstituer en vue de servir de « levier incontournable de lutte contre

la pauvreté ». Cependant, l'absence d'une réglementation spécifique au secteur bloque son éclosion. Le cadre juridique régissant le secteur de la microfinance en général s'est révélé de moins en moins adapté aux spécificités des EMF spécialisés dans le transfert d'argent et aux exigences liées à l'émergence d'institutions pérennes pouvant offrir des services financiers de base aux populations-cibles.

Création des pôles de développement: la possibilité d'être aidé par ses proches en cas de difficultés est d'autant plus faible que le degré de précarité de l'emploi est élevé (Paugam *et al.*, 1993). Le soutien financier apporté par les familles reste modeste quand le donateur ne dispose pas lui-même de revenus importants. L'impact des transferts d'argent sur les conditions de vie des ménages pauvres est étroitement lié à la situation économique dans le pays. La création de pôles de développement (zones franches par exemple) dans le pays peut donc permettre d'améliorer la situation de l'emploi, les revenus et une plus forte expression de la solidarité familiale et donc des transferts plus fréquents et plus importants. En Chine par exemple, c'est la migration des travailleurs des zones rurales vers les centres industriels de la cote Est qui a permis une augmentation du potentiel du marché domestique du transfert (Cheng et Zhong, 2005).

### Références Bibliographiques

Acosta, P., C. Calderón, P. Fajnzylber & H. Lopez (2007), 'What is the Impact of International Remittances on Poverty and Inequality in Latin America?' *World Bank Policy Research Working Paper* S4249.

Adams, R. (2006), 'Do remittances reduce poverty?', ID21 Insights. http://www.id21.org/insights/ insights60/art01.html.

Adams, R. (2009), 'The determinants of international remittances in developing countries', *World Development* 37(1): 93-103.

Aker, J., R. Boumnijel, A. McClelland & N. Tierney (2011), 'Zap it to me: The Short-Term Impacts of a Mobile Cash Transfer Program', CGD Working Paper 268. Washington, D.C.: Center for Global Development.

Amuedo-Dorantes, C., T. Sainz & S. Pozo (2007), 'Remittances and health expenditure patterns of population in origin communities: Evidence from Mexico'. *Integration & Trade* 27(July-December):159-184.

Andersen, R. M. (1995), 'Revisiting the behavioral model and access to medical care: Does it matter?'. *Journal of Health and Social Behavior* 36(1):1-10.

Balongana, C. & B. Mafouta (2007), 'Microfinance, transfert de fonds et innovation au Congo Brazzaville: cas de Crédit Maouéné', dans J.C. Boungou-Bazika, *L'entrepreneuriat et l'innovation au Congo-Brazzaville* (pp. 219-244.). Paris: L'Harmattan.

Bounie, D., D. Diminescu & A. François (2009), Une analyse socio-économique des transferts d'argent des migrants. http://ses.telecom-paristech.Fr/ francois/ publications/Publications/Articles %de %20Revues/Migrants_Reseaux.pdf.

Campbell, E. (2008), 'Moderating Poverty: The Role of Remittances from Migration in Botswana', *Africa Development* 33(2):91-115.

Chen, S. & M. Ravallion (2008), ' The Developing World is Poorer than We Thought, But No Less Successful in the Fight Against Poverty', *Policy Research Working Paper* 4703. The World Bank, Washington, D.C.

Cheng, E. & X. Zhong (2005), *Domestic Money Transfer Services for Migrant Workers in China*. Microfinance Gateway, CGAP.

De Ferranti, D. (1987), 'Paying for Health Services in Developing Countries: An Overview', *World Bank Staff Working Paper*, n° 721, The World Bank, Washington, D.C.

Goody, J., B. Tortora, J. Sonnenschein & J. Kendall (2012), 'Payments and Money Transfer Behavior of Sub-Saharan Africans', Bill & Melinda Gates Foundation/ Gallup, Inc Working Paper. Seattle: WA.

Gupta, S. & C. Pattillo (2007), 'Making Remittances Work for Africa', Finance and Development 44(2): International Monetary Fund, Washington, D. C..

Guzmán, J. C., A. R. Morrison and M. Sjöblom (2007), 'The impact of remittances and gender on household expenditure patterns: Evidence from Ghana', In Andrew R. Morrison *et al.*( eds)., The International Migration of Women, The World Bank, Washington, D.C.: 125-152.

Hass, H. (2006), 'Migration, remittances and regional development in southern Morocco'. *Geoforum* 37(4):565-580.

Heckman, J. J. (1979 ), 'Sample Selection Bias as a Specification Error', *Econometrica* 47(1):153-161.

Heckman, J. J. (1990), 'Varieties of Selection Bias', *American Economic Review* 80:313-318.

Kynge, J. (2004), 'China's Urban Workforce Fuels Rural Economy', *Financial Times* 26:15-19.

Lengagne, P. & M. Perronnin (2005), 'Impact des niveaux de garantie des complémentaires santé sur les consommations de soins peu remboursées par l'Assurance maladie: le cas des lunettes et des prothèses dentaires', *Bulletin d'information en économie de la santé* (Irdes) (100):1-6.

López-Córdova, E. & A. Olmedo (2006), 'International Remittances and Development: Existing Evidence, Policies and Recommendations', *INTAL/ ITD Occasional Paper* 41.

Mahamadou, I. (2006), 'Les hawalas: les systèmes informels de transfert des fonds', 7èmes *Journées Scientifiques du Réseau Analyse Economique et Développement*. Paris.

Ministère du Plan et de l'Aménagement du Territoire (2005), 'Enquête Congolaise auprès  des Ménages (ECOM)', Brazzaville.

Mohammed, B. & I. Aomar (2008), 'Impact social des transferts de fonds des marocains résidant à l'étranger:une revue de littérature', *United Nations Children's Fund (UNICEF) Working Paper* .

Paugam, S. & J. Zoyem (1997), 'Le soutien financier de la famille: une forme essentielle de la solidarité', *Economie et statistique* 308(10):187-210.

Paugam, S., J.-P. Zoyem & J.-M. Charbonnel (1993), *Précarité et risque d'exclusion en France*. Paris: La Documentation Française, Coll.

PNUD. (2003), *Rapport mondial sur le développement humain 2003. Les objectifs du Millénaire pour le développement: un pacte entre les pays pour vaincre la pauvreté humaine*. Paris: Economica.

Ponce, J., I. Olivé and M. Onofa (2008), 'The impact of remittances on human development outcomes in Ecuador', Documento de trabajo 06/305, Flacso:Ecuador. http://www.flacsoandes.edu.ec/web/imagesFTP/123816 7474.olivie_ponce2.pdf.

Raynaud, D. (2002). 'Les déterminants individuels des dépenses de santé', *Etudes et Résultats* 182(7):1-8.

Raynaud, D. (2003). 'L'impact de la CMU sur la consommation individuelle de soins', *Etudes et Résultats (Drees)* 229(3):1-8.

Richard, H., J. Adams & J. Page (2005), *Objectif développement: Migrations, transferts de fonds et développement*. Paris: OECD Publishing.

Richard, H. & J. Adams (2005), *Remittances and poverty in Ghana*, The World Bank, Washington, D.C.

Sander, C. (2004), 'Capturing a market share? migrant remittances and money transfers as a microfinance service in Sub-Saharan Africa' *Small Enterprise Development* 15(1):19-26.

Sander, C., I. Barro, M. Fall, M. Juhlin & C. Diop (2003), 'Etude sur le transfert d'argent des émigrés au Sénégal et les services de transfert en microfinance' *Working Paper n° 40, International Labour Office* . Genève.

Soudi, K. & A. Teto (2004), 'Contribution des transferts des Marocains résidant à l'étranger à la réduction de la pauvreté: analyse comparative entre différentes sources des transferts - cas du Maroc', *Fifth Mediterranean Social and Political Research Meeting*. Florence.

Tchouassi, G. (2005), 'Transferts financiers des migrants et financement du développement en Afrique subsaharienne. *Revue Congolaise de Gestion* (9-10):3-22.

Valero-Gil, J. (2008), 'Remittances and the household's expenditures on health', MPRA Paper No. 9572. University of Muenchen. http://mpra.ub.uni-muenchen.de/9572/.

# CHAPITRE 16

## UNE ÉVALUATION EMPIRIQUE DE L'IMPACT DE LA MICROFINANCE SUR LA SCOLARISATION DES ENFANTS DES PAUVRES AU CONGO

**Bethuel Makosso**

*Centre d'Etude et de Recherche sur les Analyses et Politiques Economiques, Brazzaville (b.makosso@yahoo.fr)*

## RÉSUMÉ

La dégradation de la situation sociale au Congo a eu de graves répercussions sur la scolarisation des enfants des pauvres, avec notamment des taux de retard de scolarisation élevés, des taux élevés de non-scolarisation ou de non-inscription au primaire du fait de la capacité limitée des parents à financer la scolarisation. Le développement de la microfinance au Congo et l'adhésion massive que ce mouvement a rencontré laisse supposer que, eu égard à la situation de pauvreté qui prévaut, le déploiement des institutions de microfinance a eu un impact sur les conditions de vie des ménages et donc sur leur accès aux services sociaux de base, notamment l'éducation. Il est apparu dans cette étude un résultat général qui est que l'accès au crédit facilité par la microfinance offre l'opportunité aux familles bénéficiaires de scolariser les enfants car les familles qui en sont bénéficiaires ont plus de chance de scolariser tous les enfants à charge que ceux qui n'en sont pas bénéficiaires. Mais que l'accès au crédit s'est avéré non significatif par rapport à la scolarisation des enfants, ce qui implique que la microfinance n'a pas produit l'impact attendu sur la scolarisation des enfants des pauvres. En effet, le fait que l'accès au crédit ne singularise pas les bénéficiaires des non bénéficiaires en ce qui concerne la scolarisation de tous les enfants à charge peut laisser penser que soit ces crédits sont insuffisants, soit qu'ils servent plutôt à régler des problèmes sociaux autres que la scolarité, soit enfin qu'ils constituent un facteur susceptible de détourner les enfants de la scolarisation. Ainsi les crédits accordés par les institutions de microfinance, notamment les crédits scolarité, doivent faire l'objet de mesures d'encadrement afin d'éviter toute allocation de ces ressources vers des usages alternatifs par rapport à la scolarisation.

*Mots clés: microfinance, pauvreté, scolarisation, impact*

# 1. Introduction

## *Eléments de contexte*

Le Congo fait partie des pays d'Afrique qui, dans la période charnière entre la fin du XXè siècle et le début du XXIè siècle, ont connu à la fois une situation économique et financière difficiles et des conflits armés récurrents. La crise économique structurelle qui remonte au début des années 80 et qui s'est aggravée notamment avec l'échec des programmes d'ajustement structurel, sur lesquels se sont greffés les conflits armés de la décennie 90, a considérablement détérioré les conditions de vie des ménages.

La dégradation continue de la situation sociale s'est notamment traduite par une aggravation de la pauvreté humaine car, selon les données de la Banque Mondiale, l'espérance de vie à la naissance a stagné à 51 ans depuis 1985, les statistiques du Centre National de la Statistique et des Etudes Economiques (CNSEE) révèlent un faible accès de la population à l'eau potable (46 % en moyenne), une baisse du taux de scolarisation, passant de 97,9 % à 57,3 % entre 1982 et 1999. La toute dernière enquête de portée nationale concernant les conditions de vie des ménages (ECOM, 2005) révèle une incidence de la pauvreté d'un niveau de 50,7 %.

Aussi l'analyse de la tendance de quelques indicateurs sélectionnés qui traduisent les conditions de vie des populations montre une situation sociale en déclin, qu'on peut aisément apprécier au travers des indicateurs composites du bien-être.

En effet, l'évolution du niveau de l'indice du développement humain (IDH) qui est censé traduire les progrès réalisés par le pays en matière de revenu par habitant, d'éducation et de santé a connu une dégradation entre 1985 et 2003, passant de 0,54 à 0,51. Cette dégradation s'est montrée d'ailleurs beaucoup plus sensible entre 1996 et 2002 en passant de 0,50 à 0,45 entre 1996 et 1999 puis à 0,49 en 2002 (faisant ainsi passer le pays du statut de pays à développement humain moyen à celui de pays à faible développement humain). L'indice de pauvreté humaine (IPH-1) a quant à lui augmenté fortement de 30,6 % à 34,5 % entre 1996 et 1999 pour s'établir à 30,1 % en 2005, traduisant l'aggravation du degré de privation des populations dans diverses dimensions du bien-être, notamment l'éducation et la santé.

Plus spécifiquement, la dégradation de la situation sociale a eu de graves répercussions sur la scolarisation des enfants, avec notamment des taux de retard de scolarisation élevés (37,6 % à Brazzaville, 40,3 % à Pointe-Noire, 38,8 % dans les autres communes, et 40,3 % en milieu rural). Une étude de Poaty (2006) a aussi révélé que 27,2 % des cas de non-scolarisation ou de non-inscription de filles au primaire sont dus au manque d'argent, c'est-à-dire, la capacité limitée des parents à financer la scolarisation. Et que par ailleurs, 19,6 % de filles abandonnent les études pour des raisons économiques.

Cette situation peut être encore plus grave dans les zones rurales où on note d'une part, un manque persistant d'enseignants et d'écoles et d'autre part, les parents ont tendance à recourir à l'offre de travail des enfants pour des activités agricoles ou d'autres activités génératrices de revenu.

Le développement de la microfinance au Congo et l'adhésion massive que ce mouvement a rencontré laisse supposer que, eu égard à la situation de pauvreté qui prévaut, le déploiement des institutions de microfinance au Congo a eu un impact sur les conditions de vie des ménages et donc sur leur accès aux services sociaux de base, notamment l'éducation. D'où l'intérêt de tenter d'évaluer l'impact que l'offre de services de la microfinance a pu exercer sur l'atteinte de quelques objectifs du millénaire pour le développement, en particulier ceux liés à l'éducation.

### Objectifs de la recherche

La présente recherche a pour objectif principal de faire le lien entre l'offre de services financiers aux pauvres par les institutions de microfinance et la scolarisation des enfants.

Plus spécifiquement ce projet de recherche se fixe pour objectif d'examiner les canaux par lesquels la microfinance a pu exercer une influence sur les décisions relatives à la scolarisation des enfants des pauvres au Congo. Il s'agit d'examiner l'impact de l'effet revenu produit par la microfinance sur la scolarisation des enfants.

### 2. Revue de la littérature

La microfinance fait l'objet d'une attention particulière ces dernières années tant au niveau des institutions financières internationales qu'au niveau des gouvernements. L'ampleur prise par la microfinance depuis quelques années à travers le monde, et notamment dans les pays en développement, où la pauvreté rampante a exclu de fait la majorité de la population des circuits financiers classiques et donc du crédit, a donné lieu à de nombreuses études. Ces études, qui s'inscrivent tant dans le cadre de l'appui aux stratégies de développement au niveau des institutions internationales (Banque Mondiale, etc.) que dans le cadre de la recherche théorique, sont motivées par la croyance en l'idée que la microfinance constitue un important moyen pour améliorer les conditions de vie des populations dans les pays pauvres en développement. L'argument qui sous-tend cette perception est la thèse clairement explicitée par Morduch (1999) selon laquelle, en offrant des services financiers aux ménages pauvres, la microfinance contribue efficacement au développement de activités créatrices de revenu et donc à réduire la pauvreté.

Comme cela a été présenté par Bebczuk et Haimovich (2007), dans le contexte des initiatives internationales de ces dernières années, la microfinance apparaît à priori comme un instrument approprié pour atteindre les Objectifs du millénaire pour le développement (OMD), en particulier, ceux qui visent à éradiquer l'extrême pauvreté, à assurer l'accès à l'éducation pour tous et la promotion de l'égalité du genre  et l'émancipation des femmes. En effet, se présentant sous la forme de réalisation concrète, les OMD exigent que soient réunies un certain nombre de conditions dans le contexte général telles qu'une bonne administration publique, la sécurité de la personne, la croissance économique  et l'infrastructure de base. L'expérience enseigne d'ailleurs qu'il est de plus en plus important que les ménages pauvres aient accès à des services financiers dans la perspective d'atteindre les OMD. La raison étant que le recours par les pauvres à des services financiers ne vise pas seulement l'investissement dans les activités productives, mais aussi la santé et l'éducation.

Au plan macro-économique, Beck *et al.* (2004) ont montré que la microfinance a eu un impact positif sur la pauvreté et sur la réduction des inégalités  dans 52 pays pour la période de 1960 à 1999. Si ce qui fédère l'essentiel du corps théorique qui soutient le rôle de la microfinance dans la lutte contre les multiples privations dont souffrent les populations des pays en voie de développement se fonde sur la présomption que la microfinance permet, en autorisant l'accès des populations pauvres au crédit, de s'affranchir de façon autonome de la pauvreté en investissant dans les microentreprises, une autre lecture de la question est en train de prendre corps. Celle-ci suggère notamment que ces attentes sont irréalistes.

En effet, ainsi que le soutient Dichter (2007), les expériences récentes et l'histoire économique des pays riches révèlent que beaucoup d'individus pauvres ne sont pas des entrepreneurs, qu'en conséquence, il n'y aurait pas de raisons fortes de penser que les actifs générés par la microfinance favorisent l'éclosion et le développement de micro entreprises viables capables d'amener les structures sociales vers une nouvelle cohérence. Les prêts consentis aux pauvres seraient en général consacrés à la consommation finale. La récente étude publiée par Makosso (2007) s'inscrit dans la même perspective puisqu'elle a montré que, pour le cas du Congo, la microfinance a promu un entrepreneuriat de survie dont les entreprises qui y sont créées ne sont pas promises à un certain développement.

Toutefois, si d'une part il est apparu dans la contribution précédemment citée de Makosso (2007) qu'entre 2000 et 2004 plus de 80 % des crédits octroyés par la microfinance sont des crédits sociaux, et que d'autre part, les préoccupations de cette recherche concernent le rôle de la microfinance comme moyen de réduire la pauvreté, on peut se focaliser sur le rôle que les crédits produits par la microfinance ont pu jouer dans l'éducation des enfants, de même que dans l'émancipation de la femme.

Concernant notamment l'éducation, des arguments peuvent être avancés pour soutenir l'existence d'une relation positive entre l'éducation et la microfinance. En effet, s'il est communément admis que la demande d'éducation dépend étroitement des préférences et de la dotation en ressources des ménages (Maldonado, 2005), l'accès au crédit par les pauvres relâche d'une certaine façon la contrainte budgétaire et peut ainsi influencer les décisions d'éducation. L'argument consiste à dire que comme l'utilité marginale du revenu est élevée pour les ménages pauvres, l'éducation au niveau primaire et secondaire engendre un coût d'opportunité, tel qu'un enfant ne soit pas amené à travailler pour contribuer au revenu du ménage. Ce phénomène est illustré dans l'étude de Bhalotra (2003) qui montrent que l'arbitrage que font les parents des pays pauvres entre envoyer les enfants à l'école et les faire travailler dépend étroitement du niveau de pauvreté du ménage. En particulier cette étude révèle que compte tenu du niveau de pauvreté plus élevé en Ethiopie qu'au Ghana, les parents éthiopiens sont plus enclins à envoyer les enfants travailler qu'à les envoyer à l'école. Par ailleurs, l'accès aux services de la microfinance, y compris les services non financiers, fournit de précieuses informations concernant les revenus futurs et les opportunités qui sont liés à plus d'éducation. Les investigations empiriques sur cette question, faut-il le noter, ont produit des résultats contrastés: certaines vérifications ont exhibé un effet positif, le cas de celle de Barnes (2001) pour le Zimbabwe; d'autres études ont révélé un effet positif uniquement lorsque les crédits sont accordés aux femmes (Pitt and Khandker, 1998); d'autres encore ont présenté des résultats ambigus du fait que la disponibilité du crédit dans les zones rurales a accru la propension des parents à utiliser plutôt leurs enfants aux travaux engendrés par les nouveaux projets. Shimamura et Lastarria-Cornhiel (2009) trouvent un effet négative pour le primaire et pas d'effet en ce qui concerne le secondaire. Les travaux de Lacalle Calderon *et al.* (2008) et Adjei *et al.* (2009) montrent un effet positif du microcrédit sur l'éducation. You et Annim (2013) trouvent aussi que le microcrédit semble porter des améliorations sur l'éducation à long terme.

Il est donc apparu dans la littérature que la microfinance peut influencer la demande d'éducation et de travail des enfants à travers plusieurs canaux (Maldonado *et al.*, 2003):

- La microfinance influence la formation du capital humain en étant un moyen reconnu pour accroître le niveau de revenu, du pouvoir d'achat des pauvres par rapport à la scolarisation des enfants (*effet revenu*);
- L'accès à la microfinance peut améliorer la capacité des ménages à anticiper les chocs qui peuvent affecter leur revenu et ainsi influencer la

demande d'éducation (*effet de gestion du risque*);
- Si comme l'ont montré plusieurs études, les préférences des femmes sont plus fortes que celles des hommes pour l'éducation des enfants (Behrman et Robenzweig, 2002), en accroissant l'accès des femmes au crédit, la microfinance modifie le pouvoir des femmes à influencer les décisions de scolarisation dans les ménages (*effet de genre*);
- En augmentant les opportunités d'accroissement des activités productives, la microfinance peut aussi augmenter la propension à avoir davantage recours au travail des enfants (*effet travail des enfants*).

Becker (1964) a traité l'attitude des parents vis-à-vis de la scolarisation des enfants en soulignant que ceux-ci agissent de façon altruiste à l'égard d'enfants en investissant grandement dans leurs enfants afin de se prémunir contre certains risques au moment de la vieillesse. L'idée sous-jacente à cette pensée est celle qui consiste à considérer l'éducation des enfants comme un investissement pour les parents et qu'à ce titre la microfinance apparaît, notamment pour les populations pauvres, comme un moyen approprié pour financer un tel investissement.

Il est donc établi que la microfinance exerce un impact sur les conditions de vie des ménages. Ces effets contradictoires qui ont été observés du point de vue de l'éducation méritent d'être analysés dans le contexte congolais.

### 3. Problématique

La revue succincte que nous venons de présenter de la littérature consacrée à l'impact de la microfinance sur les conditions de vie des ménages et plus particulièrement sur l'éducation révèle qu'il subsiste quelques zones d'ombre quant à la généralisation des résultats de la recherche. Tout laisse plutôt croire que cet impact dépend de certains paramètres. Aussi est-il légitime de souligner qu'il serait sans doute imprudent de considérer que les différents points de vue évoqués précédemment expliquent la spécificité de la microfinance dans la lutte contre la pauvreté, lorsqu'elle est approchée sous son angle multidimensionnel.

Notre problématique s'exprime ainsi autour de la question centrale de savoir, dans le contexte congolais, quel est l'impact de la microfinance sur la scolarisation des enfants des pauvres? Et de façon subsidiaire cette recherche tente de répondre à la question de savoir si les facilités financières qu'offre la microfinance ont contribué à améliorer la propension des ménages pauvres à scolariser leurs enfants.

### 4. Hypothèse de travail

Notre hypothèse de travail est construite autour de l'idée que la demande d'éducation dépend tant des caractéristiques sociodémographiques et des préférences des parents que des contraintes budgétaires des ménages. Suivant Behrman et Knowles (1999), il existe donc un effet de revenu qui fait que le niveau du revenu d'un ménage influence la scolarisation des enfants. Aussi formulons-nous l'hypothèse que la microfinance influence les demandes d'éducation et le travail des enfants au travers de l'effet de revenu et de la capacité des ménages à faire face aux coûts d'opportunité liés à l'éducation.

### 5. Approche méthodologique

Dans le cadre de cette étude nous procéderons à une analyse multivariée explicative. Pour entreprendre cette analyse, le modèle qui nous servira de base d'exploration s'inspire des travaux de Schultz (1993), Lardé de Palamo et Argüello de Morea (2000) dont une formalisation a été construite par Maldonado *et al.* (2003). Sous sa forme algébrique le modèle qui nous sert de base d'exploration s'inspire directement de Maldonado *et al.* (2003) qui ont mené une recherche similaire pour le cas de la Bolivie. Dans leurs travaux, il est établi que le maintien des enfants dans le système éducatif ou leur retrait de ce système sont influencés par des facteurs liés à la demande d'éducation. En effet, la décision des parents de scolariser leurs enfants implique de choisir d'allouer une fraction du revenu du ménage à l'éducation, choix qui est déterminé par les attentes que les parents formulent quant à sa profitabilité.

Il convient de préciser aussi, comme le soutiennent Maldonado *et al.* (2003), que ces attentes dépendent à leur tour du niveau d'éducation des parents et des caractéristiques de l'environnement économique qui les entourent.

### *Le modèle théorique*

En admettant que la scolarisation des enfants implique un coût et qu'en conséquence le maintien des enfants à l'école est généralement perçu comme une décision d'investissement pouvant générer des gains et des coûts, on peut supposer que dans une première période (t=0) les parents investissent dans l'éducation des enfants et dans la seconde période (t=1) l'enfant qui réussit rapportera un bénéfice au ménage. L'idée de Becker (1964) sur la question est d'ailleurs que lorsque les femmes augmentent leur investissement en capital humain et qu'elles entrent davantage sur le marché du travail, le coût d'opportunité de l'éducation d'un enfant augmente.

Parallèlement aux dépenses que les parents consacrent à l'éducation des enfants (E), le ménage consomme des biens et d'autres services au cours des deux périodes ($C_0$ et $C_1$). Supposons aussi que le ménage tire essentiellement son revenu du travail (L) rémunéré au taux w et fourni tant par les parents que par les enfants. Si les parents décident d'envoyer certains de leurs enfants à l'école, une proportion α de la force de travail du ménage n'est plus disponible pour générer le revenu de la période t=0; à la période t=1, cette proportion du potentiel de la force de travail devrait recevoir un taux de salaire w' (où w'>w). A la période t=0, le revenu du ménage peut donc s'écrire [(1- α) wL]. En t=1, le revenu du ménage sera égale à [(1- α) wL + αw'].

La dépense du ménage à la période t=0 s'identifie à [$C_0$+E] et à la période t=1 elle est égale à [$C_1$]. Ainsi, à la période t=0, on peut admettre que le revenu du ménage est plus faible et si les dépenses d'éducation sont élevées, on suppose aussi qu'une faible proportion d'enfants seront envoyés à l'école.

Si l'on suppose maintenant que le ménage accède à un emprunt (crédit) B, remboursable à la seconde période et dont on intègre un taux d'intérêt et des coûts de transaction représentés ensemble par r, le revenu du ménage à la période t=0 devient [(1- α) $w_L$+B] et les dépenses à la période t=1 deviennent [C1 + (1+r)B].

Si l'on suppose par ailleurs que l'utilité du ménage est tirée uniquement des consommations ($C_0$, $C_1$), le problème du ménage est de choisir le niveau de consommation pour chaque période, $C_t$, la proportion d'enfants à scolariser α, et le niveau de l'emprunt optimal B pour maximiser

$$U( C_0, \rho C_1)  \tag{1}$$

Sous les contraintes (1- α) wL+B = C0 + αE; (1- α) wL + αw'L = $C_1$ + (1+r) B. Avec $\rho$ = (1/ (1+∂)), $\rho$ étant un facteur de perte inter temporel et ∂ le taux de perte temporel du ménage. En substituant les valeurs de $C_0$ et $C_1$ obtenues par résolution des contraintes budgétaires dans la fonction d'utilité à maximiser, le problème devient:

$$\text{Max } U((1- α)wL + B − αE, \rho[(1- α)wL + αw'L - (1+r)B])  \tag{2}$$

En posant $C_0$ = ((1-α)wL + B − αE, et $\rho C1$ = (1- α)wL + αw'L - (1+r)B, on peut dériver $C_0$ par rapport à α et obtenir

$$\frac{dC_0}{d\alpha} = -(wL + E) \text{ et } \frac{dC_1}{d\alpha} = -\frac{1}{\rho}(w + w')L$$

Or nous savons que     $\dfrac{dU}{d\alpha} = \dfrac{dU}{dC_0}\dfrac{dC_0}{d\alpha}$ et $\dfrac{dU}{d\alpha} = \dfrac{dU}{dC_1}\dfrac{dC_1}{d\alpha}$

on a donc     $\dfrac{dU}{dC_0}\dfrac{dC_0}{d\alpha} = \dfrac{dU}{dC_1}\dfrac{dC_1}{d\alpha}$

En remplaçant $dC_0/d\alpha$ et $dC_1/d\alpha$ par leurs expressions on obtient:

$$\frac{dU}{dC_0}(-wL - E) = \frac{dU}{dC_1}\left(-\frac{1}{\rho}(w + w')L\right). \text{ Ce qui entraîne :}$$

$$\frac{dU}{dC_0} = \frac{dU}{dC_1}\frac{1}{\rho}(w + w'L)/(wL + E) \quad .$$

Posons $\frac{1}{\rho}(w + w'L)/(wL + E) = r$

$$\frac{dU}{dC_0} = \Gamma\frac{dU}{dC_1}.$$

Les conditions de premier ordre pour un optimum sont donc données par:

$$\frac{dU}{dC_0}(wL + E) = \Gamma\frac{dU}{dC_1}L(w'- w) \tag{3}$$

$$\frac{dU}{dC_0} = \Gamma\frac{dU}{dC_1} \tag{4}$$

La première condition implique que l'utilité marginale de la consommation courante, mesurée par la somme des dépenses d'éducation et le revenu tiré de la dernière unité de travail utilisée, qui peut être interprété comme le coût marginal lié au fait qu'une proportion $\alpha$ de la force de travail du ménage est consacrée à l'éducation, serait égale à la réduction de l'utilité marginale de la consommation future. Celle-ci est mesurée par la différence entre les gains procurés par les taux de salaire du travail qualifié et non qualifié, pouvant être interprété comme la perte de bénéfice marginale liée à l'éducation d'une proportion $\alpha$ de la force de travail du ménage.

La deuxième condition implique quant à elle que l'utilité marginale du pouvoir d'achat additionnel généré par l'emprunt (crédit) au cours de la période initiale est supposée égale à la baisse de la désutilité marginale liée au remboursement des sommes empruntées, étant donné les coûts de transaction et le taux d'intérêt.

Afin d'incorporer les effets du genre dans le modèle, comme spécifié par Sallée (2002), on admet que l'utilité du ménage peut s'écrire sous la forme d'une fonction Cobb-Douglas dans laquelle les parts correspondent au poids des femmes et des hommes dans le ménage. Si $\gamma$ représente la proportion des femmes dans le ménage et $(1 - \gamma)$ celle des hommes, la fonction d'utilité peut alors s'écrire:

$$U\,(.) = U^F\,(C_0, C_1, E, B)^\gamma\,U^M\,(C_0, C_1, E, B)^{1-\gamma} \qquad (5)$$

Dans ce modèle, la présence de B dans la contrainte budgétaire permet d'apprécier l'effet de la microfinance. L'offre de travail du ménage $(1- \alpha)L$ et le niveau du salaire qualifié et non qualifié (w et w') déterminent les niveaux de revenu, alors que $\alpha$ détermine la demande de travail des enfants.

En recourant au théorème des fonctions implicites, les conditions de premier ordre impliquent que les fonctions de demande optimale d'éducation et de crédit existent, c'est-à-dire:

$$\alpha = \alpha\,(w, w', E, r; L, \gamma, \rho) \qquad (6)$$

$$B = B\,(w, w', E, r; L, \gamma, \rho) \qquad (7)$$

Le résultat du processus de prise de décision du ménage détermine la proportion de la force de travail potentielle du ménage pouvant être épargnée du travail et consacrée à l'éducation, et la taille optimale de l'emprunt demandée, comme fonctions du coût d'opportunité de l'éducation, du revenu futur espéré, des dépenses d'éducation et du coût du crédit.

### La spécification économétrique

A partir des conditions de premier ordre, il apparaît que le ménage décide du montant à consacrer à l'éducation en arbitrant entre les coûts marginaux liés à cette décision et le bénéfice marginal espéré de l'éducation. Le nombre de membres du ménage envoyés à l'école sera positif si la valeur présente des bénéfices nets à en tirer est estimée positive. L'utilité nette attendue de l'éducation peut être exprimée comme fonction d'un vecteur des caractéristiques du ménage et des enfants (Z). Ainsi la valeur présente espérée de la scolarisation d'un enfant donné du ménage (noté i) peut s'écrire:

$$ENPV_i = f(Z_i, \varepsilon_i) \qquad (8)$$

Comme l'ont clairement exprimé Maldonado *et al.* (2003), le résultat latent de cette fonction ne peut être mesuré. Ainsi, on est amené à interpréter le modèle en termes de probabilités. La probabilité qu'un enfant soit envoyé à l'école est la probabilité que ses parents pensent que le ménage sera plus à l'aise si ce dernier est scolarisé:

$$\text{Pr (de scolariser } i) = \text{Pr } [f(Z_i, \varepsilon_i) > 0] \tag{9}$$

A ce niveau de formalisation, Maldonado *et al.* (2003) ont recouru à l'approche du modèle de l'utilité au hasard pour exprimer la valeur présente espérée de la scolarisation sous la forme:

$$f(Z_i, \varepsilon_i) = h(Z_i) + \varepsilon_i \tag{10}$$

Ce qui permet d'écrire:

$$\text{Pr (de scolariser } i) = \text{Pr } (h(Z_i) > \varepsilon_i) \tag{11}$$

On peut alors régresser une variable dépendante binaire (Yi = 1 si l'enfant va à l'école, Yi = 0 s'il ne va pas à l'école). Cette spécification a cependant un inconvénient, étant donné l'hypothèse selon laquelle les parents font face à plusieurs contraintes pour scolariser un enfant, le nombre d'enfants scolarisés peut ne pas correspondre à la charge en termes d'enfants dans le ménage. Il y a lieu de préciser aussi que dans cette étude, il s'agit de la scolarisation aux niveaux primaire et secondaire. L'âge retenu pour la scolarisation des enfants est donc 6-18 ans.

La variable dépendante qui a été définie dans le cadre de cette recherche pour l'estimation empirique du modèle est l'*Éducation effective*. Elle est obtenue en soustrayant du nombre d'enfants à charge dans le ménage, le nombre d'enfants scolarisés. Dans un ménage, le nombre d'enfants à charge (6-18 ans) est nécessairement supérieur ou égal au nombre d'enfants scolarisés. La différence est un entier positif *p* appartenant à N.

Cette variable, telle que définie, se présente de la manière suivante:

*Éducation effective* 
$$\begin{cases} 0, \text{ si tous les enfants de 6-18 ans sont scolarisés} \\ \text{Nombre d'enfants à charge, si aucun enfant n'est scolarisé} \\ \text{P (P= 1, 2,... p) avec P, nombre enfants non scolarisés} \end{cases}$$

De façon plus explicite, cette variable *Éducation effective* prend la valeur 0 si tous les enfants à charge sont scolarisés; elle correspond au nombre d'enfants à charge lorsqu'aucun enfant à charge n'est scolarisé, et enfin, elle prend les valeurs P selon qu'un, deux, trois... enfants ne sont pas scolarisés (la valeur maximale de P étant le nombre d'enfants à charge dans le ménage).

Compte tenu du fait que la variable dépendante est un nombre entier positif, l'estimation est à spécifier comme un modèle de comptage, plutôt que comme un modèle des moindres carrés ordinaires. Pour prendre en compte la possibilité de surdispersion, toutes les estimations sont ajustées à travers le modèle de régression binomial négative. Nous utilisons, par conséquent, une régression de Poisson avec surdispersion.

Les variables explicatives données par (Zi) incluent en définitive, les variables exigées par le modèle et quelques variables de contrôle. La fonction *h* peut s'écrire comme suit:

$$h(Z_i) = f(I_i, H_i, F_i, N_i) \qquad (12)$$

Où $I_i$ représente les caractéristiques de l'i$^{ième}$ enfant (âge, genre, position par rapport à ses frères). Ce sont des variables de contrôle pouvant influencer la scolarisation. Hi se réfère aux caractéristiques du ménage de l'i$^{ième}$ enfant par rapport à sa dotation en ressources (niveau d'éducation des membres travailleurs, niveau de pauvreté). Ces variables sont censées traduire la capacité des gains du ménage aussi bien que leur perception sur les rendements de l'éducation. Fi se réfère à l'accès aux capacités que procure la microfinance en matière d'éducation. Ni représente le lieu de résidence de l'enfant.

### La source des données

Compte tenu de l'absence de données explicites sur la microfinance dans la base de données de l'Enquête congolaise auprès des ménages (Ministère de Plan, ECOM 2005) qui reste encore la seule enquête de portée nationale sur les conditions de vie des ménages, les données qui sont utilisées dans cette étude proviennent d'une enquête auprès de 202 ménages résidents en milieu semi-rural (Nkayi et Loudima) où se trouve déployé le réseau de la MUCODEC qui est la principale institution de microfinance au Congo, du point de vue de sa portée et du volume de l'épargne qu'elle draine. Le choix de cette aire géographique est dicté par le fait que les zones semi-rurales constituent des aires géographiques où se posent souvent les problèmes de scolarité et le recours au travail de l'enfant comme moyen de pallier aux insuffisances du revenu de la famille.

Dans cette enquête, les données qui ont été collectées concernent plus précisément celles relatives aux caractéristiques des ménages pauvres, de l'environnement dans lequel vit l'enfant et de l'offre de services de microfinance.

### 6. Résultats et discussion

Le recours à l'analyse multivariée explicative est justifié par le souci de mieux examiner les associations entre les caractéristiques des parents et leur motivation à scolariser les enfants dont ils ont la charge, avec notamment la possibilité d'accès au crédit facilité par une institution de microfinance. Pour atteindre cet objectif, la régression de poisson a été utilisé au moyen du logiciel STATA.

L'analyse de la régression examine la dépendance de *l'éducation effective* sur les variables explicatives. Cette régression teste les différences en éducation effective des enfants des parents qui ont eu accès au crédit. L'hypothèse implicite est que l'accès au crédit favorise la scolarisation des enfants. En effet, il a été démontré que l'accès au crédit de la microfinance alloué à la scolarisation des enfants encourage favorablement la durée des enfants dans le système éducatif (Maldonado *et al.*, 2003). Mais dans quelles conditions ? C'est ainsi que cette étude se focalise précisément sur la recherche des facteurs concourant à la scolarisation ou non des enfants dans un contexte où le ménage a accès au crédit.

Les variables qui ont été utilisées pour tenter d'expliquer la variable endogène sont les suivantes:

- *pfpd*, Participation de la femme dans la prise de décision;
- *actcm*, Activité du chef de ménage;
- *smat*, Situation matrimoniale du chef de ménage;
- *nivcm*, Niveau d'instruction du chef de ménage;
- *age*, Age du chef de ménage;
- *rpscol*, Utilisation du crédit et résolution des problèmes de scolarisation;
- *acscol*, Appréciation du coût de la scolarisation;
- *rpfsacre*, Capacité à payer les frais de scolarisation avant l'accès au crédit de la microfinance;
- *rpfsapcr*, Capacité à payer les frais de scolarisation après l'accès au crédit de la microfinance;
- *cprsco*, Coût prohibitif de la scolarisation;
- *scomoe*, Estimer que la scolarisation de l'enfant réduit les ressources humaines du ménage en agriculture;
- *V107*, Moyenne intellectuelle de l'enfant;
- *V08*, Volonté de l'enfant à fréquenter;
- *V13*, Nombre d'enfants impliqués dans l'activité agricole.

Les résultats de la régression de la variable endogène sur les variables explicatives à partir d'un modèle de Poisson sont consignés dans le Tableau 16.1.

De cette régression de poisson, il en ressort un Khi-deux global largement supérieur à zéro (36,5), une probabilité globale quasi nulle de rejet de l'hypothèse alternative et un pseudo R2 égal à 0,124. Toutes ces indications concourent à l'acceptation du modèle à estimer. De façon plus détaillée, les résultats de l'application donnent des informations utiles. Le signe négatif du coefficient de la variable participation de la femme dans la décision traduit le fait que la participation de la femme dans la décision au sein du ménage contribue favorablement à la scolarisation des enfants. Cependant, dans le modèle, cette influence s'est avérée non significative. L'activité du chef de ménage, aussi bien que son état matrimonial et son niveau d'instruction, sont des variables qui agissent favorablement sur l'éducation effective.

L'exercice par le chef de ménage d'une activité générant un revenu accroît la capacité du ménage à scolariser les enfants. De même, plus le niveau d'instruction du chef de ménage est élevé, plus l'éducation effective aura tendance à converger vers zéro, autrement dit, plus les enfants sont scolarisés. Cependant, sur le phénomène étudié, ces variables ont une influence non significative. L'âge du chef de ménage aussi bien que l'engagement de celui-ci à emprunter pour scolariser les enfants et son appréciation du coût de la scolarisation sont des variables qui agissent négativement sur la scolarisation des enfants. Plus l'âge du tuteur augmente, plus celui-ci se démotive dans le suivi des enfants et donc assure de moins en moins la scolarisation des enfants, ce qui contribue à augmenter l'éducation effective c'est-à-dire, le nombre d'enfants à charge non scolarisés. Les chefs de ménage et autres tuteurs qui utilisent à d'autres fins les fonds alloués à la scolarisation, enregistrent des niveaux élevés de non-scolarisation des enfants.

**Tableau 16.1: Résultat de la régression de Poisson**

| School | Coef. | Std.Err | Z | P>|Z| | [95 % Conf.Interval] | |
|--------|-------|---------|---|-------|----------|----------|
| Pfpd | -0,0004 | 0,6151 | 0 | 0,999 | -1,2059 | 1,2051 |
| Actcm | -0,0426 | 0,0629 | -0,68 | 0,499 | -0,1660 | 0,0808 |
| Smat | -0,4241 | 0,6265 | -0,68 | 0,498 | -1,6520 | 0,8075 |
| Nivcm | -0,1719 | 0,1861 | -0,92 | 0,356 | -0,5367 | 0,1930 |
| Age | 0,0127 | 0,1275 | 0,1 | 0,921 | -0,2372 | 0,2626 |
| Rpscol | 0,2558 | 0,2280 | 1,12 | 0,262 | -0,1910 | 0,7026 |
| Acscol | 0,0293 | 0,1718 | 0,17 | 0,865 | -0,3074 | 0,3659 |
| Rpfsacre | -0,7910 | 0,2272 | -3,48 | 0 | -1,2364 | -0,3457 |
| Rpsaper | 0,0309 | 0,2821 | 0,11 | 0,913 | -0,5220 | 0,5838 |
| Cprsco | -1,91E-08 | 6,10E-07 | -0,31 | 0,755 | -1,39E-06 | 1,01E-06 |
| Scomoe | -0,9858 | 0,2566 | -3,84 | 0 | -1,4668 | -0,4828 |
| V107 | 0,1558 | 0,0219 | 0,73 | 0,476 | -0,2728 | 0,5845 |
| V108 | 0,3875 | 0,0359 | 1,08 | 0,28 | -0,3158 | 1,0907 |
| V13 | 0,1324 | 0,1945 | 0,68 | 0,496 | -0,2488 | 0,5136 |
| _Cons | 2,8674 | 1,5799 | 1,81 | 0,07 | -0,2290 | 5,9639 |

*Note: Nombre des observations = 86; LR Chi$^2$ (14) = 36.46; Prob> Chi$^2$ = 0.009; Pseudo R$^2$ = 0.1237; Log likelihood = -129.15253.*
*Source: Données de l'enquête traitées sur STATA.*

Les mêmes résultats sont obtenus pour les tuteurs qui qualifient d'élevées ou d'exorbitantes les charges liées à la scolarisation. Même si ces facteurs influencent négativement la scolarisation des enfants ou l'éducation effective, l'influence de ces dernières sur le modèle est non significative. Autrement dit, ces variables que sont l'âge du chef de ménage, l'utilisation du crédit à la scolarisation et son appréciation du coût de scolarisation ne contribuent pas de manière efficace à l'explication de la scolarisation des enfants. *Ceteris paribus*, les parents qui, avant de bénéficier du crédit de la microfinance, finançaient les études de leurs enfants avec leurs propres salaires se sont montrés plus attachés à la scolarisation des enfants que ceux qui le faisaient avec des revenus issues des activités comme l'agriculture ou le commerce. On note que l'apport du revenu avant intervention de la microfinance s'est avéré statistiquement très significatif. Ce qui veut dire qu'une action visant à garantir et/ou augmenter les salaires des parents d'élèves aura pour résultat d'encourager la scolarisation des enfants, toutes choses égales par ailleurs.

Dans le même sens, moins les parents estiment que l'enfant constitue un capital humain pour une activité quelconque, plus ceux-ci ont tendance à le scolariser d'avantage. Cette opinion portée sur l'enfant contribue efficacement à l'éducation de l'enfant, ce, indépendamment de la moyenne intellectuelle et/ou la volonté de l'enfant à fréquenter l'école. Les facteurs liés aux caractéristiques propres à l'enfant, notamment sa volonté de fréquenter et sa moyenne intellectuelle, produisent des effets contraignant sa scolarisation. Plus l'enfant est moins motivé à aller à l'école, moins il est scolarisé et plus les parents l'estiment moins intelligent, moins ce dernier est scolarisé. Cependant, dans l'explication de la scolarisation ou non de l'enfant dans le ménage, ces variables ne contribuent que très peu, sinon pas du tout. On observe les mêmes effets avec le nombre d'enfants impliqués dans des activités économiques.

En somme, il est à noter des résultats de la régression que seuls les revenus propres des parents (salaires notamment) et l'emploi de l'enfant comme capital humain dans les activités économiques se sont révélés significativement liés à l'éducation des enfants. Ces facteurs encouragent les parents à scolariser les enfants.

Il s'est également avéré que les parents ayant eu accès au crédit de la microfinance pour scolariser les enfants, ont dû l'affecter à d'autres fins. Sur ce point, il est important de noter que les données du tableau précédent concernant l'usage du crédit ont exhibé des résultats pour le moins ambigus. L'ambigüité de ces résultats tient au fait que dans l'ensemble du processus, l'accès au crédit s'est avéré non significatif par rapport à la scolarisation des enfants. Ce qui laisse penser, comme il a déjà été souligné, que le pouvoir d'achat ad-hoc créé par le recours au crédit accordé par la microfinance ne sert pas toujours l'objet pour lequel il est accordé. Ce qui, en termes de politique interpellerait davantage les institutions de microfinance en matière de conditionnalités et de suivi des crédits accordés.

On notera également que même dans le contexte d'un accès élargi au crédit de la microfinance, l'âge, le niveau d'instruction, le statut matrimonial et l'activité économique du parent exerce une influence sur la scolarisation. C'est en définitive, les parents relativement jeunes (25-39 ans), ceux vivant en union ou ayant divorcé, ceux ayant un niveau d'instruction élevé et ayant une activité économique stable, qui scolarisent plus leurs enfants.

### 7. Conclusion et recommandations

Cette étude a révélé que le nombre d'enfants à charge, c'est-à-dire, le poids financier que représente le fait d'envoyer des enfants à l'école est un déterminant majeur de la scolarisation des enfants des pauvres en particulier. Il est également apparu dans cette étude un résultat général qui est que l'accès au crédit facilité par la microfinance offre l'opportunité aux familles bénéficiaires de scolariser les enfants, car les familles qui en sont bénéficiaires ont plus de chance de scolariser tous les enfants à charge que ceux qui n'en sont pas bénéficiaires. Mais si l'accès au crédit s'est avéré non significatif par rapport à la scolarisation des enfants, cela voudrait dire que la microfinance n'a pas produit l'impact attendu. En effet, le fait que l'accès au crédit ne singularise pas les bénéficiaires des non bénéficiaires en ce qui concerne la scolarisation de tous les enfants à charge peut laisser penser que soit ces crédits sont insuffisants, soit qu'ils servent plutôt à régler des problèmes sociaux autres que la scolarité, soit enfin qu'ils constituent un facteur susceptible de détourner les enfants de la scolarisation.

Par ailleurs il ressort de cette étude que d'autres facteurs influent significativement sur la scolarisation des enfants. En particulier, il s'agit de l'activité économique des parents, l'âge du père, et le statut matrimonial des parents.

Ces résultats inspirent ainsi un certain nombre de réponses politiques qu'on peut formuler à travers les recommandations suivantes:

- En tenant compte du décret présidentiel de 2008 instituant la gratuité des frais scolaires dans les cycles primaires et secondaires, il est impérieux que la loi qui rend obligatoire l'éducation de tous les enfants soit appliquée de façon effective; Cette gratuité devrait également faire l'objet d'une extension vers la fourniture des kits scolaires complets, étant donné la situation financière aujourd'hui très favorable avec l'atteinte par le pays du point d'achèvement de l'initiative PPTE, d'une part et, d'autre part le cours favorable du pétrole.
- Les crédits accordés par les institutions de microfinance, notamment les crédits scolarité, doivent faire l'objet de mesures d'encadrement afin d'éviter toute allocation de ces ressources vers des usages alternatifs par rapport à la scolarisation.

## References Bibliographiques

Adjei, J.K., T. Arun & F. Hossain (2009), *The role of microfinance in asset building and poverty reduction: The case of Sinapi Aba Trust of Ghana*. Manchester: Brooks World Poverty Institute.

Becker, S. G. (1964), *Human capital: a theoretical and empirical analysis with special reference to education*, Chicago: University of Chicago Press.

Beck, T., A. Demirguc-Kunt & R. Levine (2004), 'Finance, Inequality, and Poverty: Cross-Country Evidence', *NBER Working paper*, N° 10979, December.

Barnes, C. (2001), *Microfinance Program Client and Impact: An assessment of Zambuko trust, Zimbabwe*, USAID.

Bebczuk, R. & F. Haimovich (2007), 'MDGs and Microfinance: An Empirical Evaluation for Latin America countries', *Working Paper*, CEDLAS and Universidad Nacional de la Plata, Argentina.

Behrman, J. R. & J. C. Knowles (1999), 'Household income and child Schooling in Vietnam', *The World Bank Economic Review* 13(2):211-256.

Behrman, J. R. & M. R. Rosenzweig (2002), 'Does Increasing Women's Schooling Raise the Schooling of the Next Generation?', *American Economic Review* 92(1):323-334.

Bhalotra, S. (2003), 'Child Labour in Africa', OECD Social, Employment and Migration Working Papers 4, OECD Publishing. http://dx.doi.org/10.1787/582055427126.

Dichter, T. (2007), 'A Second Look at Microfinance', *Development Policy Briefing Paper*, CATO Institute N° 1, pp. 1-13.

Lacalle Calderon, M., S. Rico Garrido & J. Duran Navarro (2008). 'Estudio piloto de evaluacion deimpacto del programa de microcreditos de Cruz Roja Espanola en Ruanda'. *Revista de Economia Mundial* 19:83-104.

Lardé de Palamo & Argüello de Morea (2000), 'La incorpocion de los ninos rurales al sistema escolar: Causas y posibles soluciones', *Boletin Economico y Social* N° 177 (August). San Salvador: FUSADES.

Makosso, B. (2007), 'Microfinance, Entrepreneuriat et Innovation au Congo Brazzaville', *Humanisme et Entreprise* 283:41-60.

Maldonado, J. (2005), 'The influence of Microfinance on Education Decision of Rural Households: Evidence from Bolivia', *Documento CEDE 2005-46*, Universidad de Los Andes.

Maldonado, J., C. Gonzalez-Vega & V. Romero (2003), 'The influence of microfinance on the education decision of rural households: evidence from Bolivia', Annual Meeting of the American Agricultural Economics Association, July 27-30, Montreal.

Ministère du Plan et de l'Aménagement du Territoire (2005), Enquête Congolaise auprès des Ménages (ECOM), Brazzaville.

Morduch, J. (1999), 'The Microfinance promise', *The Journal of Economic Literature* 37(4):1569-1614.

Pitt, M. & S. Khandker (1998), 'The Impact of Group-Based Credit Program on Poor Households in Bangladesh: Does the Gender of Participants Matters?', *Journal of Political Economy* 106(5):958-996.

Poaty, J. P. (2006), Etude sur la scolarisation des filles au Congo, rapport d'étude pour le compte du Ministère de l'Enseignement Primaire et Secondaire, chargé de l'Alphabétisation, Brazzaville.

Sallée, J. (2002), 'The Effect of Improved Female Status on Child Health: Empirical Evidence of India'. Winner, The Ohio State University Undergraduate Essay Competition.

Schultz, T. W. (1993), 'The Role of Education and Human capital in Economic Development: An Empirical Assessment', in Siebert, H. (ed), *Economic Growth in the World Economy*, Institut fur Weltwirschaft an Der Universitat Kiel, Kiel, Germany.

Shimamura, Y. & S. Lastarria-Cornhiel (2009), 'Credit program participation and child schooling in rural Malawi'. *World Development* 38(4):567-580.

# CHAPITRE 17

## L'EXPÉRIENCE DE TCHIBANGA DE LA MICROFINANCE: QUEL IMPACT SUR LES JEUNES FILLES MÈRES?

**Pamphile Mezui Mbeng & Gédéon Roger Angoue Engozogo**

*Laboratoire d'Economie Appliquée, Université Omar Bongo, Libreville, Gabon*
*(astymc2000@yahoo.fr)*

## RÉSUMÉ

Cette étude évalue l'impact du microcrédit sur la réduction de la pauvreté en milieu rural au Gabon, à la suite des réformes adoptées par le pays en 2003, visant la redynamisation du secteur de la microfinance. A partir d'une enquête réalisée auprès de bénéficiaires évoluant dans l'agriculture, la pêche, l'artisanat, le petit commerce..., nous recourons aux méthodes statistiques unidimensionnelle et multidimensionnelle pratiquées sur les caractéristiques des emprunteurs et des contrats, pour apprécier l'effet du microcrédit sur l'amélioration des conditions de vie des bénéficiaires. L'analyse montre que le microcrédit n'a pas l'impact significatif durable attendu sur la réduction de la pauvreté en milieu rural gabonais. Enfin, l'étude révèle que les conditions d'emprunt et l'absence d'un cadre d'accompagnement des bénéficiaires de microcrédit expliquent les résultats obtenus.

*Mots clés: microfinance, microcrédit, pauvreté, Gabon*

## 1. Introduction

Le développement rapide de la microfinance, l'espoir qu'elle suscite comme outil de lutte contre la pauvreté, mais aussi l'ampleur des ressources investies, ont conduit très tôt à s'interroger sur l'impact de la microfinance (CERISE, 2003). En fait, l'analyse de l'impact de la microfinance consiste à comprendre, à mesurer et à évaluer ses effets. Dans le cas de la microfinance, elle peut être définie comme l'ensemble des processus dont la finalité est de déterminer quels changements significatifs et durables, positifs et négatifs, prévus ou imprévus sont survenus dans un espace donné à la suite de l'intervention d'une institution de microfinance

(Fouillet, 2004). En d'autres termes, l'analyse d'impact[74] est l'étude des relations de cause à effet entre l'institution de microfinance (IMF) et son milieu environnant.

Au Gabon, il ne s'agit plus de renouveler une expérience aussi douloureuse que celle du Fonds d'expansion et de développement des petites et moyennes entreprises ou industries (FODEX) mais de mettre en place une véritable politique de développement des IMFs au service des pauvres quitte à solliciter l'appui technique et financier des organismes multilatéraux de développement tels que le Programme des Nations Unies pour le Développement (PNUD), la Banque Africaine de Développement (BAD) ou la Banque Mondiale.

C'est dans ce contexte que depuis 2003, un projet de microcrédit a été signé entre le PNUD et le ministère de la Famille. Ce projet, dans sa phase pilote, est localisé dans la province de la Nyanga au sud du Gabon. Il vise la mise en place sur quelques années (trois ans) d'un mécanisme de microfinancement au profit des femmes, pour promouvoir les activités créatrices de revenus en faveur des jeunes filles mères.

La deuxième phase du projet a été signée en juin 2005 et lancée en juillet 2006 à Tchibanga dans la province de la Nyanga. Il s'agissait précisément des projets (une vingtaine de projets, dont six collectifs et quinze individuels) financés avec des remboursements différés de un à huit mois. Les montants de ces microcrédits étaient de 100 000 à 200 0000 FCFA pour les demandes individuelles, et de 500 000 à 5 000 000 de FCFA pour les associations, les domaines inclus étaient: l'agriculture, la pêche, l'artisanat, la couture, la restauration, la transformation alimentaire. Mise en œuvre le 8 juillet 2006, l'expérience de Tchibanga est le point de départ de la première génération de microcrédits au Gabon et n'a pas encore fait l'objet d'une étude d'impact réel au niveau de la clientèle.

Cependant, plusieurs études menées sur différents pays ont montré des résultats impressionnants. Ces derniers peuvent être appréciés sur le plan économique (avec des impacts sur le niveau de revenu et la capacité à épargner) et sur le plan social (avec des effets sur la scolarisation des enfants, l'accès aux soins ou l'amélioration de l'habitat, grâce à l'impact économique et dans certains cas grâce à des services complémentaires proposés par les institutions de microfinance (IMF), au niveau de l'autonomie des femmes et, enfin sur des structures collectives).

Sur le plan économique et social tout d'abord, certaines études peuvent être mentionnées. L'étude entreprise par MkNelly et Dunford (1999) en Bolivie, indique qu'en l'espace de trois ans, deux tiers des clients de l'institution de microfinance Crédito con Educacion Rural (CRECER) ont vu leurs revenus augmenter

---

[74] Cet impact peut être appréhendé à plusieurs niveaux: « micro », « meso », « macro », autrement dit, à l'échelle de la personne, du ménage, d'un groupe, d'une microentreprise, d'un marché particulier, d'un village, d'un quartier, d'une région.

significativement, grâce notamment à la croissance de leur activité commerciale et à leur capacité à grouper leurs achats de marchandises du fait de l'accès au crédit. En accédant aux services de l'IMF, les familles ont pu lisser leur consommation et acquérir de nouveaux biens pour la maison (86 % ont pu se constituer une épargne) alors que 78 % d'entre eux n'en avaient pas auparavant. Aussi, a-t-il été observé que les clientes de cette IMF ont de meilleures pratiques d'allaitement de leurs enfants, de réhydratation en cas de diarrhées et de prévention du paludisme. Cette situation relève précisément des sessions de formation ou de sensibilisation à des questions d'hygiène ou de santé qui sont dispensées par l'IMF CRECER.

Une autre étude avait été réalisée en 1998 par les mêmes auteurs sur les clients de l'IMF Freedom From Hunger au Ghana. Elle montre qu'en l'espace de trois ans, les revenus mensuels des clients de l'IMF ont augmenté de 30 euros, contre seulement 15 euros pour des individus qui n'étaient pas clients. Parmi les clients, on note aussi une forte diversification des sources de revenus: 80 % ont une deuxième activité, contre seulement 50 % des non clients (Boye *et al.*, 2006).

En Ouganda, une étude effectuée par Barnes *et al.* (2001) sur trois IMF[75] (FOCCAS FINCA, PRIDE) montre que leurs clients investissent plus dans l'éducation de leurs enfants, grâce aux revenus de leur microentreprise. Il ressort que les clients de l'IMF FOCCAS ont de meilleures pratiques d'hygiène suite aux sessions de sensibilisation (32 % ont essayé au moins une méthode de prévention du sida contre18 % chez les non clients).

Au Bangladesh, trois études ont été réalisées sur l'IMF BRAC. Shahidur Khandker (1998) a entrepris la première étude avec trois IMF (Grameen Bank, BRAC et RD-12). Cette étude a montré que 5 % des clients passent au-dessus du seuil de pauvreté chaque année et que ces améliorations sont durables. Ces IMF ont un effet positif et mesurable sur l'alimentation et la scolarisation des enfants. Les progrès se font même sentir au niveau des villages: dans ceux où l'offre de microfinance apparaît, même les non-clients en bénéficient du fait de l'effet d'entraînement.

La deuxième étude de Zaman (1998) indique que la situation des clients devient moins précaire grâce à l'accès aux services financiers. Ces derniers permettent de lisser leur consommation et d'accumuler des actifs (qui peuvent plus tard être revendus en cas de coup dur). En cas de catastrophe naturelle comme une inondation, la possibilité de recourir juste après à un emprunt d'urgence est extrêmement importante pour atténuer les effets de la catastrophe. Enfin, l'étude constate un effet positif de la microfinance sur le statut de la femme au sein des familles et de la société. L'étude montre que l'impact de l'IMF est surtout fort sur

---

[75] Foundation for International Community Assistance (FINCA), Foundation for Credit and Community Assistance (FOCCAS), and Promotion of Rural Initiatives and Development Enterprises (PRIDE).

les ménages « modérément pauvres » et qui ont eu plusieurs emprunts successifs, pour un montant cumulé supérieur à 200 dollars US.

Dans la troisième étude, Chowdhury et Bhuiya (2001) constatent une amélioration plus rapide du niveau d'instruction des adolescents chez les familles clientes de l'IMF CRAC. L'occurrence de la malnutrition est moindre parmi les clients de l'IMF, et la fréquence de la malnutrition est de plus en plus faible pour ceux qui restent durablement membres du programme.

Une autre étude menée par Gubert et Roubaud (2005) a porté sur les clients de l'IMF Action pour le développement et le financement des microentreprises (ADéFI) à Madagascar. Elle décrit l'analyse de l'impact des financements accordés par ADéFI. Partant d'une méthode qui consiste à comparer dans un cadre statique puis dynamique, la situation d'un échantillon de microentreprises clientes d'ADéFI à celle d'un groupe de contrôle (non-clients), les résultats des analyses concluent à un impact positif du projet. Dans le cadre statique, les évaluations conduites en 2001 et 2004 montrent que les microentreprises financées enregistrent de meilleures performances en moyenne que les UPI non financées. Dans le cadre dynamique, les analyses menées sont plus nuancées. Si l'impact positif du projet est clairement établi en phase de croissance, son effet en période de récession paraît plus incertain.

Au Maroc enfin, l'étude d'impact réalisée par Impact, Knowledge, Market (IKM) et PlaNet Finance Maroc en 2004 avait trois objectifs: donner des indications sur la clientèle de l'ensemble des associations et régions; évaluer l'impact du microcrédit aux niveaux de l'entreprise, du ménage et de l'individu; et étudier le marché. Aussi, plusieurs méthodologies ont été utilisées afin de donner des tendances significatives sur un échantillon de 1 287 clients, composé majoritairement des femmes (68 % de l'échantillon). Ces méthodes relevaient d'une analyse statistique d'une part et d'une analyse économétrique, d'autre part.

Les résultats montrent que le microcrédit a un impact positif significatif sur le niveau des profits, des investissements et sur l'accès aux marchés. Au niveau des ménages, l'impact sur les dépenses de consommation propres aux clients et les dépenses globales du ménage est positif et significatif. L'analyse de l'évolution d'actifs dans le temps montre que les clients effectifs ont acquis très légèrement plus d'actifs que les clients récents. Ceci dit, une étude récente couvrante l'ensemble de l'Afrique (van Rooyen *et al.*, 2012) montre que la microfinance fait aussi bien le mal que du bien pour les ménages pauvres. Angelucci *et al.* (2013), analysant le programme de Compartamos Banco trouve que l'impact est beaucoup plus positif que négatif bien que ces impacts ne sont pas transformatifs.

L'analyse montre également que la durée de participation a un impact positif sur la constitution d'épargne. Au niveau de l'individu, le microcrédit a un effet positif significatif sur la contribution au budget du ménage. En termes de perceptions, une majorité de clients témoigne d'un changement positif de l'alimentation et d'une autonomie renforcée. Une proportion significative reporte un changement positif de l'état de santé, de l'instruction et de la considération du conjoint et des enfants.

L'étude de marché montre que si les clients sont en général satisfaits de leur relation avec les IMF, les conditions financières ne sont pas toujours adaptées à leur demande. En effet, le montant des crédits, les échéances de remboursement et le type de garantie ne correspondent pas toujours aux attentes des clients. Cette insatisfaction est un déterminant significatif de sortie des clients des IMF.

Au plan de l'autonomie, il faut signaler qu'au-delà des bénéfices économiques et sociaux, le microcrédit a un impact sur la capacité des individus à prendre en main leur propre situation. A cet égard, selon les études menées sur les clientes de la Grameen Bank au Bengladesh, celles des caisses villageoises du Mali, ou encore dans les caisses villageoises de la plaine des Joncs au Vietnam, le microcrédit permet avant tout d'éviter la décapitalisation ou le recours au crédit usurier (Doligez et Le Bissonais, 1996).

Le même constat a été fait au Sénégal pour la catégorie « dépendante ». Autrement dit, le microcrédit ne modifie pas l'activité menée par ces femmes; en revanche il se substitue à d'autres sources de financement (endettement ou décapitalisation), et parfois les revenus générés sont utilisés en partie pour rembourser des dettes. De ce fait, le sentiment d'autonomie qui en résulte est exprimé avec force témoignages: les femmes se sentent « plus à l'aise », moins « liées », moins « obligées ». Elles disent aussi qu'elles se « débrouillent » mieux, et qu'elles ont moins à « quémander ». Or, une femme qui ne « quémande » pas est davantage respectée. C'est donc en termes d'économies réalisées et non de revenus générés qu'il faut raisonner, notamment en milieu rural (Guerin, 2001). Quibria (2012) tire aussi la même conclusion en ce qui concerne l'autonomisation des femmes à travers la microfinance.

Sur le plan des structures collectives enfin, nous pouvons évoquer par exemple l'impact analysé par CERISE (2002) de la caution solidaire sur les clients de l'IMF du Crédit Rural de Guinée (CRG). L'octroi de crédit s'est appuyé sur la formation de groupes solidaires de 5 à 10 personnes. Ces groupes ont été considérés comme la principale forme de garantie. Il ressort que la gestion commune a permis d'améliorer l'activité de ces clients.

En revanche, l'apparition de problèmes de remboursement a rendu nécessaire une réflexion sur les effets pervers de ce mécanisme. Il est apparu que les clients acceptaient le principe de la caution solidaire. Mais les modalités de formation des groupes étaient remises en cause: les clients souhaitent pouvoir former des groupes plus petits (solidarité familiale traditionnelle) ou, au contraire, des groupes plus élargis (solidarité villageoise traditionnelle). Ils proposent aussi de compléter la caution solidaire par d'autres formes de garantie, différentiables selon les clients.

Au-delà des limites que l'on vient d'observer au niveau des structures de solidarité, il nous semble judicieux de signaler que certains risques peuvent être évoqués sur le plan économique et social. Ici, elles concernent précisément l'action féminine. A ce sujet, différentes études convergent principalement sur les risques de détournement par les hommes ou l'entourage (ces risques sont plus fréquents lorsque les crédits sont de montant élevé et lorsque les hommes ont un accès limité au crédit), voire même une volonté manifeste de se détourner de l'objectif de l'offre de crédit de l'IMF relative à la demande.

A cet égard, la première question à poser est le contrôle du crédit par les femmes, que les conjoints ou autres membres masculins de la famille peuvent être incités à s'approprier. Plusieurs études empiriques montrent les risques de dérive de ce type (Goetz et Gupta, 1996; Hashemi, Schuler et Riley, 1996; Rahman, 1999). Par exemple, une étude réalisée auprès de quatre programmes de microcrédit au Bangladesh montre que 10 % des emprunteuses de la Grameen Bank ont peu, voire aucun contrôle sur l'usage de leur crédit, cette proportion atteint 45 % dans le BRAC, 38 % dans le TMSS, 63 % dans le RD-12 (Goetz et Gupta, 1996). De même, Rahman (1999), à partir d'enquêtes effectuées auprès des clientes de la Grameen Bank, montre qu'il est fréquent que les femmes soient fortement incitées par leur mari à prendre un crédit (Guerin, 2001).

Au regard de ces différentes analyses, toute la question au Gabon est de savoir aujourd'hui si l'expérience de Tchibanga donne les résultats qu'on est en droit d'attendre. Telles sont les préoccupations de la présente étude qui considère l'expérience de Tchibanga comme un champ d'investigation approprié pour au moins deux raisons. Tout d'abord, cette première expérience de microfinance apparaît comme un instrument d'émancipation et de promotion de la condition féminine au regard des objectifs à définir; Ensuite, ladite expérience des femmes de Tchibanga est-elle en mesure d'être renouvelée et de servir de modèle dans le reste du Gabon?

De ce point de vue, on peut se demander quel est véritablement l'impact réel de l'expérience de Tchibanga. Il s'agit précisément de voir si les microcrédits offerts par la BGD ont apporté des modifications dans le système économique et social des femmes de Tchibanga, et particulièrement des jeunes filles mères. A cet effet, nous examinons d'abord le cadre méthodologique conduisant à l'évaluation de l'impact de l'expérience de Tchibanga (I), ensuite nous procédons à la présentation des résultats de cet impact et l'analyse qui en découle (II).

## 2. Le cadre méthodologique de l'impact de l'expérience de Tchibanga

Le cadre méthodologique de l'impact de l'expérience de Tchibanga, renvoie inéluctablement, semble-t-il, à la connaissance des opérations de microfinance pour les analyses d'impact, d'une part, et des domaines clés et outils y relatifs, d'autre part.

## La théorie des opérations de microfinance

La nécessité de connaître non seulement le niveau seuil de pauvreté rurale mais aussi l'indicateur de développement humain ainsi que la nature de la pauvreté des personnes concernées nous conduira à revenir sur les courants de mesure de l'impact de la microfinance sur les populations qui en bénéficient. Ces courants sont le fruit des deux approches générales du microcrédit. Une qui est qualifiée « d'institutionnaliste » (ou minimaliste) d'une part, et l'autre dite maximaliste qui s'intéresse au bien-être des populations concernées, d'autre part.

Pour les institutionnalistes, une IMF qui augmente sa clientèle et enregistre des taux élevés de remboursement, est en mesure de couvrir ses coûts. Elle ne dépend donc plus de subventions. Ce qui prouve que les clients sont satisfaits des services. Son impact est donc jugé positif. Sa performance financière peut ainsi être privilégiée par rapport à l'impact sur les clients.

En revanche, la logique dite du « bien-être » vise à aller plus en profondeur (en termes de budget et de technique) afin d'évaluer l'impact de la microfinance sur l'ensemble des bénéficiaires. Cette approche insiste sur l'impact du service du point de vue de ses clients. Elle permet une analyse des contraintes des clients et des raisons de succès, d'échec ou d'abandon de ceux-ci par rapport au programme de microfinance. Dans ce cas, on ne s'interroge pas sur la question du nombre de clients atteints, comme le fait la méthode précédente, mais plutôt sur le type de clients ciblés et sur l'adéquation entre leurs besoins et les services offerts. Bien que son coût soit plus élevé en termes de financement et de méthodes, cette manière de procéder est particulièrement intéressante parce qu'elle se fonde sur les besoins de management nécessaires à l'amélioration du fonctionnement des IMF.

A cet égard, ces méthodologies d'évaluation d'impact ont été appliquées en divers contextes, avec des objectifs et des cadres théoriques différents. Aussi dénote-t-on fondamentalement quatre types d'évaluation de l'impact utilisés dans le domaine du développement.

Le premier est un modèle d'évaluation aléatoire, le deuxième est un modèle quasi-expérimental qui donne lieu à la constitution d'un groupe témoin mais présentant des caractéristiques aussi proches que possible de celles de la population touchée par le projet; la troisième méthode consiste à comparer les données relatives à la population du projet et les données relatives à un groupe témoin non équivalent une fois le projet exécuté; enfin la quatrième est une évaluation rapide qui repose à la fois sur des entrevues de groupes ou d'intervenants majeurs, des études de cas et des données secondaires. En fait, le cadre idéal d'évaluation d'impact implique une analyse expérimentale longitudinale, comparant une population ayant accès à la microfinance avec celle n'ayant pas accès, les deux populations étant choisies de manière aléatoire.

### Les domaines clés d'impact et les outils

L'évaluation de l'impact de l'expérience de Tchibanga nous conduit à faire une enquête. A cet égard, il apparaît opportun d'identifier les domaines et les outils pour mieux cadrer le questionnaire. Il convient donc de choisir sur les groupes des individus ayant perçu les financements de la Banque Gabonaise de Développement (BGD) et certaines personnes n'ayant obtenu ces microcrédits pour des fins d'enquête. A cet égard, pour assurer la représentativité des enquêtés à travers ce questionnaire, il apparaîtra nécessaire de procéder par échantillonnage. Comme nous l'avions évoqué plus haut, cet échantillonnage est aléatoire et stratifié (âge, montant reçu, nombre d'enfants,...) puisque c'est la meilleure façon de garantir une représentation correcte et équilibrée et, elle permet aussi de se concentrer sur un groupe précis (Cohen, 2001). Nous pourrons ainsi obtenir un échantillon d'une centaine de femmes clientes[76]. L'obtention dudit échantillon pouvant se faire de deux manières: soit par un tirage au sort à travers la liste des bénéficiaires des financements de la BGD à Tchibanga, soit par une table de nombres aléatoires élaborées à l'aide de MS excès, nous optons pour la première.

Dès lors, le questionnaire d'enquête à l'endroit de cet échantillon repose sur des hypothèses qui reflètent les résultats attendus. Ces hypothèses concernent les hypothèses de recherche. Certaines peuvent être retenues relativement à l'entreprise, à la famille ou ménage, à l'individu et à la communauté.

Les hypothèses à formuler au niveau de l'entreprise reposent essentiellement sur ses performances financières: la participation au programme de microcrédits augmente les revenus de l'entreprise; la participation au programme entraîne un changement des pratiques commerciales associé à une meilleure rentabilité. Quant à celles relatives au ménage, il s'agit de savoir si (a) la participation au programme conduit à une augmentation du revenu du ménage; (b) la participation au programme conduit à une augmentation des actifs du ménage; et (c) la participation au programme conduit à une amélioration du bien-être du ménage (notamment scolarisation des enfants, habitat et sécurité alimentaire).

---

[76] La question du groupe témoin qui sera composé de moins d'une moitié (hommes et femmes) de le l'échantillon se pose non pas lors de l'échantillonnage, mais plutôt lors du choix d'une méthode de recherche. Or, celle-ci a été identifiée

A propos des hypothèses qui concernent l'analyse individuelle, on recense une seule hypothèse à savoir: la participation aux services d'appui aux microentreprises conduit à une augmentation de l'épargne personnelle

Enfin les hypothèses à postuler sur la communauté sont: la participation au programme limite le travail des enfants dans les entreprises des clients; la participation au programme augmente le nombre d'emplois dans les communautés des clients. Ainsi, pour notre étude, le questionnaire comporte une trentaine de questions. Celles-ci peuvent être regroupées en sept modules, à savoir:

le module 1: *Le profil du client, du ménage ou du non client*: il s'agit d'obtenir les informations de base (le niveau scolaire de l'individu, la source de financement, durée dans le programme,...); le module 2: *L'utilisation du microcrédit et le revenu individuel*: L'objectif des questions de ce module est d'analyser la façon dont les clients actuels utilisent leurs prêts ainsi que la façon dont les revenus des enquêtés évoluent; le module 3: *Au niveau de l'entreprise: revenus, main-d'œuvre, bénéfices, améliorations et actifs:* Ce module aura principalement pour objet les changements ayant affecté les activités génératrices de revenus de l'enquêté ainsi que les bénéfices dégagés par ces mêmes activités; le module 4: *Au niveau individuel: épargne et qualifications:* ce module sera centré sur le client lui-même: son épargne, ses qualifications et comment ces deux éléments ont évolué depuis la perception du microcrédit; le module 5: *Au niveau du ménage (actifs):* ce module aura pour objectif de mesurer les changements intervenus dans la richesse des ménages en fonction des actifs récemment acquis et des améliorations apportées à l'habitat; le module 6: *Bien-être du ménage et moyens pour faire face aux périodes difficiles*: Ce module consistera à déterminer l'impact du programme sur le bien-être de la famille grâce à des questions sur l'alimentation, sur les moyens de faire face aux périodes maigres et sur l'argent disponible pour la gestion de l'entreprise; et le module 7: *Difficultés de remboursement et satisfaction des clients:* Les questions de ce module s'adressent uniquement aux clients. Elles tentent d'obtenir un aperçu de l'expérience vécue par les clients, de ce qu'ils pensent du financement de la BGD et de ce qu'ils proposent pour l'améliorer.

La démarche adoptée pour l'évaluation de l'impact de Tchibanga étant connue, il nous revient de présenter les résultats de cette évaluation. C'est l'objet de la section qui suit.

### 3. Résultats de l'évaluation de l'impact de l'expérience de Tchibanga

L'enquête sur l'expérience de Tchibanga concernant les financements dont ont bénéficié les femmes de cette région s'est déroulée du 15 décembre au 15 janvier 2010. Elle porte sur un échantillon de 100 questionnaires dont le contenu a été exposé plus haut.

L'approche retenue s'oriente principalement vers le financement ou non de l'activité des micro-clients par les IMF. Cette approche a l'avantage de rendre compte des conditions d'octroi des crédits, de l'utilisation des sommes perçues, du concours des IMF par rapport aux besoins exprimés. Elle vise par ailleurs les liens de confiance avec les banques commerciales au travers des sentiments exprimés par les clients sur la familiarité des produits offerts ainsi que la capacité des banques à fournir des crédits en cas de besoin. Dès lors, mieux cerner cette approche nous conduit à s'appuyer sur une présentation des résultats recourant aux méthodes statistiques unidimensionnelles et multidimensionnelles (analyse bivariée et ACP).

### L'analyse univariée de l'évaluation de l'impact de l'expérience de Tchibanga

Cette analyse consiste à explorer l'impact des microcrédits de Tchibanga selon les mobiles définis dans le cadre méthodologique. Il s'agit de voir tour à tour, le profil du client, l'utilisation du crédit, l'amélioration des conditions de travail, l'épargne et la qualification de l'individu, les actifs du ménage, le bien-être et le remboursement.

#### Le profil du client

Le profil du client concerne essentiellement les variables d'impact suivantes: le montant du microcrédit et le niveau d'études du bénéficiaire. En ce qui concerne tout d'abord le montant du microcrédit financé par la BGD, le Figure 17.1 illustre la tendance des sommes reçues par le groupe de traitement (les clients). Sur l'échantillon de 71 clients, le montant des crédits s'oscille entre 175 000 FCFA et 18 000 000 de FCFA, soit 47 clients ayant reçu des crédits de moins de 500 000 FCFA, 15 pour des crédits compris entre 5 000 000 de FCFA et 10 000 000 de FCFA et seulement 9 clients ont reçus les crédits de plus de 10 000 000 de FCFA.

**Figure 17.1: Répartition des montants reçus**

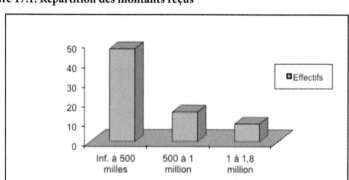

*Source: Données de l'enquête (2010).*

Quant à l'âge des bénéficiaires de ces financements, le Figure 17.2 montre que les clients ont un âge qui varie entre 28 et 62 ans. Par conséquent, il convient de signaler la population ciblée (jeunes filles mères) par notre étude apparaît minoritaire dans l'échantillon.

Par ailleurs, la majorité des bénéficiaires des microcrédits fait face à des charges familiales élevées, principalement scolaires et notamment en cas de passage en classes supérieures puisque ce dernier nécessite le renouvellement du trousseau scolaire, en plus des frais de scolarité.

**Figure 17.2: Les clients par âge**

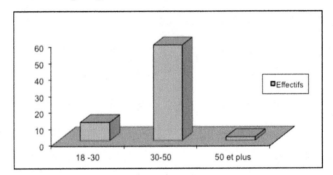

*Source: Données de l'enquête (2010).*

Enfin, le dépouillement révèle à travers le diagramme ci-après que le niveau d'étude des bénéficiaires et des enfants demeure faible (2 femmes sur 71 ont atteint la terminale). Une analyse plus approfondie permettrait d'établir une corrélation entre le niveau de formation du bénéficiaire et la rigueur dans la gestion du microcrédit (Figure 17.3).

**Figure 17.3: Répartition des clients par niveau d'études**

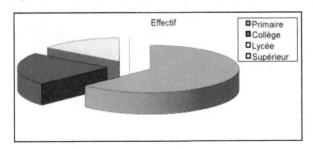

*Source: Données de l'enquête (2010).*

*L'utilisation du microcrédit*

L'utilisation des microcrédits indique l'usage qui a été fait des financements de la BDG reçus par les femmes de Tchibanga. Le Figure 17.4 illustre les activités principales réalisées par ces femmes.

**Figure 17.4: Usage du microcrédit**

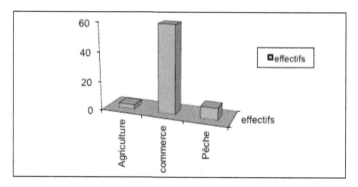

*Source: Données de l'enquête (2010).*

Aussi, faut-il signaler que l'échantillon indique que les microcrédits octroyés aux femmes de Tchibanga ont été utilisés dans des activités susceptibles de générer des revenus (commerce de produits vivriers, débits de boissons, culture de légumes, …).

Une tendance très affirmée indique qu'en moyenne, 80 % du montant des microcrédits ont été utilisés dans le cadre des projets annoncés initialement. Environ 20 % des montants alloués ont pris une destination autre que celle pour laquelle l'emprunt avait été contracté (dépenses de santé, participation aux frais de funérailles, …). Cela est illustré dans le Figure 17.5 ci-dessous.

Par ailleurs, à la majorité absolue, les personnes sondées déclarent ne pas avoir atteint la rentabilité escomptée de leur activité. A cet égard, près de 30 % des personnes sondées déclarent que la publicité faite autour de la perception du microcrédit les a davantage appauvries, puisqu'elles sont devenues pourvoyeuses de fonds potentiels pour leur famille.

**Figure 17.5: La dispersion du microcrédit**

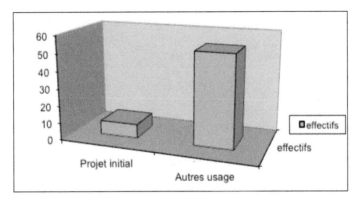

*Source: Données de l'enquête (2010).*

Cinq personnes sur 71 attribuent la dispersion des fonds à une inadaptation de leur activité aux conditions matérielles du moment (le climat pour l'agriculture, la présence des caïmans pour la pêche, …). En définitive, des 71 personnes sondées, aucune n'a atteint l'autonomisation que l'on pouvait attendre de la perception du microcrédit, ce qui peut également renforcer le soupçon d'une gestion peu rigoureuse, précédemment relevé.

### Amélioration des conditions de travail

Cette modalité concerne précisément le niveau de l'impact sur les entreprises. Les résultats obtenus sont consignés dans le Tableau 17.1.

Dans leur majorité, les bénéficiaires déclarent que les financements reçus n'ont pas permis d'acquérir un matériel permettant d'améliorer leur production. Seuls quelques ustensiles ont pu être achetés. De ce fait, l'activité n'ayant pas connu une ampleur considérable, aucune activité n'a permis l'embauche de personnels nouveaux.

**Tableau 17.1: Résumé de l'impact sur les entreprises**

| Variables d'impact | Groupe de traitement (Clients: 71) | Groupe de contrôle (Non-clients: 29) | Signe statistique[77] |
|---|---|---|---|
| Entreprises ayant augmenté leurs revenus | 0 soit 0 % | 0 soit 0 % | Vraisemblable |
| Petits accessoires | 34 soit 47,89 % | 14 soit 48,27 % | (3,14) à 5 %: non |
| Diversification | 3 soit 4,22 % | 1 soit 3,44 % | (1,03) à 5 %: non |

*Source: Données de l'enquête 2010).*

### Epargne et qualification de l'individu

L'épargne et la qualification de l'individu déterminent l'impact au niveau des individus. Pour l'ensemble des personnes sondées (groupe de contrôle et groupe de traitement), le dépouillement montre que la perception des microcrédits n'a pas permis ni aux bénéficiaires, ni aux non-clients de se constituer une épargne, compte tenu des mauvais résultats enregistrés en termes de rentabilité.

De même, aucun bénéficiaire n'a pu contracter une assurance maladie à l'issue du financement de son activité. Par ailleurs, cette absence d'épargne s'affirme chez les individus enquêtés n'ayant pas bénéficié de microcrédit. Dès lors, on peut penser que les femmes et particulièrement les jeunes filles mères de Tchibanga vivent au jour le jour.

En termes d'émancipation, les processus par lesquels certaines femmes s'émancipent grâce à leur participation au programme de financement de la BGD ont été révélés lors des discussions. Cette émancipation se manifeste principalement par une estime de soi quasi-améliorée due à la satisfaction de pouvoir subvenir aux besoins de la famille. La participation au programme est également associée à des changements dans les processus de prise de décisions au niveau de l'orientation du financement obtenu.

### Actifs du ménage

Ce module évalue l'impact au niveau du ménage. A ce titre, les résultats du dépouillement de l'enquête figurent dans le Tableau 17.2.

---

[77] Lors de l'interprétation des données statistiques sur l'impact, il est important de comprendre que les pourcentages individuels de chaque groupe de l'échantillon ne sont pas pertinents; il convient au contraire d'évaluer si la différence qui existe entre les moyennes des deux groupes est aléatoire ou si elle a une signification statistique en comparant les données du groupe de contrôle à celles du groupe de traitement au moyen de tests statistiques tels que le test du chi-deux.

**Tableau 17.2: Résumé de l'impact sur les ménages**

| | Résultats | | |
|---|---|---|---|
| Variables d'impact | Groupe de traitement (Clients: 71) | Groupe de contrôle (Non-clients: 29) | Signe statistique |
| Identiques | 57 soit 80,28 % | 24 soit 82,75 % | (26,5) à 5 %: non |
| Augmentation mineure | 19 soit 26,76 % | 8 soit 27,58 % | (4,57) à 5 %: non |
| Augmentation majeure | 0 soit 0 % | 0 soit 0 % | Vraisemblable |

*Source: Données de l'enquête (2010).*

L'enquête relève que 80 % des ménages étaient détenteurs d'équipement ménager de base (une radio, des chaises, des lits, matelas) au même titre que les individus du groupe de contrôle. En revanche, aucune acquisition nouvelle n'a été enregistrée à ce niveau, puisque les activités n'ont pas connu le succès escompté.

### Bien-être

L'enquête relève une imprécision concernant l'amélioration des conditions d'alimentation quotidienne. A 80 %, les bénéficiaires restent évasifs sur cet aspect. On peut penser qu'à ce niveau, aucune amélioration n'est intervenue. En revanche, ils reconnaissent dans la plupart des cas que le financement a pu servir à dépanner de façon passagère des membres de leur famille sur le plan alimentaire. Ce qui incline à penser que cette pauvreté semble être entretenue.

Aussi, paraît-il important de définir la ligne de pauvreté dans cette ville de Tchibanga. En effet, il s'agit de mesurer l'ampleur de la pauvreté. Or, la mesure du niveau de pauvreté souvent retenue est basée sur le niveau de revenu. C'est une norme standard de la Banque Mondiale qui fixe le seuil « d'extrême pauvreté » à moins d'un dollar américain par jour, celui de « pauvreté » à un revenu situé entre un et deux dollars américain par jour, et qui définit les « non pauvres » comme les personnes gagnant plus de deux dollars américain par jour.

Par contre, l'indécision relevée lors du dépouillement et surtout des discussions avec la plus grande partie des membres des deux groupes allant à l'encontre de cette trajectoire, nous nous retrouvons dans l'incapacité de déterminer véritablement ladite ligne de pauvreté. Toutefois une lecture qualitative de l'enquête sur le terrain dénote que ces femmes et jeunes filles mères sont pauvres, et donc éligibles pour l'octroi de microcrédits.

### Le remboursement

Le remboursement du microcrédit s'apprécie par les deux graphiques illustré par le Figure 17.6. La quasi-totalité des bénéficiaires de microcrédit de notre étude ont été défaillants quant au remboursement. A cet égard, le dépouillement fait ressortir trois problèmes. Tout d'abord, le taux d'intérêt semble élevé pour une population où sévit la pauvreté (non communiqué par la banque). Ce taux d'intérêt est à l'origine de la situation décrite plus haut. Ensuite, une très forte tendance (environ 90 %) accuse des délais d'échéance trop courts (moins de 1 an). Enfin, la plupart des bénéficiaires de cet échantillon ne souhaiteraient pas renouveler l'expérience de Tchibanga, sous les mêmes conditions d'emprunt.

**Figure 17.6: Comportement face aux crédits**

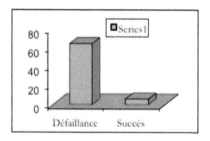 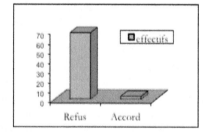

*Source: Données de l'enquête (2010).*

Après avoir exposé l'analyse univariée de l'évaluation de l'impact de l'expérience de Tchibanga, il convient à présent d'apprécier celle bi-variée.

### *L'analyse bi-variée de l'évaluation de l'impact de l'expérience de Tchibanga*

Cette section se propose de croiser les variables relevant des conditions d'emprunt et celles relevant des conditions de vie des bénéficiaires. L'analyse bi-variée permet alors de mettre en évidence l'incidence du financement sur la vie des bénéficiaires, mais aussi l'incidence des conditions d'emprunt sur l'aboutissement des projets. En retenant les croisements les plus pertinents, nous pouvant alors conclure, à partir des différents tableaux de contingence, sur l'impact du microcrédit sur la réduction de la pauvreté.

Le Tableau 17.3 montre que 54,93 % des bénéficiaires de microcrédits (39 femmes sur 71) ont obtenu un montant inférieur à 500 000 FCFA. L'âge de ces bénéficiaires varie entre 10 et 50 ans. On peut s'étonner de ce que la banque n'ait pas accordé plus de moyen à cette tranche d'âge, puisqu'à peine 13 femmes dont l'âge varie entre 30 et 50 ans ont obtenu un montant supérieur à 500 000 FCFA.

**Tableau 17.3: Critères montant et âge**

| Age Montant | 18-30 | 30-50 | + 50 |
|---|---|---|---|
| < 500 milles | 7 | 39 | 1 |
| 500 à 1 million | 2 | 13 | 1 |
| + 1 million | 2 | 6 | 1 |

De même, la population des jeunes femmes de 18 à 30 ans n'a pas été avantagée puisqu'à peine 11 sur 71 ont obtenu un financement. Dans ce groupe, 9,86 % des femmes (7 sur 71) obtiennent un montant inférieur à 500 000 FCFA. Ce résultat semble révéler une certaine aversion au risque de la banque, vis-à-vis des moins de 30 ans alors que ce groupe est sensé disposer d'une force de travail utile pour des travaux agricoles ou pour la pêche.

Le croisement du niveau de formation des bénéficiaires avec les montants reçus (Tableau 17.4) montre que l'effectif le plus élevé est de 38 femmes, soit 53,52 %. Elles ont un niveau de formation relativement faible (primaire) et les montants reçus par elles ne dépassent pas 500 000 FCFA. De ce fait, il apparait que la banque n'a pas favorisé ce groupe de bénéficiaires très vulnérables, puisque le défaut de formation rend leurs conditions de vie encore plus difficiles en termes de possibilité de trouver du travail. Enfin, le niveau de formation le plus élevé de l'échantillon est le lycée (12 femmes). C'est dans ce groupe que l'on trouve les montants supérieurs à 500 000 FCFA, soit au total un pourcentage de 14,08 % de l'échantillon global. On pourrait penser que la banque accorde une prime au niveau de formation des bénéficiaires.

**Tableau 17.4: Critères montant et formation**

| Formation Montant | Primaire | Collège | Lycée | Supérieur |
|---|---|---|---|---|
| < 500 milles | 38 | 7 | 2 | 0 |
| 500 à 1 million | 2 | 8 | 5 | 0 |
| + 1 million | 1 | 3 | 5 | 0 |

Le Tableau 17.5 qui croise les montants perçus avec le type d'activité révèle que les activités commerciales ont été privilégiées par la banque (60 femmes sur 71). Paradoxalement, dans ce groupe d'activité, les montants perçus de moins de 500 000 FCFA sont les plus nombreux (59,11 %). On peut penser que la banque a peut être envisagé qu'un remboursement rapide de ses financements est mieux garanti par les activités commerciales. De même, on peut regretter que la pêche et l'agriculture qui auraient pu avoir une incidence sur l'alimentation des familles des bénéficiaires, n'aient pas été majoritairement retenues par la banque (11 sur 60) puisqu'à peine 8 bénéficiaires ont perçu plus de 500 000 FCFA. Cette observation rejoint un résultat de l'analyse univariée dans laquelle, on notait déjà une imprécision dans 80 % des cas, par rapport à l'amélioration des conditions d'alimentation quotidienne. Aussi, elle vient conforter l'idée qu'aucune amélioration n'est intervenue dans la vie des bénéficiaires.

**Tableau 17.5: Critères montant et type d'activité**

| Activité Montant | Agriculture | Commerce | Pêche |
|---|---|---|---|
| < 500 milles | 3 | 42 | 2 |
| 500 à 1 million | 0 | 7 | 4 |
| + 1 million | 0 | 7 | 2 |

L'analyse du croisement de la destination réelle des fonds accordés et leurs montants montre que dans 74,65 % des cas, ils ont servi à d'autres usages qu'aux projets initialement annoncés.

Cette remarque peut en partie justifier l'échec des projets. En grande majorité, ce sont les montants inférieurs à 500 000 FCFA qui ont connu la plus grande dispersion (57,75 % des cas). Or, ayant mis en évidence la corrélation entre ces montants accordés et le niveau de formation des bénéficiaires, on peut penser qu'un accompagnement des projets aurait dû être proposé par la banque, notamment pour les bénéficiaires de niveau de formation primaire, plus nombreux et à priori moins préparés en matière de gestion de projets. Par ailleurs, on note que les montants supérieurs à 500 000 FCFA détournés de leurs objectifs initiaux représentent 31 % des crédits, ce qui montre que la nécessité d'un encadrement dans la conduite des projets s'étend à tous les bénéficiaires, quel que soit leur niveau de formation.

**Tableau 17.6: Critères montant et destination des fonds**

| Destination Montant | Projet initial | Autres usages |
|---|---|---|
| < 500 milles | 6 | 41 |
| 500 à 1 million | 1 | 14 |
| + 1 million | 1 | 8 |

D'après le Tableau 17.7, aucun bénéficiaire n'a enregistré une augmentation majeure des actifs de son entreprise. En revanche, 68 bénéficiaires sur 71 reconnaissent avoir enregistré une augmentation mineure des actifs de leurs entreprises. L'essentiel de cette augmentation mineure repose sur l'acquisition de petits outils de travail (machettes, couteaux, ...). Dans ce groupe, environ 62 % des crédits étaient d'un montant inférieur à 500 000 FCFA. Ceci renforce l'idée que les bénéficiaires les moins nantis sont également ceux qui ont connu la plus grande dispersion des fonds. Paradoxalement, un seul emprunteur ayant obtenu un montant supérieur à 500 000 FCFA a pu envisager une diversification en travaillant pour une autre entreprise; alors que 3 bénéficiaires dont les montants étaient inférieurs à 500 000 FCFA se sont ouverts à d'autres entreprises. Il est possible que cette ouverture soit liée à un besoin d'association des 3 emprunteurs, en vue de partager des charges trop lourdes individuellement.

**Tableau 17.7: Critères montant et actifs de l'entreprise**

| Actifs Ent. Montant | Augm. maj | Augm. min | Diversif. |
|---|---|---|---|
| < 500 milles | 0 | 44 | 3 |
| 500 à 1 million | 0 | 15 | 0 |
| + 1 million | 0 | 8 | 1 |

La plupart des ménages étaient déjà détenteurs de petits matériels électroménagers (poste radio, téléviseurs, lits, chaise, table). Le croisement des montants perçus avec l'évolution des actifs ménagers des bénéficiaires révèle que pour 56,34 % des bénéficiaires, les actifs ménagers sont restés identiques. Ce chiffre montre que les bénéficiaires de moins de 500 000 FCFA disposaient d'une marge de manœuvre ne permettant pas l'acquisition de nouveaux équipements ménagers. La dispersion des fonds constatée précédemment pour cette catégorie est certainement due à l'intervention de problèmes de nature familiale (décès, assistance diverses, ...); De même, pour les bénéficiaires de montants supérieurs à 500 000 FCFA, 9,86 % d'entre eux admettent une augmentation mineure des actifs ménagers. Par conséquent, les microcrédits n'ont pas eu d'impact sur l'évolution des actifs du ménage (Tableau 17.8).

**Tableau 17.8: Critères montant et actifs du ménage**

| Actifs Ent. Montant | Augm. maj | Augm. min | Identique |
|---|---|---|---|
| < 500 milles | 0 | 7 | 40 |
| 500 à 1 million | 0 | 5 | 10 |
| + 1 million | 0 | 2 | 7 |

On observe que 66,20 % des bénéficiaires ont été défaillants quant au remboursement de leur dette (Tableau 17.9). Cette majorité est constituée de membres du groupe le plus vulnérable, bénéficiant de montants inférieurs à

500 000 FCFA. Le pourcentage de défaillants est également élevé parmi les bénéficiaires de montants supérieurs à 500 000 FCFA, soit environ 25,35 %. On peut donc penser que les défaillances ne sont pas seulement liées aux montants des prêts, mais plutôt aux autres contraintes de remboursement telles que la date d'échéance du remboursement fixé à un an et le taux d'intérêt non communiqué par la banque.

**Tableau 17.9: Critères montant et issue du remboursement**

| Remb. (Montant) | Succès | Défaillance |
|---|---|---|
| < 500 milles | 0 | 47 |
| 500 à 1 million | 2 | 13 |
| + 1 million | 4 | 5 |

Le Tableau 17.10 montre que les bénéficiaires de moins de 500 000 FCFA refusent à l'unanimité d'envisager un renouvellement de l'expérience de Tchibanga. En revanche, à peine 3 bénéficiaires sur 7 accepteraient de renouveler cette expérience. Bien que ces bénéficiaires aient perçu plus de 500 000 FCFA, on note qu'environ 30 % d'entre eux refusent d'envisager le renouvellement de cette expérience. Les soupçons précédents concernant le poids des contraintes de remboursement se confirment donc au regard de ces résultats. L'échéance de remboursement fixé à un an, a pu justifier le nombre élevé de défaillances.

**Tableau 17.10: Critères montant et perspective de renouvellement**

| Renouvelment montant | Refusé | Accepté |
|---|---|---|
| < 500 milles | 47 | 0 |
| 500 à 1 million | 14 | 1 |
| + 1 million | 7 | 2 |

### L'analyse en composantes principales

Dans cette section, nous tentons de compléter les analyses précédentes par une analyse multidimensionnelle de type ACP. L'objectif est de déceler les profils des bénéficiaires de microcrédit dans le cas de l'expérience de Tchibanga. Pour cela, nous divisons les variables de notre échantillon en deux sous-groupes: les variables actives, celles qui permettent la détermination des axes, et les variables supplémentaires, celles qui ne participent pas à la détermination des axes mais en se projetant sur eux permettent d'en donner des éléments d'explication.

Nous choisissons comme variables actives: « montant », « âge », « activité » et « remboursement ». Le premier élément déterminant dans le choix de ces variables est la quantité des informations qu'elles contiennent relativement à l'objet de notre étude: elles nous renseignent sur la taille du crédit, l'âge du bénéficiaire, la nature de l'activité et l'issue du remboursement. En cela, bien que peu nombreuses, ces variables couvrent les principaux critères distinctifs des crédits accordés et garantissent la crédibilité de la construction des axes.

En variables supplémentaires[78] (ou explicatives), nous choisissons « succès », « défaillance », « pêche », « commerce », « agriculture », « primaire », « secondaire » et « tertiaire ». Au passage, précisons que les variables relatives à la perspective de renouvellement, aux actifs du ménage et aux actifs de l'entreprise sont exclues volontairement de l'ACP pour une raison liée au fait qu'elles n'apportent aucune information permettant de discriminer les emprunteurs (les résultats obtenus sont globalement les mêmes pour tous les bénéficiaires).

Notons qu'en pratique, une ACP est l'analyse d'une matrice de covariance, celle des variables actives en présence. Pour obtenir une analyse satisfaisante, cette matrice doit être de plein rang. Il faut donc éviter d'avoir des variables trop fortement corrélées (problème de multicolinéarité) mais aussi des variables non corrélées avec les autres, ce qui se traduirait par autant de lignes de zéros, c'est-à-dire, par le fait que des colonnes de la matrice de covariance seraient des combinaisons linéaires d'autres vecteurs. Notons également que compte tenu du nombre relativement faible de variables étudiées, nous tentons ici de tirer parti au mieux, des informations empiriques disponibles. Enfin, bien que récentes, les données disponibles sont moins nombreuses que l'on pourrait le souhaiter. Soulignons également que la mise en place d'une ACP avec seulement 11 variables est un exercice assez particulier, qui plus est lorsque les ordres de grandeur des variables sont si différents. Toutefois, les régressions précédentes nous ont permis de penser que ces écarts ne devraient pas nuire à l'analyse. Les principaux indices calculés par le logiciel SAS peuvent alors être commentés.

*Etapes de l'ACP*

Nous commençons par déterminer le nombre d'axes à l'aide du diagramme des valeurs propres (Figure 17.7).

---

[78] Il est possible d'adjoindre aux variables quantitatives précédentes des variables qualitatives (numériques non ordinales, ou même caractères). Cette pratique n'est pas systématique lorsqu'on a recours à une ACP, qui est par excellence l'analyse des tables de données numériques. Mais elle s'avère ici indispensable si l'on veut tirer parti au mieux de toutes les données disponibles dans les tables. Cette méthode n'a de sens que si ces variables sont des variables supplémentaires. Les variables supplémentaires qualitatives seront représentées par leurs modalités, mais dans l'espace des individus, en tant que le barycentre des individus concernés; les variables quantitatives étant toutes pour leur part, projetées dans l'espace des variables.

**Figure 17.7: Diagramme des Valeurs**

```
1  1.4146  35.37  35.37 !*******************************************
2  1.1636  0.2510  29.09 64.46 !**********************************
3  0.7772  0.3864  19.43 83.89 !************************
4  0.6446  0.1326  16.11 100.0 !*******************

N° Val.Pr. Diff. Pct Cum !
```

A la lecture de ce graphique, on s'aperçoit qu'en présence de 4 variables, il ne peut y avoir plus de 4 axes. Le premier axe explique à lui seul 35,37 % de l'inertie du nuage, et les 3 premiers axes, 83,89 %. Selon le critère de Kaiser, nous retenons les axes tels que la part d'inertie qu'ils expliquent est supérieur à la part d'inertie moyenne, soit ici, avec 4 variables: 1/4 = 25 %. Ainsi, nous ne retenons ici que les deux premiers axes. Selon le critère du point d'inflexion, appelé aussi critère de Cattel, il faut repérer un point d'inflexion dans la courbe (analytiquement, c'est le point ou l'écart entre 2 valeurs propres (DIFF) croît), et retenir les valeurs propres de rang inférieur. Dans ce cas précis, on retient donc 2 axes. Pour finir, la règle du coude, qui est en général le critère le plus opératoire, nous recommande de retenir les valeurs propres situées au-dessus du coude que l'on repère dans le diagramme. Ce critère nous recommande lui aussi de retenir 2 axes.

En pratique, les trois critères donnent souvent des résultats différents, voire très différents. Nous avons donc été en quelque sorte chanceux, et nous retenons sans hésitation, 2 axes. L'analyse des résultats s'appuie sur le tableau d'aide à l'interprétation des variables actives (Tableau 17.11).

**Tableau 17.11: Variables Actives**

| Variables actives | | AXE1 | | | | | AXE2 | | | | |
|---|---|---|---|---|---|---|---|---|---|---|---|
| Ident. CONTR POIDS | COORD | CTR | RCTR | CO2 | QLT | COORD | CTR | RCTR | CO2 | QLT |
| Montant 25,00 25,00 | 0,75 | 40,0 | 1 | 56,6 | 56,6 | 0,28 | 7,0 | 3 | 8,1 | 64,7 |
| Age 25,00 25,00 | -0,09 | 0,6 | 4 | 0,9 | 0,9 | -0,87 | 65,6 | 1 | 76,4 | 77,2 |
| Activité 25,00 25,00 | 0,72 | 36,3 | 2 | 51,3 | 51,3 | 0,04 | 0,1 | 4 | 0,1 | 51,5 |
| Rembours 25,00 25,00 | -0,57 | 23,1 | 3 | 32,6 | 32,6 | 0,56 | 27,3 | 2 | 31,8 | 64.4 |

Le Tableau 17.11 nous renseigne sur les contributions (colonne CTR, en %) et le rang de contribution (RCTR) des différentes variables dans la construction de chaque axe. Il nous renseigne aussi sur les coordonnées (COORD) des projections des variables autour d'un axe. Les informations qu'on peut en retirer proviennent du signe: il permet de voir l'opposition (ou la corrélation positive) de la projection de deux variables, et de la valeur permettant de mesurer cette opposition.

Enfin, la qualité de représentation (QLT) permet, dans certains cas, de nuancer les informations recueillies précédemment. Par exemple, l'analyse d'une variable ayant de fortes coordonnées de projection, mais une qualité de représentation faible, aura moins d'impact. Le $CO_2$ ($CO_2$) joue le même rôle, en reflétant une mesure de l'angle pris par la projection de la variable avec l'origine. A présent, passons à la construction et à l'interprétation des deux axes.

### Construction et interprétation de l'axe 1

Trois variables à elles seules contribuent à 99,6 % à la construction du premier axe. Il s'agit tout d'abord de « montant » (RCTR=1 avec CTR=40 %), qui se projette positivement (COORD=0,75) puis de « activité » qui présente des caractéristiques proches (mais nous verrons plus loin qu'elle se projette suffisamment loin de montant). Enfin, avec 23,1 % de CTR, « rembours » se projette négativement (COORD=-0,57). L'axe 1 est caractérisé par une proximité des variables « montant » et « activité », c'est-à-dire qu'il rapproche les prêts de grande taille de ceux ayant un certain type d'activité. En outre, il oppose ces deux variables au remboursement.

### Construction et interprétation de l'axe 2

Deux variables à elles seules suffisent à la construction du deuxième axe (CTR totale = 92,9 %). La première, avec une contribution de 65,6 % se projette négativement, et assez loin de l'axe (COORD=-0,87), il s'agit de « âge ». La seconde est « rembours », qui se projette, elle, positivement (COORD=0,56). Il est intéressant de noter la très bonne qualité de représentation des deux variables restantes: QLT=64,7 pour montant et 51,5 pour activité, (contre 64,4 pour rembours. par exemple) alors qu'elles ne contribuent qu'à hauteur de 7 % et 0,1 % à la construction de l'axe. Toutefois, leurs niveaux de $CO_2$ respectifs: 8,1 et 0,1 les discréditent dans l'analyse. Des niveaux aussi relativement faibles traduisent un angle peu important avec l'origine de l'axe, et donc une pertinence bien moindre si on les intégrait à l'analyse.

L'axe 2 oppose fortement les variables indiquant l'âge du bénéficiaire et la variable « rembours ». Il est donc celui qui éloigne les critères âge et échéance de remboursement. En clair, cet axe semble déterminer un lien entre l'échéance de remboursement et l'issue défaillante du remboursement. De ces premières analyses, nous pouvons tirer les conclusions suivantes. Tout d'abord, on s'aperçoit que toutes nos variables actives sont sensiblement impliquées dans la construction des deux axes retenus, ce qui veut dire que l'ACP fonctionne assez bien jusqu'ici, malgré le nombre réduit de variables en jeu. D'autre part, cette ACP recoupe d'ores et déjà les analyses de la section précédente, en ce qui concerne le sens de la corrélation entre les variables « remboursement » et « âge ».

La simplicité apparente des conclusions tirées jusqu'ici et leur redondance par rapport à l'analyse bivariée doivent être perçues à leur juste valeur. En effet, il est plutôt rassurant de voir qu'un outil aussi complexe puisse fonctionner de manière concordante avec des démonstrations simples, ou qu'il puisse simplement venir confirmer certaines intuitions. Nous pouvons maintenant passer à l'analyse des plans factoriels.

*L'analyse du plan factoriel axe 1 * axe 2:*

Le logiciel SAS nous renvoie le plan factoriel axe 1* axe 2 dans lequel figurent les projections des variables actives (Figure 17.8). Les variables supplémentaires qualitatives ne peuvent y figurer, en raison des dimensions différentes de l'espace où elles sont projetées (l'espace des individus) et de l'espace des variables.

**Résultats de l'ACP**

Dans ce plan factoriel, le nom des variables supplémentaires figure en italique. Celles-ci ne contribuent pas à la construction des axes, mais en se projetant selon eux, elles permettent de comprendre la conformation des projections des variables actives, ne contenant pas d'éléments explicatifs en elles-mêmes.

On s'aperçoit que trois profils de bénéficiaires de microcrédits émergent de ce graphique. Le profil 1: Ils se situent dans le plan Nord-Ouest. Ce profil rapproche fortement la variable active « rembours » de la variable supplémentaire « défaillant ». Un élément d'explication de la défaillance des bénéficiaires serait donc le délai de remboursement. La catégorie de bénéficiaires ainsi isolée est celle dont l'incapacité à rembourser est principalement liée aux délais de remboursement. Ce résultat semble confirmer l'idée selon laquelle, la pression imputable à l'échéance du contrat n'est pas de nature à aider le bénéficiaire à se garantir une pérennisation de son activité ou une autonomisation. Il travaille pour rembourser, compte tenu des délais trop courts.

Le profil 2: il se situe dans le plan Nord-Est et déborde un peu au sud. Il est assez concentré. Il présente la difficulté d'être assez proche de l'axe 2, hormis pour « montant » (variable active) et «pêche » (variable supplémentaire) qui sont à une distance raisonnable, du côté positif de ce même axe. Les autres variables du groupe: « activité » (seule variable active dans cette liste), « commerce », « agriculture » sont très proches de l'axe 2, voire au-dessus pour « commerce ».

**Figure 17.8: Plan Factoriel axe 1\* axe 2.**

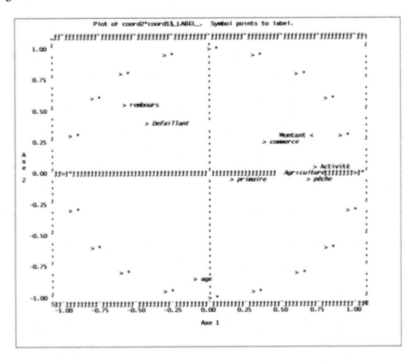

Toutefois, la présence de « montant » au sein de ce groupe et de la côte positive des deux axes peut laisser penser que c'est ce groupe qui a bénéficié des meilleures offres de crédit. La proximité indécise (quant à leur côté de l'axe 2) des variables indiquant le type d'activité peut plaider en faveur de ce que les activités pêche, agriculture et le niveau de scolarisation primaire ont été moins favorisés que les activités commerciales.

Le profil 3: Ce groupe est caractérisé par l'isolement total du variable « age » dans le plan Sud-Ouest (soit du côté négatif des deux axes). Si elle s'oppose, on le voit sur le graphique, aux variables « remboursement » et «montant», aucune variable supplémentaire quantitative ne nous permet d'expliquer sa position dans le graphique. On peut penser que ce groupe montre que le critère « âge » n'a pas été déterminant dans l'octroi des montants accordés par la BGD. Ce qui confirme l'idée selon laquelle les jeunes filles mères n'ont pas fait l'objet d'une attention particulière dans l'octroi des financements. La Banque a plutôt accordé une prime aux activités commerciales, peut-être en vue de récupérer rapidement ses fonds.

## 4. Conclusion

En définitive, l'objet de notre étude consistait à apprécier si les microcrédits octroyés par la Banque Gabonaise de Développement (BGD) (via son service microfinance) ont contribué à couvrir aux besoins d'investissements exprimé dans le domaine de l'agriculture, de l'artisanat, de la restauration, de la couture etc. A partir de données obtenues après enquête, nous avons eu recours aux méthodes statistiques unidimensionnelles et multidimensionnelles, pour évaluer les différents impacts de ces microcrédits regroupés essentiellement en 7 modules (profil du client, utilisation du crédit, revenu individuel, qualification du client, bien-être du client et conditions de remboursement). A cet effet, nous mettons en évidence plusieurs enseignements inclinant à penser que l'expérience de Tchibanga n'a pas eu un impact significatif durable sur l'amélioration des conditions de vie des bénéficiaires. Or, les conditions d'emprunt (montant faibles, taux d'intérêt probablement élevé, échéance trop courte, ...); mais aussi l'absence d'un cadre d'accompagnement dans l'exécution des projets ont pu limiter les avantages du microcrédit. De ce point de vue, avec le souci que cet exemple serve pour d'autres provinces, ces enseignements appellent à un meilleur encadrement des conditions d'emprunt et un accompagnement dans les projets financés. Mayoux (2011) fait des propositions concrètes qui vont aussi dans ce sens.

### *Références Bibligraphiques*

Angelucci, M., D. Karlan & J. Zinman (2013), 'Microcredit Impacts: Evidence from a Randomized Microcredit Program Placement Experiment by Compartamos Banco', Innovations for Poverty Action Working Paper. New Haven, CT.

Barnes, C., G. Gaile & R. Kimbombo (2001), 'Impact of Three Microfinance Programs in Uganda', USAID-AIMS paper, Washington, D.C.: Management of Systems International.

Banque Mondial (2004), *Suivi et évaluation: Quelques outils, méthodes et approches*, La Banque Mondiale, Washington, D.C.

Boye, S., J. Hajdenberg & C. Poursat (2006), '*Le guide de la microfinance*', Microcrédit et épargne pour le développement. Editions d'Organisation, Groupe Eyrolles, Paris.

Cajot, F. (2005) 'A quel point la finance est-elle sociale ?', *Défis Sud* 69:8-10.

CERISE (2003), 'L'évolution récente des enjeux et outils de l'analyse d'impact en microfinance', *Techniques Financières et Développement* 70:28-35.

Cohen, M. (2001), *Connaître la clientèle des IMF: Outils d'analyse pour les praticiens de la microfinance*. Document de travail, Reseau SEEP, Washington, D.C.

Chowdhury, A. & A. Bhuiya (2001), 'Do Poverty Alleviation Programmes Reduce Inequity in Health: Lessons from Bangladesh'. In D. Leon and G. Walt (eds.) *Poverty Inequity and Health*. Oxford: Oxford University Press.

Doligez, F. & A. Le Bissonais (1996), *Etude Bibliographique*. Programme régional d'appui aux opérations de crédit décentralise, Etude finance et développement, Ministère de la Coopération, IRAM, Paris, France, 46 pages.

Fouillet, C. (2004), 'L'évaluation d'impact en microfinance: Proposition d'une grille de lecture', In I. Guérin and J.-M. Servet (eds.) *Exclusions et liens financiers*, pp 561-592: Economica, Paris.

Goetz, A. M. & Sen R. Gupta (1996), 'Who takes the credit? Gender, power and control over loan use in rural credit programs in Bangladesh', *World Development* 24(2):45-63.

Gubert, F. & F. Roubaud (2005), 'Analyser l'impact d'un projet de microfinance: l'exemple d'ADéFI à Madagascar', *Notes et Documents* No 19. Agence Française de Développement, Paris.

Guerin, I. (2001), *Microfinance et autonomie féminine*, OIT, Secteur de l'Emploi, document de travail n° 31.

Hashemi, Syed M., S. R. Schuler & A.P. Riley (1996), 'Rural credit programs and women in Bangladesh', *World Development* 24(4):635-53.

IKM (2004), *Evaluation de l'impact de la microfinance au Maroc*. Rapport Final, PlaNet Finance, Maroc, 56pp.

Khandker, Shahidur (1998), *Fighting Poverty with Microcredit: Experience in Bangladesh*, New York: Oxford University Press.

Mayoux, L. (2011), 'Women are Useful to Microfinance: How Can We Make Microfinance More Useful to Women?', Paper presented at the 2011 Global Microcredit Summit, November 14-17, 2011, Valladolid, Spain.

Mees, M. (2003), 'Quel impact pour la microfinance? L'expérience de SOS FAIM', *Techniques Financières du Développement* 73:28-32.

MkNelly, B. & C. Dunford (1999), *Impact of Credit with Education on Mothers and Their Young Children's Nutrition: CRECER Credit with Education Program in Bolivia*. Freedom from Hunger Research Paper No. 5, 122p, Davis, CA.

Quibria, M. G. (2012), 'Microcredit and Poverty Alleviation: Can microcredit close the deal?', UNU-WIDER Working Paper No. 2012/78. Helsinki, Finland.

Rahman, A. (1999), 'Micro-credit initiatives for equitable and sustainable development: who pays?' *World Development* 27(1):67-82.

Van Rooyen, C., R. Stewart & T. de Wet (2012), 'The Impact of Microfinance in Sub-Saharan Africa: A Systematic Review of the Evidence', *World Development* 40(11):2249-2262.

Zaman, H. (1998), Assessing the Poverty and Vulnerability Impact of Micro-Credit in Bangladesh: A case study of Brac. Policy Research Working Paper, The World Bank, Washington, D.C.

# CHAPITRE 18

## CONCLUSION

Elias T. Ayuk

*Institut des Ressources Naturelles en Afrique de l'Université des Nations Unies, Accra, Ghana (ayuk@.unu.edu)*

## RÉSUMÉ

L'expérience de la microfinance dans d'autres régions du monde montre qu'elle tient beaucoup de promesses pour les pauvres. Cet ouvrage a abordé un certain nombre d'aspects sur le marché de la microfinance, sur les institutions et le comportement des acteurs, ainsi que sur l'efficacité et l'impact du système de microfinance dans quatre pays de l'Afrique centrale; à savoir le Cameroun, le Congo, le Gabon et le Tchad. Ce chapitre, en guise de conclusion, résume les principales conclusions sur les déterminants de l'accès à la demande de microcrédit, la discrimination par genre, le lien entre la microfinance et la réduction de la pauvreté, l'offre de la microfinance, l'efficacité et la gouvernance des institutions de microfinance, l'impact de la microfinance et les interventions souhaitables pour la prise de décisions politiques.

*Mot clés: Afrique centrale, microfinance, demande de microcrédit, efficacité, gouvernance*

La microfinance désigne les services financiers destinés à ceux qui ont été exclus par le secteur bancaire formel, principalement les populations rurales pauvres. Elle comprend le microcrédit, l'épargne, la microassurance et les transferts d'argent. Cette pratique, qui a été initiée par l'économiste Muhammad Yunus dans un petit village au Bangladesh, a montré que l'intermédiation financière par les institutions de microfinance peut jouer un rôle central dans la réduction de la pauvreté, la génération de revenus et la croissance économique. L'expérience de la microfinance, sous ses diverses formes, a été documentée pour la plupart des régions du monde. Toutefois, des informations comparables font défaut pour l'Afrique de l'Ouest et du Centre. Ce livre a abordé et a présenté des données empiriques sur le fonctionnement de la microfinance. L'accent a été mis sur le marché de la microfinance (sept chapitres), sur les aspects institutionnels, le comportement des agents, et sur l'efficacité (trois chapitres) et la contribution de la micrfinance à la réduction de la pauvreté et l'impact de la microfinance (sept chapitres). Ces sujets ont été examinés dans le contexte de la réduction de la pauvreté et l'accroissemet du bien-être social des ménages. Ce chapitre de conclusion présente la synthèse des principaux résultats et des messages clés qui se dégagent des analyses présentées dans les différents chapitres du livre. Nous présentons aussi des axes de recherche future.

### Les déterminants de l'accès à et la demande de microcrédit

Les facteurs qui déterminent l'accès au microcrédit ont été explorés dans sept chapitres de ce livre. Le taux d'intérêt, le montant emprunté, l'âge de l'emprunteur, la taille du ménage et le statut matrimonial de l'emprunteur ont été identifiés comme des facteurs déterminants pour l'accès au microcrédit des femmes (Kouty *et al.*, chapitre 1) au Cameroun. Les femmes célibataires seraient plus susceptibles d'avoir accès au microcrédit. Il ressort aussi que le taux d'intérêt est un handicap pour l'accès à la microfinance.

D'autres facteurs clés facilitant l'accès au microcrédit au Congo (Brazzaville) ont été également identifiés (chapitre 2). Il ressort que l'âge du chef de ménage, la taille du ménage, la profession de l'emprunteur et le type du micro-projet sont parmi les facteurs importants. Dans la même étude, les déterminants de la demande de microcrédit incluent des facteurs liés à des événements sociaux survenus dans les ménages comme les mariages, les naissances, les maladies graves, la construction de tombeaux et de l'organisation des funérailles. Ceci démontre que le microcrédit est demandé pour répondre aux besoins des ménages liés à certains évènements.

Les populations rurales sont plus susceptibles de demander le microcrédit que les résidents urbains (chapitres 5 et 13). Comme la plupart des populations rurales sont impliquées dans l'agriculture, l'accès au microcrédit pourrait avoir un effet sur les décisions d'investissement dans le secteur agricole. Les résultats issus du Tchad indiquent, toutefois, que cette population n'est généralement pas informée des possibilités de microfinance. Au Tchad, 57 % des non-bénéficiaires n'avaient jamais eu des contacts avec les institutions de microfinance. Au Cameroun, les exploitations familiales agricoles avaient une demande très faible de services des institutions de microfinance (chapitre 3). La structure de ces exploitations requérait un autre type de facilités de microcrédit qui soient spécifiques à ce groupe de clients. Le niveau d'éducation (chapitre 4), les ventes de l'année précédente et le type d'activité jouent un rôle clé sur la demande de la microfinance dans le sud du Cameroun. Ces résultats (chapitre 3) montrent aussi que le taux d'intérêt, les conditions de paiement les garanties exigées et le lieu d'implantation de l'EMF constituent des facteurs limitatifs pour les EFA. Une relation positive a été trouvée entre l'accès à la microfinance et le revenu mensuel. Il y a une forte probabilité des individus ayant plus de revenus de bénéficier de la microfinance. En vue de ces résultats, les exclus du secteur bancaire classique doivent aussi relever le défi de l'obligation à fournir une certaine garantie afin d'avoir accès au microcrédit.

## Discrimination par genre

Il y a un débat récurrent sur la question de savoir s'il existe ou non, une discrimination entre les sexes en ce qui concerne l'accès au microcrédit. Les résultats (chapitres 1 et 4) montrent qu'il n'y a pas de discrimination dans l'accès au microcrédit en ce qui concerne le sexe. Compte tenu du fait que les femmes rurales sont parmi les plus pauvres, le microcrédit peut effectivement les atteindre. Cela dit, les résultats montrent que les femmes mariées sont moins susceptibles de bénéficier du microcrédit.

### Répondre aux besoins des bénéficiaires et lien avec la réduction de la pauvreté

Le chapitre 3 conclut que les services de microcrédit ont encore un faible taux de pénétration des ménages agricoles au Cameroun contrairement à ce que d'autres études ont précédemment indiquées. Les structures de chaque ménage agricole sont spécifiques nécessitant des besoins particuliers pour chaque unité. Ceci voudrait dire que les institutions de microfinance devraient davantage concevoir des services financiers adaptés aux besoins spécifiques des ménages. Le faible taux de pénétration des pauvres est également confirmé par l'étude rapportée dans le chapitre 14 qui montre que seulement 4 % des pauvres ont accès au microcrédit au Cameroun. Au Tchad, il y a peu de connaissances sur les services que les institutions de microfinance pourraient offrir. Cela implique que les institutions de microfinance devraient prendre des mesures concrètes pour améliorer leur visibilité (chapitre 4).

Les résultats montrent aussi que les pauvres sont plus intéressés par le microcrédit que les riches (chapitre 5). Cependant, les taux d'intérêt élevés et les longues procédures administratives sont des éléments dissuasifs pour les pauvres ruraux. Ces défis additionnels posent d'énormes problèmes à ces derniers qui sont exclus du système bancaire formel.

En ce qui concerne l'utilisation des prêts du microcrédit, les résultats du Congo (chapitre 11) indiquent que l'utilisation du microcrédit est destinée en priorité à des activités commerciales. Ces résultats sont confirmés au Gabon où, sur 71 emprunteurs, 60 ont utilisé leurs prêts pour entreprendre des activités commerciales (chapitre 17). L'agriculture et la prestation de services reçoivent également une certaine attention comme secteurs dans lesquels les emprunteurs investissent.

### Offre de la microfinance

Il y a encore beaucoup à faire pour améliorer l'offre de la microfinance dans la région. La qualité du service doit également progresser. Les mécanismes de régulation manquent en ce qui concerne la micro-épargne (chapitre 5) et d'autres services. Les taux d'intérêt élevés et les procédures administratives longues, comme mentionné plus haut, sont des éléments dissuasifs à une forte demande des services et produits de la microfinance. La caractérisation des emprunteurs (chapitre 7) au Tchad a révélé que les jeunes emprunteurs, mariés, analphabètes, et les hommes, sont plus susceptibles de faire défaut au moment du remboursement du prêt. En outre, les taux d'intérêt élevés, le montant limité de prêts et le problème de fongibilité aggravent les difficultés de remboursement.

### L'efficacité et la gouvernance des IMF

Une évaluation de l'efficacité des institutions de microfinance montre que la majorité d'entre elles ne sont pas très efficaces. Le chapitre 8 indique qu'entre 17 et 22 % seulement des institutions de microfinance au Cameroun pourraient être classées comme efficaces. Les taux d'efficacité pour les années évaluées étaient de 60,4 % (2006), 57,8 % (2007) et 57,8 % (2008). Ngoa-Tabi et Atangana (chapitre 9) ont montré aussi que 50 % des institutions de microfinance étudiées n'avaient pas amélioré leur niveau d'efficacité. Cependant, presque toutes avaient amélioré leur productivité totale et 70 % des institutions ont amélioré l'efficacité d'échelle. L'étude a révélé que la région, les niveaux de pauvreté, les niveaux de chômage, le taux créditeur, la proportion des ménages qui épargnent, le pourcentage des femmes et le milieu rural influencent la performance des institutions de microfinance. Les données sur la microassurance des institutions montrent qu'en 2005, 35 % des établissements avaient enregistré une amélioration de leur productivité contre 40 % en 2007 (chapitre 10). Un élément déterminant pour l'amélioration de l'efficacité des institutions de microfinance reste le bon fonctionnement du conseil d'administration.

### Impact de la microfinance

La question de l'effet d'accès à la microfinance sur la pauvreté intéresse les chercheurs, les organisations non-gouvernementales et les décideurs. Il est souvent supposé que les services de microfinance permettent aux pauvres d'améliorer leur accès à l'éducation, à la santé et à d'autres facilités auxquelles ils n'auraient pas bénéficié en l'absence de microcrédit. Les résultats de Soh *et al.* (chapitre 13) montre que la pauvreté est réduite si le crédit obtenu est utilisé à des fins d'achat de matériel nécessaire à la production. Ces résultats sont confirmés par l'étude de

Kendo *et al.* (chapitre 12) qui montre qu'au Cameroun, l'accès au microcrédit a eu un effet positif sur la productivité agricole des petits exploitants. Les données empiriques indiquent qu'un petit exploitant agricole ayant accès au microcrédit pouvait augmenter sa productivité d'environ 29 % comparé à un autre qui n'y aurait pas accès. Sikod et Baye (chapitre 12) constatent que l'accès au crédit a contribué positivement et significativement au bien-être économique des ménages en termes de dépenses totales par habitant; les dépenses alimentaires par habitant et les dépenses non alimentaires par habitant. Le résultat obtenu au Gabon (chapitre 17) montre une situation différente. L'accès au microcrédit n'a pas eu d'impact significatif sur la réduction de la pauvreté rurale au Gabon. Cela est principalement dû à l'absence des conditions favorables.

Il a été constaté que les receveurs des micro-transferts sont les ménages qui ne sont pas nécessairement pauvres. Toutefois, l'octroi des micro-transferts n'a pas affecté les dépenses de santé des ménages receveurs (chapitre 15). Les résultats de Makosso (chapitre 16) indiquent que l'accès au microcrédit n'a pas eu d'effet significatif sur l'éducation des enfants au Congo. Ce résultat inattendu concernant l'éducation pourrait être lié au fait que les ménages pauvres utilisent les prêts du microcrédit pour le petit commerce et que le plus souvent ces taches sont dévolues aux enfants d'âge scolaire.

Les résultats des études présentés dans cet ouvrage montrent que l'impact de la microfinance n'est pas toujours positif. Ceci est en accord avec d'autres études. Dans une revue systématique de l'impact de la microfinance en Afrique subsaharienne, van Rooyen *et al.* (2012) concluent que la microfinance n'a pas que les effets positifs. Banarjee (2013) trouve aussi que l'impact de la microfinance est limité.

**Ce que nous avons encore besoin de savoir**

Les résultats des travaux de recherche présentés dans ce livre nous ont permis d'avoir une meilleure connaissance sur le profil des utilisateurs de microfinance dans quatre pays de l'Afrique centrale. Une connaissance importante a été acquise sur les déterminants de l'accès à la demande de microfinance. L'impact sur les moyens de subsistance des ménages a également été déterminé. Toutefois, il ressort qu'en l'état actuel des connaissances, il existe encore des limites importantes portant sur un certain nombre de questions.

1) Comment peut-on mieux utiliser la microfinance comme outil de lutte contre la pauvreté ? Il n'existe toujours pas de preuves empiriques sur les niveaux et les montants de microcrédit qui permettent aux pauvres de sortir de la pauvreté. Quelle est l'évolution dans le temps et l'espace des entreprises financées à travers la microfinance ? Arrivent-elles à croître ?

2) Qui sont les bénéficiaires de la microfinance au sein du ménage ? Il serait utile de mieux comprendre et caractériser l'impact de la microfinance sur les membres individuels du ménage. Y a-t-il des différences significatives entre les bénéficiaires au sein du ménage et quels sont les facteurs qui déterminent ces différences ?

3) Est-ce que la microfinance est rentable ? Est-ce que son impact justifie le niveau d'investissement réalisé dans ce secteur ?

4) Comment fonctionne vraiment le secteur de la microfinance ? Il s'agit de mieux caractériser le secteur. Selon Morduch, cité par Tim Ogden (2008), il y a une croyance largement répandue selon laquelle la concurrence dans la microfinance est une bonne chose - elle permettrait notamment d'améliorer la qualité des produits et services et à faire baisser les taux d'intérêt. Il s'agit cependant d'une affirmation dont la véracité n'est pas encore établie. En fait, il existe très peu de preuves concernant des situations où l'existence de la concurrence a conduit à une baisse sensible des taux d'intérêt. Un autre point qui mérite plus d'attention est celui de savoir comment la microfinance non-rentable/subventionnée affecte les institutions de microfinance à but lucratif, et vice versa. Les partisans de la microfinance à but lucratif soutiennent que la microfinance subventionnée limite l'évolutivité des établissements à but lucratif – ce qui serait finalement une bonne chose pour tout le monde. Encore une fois cependant, cette affirmation reste à vérifier.

5) Pourquoi et comment les prêts sont-ils utilisés pour la consommation? Une autre pièce du puzzle est qu'une part importante des prêts consentis n'est pas utilisée pour l'investissement des entreprises, mais est plutôt destinée à la consommation - qui comprend le paiement des factures médicales et des frais de scolarité, de même que l'achat nourriture. Il apparait important d'en savoir plus; en particulier sur la façon dont cela fonctionne de sorte à favoriser la conception de produits qui soient plus adapté à cette utilisation du crédit tout à fait légitime.

6) Est-ce qu'il existe des problèmes importants avec le surendettement et le piège de la dette? Avec l'intensification de l'utilisation de la microfinance dans certains endroits, associée à des questions telles que la hausse des prix de la nourriture et du carburant, le surendettement pourrait devenir un gros problème pour la plupart des IMF et leurs clients. Il est donc nécessaire de caractériser le remboursement et les taux de défaut dans la région afin de comprendre l'entendue de la dette et les causes de non-paiement des prêts.

Dans un perspective assez globale, Banerjee (2013) a identifié des pistes de recherche dans lesquelles il y a un manque de connaissance. Parmis elles, il y a les questions suivantes:

- Quelle est la taille optimale de prêt qui permettrait aux bénéficiaires d'améliorer leur bien-être ?
- Comment peut-on aider les préteurs à mieux utiliser les fonds du microcrédit ?

### Les possibilités d'intervention politique

L'environnement de la microfinance présente un grand nombre de défis. Le plus important demeure directement lié au facteur sous-jacent qui justifie son existence même: comment intégrer ceux qui ont été exclus par le secteur bancaire formel. D'autres défis sont liés à la fourniture de services adéquats, en s'assurant de taux d'intérêt raisonnables, et en réduisant le taux de défaut des emprunteurs. Les chapitres de ce livre ont abordé ces défis d'une manière ou d'une autre.

Des interventions politiques visant à valoriser la microfinance pour les pauvres sont possibles. Quelques-unes ont été identifiées dans ce livre. On peut les résumer comme suit:

- Il faut créer des conditions propices qui permettent aux institutions de microfinance d'établir leurs opérations dans les zones rurales où elles sont beaucoup plus nécessaires. L'Etat pourrait jouer un rôle de catalyseur à travers à la création d'incitations pour ces institutions. L'Etat devait s'impliquer plus à accroitre la promotion et le développement de la microfinance.
- Les infrastructures physiques inadéquates posent des sérieux problèmes pour les ménages agricoles des régions rurales quant à la commercialisation de leurs produits et par conséquent expliquent pourquoi les prêts sont très coûteux. Il faut créer un environnement propice qui permette de résoudre ce problème.
- Des crédits accordés par la scolarité, par exemple, devaient faire l'objet des mesures d'encadrement afin d'éviter toute allocation de ses ressources vers des usages alternatifs.
- Il est important de mettre en place un cadre juridique pour réglementer et superviser les activités des institutions de microfinance. Cela est particulièrement important lorsque les dépôts sont collectés auprès des clients.
- Renforcer la capacité des principaux acteurs dans le secteur de manière à leur permettre de profiter des avantages de la microfinance. Il faudrait professionnaliser les EMF en renforçant leurs capacités techniques et institutionnelles de manière à ce qu'ils soient perçus comme des clients au même titre que les entreprises classiques.

- Mettre en place des mécanismes pour l'amélioration de l'efficacité productive des unités de micro assurance et microfinance à travers un renforcement de la protection des droits de propriété, une amélioration de l'efficacité technique, la formation, une amélioration des méthodes de gestion et le soutien à l'innovation.

### Références Bibliographiques

Banerjee, A. V. (2013), 'Microcredit Under the Microscope: What Have We Learned in the Past Two Decades, and What Do We Need to Know?', *Annual Review of Economics* 5:487-519.

Ogden, Tim (2008), 'Cutting Edge Research in Microfinance', Philanthropy Action; News and Commentary. Consulted at: www.philantropyaction.com.

van Rooyen, C., R. Stewart & T. de Wet (2012), The Impact of Microfinance in Sub-Saharan Africa: A Systematic Review of the Evidence', *World Development* 40(11):2249-2262.

# INDEX